Kohlhammer

Wehrrecht

Grundlagen

herausgegeben von

Dr. Christian Raap
Ministerialrat im Bundesministerium der Verteidigung

1. Auflage 2021

Verlag W. Kohlhammer

1. Auflage 2021

Gesamtherstellung: W. Kohlhammer GmbH, Stuttgart

Print:
ISBN 978-3-17-039018-8

E-Book-Formate:
pdf: ISBN 978-3-17-039019-5
epub: ISBN 978-3-17-039020-1
mobi: ISBN 978-3-17-039021-8

Geleitwort

Dieses Buch handelt vom Wehrrecht. 18 Autorinnen und Autoren haben sich mit 22 Beiträgen einem Thema zugewandt, das zunächst verständlich erscheinen mag, doch auf den zweiten Blick offenbaren muss, dass ihm eine verbindliche Legaldefinition fehlt. Versuche des Schrifttums, in unterschiedlichen Ansätzen das Wehrrecht begrifflich, systematisch oder in einem weiteren oder engeren Sinne zu erklären, sind zahlreich, jedoch keiner mit bleibender Dominanz. Einigkeit besteht darin, dass das Wehrrecht eine Teilmaterie des öffentlichen Rechts ist.

Das Wehrrecht der Bundesrepublik Deutschland, wie es in den Themen dieses Buches vorgestellt wird, ist eine Folge der verfassungsrechtlichen Grundentscheidung für die militärische Verteidigung als verpflichtende Aufgabe des Staates, die in Art. 87a Abs. 1 Satz 1 GG ihren normativen Niederschlag gefunden hat. Wehrverfassung ist ein Bestandteil der Staatsverfassung. Die Entscheidung der Bundesrepublik Deutschland zu Auftrag, Stellung, Führung und Organisation der Bundeswehr hat daher verfassungsrechtliche Qualität. Ihre Wehrverfassung ist Grundlage des verfassungsrechtlich-nachrangigen Wehrrechts, das alle einfachgesetzlichen Bestimmungen erfasst, die den politischen Auftrag und die innere Ordnung der Streitkräfte festlegen. Dieser in Abgrenzung zum Wehrverfassungsrecht gewonnene Begriff des Wehrrechts ist nach verschiedenen Kriterien eingrenzbar. Das einfache Gesetzesrecht wehrrechtlichen Inhalts ist vom Wehrrecht in Rechtsverordnungen, Erlassen und Dienstvorschriften zu unterscheiden. Neben diesen formalen Eingrenzungsmaterien der Rechtsqualität einer wehrrechtlichen Norm gibt es auch im Wehrrecht inhaltlich bestimmte Abgrenzungskriterien, die durch die geregelte Materie bestimmt werden: militärische Verteidigung, humanitäres Völkerrecht, Soldaten, Bundeswehrverwaltung. Darunter gibt es Normen, die notwendige Rechtsgrundlage für die Streitkräfte sind, weil sie ihre Einrichtung und ihren Auftrag sowie die Stellung des Soldaten rechtlich konstituieren, und Normen, die stärker die administrative und soziale Einbindung der Bundeswehr in das Umfeld der öffentlichen Verwaltung regeln.

Wehrverfassungs- und das ihm nachrangige Wehrrecht sind die rechtliche Grundlage der militärischen Verteidigung und ihrer institutionellen und personellen Träger: der Streitkräfte und der Soldaten. Damit stehen institutionell angelegten Materien des Wehrrechts individuell orientierte gegenüber. Die ersten betreffen die Stellung der Streitkräfte in Staat und Verfassung, hier liegt der Schwerpunkt des Wehrverfassungsrechts. Hierzu gehören auch die Rechtsfragen ihres Einsatzes. Die individuell angelegte Materie konkretisiert das Dienstverhältnis des Soldaten wie das Soldatengesetz, die Wehrdisziplinarordnung, die Wehrbeschwerdeordnung und das Wehrstrafgesetz, soweit es grundsätzlich die Soldateneigenschaft des Täters voraussetzt. Diese Rechtsmaterien und ihre Kodifizierungen gehören nach Inhalt und Überlieferung zum „klassischen Kern" des deutschen Wehrrechts. Sie bilden das Fundament für die Stellung des Soldaten in den Streitkräften, im Staat und auch in der Gesellschaft. Sie zeichnen rechtlich das Bild des Soldaten.

Das heutige System des Wehrrechts ist nicht voraussetzungslos quasi in einer „Stunde Null" zu Beginn der Bundeswehr entstanden. Es ist kein unhistorisches Recht, das beziehungslos zu seinen Rechtsvorgängern steht. Dem Konzept des Wehrrechts ging die Prüfung vor der verfassungsmäßigen Ordnung des Grundgesetzes unter den Aspekten von Akzeptanz oder Ablehnung voraus.

Politische Vorgaben waren dabei ebenso bestimmende Einflussgrößen für Entscheidungen und Weichenstellungen im Wehrrecht wie sicherheitspolitische Vorgaben und gesellschaftspolitische Bedingungen.

Ich freue mich, dass die Autorinnen und Autoren dieses Buches mit ihren Beiträgen das Bewusstsein für die organische Einbindung der Bundeswehr in das rechtsstaatliche und gewaltenteilende System des Grundgesetzes wachhalten.

Bonn, im Dezember 2020

Dr. Klaus Dau
Ministerialdirektor a. D.
vormals Abteilungsleiter Recht
im Bundesministerium der Verteidigung

Vorwort des Herausgebers

Ich freue mich sehr, auch im Namen der Autorinnen und Autoren, die mit ihren fachkundigen Beiträgen wesentlichen Anteil daran hatten, dieses kleine Handbuch vorlegen zu können. Es beschreibt in thematisch in sich abgeschlossenen Kapiteln die Grundlagen des Wehrrechts.

Das Werk richtet sich an alle die, die sich für die grundsätzlichen Themen des Wehrrechts interessieren müssen oder es möchten. So sollen sich insbesondere Soldatinnen und Soldaten, Lehrgangsteilnehmende und Lehrende an Ausbildungseinrichtungen in der Bundeswehr, Angehörige der Rechtspflege der Bundeswehr, der Strafjustiz und der Verwaltungsgerichtsbarkeit, der Innenministerien des Bundes und der Länder sowie der Polizeien, Studierende an den Universitäten der Bundeswehr sowie an der Hochschule des Bundes für öffentliche Verwaltung, Funktionsträgerinnen und Funktionsträger im politisch-parlamentarischen Raum angesprochen fühlen. Schließlich richtet sich das Buch auch an an der Bundeswehr interessierte Bürgerinnen und Bürger.

Es erscheint angesichts aktueller Diskussionen über den inneren Zustand der Bundeswehr mehr denn je sinnvoll, sich über das rechtliche Fundament der bewaffneten Macht im Staate in prägnanter Kürze, aber auch der nötigen Tiefe zu orientieren, um mehr Einblick in deren rechtlichen Rahmen zu erhalten und so im alltäglichen Gespräch die eigene Meinung fundiert zu vertreten, aber auch unter dem Eindruck des medialen und politischen Diskurses die eigene Position zu schärfen.

Die Autorinnen und Autoren dieses Buches haben die fachlichen Beiträge nicht in ihrer dienstlichen Funktion verfasst, sondern geben ausschließlich ihre persönliche (Rechts-) Auffassung wieder.

Im Interesse der besseren Lesbarkeit verzichtet das Buch in den einzelnen Kapiteln bewusst auf die Verwendung weiblicher und männlicher Paarformen. Stattdessen wird die grammatisch maskuline Form verallgemeinernd verwendet (sog. generisches Maskulinum). Diese Bezeichnungsform umfasst selbstverständlich Personen aller Geschlechter.

Rechtsprechung und Literatur befinden sich auf dem Stand vom 1. Oktober 2020.

Bonn, im Dezember 2020 Dr. Christian Raap

Autorinnen und Autoren

Danja Blöcher, Regierungsdirektorin

Christine Dechmann, Regierungsdirektorin

Thomas Engelien-Schulz, Direktor

Harald Erkens, Oberregierungsrat

Dr. Florian Faulenbach, Oberregierungsrat

Dr. Roland Fritzen, Vorsitzender Richter am Truppendienstgericht

Theodor Höges, Direktor

Dr. Esther Iglesias Appuhn, Oberregierungsrätin

Frederik Just, Oberregierungsrat

Dr. Moritz Philipp Koch, Oberregierungsrat

Ulrich Lucks, Regierungsdirektor

Dr. Christian Raap, Ministerialrat

Alexander Sanne, Regierungsdirektor

Dr. Christoph M. Scheuren, Oberregierungsrat

Dr. habil. Rudolf J. Schlaffer, Oberstleutnant

Norman Vogt, Regierungsdirektor

Timo Walter, Regierungsdirektor

Dr. Christian Wesemann, Oberregierungsrat

Inhaltsverzeichnis

Kapitel 1 Amtshaftung

Christian Raap

Sowohl im sog. Grundbetrieb als auch im Auslandseinsatz kommt es immer wieder zu Schäden. Sie sind zum Teil unvermeidbar, zum Teil werden sie aber auch durch Soldaten schuldhaft verursacht. Aus der Rechtsbindung allen staatlichen Handelns folgt eine objektiv-rechtliche Pflicht zur Beseitigung von Rechtsverstößen des Staates.[1] Die wichtigste Anspruchsgrundlage für den Ausgleich von dem Staat zuzurechnenden Schäden ist der Amtshaftungsanspruch gem. § 839 Abs. 1 Satz 1 BGB i. V. m. Art. 34 Satz 1 GG.[2] Verfassungsrechtlich ist gewährleistet, dass der Staat für Pflichtverletzungen seiner Amtsträger haftet.[3] § 839 Abs. 1 Satz 1 BGB ist bei diesem Anspruch die haftungsbegründende, Art. 34 Satz 1 GG die haftungsüberleitende Norm.[4] Verfassungsrecht und zivilrechtliches Deliktsrecht gehen hier gewissermaßen eine rechtliche Symbiose ein.[5] Sind die Voraussetzungen eines Amtshaftungsanspruchs gegeben, tritt an die Stelle der persönlichen Haftung des Amtsträgers die Haftung des Staates. Durch diese befreiende Schuldübernahme[6] wird der Amtsträger von der unmittelbaren Verantwortlichkeit gegenüber dem Geschädigten befreit. Die Schuldübernahme bezweckt in erster Linie den Schutz des Geschädigten; ihm soll in jedem Falle ein leistungsfähiger Schuldner zur Verfügung stehen.[7] Auf der Rechtsfolgenseite führt die Amtshaftung zu Geldersatz,[8] also nicht etwa zu einem Anspruch auf eine rechtmäßige Amtshandlung. Denn der Staat haftet lediglich in dem Maße, in dem der Amtsträger auch persönlich haften würde, und ist auch nur zu Leistungen verpflichtet, die der Amtsträger als Privatperson erbringen könnte.[9] Als Privatperson wäre der Amtsträger zu hoheitlichen Handlungen nicht imstande.[10]

---

1 Grzeszick, in: Maunz/Dürig, GG, 89. EL Oktober 2019, Art. 20 Rn. 151.
2 Zur Geschichte der Staatshaftung, insbesondere der Amtshaftung, siehe BVerfG, Urt. v. 19.10.1982 – 2 BvF 1/81, BVerfGE 61 (149), Rn. 96 ff.
3 Wieland, in: Dreier (Hrsg.), GG, Bd. III, 3. Aufl. 2015, Art. 34 Rn. 34.
4 Ständige Rspr., siehe BVerfG, Beschl. v. 24.11.2015 – 2 BvR 355/12, juris, Rn. 51 m. w. N.
5 Kloepfer, Verfassungsrecht I, 2011, § 10 Rn. 246.
6 Ossenbühl/Cornils, Staatshaftungsrecht, 6. Aufl. 2013, S. 11.
7 Papier, Staatshaftung, in: Handbuch des Staatsrechts, Bd. VIII, 3. Aufl. 2010, § 180 Rn. 14.
8 Zippelius/Würtenberger, Deutsches Staatsrecht, 33. Aufl. 2018, § 44 Rn. 46.
9 v. Danwitz, in: v. Mangoldt/Klein/Starck, GG, 7. Aufl. 2018, Art. 34 Rn. 55.
10 Sodan/Ziekow, Grundkurs öffentliches Recht, 8. Aufl. 2018, § 86 Rn. 20.

I. Anwendbarkeit des Amtshaftungsanspruchs

1. Grundsätzliche Anwendbarkeit

Grundsätzlich ist der Amtshaftungsanspruch anwendbar, wenn Soldaten Schäden zum Nachteil Dritter verursachen. Die meisten Schäden entfallen auf den sog. Grundbetrieb (Ausbildungs-, Übungs- und sonstiger Betrieb der Streitkräfte im In- und Ausland einschließlich vor- und nachbereitender Maßnahmen für Einsätze).

2. Auslandsschadensfälle

Bei hoheitlichem Handeln im Ausland gilt nach Internationalem Privatrecht das Recht des Amtsstaates,[11] somit deutsches Amtshaftungsrecht. Beispiel: Verkehrsunfall mit einem Dienstfahrzeug der Bundeswehr auf einer Versorgungsfahrt.[12]

3. Kampfhandlungen in bewaffneten Konflikten

Die lange umstrittene Frage, ob der Amtshaftungsanspruch auch auf von deutschen Soldaten durch Kampfhandlungen in bewaffneten Konflikten verursachte Schäden anwendbar ist,[13] hat der BGH in einer vielbeachteten Grundsatzentscheidung 2016 ausdrücklich verneint:[14] Der nie geänderte Wortlaut von § 839 BGB (seit 1896) und Art. 34 GG (seit 1949), die Normgeschichte, der daraus ableitbare Gesetzeszweck und systematische Erwägungen sprechen gegen eine Erstreckung des Anwendungsbereichs der Amtshaftungsnormen auf Kampfhandlungen deutscher Streitkräfte im Ausland. Einer darüberhinausgehenden richterlichen Rechtsfortbildung würde entgegenstehen, dass derart grundlegende Entscheidungen allein vom Gesetzgeber zu treffen sind. § 839 BGB ist auf den „normalen Amtsbetrieb" zugeschnitten, das heißt auf den Ausgleich von Schäden, die auf Grund von Amtspflichtverletzungen im Rahmen des allgemeinen und alltäglichen Verwaltungshandelns entstehen. Die Entscheidungssituation eines verwaltungsmäßig handelnden Beamten kann nicht mit der Gefechtssituation eines im Kampfeinsatz befindlichen Soldaten gleichgesetzt werden. Wenn sich aus dem Völkerrecht keine individuellen Schadensersatzansprüche ableiten lassen, besteht auch keine Verpflichtung, einzelnen Personen durch Auslegung des innerstaatlichen Rechts im Lichte der Völkerrechtsfreundlichkeit des Grundgesetzes (vgl. Art. 25 Satz 1 GG) einen Schadensersatzanspruch nach nationalem Recht einzuräumen. Da bei realitätsnaher Betrachtung für die Bundesrepublik Deutschland nur Aus-

---

11 Unstr., siehe nur Palandt/Thorn, BGB, 79. Aufl. 2020, Art. 40 EGBGB Rn. 11.

12 LG Bonn, Urt. v. 13.4.2011 – 1 O 878/08, juris, Rn. 25 f.

13 Ausführlich (und die Frage verneinend) Raap, NVwZ 2013, 552 (554).

14 BGH, Urt. v. 6.10.2016 – III ZR 140/15, BGHZ 212, 173, Rn. 27 ff. Zustimmend u. a. Waldhoff, JuS 2017, 572 (574); ablehnend u. a. Schmahl, NJW 2017, 128 (130 f.). Die gegen die BGH-Entscheidung erhobene Verfassungsbeschwerde wurde nicht zur Entscheidung angenommen, BVerfG, Beschl. der 2. Kammer des Zweiten Senats vom 18.11.2020 – 2 BvR 477/17.

landseinsätze gemeinsam mit Partnerstaaten, insbesondere im Rahmen der NATO, in Betracht kommen, bestünde im Rahmen der Amtshaftung ansonsten die Möglichkeit der Zurechnung völkerrechtswidriger unerlaubter Handlungen eines anderen Bündnispartners nach Maßgabe des § 830 BGB. Das würde nicht nur die Gefahr einer kaum eingrenzbaren (gesamtschuldnerischen) Haftung heraufbeschwören, sondern hätte auch zur Folge, dass vor den deutschen Zivilgerichten das hoheitliche Handeln eines anderen Bündnispartners inzident zu überprüfen wäre. Gerade Letzteres könnte das außenpolitische Verhältnis Deutschlands zu seinen Bündnispartnern nachhaltig belasten, zumal sich im Amtshaftungsprozess die prozessuale Notwendigkeit ergeben könnte, taktische oder strategische Überlegungen offenzulegen und Sachverhalte vorzutragen, welche jedenfalls andere Bündnispartner als geheimhaltungsbedürftig ansehen. Einer richterlichen Rechtsfortbildung, das Amtshaftungsrecht unter Aufgabe seines traditionellen Verständnisses nunmehr auch auf bewaffnete Auslandseinsätze der Streitkräfte zu erstrecken, stünden durchgreifende verfassungsrechtliche Bedenken entgegen. Denn der Gesetzgeber hat in grundlegenden normativen Bereichen die wesentlichen Entscheidungen selbst zu treffen. Das Grundsatzurteil des BGH leistet insgesamt einen wesentlichen Beitrag zur Rechtssicherheit für das Handeln deutscher Streitkräfte in bewaffneten Konflikten.[15]

4. Ex-gratia-Leistungen

Auch wenn für im bewaffneten Konflikt verursachte Kampfhandlungsschäden keine Schadensersatzpflicht besteht, ist die Bundeswehr nicht gehindert, ohne Anerkennung einer Rechtspflicht geschädigte Personen aus humanitären Gründen zu unterstützen (sog. Ex-gratia-Leistung).[16]

II. Anspruchsvoraussetzungen

Ein Amtshaftungsanspruch besteht, wenn (1.) jemand in Ausübung eines ihm anvertrauten öffentlichen Amtes (2.) die ihm einem Dritten gegenüber obliegende Amtspflicht (3.) schuldhaft verletzt und (4.) dadurch einen Schaden verursacht (Kausalität), (5.) ohne dass ein Haftungsausschluss vorliegt.[17]

1. Ausübung eines öffentlichen Amtes

Es muss „jemand" für den Staat (oder einen Träger öffentlicher Gewalt) gehandelt haben. „Jemand" ist jeder Träger von Hoheitsgewalt.[18] Der Amts-

15 Raap, VR 2017, 198 (199).
16 Raap, BWV 2016, 125 (130) m. w. N. der Staatspraxis.
17 Der Anspruchsaufbau orientiert sich an Maurer/Waldhoff, Allgemeines Verwaltungsrecht, 20. Aufl. 2020, § 26 Rn. 11 ff.
18 Morlok, Retrospektive Kompensation der Folgen rechtswidrigen Hoheitshandelns, in: Hoffmann-Riem/Schmidt-Aßmann/Voßkuhle, Grundlagen des Verwaltungsrechts, Bd. III, 2. Aufl. 2013, § 54 Rn. 43.

haftungsanspruch stellt nicht auf den Status des Handelnden, sondern auf die Art des Handelns, d. h. die wahrgenommene Funktion ab.[19] Der Handelnde braucht folglich kein Beamter im statusrechtlichen Sinne zu sein. Man spricht insoweit vom Beamten im haftungsrechtlichen Sinn. Auch ein Soldat kann daher „jemand“ sein.[20]

Ob sich das Handeln einer Person als Ausübung eines ihr anvertrauten öffentlichen Amtes darstellt, bestimmt sich nach der ständigen Rechtsprechung[21] danach, ob die eigentliche Zielsetzung, in deren Sinn der Betreffende tätig wird, hoheitlicher Tätigkeit zuzurechnen ist und ob zwischen dieser Zielsetzung und der schädigenden Handlung ein so enger äußerer und innerer Zusammenhang besteht, dass die Handlung ebenfalls als noch dem Bereich hoheitlicher Betätigung angehörend angesehen werden muss. Dabei ist nicht auf die Person des Handelnden, sondern auf seine Funktion, das heißt auf die Aufgabe, deren Wahrnehmung die im konkreten Fall ausgeübte Tätigkeit dient, abzustellen. Bei der Teilnahme am Straßenverkehr ist der mit der Fahrt verfolgte Zweck entscheidend. Es spricht eine tatsächliche Vermutung dafür, dass die Dienstfahrt eines Soldaten militärischen Zwecken und folglich der Erfüllung hoheitlicher Aufgaben dient.[22] Hoheitlich ist z. B. der Soldatentransport zu einem Truppenübungsplatz.[23] Ebenfalls hoheitlich ist die Behandlung von Soldaten (der Bundeswehr) im Rahmen der unentgeltlichen truppenärztlichen Versorgung (§ 30 Abs. 1 Satz 2 SG).[24] Reinigt ein Soldat aufgrund Befehls das Wachlokal in einer Kaserne, liegt hoheitliches Handeln vor; Hygiene ist für die Gesundheit der Soldaten unabdingbar und damit Voraussetzung der Verteidigungsbereitschaft.[25]

Der innere und äußere Zusammenhang zwischen hoheitlicher Tätigkeit und schädigender Handlung fehlt, wenn ein Soldat im Dienst aus Zorn über die schlechte Verpflegung auf einen Mitarbeiter der verantwortlichen Verpflegungsfirma schießt. Tötet ein Soldat plötzlich einen Offizier aus Wut und Rache mit einem Feuerstoß aus der Maschinenpistole, ist der Zusammenhang ebenfalls zu verneinen.[26]

---

19 Windthorst, in: Gröpl/Windthorst/v. Coelln, GG. Studienkommentar, 4. Aufl. 2020, Art. 34 Rn. 28.

20 Unstr., siehe nur Jarass, in: Jarass/Pieroth, GG, 16. Aufl. 2020, Art. 34 Rn. 9.

21 BGH, Urt. v. 6.3.2014 – III ZR 320/12, BGHZ 200, 253, Rn. 31 m. w. N.

22 BGH, Urt. v. 29.1.1968 – III ZR 111/66, BGHZ 49, 267, Rn. 13.

23 OLG Brandenburg, Urt. v. 23.10. 2008 – 12 U 70/08, juris, Rn. 18.

24 Ständige Rspr., siehe BGH, Urt. v. 26.10.2010 – VI ZR 307/09, VersR 2011, 264, Rn. 17 m. w. N. Zu Haftungsfragen bei der Behandlung und Begutachtung von Patienten durch Sanitätspersonal der Bundeswehr siehe umfassend Dreist/Heintze, BWV 2017, 272 ff., sowie Höges, RiA 1998, 167 ff.

25 AG St. Wendel, Urt. v. 18.5.1976 – 4 C 84/76, juris, Rn. 9.

26 Beide Beispiele finden sich bei Detterbeck, Allgemeines Verwaltungsrecht, 18. Aufl. 2020, Rn. 1060.

2. Verletzung einer drittbezogenen Amtspflicht

Amtspflichten resultieren aus dem Dienstverhältnis der konkreten Person zu ihrem Dienstherrn. Allgemeine Verpflichtungen ergeben sich aus der Gesetzesbindung für alle Amtswalter.[27] Die Verletzung kann in einem Tun, aber auch in einem Unterlassen (bei entsprechender Rechtspflicht) liegen. Die verletzte Amtspflicht muss zumindest auch dem Schutz des Geschädigten dienen (sog. Schutzzwecktheorie).[28] Eine Drittbezogenheit besteht, wenn die verletzte Rechtsnorm den Schutz der Interessen des Geschädigten bezweckt. Drittbezogen ist die Pflicht eines Soldaten, eine beim Teilladen einer Maschinenkanone eingetretene Waffenstörung zu melden.[29] Eine drittbezogene Amtspflicht ist nicht verletzt, wenn der Truppenarzt bei der Behandlung eines Soldaten möglicherweise eine Rötelinfektion übersehen hat, der Soldat zu einem späteren Zeitpunkt mit einer Schwangeren in Kontakt gekommen ist und das Kind einen schweren Hörschaden erlitten hat.[30]

3. Verschulden

Im Rahmen des Amtshaftungsanspruchs gilt der Sorgfaltsmaßstab des § 276 BGB, so dass schon grundsätzlich jeglicher Grad von Fahrlässigkeit die Haftung wegen einer Amtspflichtverletzung begründet.[31] Fahrlässig handelt, wer die im Verkehr erforderliche Sorgfalt außer Acht lässt (§ 276 Abs. 2 BGB).

4. Kausalität

Die Amtspflichtverletzung muss für den Schaden ursächlich (kausal) sein. Die Kausalität beurteilt sich nach der sog. Adäquanztheorie. Danach gelten nur nach aller Lebenserfahrung für den Schadenseintritt ursächliche Umstände als kausal.[32]

5. Kein Haftungsausschluss

a) **Subsidiaritätsklausel.** Bei bloß fahrlässigem Handeln des Schädigers entfällt die Haftung des Staates, wenn der Verletzte auf andere Weise Ersatz zu erlangen vermag (§ 839 Abs. 1 Satz 2 BGB). Diese als Subsidiaritätsklausel (oder Verweisungsprivileg) bezeichnete Einschränkung ist eine negative Anspruchsvoraussetzung. Die Subsidiaritätsklausel wird sehr restriktiv ausgelegt:[33] So gilt das Verweisungsprivileg nicht, wenn sich der anderweitige Ersatzanspruch gegen eine gesetzliche oder private Versicherung richtet und auf eigenen Geldleistungen des Geschädigten beruht; diese Versiche-

---

27 Leisner, in: Sodan, GG, 4. Aufl. 2018, Art. 34 Rn. 17.
28 Siehe Detterbeck, in: Sachs, GG, 8. Aufl. 2018, Art. 34 Rn. 36 ff.
29 BGH, Urt. v. 9.5.1996 – III ZR 109/95, juris, Rn. 21.
30 OLG Düsseldorf, Urt. v. 15.1.1998 – 8 U 81/97, juris, Rn. 26.
31 BGH, Urt. v. 14.6.2018 – III ZR 54/17, juris, Rn. 47.
32 Siehe MüKoBGB/Oetker, 8. Aufl. 2019, § 249 Rn. 109 ff.
33 Siehe BeckOK BGB/Reinert, 53. Ed. 1.2.2020, § 839 Rn. 98 ff. m. w. N.

rungsansprüche sollen den Geschädigten absichern und nicht den Schädiger begünstigen. Die Subsidiaritätsklausel ist ebenfalls grundsätzlich nicht auf Verkehrsunfälle bei (hoheitlicher) Teilnahme am allgemeinen Straßenverkehr anwendbar (Ausnahme: Inanspruchnahme von Sonderrechten nach § 35 Abs. 1 StVO). Der Grundsatz der haftungsrechtlichen Gleichbehandlung aller Verkehrsteilnehmer schließt die Begünstigung des Staates aus.

b) **Nichtgebrauch von Rechtsmitteln.** Der schuldhafte Nichtgebrauch von Rechtsmitteln (§ 839 Abs. 3 BGB) ist ebenfalls eine negative Anspruchsvoraussetzung. Danach ist der Amtshaftungsanspruch vollständig ausgeschlossen, wenn es der Geschädigte schuldhaft unterlassen hat, den Schaden durch ein Rechtsmittel abzuwenden. Insoweit handelt es sich um eine spezifische Form des Mitverschuldens.[34] Der Begriff des Rechtsmittels ist weit zu verstehen.[35] Rechtsmittel ist nicht nur jeder förmliche Rechtsbehelf (Widerspruch/Beschwerde, verwaltungsgerichtliche Klage), sondern auch jeder nichtförmliche Rechtsbehelf (Dienstaufsichtsbeschwerde, Gegenvorstellung, Erinnerung).

c) **Soldatenversorgungsrecht.** Soldaten haben aus Anlass einer Wehrdienstbeschädigung nur die auf dem Soldatenversorgungsgesetz beruhenden Ansprüche (§ 91a Abs. 1 Satz 1 SVG). Das Soldatenversorgungsrecht beseitigt nicht die weitergehenden Schadensersatzansprüche gegen den Dienstherrn.[36] Die Ansprüche werden lediglich gesperrt. Das Gesetz selbst hebt die Sperre in zwei Fällen wieder auf:

(1.) Die Wehrdienstbeschädigung wurde durch eine dem Dienstherrn zurechenbare vorsätzliche unerlaubte Handlung verursacht (§ 91a Abs. 1 Satz 2 SVG). Erforderlich ist, dass der Schädiger bewusst die Amtspflicht verletzt. Dabei gehört zum Vorsatz nicht nur Kenntnis der Tatsachen, aus denen sich die Pflichtverletzung objektiv ergibt, sondern auch das Bewusstsein, gegen die Amtspflicht zu verstoßen. Zumindest muss der Amtsträger mit der Möglichkeit eines solchen Verstoßes rechnen und diesen billigend in Kauf nehmen.[37] Eine vorsätzliche Verletzung von Amtspflichten scheidet im Zusammenhang mit dem Vorwurf unterlassener Schutzmaßnahmen aus, wenn es für die Tätigkeit an Radargeräten der Bundeswehr keine verbindlichen Vorgaben für maximale Grenzwerte von Röntgenstörstrahlung und hochfrequenter Strahlung gab.[38] Weitergehende Schmerzensgeldansprüche der Eltern gegen den Bund wegen eines Schockschadens als Folge der Todesnachricht eines bei einem Schiffsunglück im Rahmen eines Bundeswehreinsatzes zu

34 Stern, Staatsrecht, Bd. I, 2. Aufl. 1984, S. 389.
35 Jauernig/Teichmann, BGB, 17. Aufl. 2018, § 839 Rn. 20.
36 BGH, Urt. v. 17.6.1997 – VI ZR 288/96, BGHZ 136, 78.
37 BGH, Urt. v. 12.11.1992 – III ZR 19/92, BGHZ 120, 176.
38 OLG München, Urt. v. 26.2.2009 – 1 U 3355/08, juris, Rn. 56.

Tode gekommenen Soldaten sind ausdrücklich ausgeschlossen, wenn nicht eine vorsätzliche unerlaubte Handlung festzustellen ist.[39]

(2.) Die Wehrdienstbeschädigung ist bei der „Teilnahme am allgemeinen Verkehr“ eingetreten (§ 91a Abs. 2 SVG i. V. m. § 46 Abs. 2 Satz 1 Nr. 2 BeamtVG). Eine „Teilnahme am allgemeinen Verkehr“ liegt vor, wenn der Versorgungsberechtigte wie ein normaler Verkehrsteilnehmer verunglückt ist. Der Unfall darf mithin kein innerdienstlicher Vorgang zwischen Schädiger und Versorgungsberechtigtem sein.[40]

Das BVerfG sieht die innere Berechtigung für die Anspruchsbeschränkung darin, dass das Versorgungsrecht den Verletzten (oder ihren Hinterbliebenen) ein Äquivalent bietet. Die Versorgungsleistungen werden unabhängig vom Verschulden der beteiligten Personen gewährt. Diese Leistungen sind außerdem gesetzlich so umschrieben, dass ihre Höhe leicht und sofort berechenbar ist, so dass die geschädigte Person ohne Verzögerung in den Genuss der Leistung kommt.[41]

III. Anspruchsverwirklichung

1. Anspruchsgegner

Nach der sog. Anvertrauenstheorie haftet für den Schaden derjenige Hoheitsträger, der dem Amtsträger das Amt anvertraut hat. Haftender Hoheitsträger ist in der Regel die Anstellungskörperschaft, bei schädigenden Soldaten also die Bundesrepublik Deutschland. Für Amtspflichtverletzungen, die bei der Durchführung der Amtshilfe unterlaufen, trifft die Verantwortlichkeit diejenige Körperschaft, in deren Dienst der die Amtshilfeleistung ausführende Amtsträger steht, nicht die Körperschaft, für die die Amtshilfe geleistet wird.[42]

2. Art und Umfang des Schadensersatzes

Der Amtshaftungsanspruch ist auf Schadensersatz in Geld gerichtet. Damit kommt auch ein Schmerzensgeld in Betracht (§ 253 Abs. 2 BGB). Dies gilt u. a. für die gesundheitliche Beeinträchtigung durch militärischen Tieffluglärm.[43] Ein Mitverschulden des Geschädigten (§ 254 BGB) kann den Schadensersatz mindern oder ausschließen (soweit nicht bereits der Ausschlussgrund des § 839 Abs. 3 BGB eingreift). Betritt ein Besucher bei einer Waffenschau eine erkennbar nicht feststehende Leiter zu einem Panzer und stürzt, muss er sich ein hälftiges Mitverschulden zurechnen lassen.[44]

---

39 OLG Celle, Urt. v. 5.6.2007 – 16 U 103/06, juris, Rn. 13 ff.
40 BGH, Urt. v. 19.10.1978 – III ZR 59/77, VersR 1979, 32.
41 BVerfG, Beschl. v. 22.6.1971 – 2 BvL 10/69, BVerfGE 31, 121.
42 Staudinger/Wöstmann, BGB, Neubearbeitung 2013, § 839 Rn. 68.
43 BGH, Urt. v. 27.5.1993 – III ZR 59/92, BGHZ 122, 363, Rn. 32 ff.
44 OLG München, Urt. v. 10.7.1997 – 1 U 4143/96, juris, Rn. 13 ff.

3. Verjährung

Die Verjährung des Amtshaftungsanspruchs richtet sich nach den allgemeinen Vorschriften der §§ 194 ff. BGB. Die regelmäßige Verjährungsfrist beträgt drei Jahre (§ 195 BGB). Sie beginnt mit dem Schluss des Jahres, in dem der Anspruch entstanden ist und der Geschädigte von den den Anspruch begründenden Umständen und der Person des Schädigers Kenntnis erlangt oder ohne grobe Fahrlässigkeit hätte erlangen müssen (§ 199 Abs. 1 BGB). Für Schadensersatzansprüche, die auf der Verletzung des Lebens, des Körpers, der Gesundheit oder der Freiheit beruhen, verjähren ohne Rücksicht auf ihre Entstehung und die Kenntnis oder grob fahrlässige Unkenntnis in 30 Jahren von der Begehung der Handlung, der Pflichtverletzung oder dem sonstigen, den Schaden auslösenden Ereignis an (§ 199 Abs. 2 BGB).

4. Konkurrenzen

Der Amtshaftungshaftungsanspruch steht in Konkurrenz zu anderen Haftungsnormen:[45] Die allgemeinen deliktischen Ansprüche (§§ 823, 826, 831 BGB) sind ausgeschlossen. Ansprüche aus Gefährdungshaftung, insbesondere die Kraftfahrerhalterhaftung (§ 7 StVG), werden nicht verdrängt. Gleiches gilt für andere Ansprüche aus Staatshaftung.

5. Rechtsweg

Für Amtshaftungsansprüche ist der ordentliche Rechtsweg zu den Zivilgerichten gegeben (Art. 34 Satz 3 GG, § 40 Abs. 2 Satz 1 HS. 1, 3. Variante VwGO). In erster Instanz entscheiden die Landgerichte ohne Rücksicht auf den Wert des Streitgegenstandes (§ 71 Abs. 2 Nr. 2 GVG).

IV. Inanspruchnahme schädigender Soldaten (Regress)

Gemäß Art. 34 Satz 2 GG bleibt bei Vorsatz oder grober Fahrlässigkeit der Rückgriff vorbehalten. Der nur für vorsätzliche und grob fahrlässige Amtspflichtverletzungen „vorbehaltene" Innenregress bedarf normativer Regelung,[46] die sich für Soldaten in § 24 Abs. 1 SG[47] findet. Danach hat ein Soldat, der vorsätzlich oder grob fahrlässig die ihm obliegenden Pflichten verletzt, dem Dienstherrn den daraus entstehenden Schaden zu ersetzen. § 24 Abs. 1 SG regelt abschließend die vermögensrechtliche Haftung des Soldaten gegenüber dem Bund als Dienstherrn (im Innenverhältnis).[48]

45 Siehe Erman/Mayen, BGB, 15. Aufl. 2017, § 839 Rn. 17 ff.

46 Gurlit, in: v. Münch/Kunig, GG, 6. Aufl. 2012, Rn. 35.

47 Die Norm entspricht § 75 BBG. Die beamtenrechtliche Rspr. und Literatur kann man daher bei den Rechtsfragen des § 24 SG heranziehen; siehe z. B. Battis, BBG, 5. Aufl. 2017, § 75 Rn. 7 ff.

48 Scherer/Alff/Poretschkin/Lucks, SG, 10. Aufl. 2018, § 24 Rn. 1.

„Die ihm obliegenden Pflichten" sind mit den „Pflichten" i. S. d. § 23 Abs. 1 SG identisch.[49] Es muss sich um eine gesetzlich begründete Pflicht des Soldaten handeln. Solche Pflichten finden sich insbesondere in §§ 7 ff. SG. Dienstvorschriften, Erlasse oder Weisungen können eine Dienstpflicht des Soldaten konstituieren, wenn sie ihrerseits, notfalls im Auffangtatbestand des § 7 SG, eine gesetzliche Basis haben.

Vorsätzlich handelt der Soldat, der bewusst und gewollt den Tatbestand verwirklicht, der seine Pflichtverletzung ausmacht und sich der Pflichtwidrigkeit seines Verhaltens bewusst ist.[50] Grob fahrlässig handelt, wer die erforderliche Sorgfalt in besonders hohem Maße verletzt und nicht beachtet, was im gegebenen Fall jedem einleuchten muss.[51] Arbeitsüberlastung, dienstliche Überforderung oder Eilbedürftigkeit in einer Gefahrenlage können den Soldaten entlasten.[52]

Ein Schaden des Bundes liegt nur vor, wenn er zur Regulierung rechtlich verpflichtet ist. Eine freiwillig vom Bund erbrachte sog. Ex-gratia-Leistung (s. o. I. 4) ist danach kein Schaden. Wegen einer Ex-gratia-Leistung kann der Bund als Dienstherr keinen Rückgriff nehmen.

Die Höhe des Rückgriffsanspruchs ist aus Fürsorgegründen regelmäßig begrenzt. Die Fürsorgepflicht des Dienstherrn (§ 31 SG) gebietet es, die Soldaten nur insoweit zum Schadensersatz heranzuziehen, als dies angemessen, verhältnismäßig und billig ist. Hat der Dienstherr seine Fürsorgepflicht durch eine Verwaltungsvorschrift entsprechend konkretisiert, bindet er hierdurch seine Ermessensausübung. Durch Verwaltungsvorschriften vorgeschriebene Haftungsbegrenzungen sind daher zulässig.[53] Haftungsbegrenzende Vorschriften gibt es praktisch seit Bestehen der Bundeswehr (sog. Einziehungsrichtlinien):[54] Bei grobfahrlässigen Dienstpflichtverletzungen wird der dem Bund geschuldete Betrag im Umfang von drei Monatsgehältern (sog. Messbeträge), bei vorsätzlichen Dienstpflichtverletzungen im Umfang von sechs Messbeträgen eingezogen; die Restschuld wird grundsätzlich erlassen.

Bei Verkehrsunfällen gelten darüber hinaus die besonderen pflichtversicherungsrechtlichen Regressbeschränkungen. Der Bund wird als ein von der Versicherungspflicht befreiter Eigenversicherer (§ 2 Abs. 1 Nr. 1 PflVG) wie ein Haftpflichtversicherer behandelt. Der berechtigte Fahrer eines Dienstfahrzeugs hat daher eine dem Versicherten vergleichbare Stellung. Regressansprüche des Bundes gegenüber dem Fahrer bestehen nur in den Grenzen des § 2 Abs. 2 Sätze 3 und 4 PflVG. Dies bedeutet, dass – über

---

49 Siehe Eichen, in: Walz/Eichen/Sohm, SG, 3. Aufl. 2016, § 24 Rn. 21.

50 BVerwG, Urt. v. 7.12.1984 – 6 C 199/81, BVerwGE 70, 296, Rn. 20.

51 BVerwG, Urt. v. 17.9.1964 – II C 147/61, BVerwGE 19, 243, Rn. 15.

52 VG Minden, Urt. v. 6.8.2014 – 10 K 103/13, juris, Rn. 50.

53 BVerwG, Urt. v. 29.4.2004 – 2 C 2.03, BVerwGE 120, 370, Rn. 18.

54 Zentrale Dienstvorschrift A 2175/12 „Einziehung von Schadensersatzforderungen aus dem Dienst- bzw. Arbeitsverhältnis" vom 31.10.2018, abgedruckt in: Taschenbuch für die Bundeswehrverwaltung, C 83.

den vollen Regress bei vorsätzlicher Herbeiführung des Unfalls hinaus (wegen des Verweises auf § 103 VVG) – ein Rückgriff auf folgende Fälle beschränkt ist: die erbrachten Leistungen des Bundes übersteigen die gesetzlichen Mindestversicherungssummen; der Fahrer hat Obliegenheiten im Sinne der Pflichtversicherungsverordnung verletzt (insbesondere Trunkenheit); bei Obliegenheitsverletzungen ist der Regress auf jeweils 5.000,- Euro begrenzt.

Kapitel 2 Amtshilfe

Ulrich Lucks

I. Einleitung

Das Grundgesetz schreibt in Art. 35 Abs. 1 kurz und knapp vor: „Alle Behörden des Bundes und der Länder leisten sich gegenseitig Rechts- und Amtshilfe." Der Begriff der Amtshilfe wird im Grundgesetz nicht definiert, sondern als Ausdruck der bundesstaatlichen Ordnung mit einer einheitlichen Staatsgewalt vorausgesetzt.[55]

1. Begriff der Amtshilfe

Unter Amtshilfe wird im Allgemeinen die Vornahme von Handlungen rechtlicher oder tatsächlicher Art durch eine andere Verwaltungsbehörde zur Unterstützung einer Amtshandlung der ersuchenden Behörde verstanden.[56] Mit der Amtshilfe ist keine Übertragung von Kompetenzen verbunden; es handelt sich dabei nur um ein ausnahmsweises, punktuelles Zusammenwirken, nicht um eine regelmäßige, auf Dauer angelegte Zusammenarbeit zwischen Behörden. Amtshilfe hat nicht den Zweck, einer anderen Behörde die für ihre Aufgaben benötigten Ressourcen und Mittel zu ersparen. Im 2. Abschnitt des Verwaltungsverfahrensgesetzes (VwVfG) hat der Gesetzgeber die Amtshilfe näher konkretisiert. In § 4 Abs. 1 VwVfG wird Amtshilfe als auf Ersuchen geleistete „ergänzende Hilfe" zwischen Behörden definiert. Das bedeutet, dass eine vollständige Übernahme von Verwaltungsaufgaben keine Amtshilfe darstellt.[57] Nach § 4 Abs. 2 VwVfG scheidet außerdem Amtshilfe aus, wenn Hilfe innerhalb eines bestehenden Weisungsverhältnisses geleistet werden soll oder die Hilfeleistung in Handlungen besteht, die der ersuchten Behörde als eigene Aufgabe obliegen. Die Verantwortlichkeit für die Rechtmäßigkeit des Verfahrens und der zu treffenden Maßnahmen bleibt Sache der ersuchenden Behörde, während die ersuchte Behörde für die Art und Weise der jeweiligen Amtshilfe, deren Rechtmäßigkeit sich nach dem Recht der ersuchten Behörde richtet, verantwortlich ist (§ 7 VwVfG).

55 BVerfG, Beschl. v. 28.11.1957 – 2 BvL 11/56, BVerfGE 7, 183 (190) = NJW 1958, 97; Hofer, NZWehrr 1973, 2 (3); Rudolf, Kooperation im Bundesstaat, in: Handbuch des Staatsrechts, Bd. VI, 3. Aufl. 2008, § 141 Rn. 27.

56 Jarass/Pieroth, GG, 16. Aufl. 2020, Art. 35 Rn. 5.

57 Kopp/Ramsauer, VwVfG, 21. Aufl. 2020, § 4 Rn. 12.

2. Behörden

Adressat der Amtshilfeverpflichtung sind alle Behörden, wobei der Behördenbegriff weit zu verstehen ist und nicht nur Behörden der öffentlichen Verwaltung, sondern auch Behörden der Staatsorgane (Bundestag, Bundesrat) und ggf. auch andere Träger mittelbarer Staatsverwaltung umfasst.[58] Die Bundeswehr als Teil der Staatsverwaltung ist von diesem weiten Behördenbegriff erfasst und damit Amtshilfeadressat, und zwar unabhängig davon, ob es sich im Einzelfall um Behörden der Bundeswehrverwaltung (Art. 87b GG) oder um militärische Dienststellen, Verbände oder Einheiten (Streitkräfte im Sinne von Art. 87a GG) handelt.[59] Das Bundesministerium der Verteidigung (BMVg) hat in einer Zentralen Dienstvorschrift (A-2110/11) für die Bundeswehr vorgegeben, dass zur Amtshilfe alle Truppenteile und Dienststellen je nach Art und Umfang des Ersuchens sowie nach fachlicher Eignung befugt sind. Das BMVg hat sich die Entscheidung über Amtshilfeanträge in den Fällen vorbehalten, in denen eine oberste Bundesbehörde um Amtshilfe ersucht, die Amtshilfe von verfassungsrechtlicher Bedeutung ist (namentlich bei Anforderung von Polizeibehörden), von hoher Außenwirkung oder politisch sensitiv ist.

3. Rechtliche Grenzen der Amtshilfe

Aus dem Normzweck des Art. 35 Abs. 1 GG, die funktionale Effizienz staatlicher Stellen zu optimieren, kann man schließen, dass der Amtshilfeverpflichtung ein Anspruch der ersuchenden Behörde auf Amtshilfeleistungen korrespondiert, sofern nicht Rechtsgründe dem entgegenstehen.[60] Danach ist die Aufzählung der Verbots- und Weigerungsgründe in § 5 Abs. 2 und 3 VwVfG abschließend,[61] und die ersuchte Behörde kann nicht durch die Verweigerung der Amtshilfe auf den Fortgang eines Verwaltungsverfahrens der ersuchenden Behörde Einfluss nehmen und die von dieser Behörde zu treffende Entscheidung, die allein sie rechtlich zu verantworten hat, faktisch verhindern. Ein Weigerungsrecht kann nur ausnahmsweise in Betracht kommen, wenn das Gesamtvorhaben offensichtlich rechtswidrig oder rechtsmissbräuchlich ist,[62] ihm also die Rechtswidrigkeit geradezu „auf die Stirn geschrieben ist". Konsequenterweise legt § 5 Abs. 4 VwVfG fest, dass die ersuchte Behörde die Hilfe nicht deshalb verweigern darf, weil sie das Ersuchen für unzweckmäßig hält. Der ersuchten Behörde steht also kein Beurteilungsspielraum hinsichtlich Effektivität der begehrten Maßnahme zu; sie kann eine ablehnende Haltung nur auf Rechtsgründe stützen.

---

58 Erbguth, in: Sachs, GG, 8. Aufl. 2018, Art. 35 Rn. 3.

59 Epping, in: Epping/Hillgruber, GG, 3. Aufl. 2020, Art. 35 Rn. 2; Jarass/Pieroth, GG, 16. Aufl. 2020, Art. 35 Rn. 4; Klückmann, DVBl 1977, 953 (953); Alff, NZWehrr 1977, 41 (42 f.); Hofer, NZWehrr, 1973, 2 (6).

60 Erbguth, in: Sachs, GG, 8. Aufl. 2018, Art. 35 Rn. 14; Schnapp/Friehe, NJW 1982, 1423 (1425).

61 Schliesky, in: Knack/Hennecke, VwVfG, 11. Aufl. 2020, § 5 Rn. 22; Kopp/Ramsauer, VwVfG, § 5 Rn. 33.

62 Kopp/Ramsauer, VwVfG, 21. Aufl. 2020, § 5 Rn 34 ff.

Die Amtshilfeleistung durch die ersuchte Behörde hat sich im Rahmen des für die ersuchte Behörde geltenden Rechts zu bewegen. Denn Art. 35 Abs. 1 GG ist keine Ermächtigungsgrundlage, die die Handlungs- und Eingriffsbefugnisse der beteiligten Behörden (einschließlich der Streitkräfte der Bundeswehr) erweitert.[63] Da um Amtshilfe immer ausdrücklich ersucht werden muss, ist sie generellen Regelungen nicht zugänglich, sondern vom konkreten Ersuchen im Einzelfall abhängig.[64] Bei gewünschten Amtshilfeleistungen durch die Streitkräfte ist zu beachten, dass die Verwendung von Streitkräften durch die Verfassung streng begrenzt wird. Nach Art. 87a Abs. 2 GG dürfen die Streitkräfte außer zur Verteidigung nur eingesetzt werden, wenn das GG dies ausdrücklich zulässt. Daher ist auf das Verhältnis von Amtshilfe und Einsatz der Bundeswehr im Innern näher einzugehen.

II. Abgrenzung zum „Einsatz" im Sinne von Art. 87a GG

In den Medien, von Politikern und selbst innerhalb der Bundeswehr werden sämtliche Hilfeleistungen der Bundeswehr im Inland bisweilen undifferenziert als „Einsatz" bezeichnet, was rechtlich gesehen nicht korrekt ist, da der Einsatz der Bundeswehr in Art. 87a Abs. 2 GG geregelt ist und eine ganz andere Qualität hat.[65] Diese Bestimmung wurde im Zuge der sogenannten Notstandsverfassung durch das Siebzehnte Gesetz zur Ergänzung des Grundgesetzes vom 24. Juni 1968 (BGBl. I S. 709) in das Grundgesetz eingefügt und soll verhindern, dass für die Verwendung der Streitkräfte als Mittel der vollziehenden Gewalt „ungeschriebene Zuständigkeiten aus der Natur der Sache" abgeleitet werden.[66] Der Verfassungsvorbehalt des Art. 87a Abs. 2 GG erfasst (nur) solche Verwendungen, bei denen die Streitkräfte hoheitlichen Zwang einsetzen dürfen, wozu auch die Anwendung von Waffengewalt, Eingriffe in Rechte Dritter und die (bewaffnete) Bewachung von Objekten gehören können.[67] Für die eingesetzten Soldaten bedeutet dies, dass sie ggf. mit militärischer Bewaffnung das Gewaltmonopol des Staates verkörpern und als Mittel der vollziehenden Gewalt hoheitliche Eingriffsbefugnisse ausüben (dürfen).

Diese Auslegung wird im Plenarbeschluss des BVerfG vom 3. Juli 2012 zum Luftsicherheitsgesetz bestätigt, wonach nicht jede Verwendung ein Ein-

---

63 Vgl. BVerfG, Beschl. v. 15.1.1970 – 1 BvR 13/38, BVerfGE 27, 344 (352); Magen, in: Umbach/Clemens, GG, Bd. 1, 2002, Art. 35 Rn. 22 und 28 m. w. N.

64 Magen, in: Umbach/Clemens, GG, Bd. 1, 2002, Art. 35 Rn. 18.

65 Vgl. Erkens, BWV 2019, 73 (75).

66 BVerfG, Urt v. 15.2.2006 – 1 BvR 357/05, BVerfGE 115, 118 (143), unter Berufung auf den Bericht des Rechtsausschusses zum Entwurf einer Notstandsverfassung, BT-Drs. IV/2873, S. 13; vgl. Dau, NZWehrr 2011, 1 (16).

67 BVerwG, Urt. vom 26.6.2006 – 2 WD 2.06, NZWehrr 2007, 79 (84); Kokott, in: Sachs, GG, 8. Aufl. 2018, Art. 87a Rn. 17; Dreist, BWV 2011, 4 (27); Ladiges, NVwZ 2012, 1224 (1225); ähnlich Lutze, NZWehrr 2001, 117 (119), der auf die Regelungs- und Eingriffsqualität des Handelns der Bundeswehr abstellt.

satz ist, sondern nur die Verwendung als Mittel der vollziehendenden Gewalt in einem Eingriffszusammenhang, wobei genügen soll, dass personelle oder sachliche Mittel der Streitkräfte in ihrem „Droh- oder Einschüchterungspotential genutzt werden".[68] Seit längerem stehen Unterstützungsmaßnahmen der Streitkräfte zu Gunsten der Polizei in der Diskussion.[69] Ein in der Literatur gerne herangezogenes Beispiel ist die Suche von Personen durch die Streitkräfte mit ihren besonderen technischen Mitteln. Die Verwendung eines Tornados mit Wärmebildkameras zur Suche von Vermissten etwa sei zulässig, die Suche nach entflohenen Straftätern hingegen problematisch.[70] Die Suche nach Straftätern durch die Streitkräfte würde unmittelbar der Ergreifung des Verdächtigen dienen und damit von einer allein der Polizei zustehenden Vollzugsmaßnahme nicht trennbar sein. Die Einbeziehung in Polizeivollzugsmaßnahmen wäre als Eingriff in die verfassungsrechtlich verbürgte Trennung von Streitkräfte- und Polizeiaufgaben unzulässig.[71] Außerhalb der Amtshilfe kann die Bundeswehr im Inland nach Art. 35 Abs. 2 und 3 GG auch bei Naturkatastrophen (z. B. Hochwasser, Erdbeben, Sturmschäden) oder besonders schweren Unglücksfällen unterstützend tätig werden. Besonders schwere Unglücksfälle sind nach der Rechtsprechung ungewöhnliche Ausnahmesituationen von katastrophischen Dimensionen.[72] Das BVerfG verweist in seiner Judikatur stets auf das Gebot strikter Texttreue und folgert daraus, dass ein Einsatz der Streitkräfte nur unter engen Voraussetzungen zulässig ist, die sicherstellen, dass nicht die strikten Begrenzungen des Art. 87a Abs. 4 GG unterlaufen werden. Im Verhältnis von „Einsatz" der Streitkräfte und „Amtshilfe" der Streitkräfte gilt Folgendes: Einsatz der Streitkräfte und Amtshilfe der Streitkräfte für andere Behörden nach Art. 35 Abs. 1 GG schließen sich aus. [73]

III. Fallgruppen einer Amtshilfeleistung durch die Bundeswehr

Im Rahmen der Amtshilfe können Behörden vielfältige Leistungen erbringen. Da es jeweils auf das konkrete Ersuchen der „hilfebedürftigen" Behörde ankommt, lässt sich hier keine erschöpfende Aufzählung denkbarer Hilfeleistungen vornehmen. Als Beispiele für Amtshandlungen werden in

---

68 BVerfG, Plenarbeschluss vom 3.7.2012 – PBvU 1/11, BVerfGE 132,1 = BWV 2012, 204.

69 Vgl. Gramm, NZWehrr 2007, 221 (227); Ladiges, NVwZ 2010, 1075 (1077); nach Jahn/Riedel, DÖV 1988, 957 (960) ist schon die Bereitstellung von militärischem Gerät grundsätzlich als Einsatz anzusehen, was aber zu weitgehend ist.

70 Kokott, in: Sachs, GG, 8. Aufl. 2018, Art. 87a Rn. 17; abweichend Soria, DVBl 2004, 597 (601), der die Suche nach vermissten Personen mit Flugzeugen der Bundeswehr als Amtshilfe und nicht als Einsatz ansieht.

71 Gramm, NZWehrr 2003, 89 ff.; Klückmann, DVBl. 1977, 953 (954); Lucks, NVwZ 2015, 1648 (1649); zum Einsatzbegriff vgl. Ladiges, Die Bekämpfung nicht-staatlicher Angreifer im Luftraum, 2. Aufl. 2013, S. 33 ff.

72 BVerfG, Urt. v. 15.2.2006 – 1 BvR 357/05, BVerfGE 115, 118 (143).

73 Epping, in: Epping/Hillgruber, GG, 3. Aufl. 2020, Art. 35 Rn. 2; Wiefelspütz, BWV 2004, 121 (123).

der Literatur u. a. genannt: Erteilen von Auskünften, Übermittlung von Daten, Übersendung von Akten, Bereitstellung von Räumen und technischen Hilfsmitteln, Vornahme von Ermittlungshandlungen.[74] Die Bundeswehr hat zivile Behörden und die Polizei z. B. bei der Flutkatastrophe 2002, bei politischen Großereignissen wie dem G8-Gipfel in Heiligendamm 2008 und dem G20-Gipfel in Elmau im Juni 2015 unterstützt. Auch im Rahmen der Flüchtlingshilfe im Jahr 2015 wurde die Bundeswehr in vielfältiger Weise tätig.[75] Die nachfolgend aufgeführten Fallgruppen sollen als erste Orientierung dienen.

1. Bereitstellen von Liegenschaften

Eine vorübergehende Bereitstellung von Liegenschaften der Bundeswehr zur Unterbringung von Flüchtlingen oder von Quarantänebetroffenen (z. B. bei einer Pandemie) sowie die Bereitstellung von Büroräumen und Kfz-Abstellflächen für Behörden und Gemeinden ist rechtlich zulässig, weil sich die Hilfe in einer schlichten Gebrauchsüberlassung ohne Bezug zu hoheitlichem Handeln erschöpft.

2. Personelle Unterstützung

Eine Unterstützung anderer Ressorts oder kommunaler Behörden kann durch Beamte der Bundeswehr rechtlich unproblematisch erfolgen, soweit diese zu den um Amtshilfe ersuchenden Behörden nach § 27 Bundesbeamtengesetz (BBG) abgeordnet werden und dann in dieser Behörde tätig werden. Nach § 27 Abs. 3 Satz 2 BBG ist die Abordnung zu einem anderen Dienstherrn auch ohne Zustimmung des Beamten zulässig, wenn die Tätigkeit einem Amt mit demselben Endgrundgehalt auch einer anderen Laufbahn entspricht und nicht länger als fünf Jahre dauert. Für Zivilbeschäftigte der Bundeswehr wäre eine Dienstleistung in anderen Bereichen bei freiwilliger Meldung theoretisch möglich und eine Frage der arbeitszeit- und besoldungsrechtlichen Umsetzung. Bei Soldaten ist die Rechtslage anders. Auch hier kommt eine vorübergehende Abordnung zu zivilen Behörden in Betracht, wie es z. B. bei der Flüchtlingskrise 2015 geschah, als Soldaten zum Bundesamt für Migration und Flüchtlinge (BAMF) entsandt wurden. Eine Personalabstellung von Soldaten an andere Behörden im Wege der Abordnung bzw. Kommandierung wirft zunächst statusrechtliche Fragen auf (Unterstellungsverhältnis, Disziplinarbefugnis), erscheint aber grundsätzlich zulässig. Ein solcher Personalwechsel ist aber kein echter Fall von Amtshilfe, da das abgestellte Personal dann in die neue Behördenhierarchie eingegliedert und der Weisungsbefugnis der dortigen (zivilen) Leitung unterworfen wäre. Lediglich dann, wenn Soldaten ohne entsprechende Zuweisung von ihren militärischen Vorgesetzten dazu eingeteilt werden, Tätigkeiten für eine zivile

74 Vgl. Kopp/Ramsauer, VwVfG, 21. Aufl. 2020, § 4 Rn. 13; Epping, in: Epping/Hillgruber, GG, 3. Aufl. 2020, Art. 35 Rn. 13.

75 Vgl. dazu eingehend Dreist, NZWehrr 2015, 221 ff.; Lucks, NVwZ 2015, 1648 ff.

Behörde im Bund, einem Land oder einer Gemeinde auszuführen, ist dies als Amtshilfe anzusehen. Angehörige von Streitkräften dürfen für zivile Behörden in deren Verwaltungsverfahren nur technische Unterstützung bzw. Verwaltungshilfe leisten, aber nicht als Organ der vollziehenden Gewalt unter Androhung oder Anwendung hoheitlichen Zwangs tätig werden, sonst wäre die Personalabstellung als Umgehung der Schranke des Art. 87a Abs. 2 GG anzusehen. Eine Personalverstärkung durch Streitkräfte kann überdies nur im Rahmen freier Kapazitäten erfolgen, da es nicht Aufgabe der Bundeswehr sein kann, personelle Defizite anderer Behörden auszugleichen.

3. Unterstützung der Polizei

Eine Amtshilfeleistung für die Polizei ist auf technische Unterstützung und Bereitstellung von Liegenschaften (z. B. Parkraum), von Unterkünften, Verpflegung und anderen Sachleistungen beschränkt. Sie darf die Grenze zu polizeilichen Vollzugsmaßnahmen nicht überschreiten, was im Einzelfall zu Abgrenzungsproblemen führen kann, wenn personell überlastete Polizeibehörden zur Gefahrenabwehr mehr verlangen, als die Bundeswehr leisten darf oder kann. Eine Bewachung von Personen zur Entlastung der Polizei (z. B. nach einer wegen Gewalttaten aufgelösten Demonstration) durch Streitkräfte wäre nur unter Inanspruchnahme von hoheitlichen Eingriffsrechten möglich und würde den Streitkräften im Rahmen der Amtshilfe nicht zustehen. Der Transport von Polizisten mit Bundeswehrfahrzeugen ist grds. möglich, darf jedoch die Schwelle zum Einsatz nicht überschreiten, was etwa dann der Fall wäre, wenn gepanzerte Bundeswehrfahrzeuge unmittelbar in polizeiliche Maßnahmen (Terrorabwehr, Geiselbefreiung) involviert wären. Es mag unbefriedigend sein, wenn die Streitkräfte das ihnen zur Verfügung stehende und ggf. auch geeignete Mittel in einer konkreten polizeilichen Gefahrenlage nicht einsetzen dürfen; dieses Dilemma lässt sich aber ohne verfassungs- bzw. spezialgesetzliche Regelung nicht lösen.

4. Unterstützung bei der Erstaufnahme von Flüchtlingen oder bei Quarantänemaßnahmen

Eine personelle Unterstützung in einer Erstaufnahmeeinrichtung für Flüchtlinge ist rechtlich zulässige technische Amtshilfe nach Art. 35 Abs. 1 GG, soweit und solange die Unterstützer nicht als Organ der vollziehenden Gewalt unter Androhung oder Anwendung hoheitlichen Zwangs helfen. Eine solche Unterstützung dürfen Bundeswehrangehörige in der Praxis in Anwesenheit zuständiger Polizeikräfte leisten, wobei die Abgrenzung von hoheitlichem Handeln und rein unterstützenden Tätigkeiten mitunter Schwierigkeiten bereiten kann. Den Betrieb von Einrichtungen des Landes zur Unterbringung von Flüchtlingen allein durch die Streitkräfte durchführen zu lassen, wäre verfassungswidrig, denn damit würden diese als Organ der vollziehenden Gewalt auftreten und die Hilfeleistung wäre strukturell und ablaufprozessual untrennbar mit dem Asylverfahren sowie dem daraus folgenden ordnungspolizeilichen Auftrag der Gebietskörperschaften einschließlich der ggf. erforderlichen Zwangs- und Eingriffsbefugnisse verbunden. Ähnliches gilt für die Unterbringung von Personen in einer Quarantäneeinrichtung nach dem Infektionsschutzgesetz (InfSG), die den örtlichen Gesundheitsbehörden obliegt. Hier können Bundeswehrangehörige unterstützend tätig werden, haben aber keine Befugnisse zur Durchsetzung der Quarantäne- oder Absonderungsanordnungen. Insofern wäre (lediglich) der Betrieb der Einrichtung sowie eine Steuerung, Wegweisung, Instandhaltung sowie Ausgabe von Verpflegung und Sachleistungen an die untergebrachten Personen im Auftrag und unter verantwortlicher Leitung der um Amtshilfe ersuchenden Behörde möglich. In Falle von Unruhen oder Regelverstößen innerhalb einer Erstaufnahme- oder Quarantäneeinrichtung stehen Soldaten nur die strafrechtlichen Jedermann-Befugnisse (Notwehr und Nothilfe nach §§ 32 und 34 StPO sowie das Festnahmerecht nach § 127 Abs. 1 StPO) zu. Darüber hinaus könnten sie u. U. unmittelbaren Zwang nach § 9 Nr. 1 des Gesetzes über die Anwendung unmittelbaren Zwanges und die Ausübung besonderer Befugnisse durch Soldaten der Bundeswehr und verbündeter Streitkräfte sowie ziviler Wachpersonen (UZwGBw) anwenden, wenn sich das Verhalten der Störer als Straftat gegen die Bundeswehr (§ 3 UZwGBw) darstellt, wobei der Grundsatz der Verhältnismäßigkeit zu beachten ist.[76]

5. Gesundheitsfürsorge

Die Hilfeleistung durch Personal des Sanitätsdienstes ist grds. möglich, wenn etwa Bundeswehrärzte und -sanitäter zur Unterstützung der Gesundheitsbehörden angefordert werden (z. B. bei einer Pandemie). Die Verantwortlichkeit der Gesundheitsfürsorge einschließlich des Infektionsschutzes tragen aber die betreffenden Gebietskörperschaften, sofern der Sanitätsdienst der Bundeswehr nicht selbst als öffentlich-rechtliche Stelle für die Bundeswehr im sog. Eigenvollzug (§ 54a IfSG) tätig wird.[77] Wird der Sanitätsdienst im Wege der Amtshilfe für Kommunen tätig, können z. B. Laboreinrichtungen der Bundeswehr auf Ersuchen der Länder und Gemeinden für medizinische Untersuchungen (z. B. im Falle einer Pandemie) Amtshilfe leisten. Dies steht allerdings unter dem Vorbehalt, dass der Auftrag des Sanitätsdienstes zur Sicherstellung der unentgeltlichen truppenärztlichen Versorgung nach § 30 Abs. 1 SG und damit die Erfüllung originärer Aufgaben der Bundeswehr nicht ernstlich gefährdet würde. Ernstliche Gefährdung im Sinne dieser Vorschrift ist gegeben, wenn die Erfüllung des Amtshilfeersuchens die ersuchte Behörde im Hinblick auf ihre personelle und sachliche Ausstattung so erheblich belasten würde, dass wichtige und dringliche Aufgaben nicht nur kurzfristig zurückgestellt werden müssten.[78] Bei einer Pandemie wäre also zu berücksichtigen, dass der Sanitätsdienst ggf. das infizierte Bundeswehrpersonal vorrangig zu versorgen hätte.

---

76 Heinen/Bajumi, Rechtsgrundlagen Feldjägerdienst, 11. Aufl. 2018, S. 65 ff.
77 Dazu näher Nonninger, NZWehrr 2020, 45 (49 f.).
78 Vgl. Kopp/Ramsauer, VwVfG, 21. Aufl. 2020, § 5 Rn. 33.

Kapitel 3 **Befehlsrecht**

Christian Wesemann

I. Militärische Ordnung

Die Einteilung von Soldaten in Vorgesetzte und Untergebene sowie das Prinzip von Befehl und Gehorsam bilden das Rückgrat jeder militärischen Ordnung.[79] Dies kommt nicht von ungefähr: Die Möglichkeit, auf Befehl schnell und einheitlich zu agieren, ist die Grundvoraussetzung einer schlagkräftigen Armee.[80] Zwar mögen diese Begriffe insbesondere Ungedienten fremd erscheinen. Doch auch für die militärische Ordnung gilt die wohl jedem Jurastudenten bekannte Festlegung des Art. 20 Abs. 3 des Grundgesetzes (GG), wonach die vollziehende Gewalt, und dies umfasst auch die Streitkräfte,[81] an Gesetz und Recht gebunden ist.

1. Befehls- und Kommandogewalt

Eine systematische Betrachtung der militärischen Ordnung der Bundeswehr muss sinnvollerweise in der Normenhierarchie „oben" beginnen, d. h. mit Art. 65a GG: Bereits auf verfassungsrechtlicher Ebene wird hier dem Bundesminister der Verteidigung die Befehls- und Kommandogewalt über die Streitkräfte erteilt.[82] Um genauer zu beleuchten, wie diese Befehls- und Kommandogewalt ihren Weg im Rahmen der militärischen Ordnung bis auf die Ebene des „einfachen" Soldaten, z. B. eines Navigationsgasten (NavGast)[83] an Bord einer Fregatte der Deutschen Marine, findet, ist zunächst die Führungsstruktur des Bundesministeriums der Verteidigung (BMVg) zu betrachten.

Diese ist keineswegs starr, sondern wurde über die Jahre bereits mehrfach angepasst: Aufgrund der Erkenntnis, dass die „bisherige Organisation des Ministeriums […] sich als nicht klar und eindeutig genug herausgestellt"[84] hat, wurde bereits mit dem „Blankeneser Erlass" vom 21. März

---

79 Burmester, NZWehrr 1990, 89.

80 Scherer/Alff/Poretschkin/Lucks, SG, 10. Aufl. 2018, § 11 Rn. 0a.

81 Eichen, NZWehrr 2011, 178 m. w. N.

82 Diese Befehls- und Kommandogewalt geht gem. Art. 115b GG mit Verkündigung des Verteidigungsfalls auf den Bundeskanzler über.

83 Als „Gast" (Plural: „Gasten") bezeichnet man in der Deutschen Marine einen Mannschaftssoldaten, der mit einer bestimmten Aufgabe an Bord betraut ist, z. B. der Navigation.

84 So die einleitende Begründung vom „Blankeneser Erlass". Schon Minister Kai-Uwe v. Hassel traf in den Jahren 1964/65 Regelungen zur „Neuordnung des Ministeriums".

1970 durch den damaligen Bundesminister der Verteidigung Helmut Schmidt die Führungsstruktur des BMVg neu geordnet. Angesichts der sich wandelnden Aufgaben der Bundeswehr kam es zu weiteren Anpassungen durch den „Berliner Erlass“ vom 21. Januar 2005 und zuletzt durch den „Dresdner Erlass“ vom 21. März 2012.

Nunmehr stellt sich die Führungsstruktur des BMVg wie folgt dar: Der Bundesminister der Verteidigung ist „höchster Vorgesetzter aller Soldaten, Beamten und Arbeitnehmer der Bundeswehr“[85]. Ihm unterstehen die Streitkräfte (Art. 87a GG) und die Bundeswehrverwaltung (Art. 87b GG) gleichermaßen. Der Generalinspekteur der Bundeswehr (GenInsp) ist der „ranghöchste Soldat der Bundeswehr“[86]: Er ist nicht nur militärischer Berater des Bundesministers der Verteidigung,[87] sondern auch unmittelbarer Vorgesetzter nach § 1 der Vorgesetztenverordnung (VorgV) der in den Streitkräften eingesetzten Soldaten und darüber hinaus Vorgesetzter der dort eingesetzten zivilen Mitarbeiter.[88] Der GenInsp ist ferner Disziplinarvorgesetzter nach § 3 VorgV für außerhalb der Streitkräfte eingesetzte Soldaten.[89]

Neben dem Verfassungsrecht, der innerministeriellen Führungsstruktur und der noch genauer zu beleuchtenden VorgV sind für die militärische Ordnung der Bundeswehr auch einfachgesetzliche Vorgaben von Bedeutung. So ist in § 10 Abs. 4 des Soldatengesetzes (SG) zu lesen, dass ein Vorgesetzter Befehle nur zu dienstlichen Zwecken und nur unter Beachtung der Regeln des Völkerrechts, der Gesetze und der Dienstvorschriften erteilen darf.

2. Befehl des Vorgesetzten

Was genau ist ein Befehl? Zunächst so viel: Laut § 2 Nr. 2 des Wehrstrafgesetzes (WStG) ist ein Befehl eine Anweisung zu einem bestimmten Verhalten, die ein militärischer Vorgesetzter einem Untergebenen schriftlich, mündlich oder in anderer Weise, allgemein oder für den Einzelfall und mit Anspruch auf Gehorsam erteilt.

Und wer kommt als Vorgesetzter in Frage? Hier hilft der eben zitierte § 2 Nr. 2 WStG mit einem Verweis auf § 1 Abs. 3 SG weiter, wonach ein Vorgesetzter derjenige ist, der befugt ist, einem Soldaten Befehle zu erteilen.[90] Wie gezeigt, ist dies zu allererst der Bundesminister der Verteidigung (Art. 65a GG). Für die Befehlsbefugnis aller anderen Vorgesetzten verweist § 1 Abs. 3 Satz 2 SG auf eine Rechtsverordnung, die bereits erwähnte VorgV, und gibt zugleich deren Regelungsinhalt vor: Die VorgV soll festlegen, wer auf Grund seiner Dienststellung, seines Dienstgrades, besonderer Anordnung oder eigener Erklärung Befehle erteilen kann. Außerhalb des Dienstes

85 „Dresdner Erlass“, Nr. I 1, Satz 2.
86 „Dresdner Erlass“, Nr. II 1 Satz 1.
87 „Dresdner Erlass“, Nr. II 1 Satz 3.
88 „Dresdner Erlass“, Nr. II 3 Satz 2.
89 „Dresdner Erlass“, Nr. II 3 Satz 3.
90 § 1 Abs. 3 Satz 1 SG.

soll auf Grund des Dienstgrades allein keine Befehlsbefugnis bestehen.[91] Und nur zur Hilfeleistung in Notfällen, zur Aufrechterhaltung der Disziplin oder Sicherheit oder zur Herstellung einer einheitlichen Befehlsbefugnis in kritischer Lage, darf auch durch eigene Erklärung eine Befehlsbefugnis begründet werden.[92] Der Vollständigkeit halber sei noch auf eine Befehlsbefugnis hingewiesen, welche sich nicht aus der VorgV ergibt: § 21 Abs. 2 Nr. 2b der Wehrdisziplinarordnung (WDO) enthält das einzige einfachgesetzlich festgeschriebene Vorgesetztenverhältnis: Ein Offizier oder ein Unteroffizier, der einen dienstgradniedrigeren Soldaten vorläufig festgenommen hat, wird automatisch zu dessen Vorgesetzten.

All diese Regelungen folgen dem Prinzip der Inneren Führung: Im Gegensatz zur militärischen Ordnung vor 1945, welche auch außer Dienst Bestand hatte, sollen nunmehr die Rechte der Soldaten der Bundeswehr als „Staatsbürger in Uniform" möglichst wenig beschnitten werden.[93]

3. Gehorsam des Untergebenen

Das Pendant zum Befehl ist der Gehorsam: Ein Soldat muss gem. § 11 Abs. 1 Satz 1 und 2 SG seinen Vorgesetzten gehorchen und ihre Befehle nach besten Kräften vollständig, gewissenhaft und unverzüglich ausführen. Dabei obliegt dem Befehlsempfänger keine umfassende Prüfpflicht hinsichtlich der Rechtmäßigkeit des ihm erteilten Befehls: Die Verantwortung trägt allein der Vorgesetzte.[94]

Wer an dieser Stelle jedoch Kadavergehorsam wittert, der irrt. Nicht nur das SG, auch das WStG sehen Fälle vor, in denen ein erteilter Befehl nicht befolgt werden muss, ja sogar nicht befolgt werden darf: So liegt gem. § 11 Abs. 1 Satz 3 SG Ungehorsam nicht vor, wenn ein Befehl nicht befolgt wird, welcher eine Verletzung der Menschenwürde zur Folge hätte oder welcher zu keinem dienstlichen Zweck erteilt worden ist. Neben dem „muss nicht" gibt es auch noch ein „darf nicht": Gemäß § 11 Abs. 2 Satz 1 SG darf ein Befehl nicht befolgt werden, wenn dadurch eine Straftat begangen würde. Befolgt der Soldat den Befehl dennoch, so trifft ihn eine Schuld nur, wenn er erkennt oder wenn es nach den ihm bekannten Umständen offensichtlich ist, dass durch die Ausführung des Befehls eine Straftat begangen wird.[95]

Die grundlegende Bedeutung des Prinzips von Befehl und Gehorsam spiegelt sich auch in der Strafbewehrung wider: Unter besonderen Umständen können Ungehorsam oder Gehorsamsverweigerung mit bis zu drei Jahren und die leichtfertige Nichtbefolgung eines Befehls mit bis zu zwei Jahren Freiheitsstrafe bestraft werden.[96]

---

91 § 1 Abs. 3 Satz 3 SG.
92 § 1 Abs. 3 Satz 4 SG.
93 Eichen, NZWehrr 2011, 179.
94 § 10 Abs. 5 Satz 1 SG.
95 § 11 Abs. 2 Satz 2 SG.
96 §§ 19–22 WStG.

II. Vorgesetztenverordnung

Die VorgV ist mit lediglich sieben Paragraphen, von denen der letzte nur ihr Inkrafttreten zum Gegenstand hat, erfreulich übersichtlich. Daraus sollte man jedoch nicht schließen, dass der genaue Regelungsgehalt der VorgV zum Standardwissen eines jeden Soldaten der deutschen Streitkräfte gehört.[97] Auch entpuppen sich die sieben Paragraphen bei genauerer Betrachtung als deutlich komplizierter als gedacht. Sie gleichen einem „Mosaik“[98] von insgesamt sechs Möglichkeiten, aufgrund derer ein Soldat zum Vorgesetzten eines anderen Soldaten werden kann.[99] Diese sechs Möglichkeiten lassen sich wiederum in vier unterschiedliche Vorgesetztenverhältnisse einteilen: Das Vorgesetztenverhältnis auf Grund der Dienststellung, das Vorgesetztenverhältnis auf Grund des Dienstgrads, das Vorgesetztenverhältnis auf Grund besonderer Anordnung und das Vorgesetztenverhältnis auf Grund eigener Erklärung.

1. Vorgesetztenverhältnis auf Grund der Dienststellung

Zu den Vorgesetzten auf Grund der Dienststellung gehört zunächst der unmittelbare Vorgesetzte gem. § 1 Abs. 1 VorgV: „Ein Soldat, der einen militärischen Verband, eine militärische Einheit oder Teileinheit führt oder der eine militärische Dienststelle[100] leitet und daher die allgemeine Befugnis hat, den ihm unterstellten Soldaten in und außer Dienst Befehle zu erteilen.“ Maßgeblich für die Vorgesetzteneigenschaft nach § 1 VorgV ist damit die Organisationsstruktur der Streitkräfte: Ein Soldat hat abhängig von seinem Dienstposten mehrere unmittelbare Vorgesetzte bis „hinauf“ zum GenInsp.[101] Aus Sicht des eingangs vorgestellten NavGast gibt es allein an Bord seiner Fregatte für ihn drei unmittelbare Vorgesetzte: Zunächst der Navigationsoffizier (NO)[102], der an Bord für den Navigationsabschnitt verantwortlich ist. Sodann der Erste Offizier (IO)[103] als ausführendes Organ und Berater des Kommandanten (Kdt) und schließlich der Kdt[104] als Führer eines Kriegsschiffs. Die Liste der Vorgesetzten nach § 1 VorgV kann entsprechend der Organisationsstruktur der Deutschen Marine weiter geführt werden über den Geschwaderkommandeur, den Kommandeur der Einsatzflottille, den Abteilungslei-

97 Zu dieser Erkenntnis kommt Eichen, NZWehrr 2011, 177.
98 Dieser Vergleich stammt von Metzger, NZWehrr 2016, 194.
99 Vgl. dazu: Raap, Deutsches Wehrrecht, 1999, S. 40 ff.
100 Hierzu zählen z. B. auch die Schulen der Deutschen Marine, nicht jedoch deren einzelne Inspektionen. Vorgesetzter nach § 1 VorgV ist daher nur der Schulkommandeur als Leiter der militärischen Dienststelle, nicht aber ein Inspektionschef oder etwa ein Hörsaalleiter. Beide können jedoch Vorgesetzte nach § 3 VorgV sein, vgl. Bereichserlass D-500/31 Nr. 202.
101 Hucul, in: Walz/Eichen/Sohm, SG, 3. Aufl. 2016, Anhang zu § 1 Rn. 4.
102 Vgl. Bereichsvorschrift C1-280/0-3302 Nr. 226.
103 Vgl. Bereichsvorschrift C1-280/0-3302 Nr. 166.
104 Vgl. Bereichsvorschrift C1-280/0-3302 Nr. 101.

ter Einsatz im Marinekommando, den Inspekteur der Marine, bis zum GenInsp.[105]

Diese mit der truppendienstlichen Unterstellung einhergehende sog. allgemeine Befehlsbefugnis des unmittelbaren Vorgesetzten ist auf den ersten Blick frei von jeder Beschränkung in zeitlicher, örtlicher oder sachlicher Hinsicht.[106] Gleichwohl kann sie gegenüber spezielleren Befehlsbefugnissen, die ihre Grundlage ebenfalls in der jeweiligen Dienststellung des Soldaten finden, zurücktreten: So räumt etwa § 1 Abs. 2 VorgV der Befehlsbefugnis eines Fachvorgesetzten Vorrang ein. Einem Fachvorgesetzten obliegt gem. § 2 VorgV die Leitung des Fachdienstes von Soldaten, weshalb er befugt ist, ihnen im Dienst zu fachdienstlichen Zwecken Befehle zu erteilen. Dies gilt für den Sanitätsdienst, den Militärmusikdienst und den Geoinformationsdienst der Bundeswehr.[107] Dennoch ist anhand des Wortlauts des § 1 Abs. 2 VorgV, welcher anstatt eines eindeutigen Verbots lediglich ein „soll nicht" formuliert, zu erkennen, dass die Befehlsbefugnis des unmittelbaren Vorgesetzten eben nicht vollkommen zurücktritt, sondern lediglich zugunsten besonderer Fähigkeiten und Kenntnisse der fachlichen Leitung zurückgenommen ist, um abgesehen von Ausnahmefällen fachfremde Einmischung zu verhindern.[108] So kann der Inspekteur des Sanitätsdienstes der Bundeswehr, da er nicht nur Vorgesetzter nach § 1 VorgV für die ihm unterstellten Soldaten, sondern zugleich auch Vorgesetzter nach § 2 VorgV ist,[109] sozusagen am Inspekteur der Marine und am Kdt einer Fregatte vorbei, dem Schiffsarzt Befehle fachlicher Natur erteilen.

Auch das in § 3 VorgV skizzierte Vorgesetztenverhältnis mit besonderem Aufgabenbereich kann der Befehlsbefugnis aus § 1 VorgV vorgehen.[110] Dem Vorgesetzten gem. § 3 VorgV ist auf Grund seiner Dienststellung ein besonderer Aufgabenbereich zugewiesen. Deshalb hat er im Dienst die Befugnis, anderen Soldaten, die u. U. nicht im Dienst sind, Befehle zu erteilen, welche zur Erfüllung seiner Aufgaben notwendig sind.[111] Nur sofern es sich aus seinem Aufgabenbereich ergibt, hat er zugleich Befehlsbefugnis gegenüber Soldaten, die sich nicht im Dienst befinden.[112] Der Befehlsbefugnis nach § 3 VorgV wohnt also im Gegensatz zu derjenigen des § 1 VorgV sowohl eine inhaltliche („zur Erfüllung seiner Aufgaben") als auch eine zeitliche Begrenzung („im Dienst") inne. Für die Vorgesetzteneigenschaft nach § 3 VorgV ist entscheidend, dass nicht nur dauerhaft oder regelmäßig wiederkehrend besondere Aufgaben übertragen werden, sondern dass zudem auch die Befugnis verlie-

105 Aufbauorganisatorisch entspricht die Einsatzflottille der Ebene einer Brigade, das Geschwader der Ebene eines Regiments und das Schiff der Ebene eines Bataillons. Boote sind auf der Ebene einer Kompanie zu verorten.
106 Hucul, in: Walz/Eichen/Sohm, SG, 3. Aufl. 2016, Anhang zu § 1 Rn. 2.
107 Hucul, in: Walz/Eichen/Sohm, SG, 3. Aufl. 2016, Anhang zu § 1 Rn. 19.
108 Hucul, in: Walz/Eichen/Sohm, SG, 3. Aufl. 2016, Anhang zu § 1 Rn. 12 ff.
109 Vgl. „Dresdner Erlass", Nr. II 4 Satz 3.
110 Hucul, in: Walz/Eichen/Sohm, SG, 3. Aufl. 2016, Anhang zu § 1 Rn. 3.
111 § 3 Satz 1 VorgV.
112 § 3 Satz 2 VorgV.

hen wird, zur Erfüllung besonderer Aufgaben Befehle zu erteilen.[113] Prominentes Beispiel für Vorgesetzte nach § 3 VorgV sind Soldaten im Wachdienst[114] oder Soldaten im Feldjägerdienst.[115] Wenn also der NavGast am Freitag nach Dienst von Wilhelmshaven aus mit der Bahn nach Hause fahren will und auf dem Bremer Hauptbahnhof beim Umsteigen von einer Feldjägerstreife kontrolliert wird, so sind diese Feldjäger Vorgesetzte nach § 3 VorgV.

Wie gezeigt, ist der GenInsp Disziplinarvorgesetzter nach § 3 VorgV für außerhalb der Streitkräfte eingesetzte Soldaten: Prominentes Beispiel ist die Bundeswehrverwaltung.[116] Zwar sind Soldaten außerhalb der Streitkräfte „aus der durchgängigen Befehlskette der Streitkräfte herausgelöst", deren soldatische Rechte und Pflichten bleiben davon jedoch unberührt.[117] Der Soldat unterliegt damit nach wie vor der Pflicht zum treuen Dienen des § 7 SG.[118] So sieht der „Dresdner Erlass" einen „Beauftragten für die Angelegenheiten des militärischen Personals" vor, welcher als Vorgesetzter nach § 3 VorgV dessen disziplinare Einbindung zur Wahrung der militärischen Ordnung und Disziplin sicherstellen soll.[119] Insoweit kann auch für Soldaten außerhalb der Streitkräfte eine Befehls- und Disziplinarkette bis „hinauf" zum GenInsp geschaffen werden.[120]

Bereits jetzt ist deutlich geworden, dass die durch die VorgV geschaffenen Möglichkeiten zur Begründung eines Vorgesetztenverhältnisses und damit einer Befehlsbefugnis nicht gleichrangig nebeneinanderstehen. Anderenfalls könnte es zu unlösbaren Problemen kommen, stünden sich zwei einander wechselseitig vorgesetzte Soldaten gegenüber. Daher genießt diejenige Befehlsbefugnis Vorrang, die dem jeweils spezielleren und enger definierten Zweck dient. Im Regelfall ist daher von folgender Reihenfolge auszugehen: § 5 geht vor § 3, geht vor § 1, geht vor § 2, geht vor § 4 VorgV, geht vor § 6 VorgV.[121]

2. Vorgesetztenverhältnis auf Grund des Dienstgrades

§ 4 VorgV regelt das Vorgesetztenverhältnis auf Grund des Dienstgrades: Nach § 4 Abs. 1 Satz 1 VorgV sind während des Dienstes Offiziere gegen-

---

113 Hucul, in: Walz/Eichen/Sohm, SG, 3. Aufl. 2016, Anhang zu § 1 Rn. 22.
114 Zentrale Dienstvorschrift A-1130/21 Nr. 710.
115 Zentrale Dienstvorschrift A-256/1 Nr. 301 und Nr. 302.
116 Obschon der Verfassungsgeber die Festlegung getroffen hat, die Bundeswehrverwaltung in zivile Hände zu geben, entspricht es zunehmender Praxis, dass auch Soldaten in Bereichen tätig werden, die der Bundeswehrverwaltung zuzurechnen sind. Nach Auffassung des BMVg ist hierin jedoch kein Verstoß gegen die vom GG festgeschriebene Trennung zwischen den Streitkräften und der Bundeswehrverwaltung zu sehen, vgl. dazu: Maaß, NZWehrr 2019, 89 ff.
117 „Dresdner Erlass", Nr. II. 6 Satz 1 u. 4.
118 Scherer/Alff/Poretschkin/Lucks, SG, 10. Aufl. 2018, § 7 Rn. 5 ff.
119 „Dresdner Erlass", Nr. II 6 Satz 6.; Nach Ansicht von Dreist ist diese Regelung jedoch „rechtlich nicht haltbar", da sie nicht mit der WDO vereinbar sei, vgl. Dreist, NZWehrr 2012, 241 f.
120 Hucul, in: Walz/Eichen/Sohm, SG, 3. Aufl. 2016, Anhang zu § 1 Rn. 25.
121 Hucul, in: Walz/Eichen/Sohm, SG, 3. Aufl. 2016, Anhang zu § 1 Rn. 55.

über allen Unteroffizieren und Mannschaften (Nr. 1), Unteroffiziere vom Feldwebel an aufwärts gegenüber allen Stabsunteroffizieren, Unteroffizieren und Mannschaften (Nr. 2), sowie Stabsunteroffiziere und Unteroffiziere gegenüber allen Mannschaften (Nr. 3) in Kompanien und in entsprechenden Einheiten sowie innerhalb der Besatzung eines Schiffes befugt, Befehle zu erteilen.

§ 4 Abs. 1 Satz 2 VorgV geht weiter auf die Besonderheiten an Bord seegehender Einheiten der Deutschen Marine ein: So sollen an Bord die Angehörigen der Besatzung und deren unmittelbare Vorgesetzte in und außer Dienst die soeben skizzierte Befehlsbefugnis aufgrund des Dienstgrades auch gegenüber Soldaten haben, die sich nicht im Dienst befinden oder nicht zu bestimmten Diensten eingeteilt sind, und insb. auch gegenüber solchen Soldaten, die nicht zur Besatzung gehören. Dementsprechend ist der Kdt einer Fregatte gegenüber „eingeschifftem“[122], nicht zur Stammbesatzung gehörendem Personal Vorgesetzter nach § 4 Abs. 1 Satz 2 VorgV.[123]

Nach Maßgabe des § 4 Abs. 2 VorgV gelten in Stäben und anderen militärischen Dienststellen die oben erläuterten Regelungen des § 4 Abs. 1 Satz 1 VorgV entsprechend, wobei jedoch der Kommandeur oder der Leiter der Dienststelle die Befehlsbefugnis auf Untergliederungen des Stabes oder der Dienststelle beschränken kann.

Schließlich findet innerhalb umschlossener militärischer Anlagen wiederum die Sonderregelung des § 4 Abs. 3 VorgV Anwendung: Hier können Soldaten einer höheren Dienstgradgruppe den Soldaten einer niedrigeren Dienstgradgruppe in und außer Dienst Befehle erteilen. Dabei ist nicht etwa die Aufteilung der Dienstgrade gem. § 4 Abs. 1 Satz 1 VorgV maßgeblich, sondern die per Dienstvorschrift[124] festgelegten Dienstgradgruppen: Generale/Admirale, Stabsoffiziere, Hauptleute/Kapitänleutnante, Leutnante, Unteroffiziere mit Portepee, Unteroffiziere ohne Portepee und Mannschaften.[125] Zu den umschlossenen militärischen Anlagen zählen z. B. Kasernen, Truppenübungsplätze oder Marinestützpunkte, nicht jedoch Schiffe.[126] Wenn also der bereits bekannte NavGast in Wilhelmshaven im Marinestützpunkt an Land geht, um z. B. von der Seekartenstelle für die nächste Seefahrt erforderliche Unterlagen abzuholen, könnte ihm dann ein zufällig des Weges kommender Leutnant zur See anderweitige Befehle erteilen? Ja, denn die zuvor gezeigte Reihenfolge der Vorgesetztenverhältnisse zur Lösung einer widersprüchlichen Befehlslage kommt hier nicht zur Geltung: Es gilt das Prinzip „der letzte Befehl zählt“[127].

---

122 „Eingeschifft” ist Personal, welches nicht dauerhaft an Bord mitfährt, sondern nur vorübergehend für ein bestimmtes Manöver oder einen bestimmten Einsatz.
123 Bereichsvorschrift C1-280/0-3302, Nr. 166.
124 Zentrale Dienstvorschrift A-1420/24 “Dienstgradbezeichnungen und Dienstgradgruppen”.
125 Hucul, in: Walz/Eichen/Sohm, SG, 3. Aufl. 2016, Anhang zu § 1 Rn. 37.
126 Hucul, in: Walz/Eichen/Sohm, SG, 3. Aufl. 2016, Anhang zu § 1 Rn. 39.
127 Hucul, in: Walz/Eichen/Sohm, SG, 3. Aufl. 2016, Anhang zu § 1 Rn. 55.

Mit Hilfe der Befehlsbefugnis aus § 4 Abs. 3 VorgV kann also ein zuvor ergangener Befehl übersteuert werden. Um hier die erforderlichen Grenzen aufzuzeigen, möchte Metzger richtigerweise den Anwendungsbereich des § 4 Abs. 3 VorgV teleologisch auf eine Befehlsbefugnis zur Aufrechterhaltung der allgemeinen soldatischen Disziplin reduzieren: Während die VorgV in ihrer Systematik überwiegend die Dienststellung des jeweiligen Soldaten in den Blickpunkt nimmt, würde eine generalklauselartige Befehlsbefugnis aufgrund des Dienstgrades dieses System aushebeln. Dennoch bedarf es innerhalb umschlossener militärischer Anlagen insbesondere nach Dienst einer Befehlsbefugnis zur Aufrechterhaltung der Disziplin zum Zweck der Erfüllung des verfassungsgemäßen Auftrages der Streitkräfte.[128]

3. Vorgesetztenverhältnis auf Grund besonderer Anordnung

§ 5 VorgV gewährt Befehlsbefugnis für Vorgesetztenverhältnisse aufgrund besonderer Anordnung: Ein Vorgesetzter kann innerhalb seiner Befehlsbefugnis Untergebene einem anderen Soldaten für eine bestimmte Aufgabe vorübergehend unterstellen.[129] Die Befehlsbefugnis wird also delegiert:[130] Der Vorgesetzte, der sich auf § 5 VorgV beruft, bekommt die Vorgesetzteneigenschaft durch jemand anderes übertragen. Um die allgemeine Hierarchie der Dienstgrade zu wahren, soll dabei ein im Dienstgrad niedrigerer Soldat einem im Dienstgrad höheren Soldaten nur vorgesetzt werden, wenn besondere dienstliche Gründe dies erfordern.[131]

Wichtig ist, dass diese Unterstellung immer nur für eine bestimmte, zeitlich klar begrenzte und konkret zu benennende Aufgabe erfolgen darf und damit als Ausnahme zu den in §§ 1–4 VorgV getroffenen Regelungen zu sehen ist.[132] Durch die Anordnung der Unterstellung, die den Untergebenen dienstlich bekanntzugeben ist, erhält der Soldat die Befugnis, den unterstellten Soldaten Befehle zu erteilen, die zur Erfüllung der ihm übertragenen Aufgabe notwendig sind.[133] Bsp. war „unser" NavGast, bevor er an Bord seine ersten Seemeilen sammelte, als Hörsaalwochendienst an der Marineschule in Bremerhaven seinen Kameraden gegenüber Vorgesetzter nach § 5 VorgV und führte sie als solcher morgens von den Unterkünften zum Hörsaalgebäude.

4. Vorgesetztenverhältnis aufgrund eigener Erklärung

§ 6 VorgV eröffnet schließlich die Möglichkeit eines sog. Notvorgesetztenverhältnisses für kritische Lagen: Gemäß Absatz 1 kann ein Offizier oder Unteroffizier sich in und außer Dienst über andere Soldaten, die im Dienst-

128 Metzger, NZWehrr 2016, 194 ff.
129 § 5 Abs. 1 Satz 1 VorgV.
130 Hucul, in: Walz/Eichen/Sohm, SG, 3. Aufl. 2016, Anhang zu § 1 Rn. 43.
131 § 5 Abs. 1 Satz 2 VorgV.
132 Hucul, in: Walz/Eichen/Sohm, SG, 3. Aufl. 2016, Anhang zu § 1 Rn. 44 ff.
133 § 5 Abs. 2 VorgV.

grad nicht über ihm stehen, zum Vorgesetzten erklären, wenn er dies für notwendig hält, weil eine Notlage sofortige Hilfe erfordert (Nr. 1), weil zur Aufrechterhaltung der Disziplin oder Sicherheit ein sofortiges Eingreifen unerlässlich ist (Nr. 2) oder weil eine einheitliche Befehlsgebung an Ort und Stelle unabhängig von der gliederungsmäßigen Zusammengehörigkeit der Soldaten zur Behebung einer kritischen Lage hergestellt werden muss (Nr. 3). Um sich zum Vorgesetzten zu erklären, bedarf es jedoch zweierlei: Zum einen muss der jeweilige Soldat dies aus seiner Sicht (subjektiv) für notwendig erachten, zum anderen muss die tatsächliche Situation auch Anlass zur Annahme des Vorliegens einer Notsituation geben.[134]

Ein Beispiel für § 6 VorgV wäre der Fall, wenn der NavGast nicht mit dem Zug am Wochenende nach Hause fährt, sondern sich von drei Kameraden, einer von ihnen ist Unteroffizier, im Auto mitnehmen lässt. Kurz hinter dem Autobahndreieck Stuhr bemerken sie unmittelbar vor ihnen einen Autounfall, offenbar mit Verletzten, und halten an. Der Unteroffizier erkennt die Notlage und befiehlt seinen Mitfahrern, die Polizei zu verständigen, einen Rettungswagen zu alarmieren und die vorbeirauschenden Autos auf das Verkehrshindernis aufmerksam zu machen, um sich dann selbst um die im Unfallwagen befindlichen Personen kümmern zu können.

Es gilt jedoch eine bedeutende Einschränkung: Mit der Befehlsbefugnis nach § 6 VorgV kann sich ein Untergebener nicht gegen seinen Vorgesetzten wenden. So kann sich gem. § 6 Abs. 2 VorgV niemand zum Vorgesetzten von Soldaten erklären, die ihrerseits auf Grund der §§ 1 bis 3 und 5 VorgV Befehlsbefugnis über ihn haben. Hinzu kommt, dass der Offizier oder Unteroffizier mit seiner Erklärung lediglich die Befugnis erhält, den Soldaten, an die er die Erklärung gerichtet hat, Befehle zu erteilen, die nach der Lage erforderlich sind.[135] Weitergehende Befehle können nicht auf § 6 VorgV gestützt werden.

III. Grenzen von Befehl und Gehorsam

Wie bereits kurz angerissen, kann es Situationen geben, in denen ein erteilter Befehl nicht befolgt werden muss oder sogar nicht befolgt werden darf. Um sich an dieser Stelle den nötigen Durchblick zu behalten, sind drei Fragen zu beantworten:

1. Liegt überhaupt ein Befehl vor?
2. Wenn ja, ist dieser Befehl rechtmäßig?
3. Sollte der Befehl nicht rechtmäßig sein, ist er dennoch verbindlich und daher zu befolgen?[136]

---

134 Hucul, in: Walz/Eichen/Sohm, SG, 3. Aufl. 2016, Anhang zu § 1 Rn. 49.

135 § 6 Abs. 3 Satz 1 VorgV.

136 Vgl. dazu: Raap, Deutsches Wehrrecht, 1999, S. 40 ff.

1. Befehlsbegriff

§ 2 Nr. 2 WStG enthält die eingangs skizzierten Bausteine eines Befehls:[137] Entscheidend ist neben der Vorgesetzteneigenschaft des Befehlenden zunächst, dass der Befehl derart gefasst ist, dass der Befehlsempfänger erkennen kann, was von ihm genau verlangt wird. Der Soldat muss zu einem konkreten Handeln oder Unterlassen aufgefordert werden. Diese Aufforderung kann in jeder Form erteilt werden, nämlich „schriftlich, mündlich oder in anderer Weise". Auch Flaggensignale oder Lichtzeichen können daher Befehle enthalten. Darüber hinaus kann es neben einem Befehl für den konkreten Einzelfall auch Dauerbefehle geben, z. B. in Form von Dienstvorschriften.[138] Schließlich muss ein Befehl immer mit Anspruch auf Gehorsam erteilt werden, d .h. anhand der Gesamtumstände oder der Wortwahl des Vorgesetzten muss eindeutig erkennbar sein, dass mit der Befehlserteilung die Erwartung der Ausführung desselben verbunden ist.

2. Rechtmäßigkeit eines Befehls

Um die Frage nach der Rechtmäßigkeit eines Befehls zu beantworten, ist dieser an § 10 Abs. 4 SG zu messen:[139] Der Vorgesetzte darf einen Befehl nur zu dienstlichen Zwecken und nur unter Beachtung der Regeln des Völkerrechts, der Gesetze und der Dienstvorschriften erteilen. Ein Befehl dient einem dienstlichen Zweck, wenn er dem verfassungsrechtlichen Auftrag der Bundeswehr dient. Etwaige Privatangelegenheiten eines Vorgesetzten können daher nicht zum Inhalt eines Befehls gemacht werden. Nichtmal eine Vermischung mit privaten Dingen ist zulässig.[140] Würde also z. B. der bereits mehrfach erwähnte NavGast von seinem Vorgesetzten den Befehl erhalten, nautische und navigatorische Berechnungen für dessen private Segeltour am folgenden Wochenende auszuführen, müsste er diesem Befehl in Ermangelung eines dienstlichen Zwecks nicht nachkommen.

Daneben muss der Befehl auch den „Regeln des Völkerrechts" genügen. Damit sind die allgemeinen Regeln des Völkerrechts i. S. d. Art. 25 GG angesprochen:[141] So sind etwa im Fall eines bewaffneten Konflikts die Genfer oder Haager Konventionen zu beachten. Aber auch bereits in Friedenszeiten ist das Völkerrecht von Bedeutung, etwa das Seerechtsübereinkommen der Vereinten Nationen von 1982 (SRÜ). Dies enthält grundlegende Festlegungen des internationalen Seerechts, z. B. in Art. 98 SRÜ die Pflicht zur Hilfeleistung auf See.

---

137 Vgl. zu den Einzelheiten Lingens/Korte, WStG, 5. Aufl. 2012, § 2 Rn. 9 ff.

138 Ob eine Dienstvorschrift Befehlscharakter hat, hängt davon ab, ob sie eine verbindliche Weisung mit Gehorsamsanspruch enthält, vgl. Scherer/Alff/Poretschkin/Lucks, SG, 10. Aufl. 2018, § 10 Rn. 42a.

139 Vgl. zu den Einzelheiten Lingens/Korte, WStG, 5. Aufl. 2012, § 2 Rn. 22 ff.

140 Scherer/Alff/Poretschkin/Lucks, SG, 10. Aufl. 2018, § 10 Rn. 47b.

141 Scherer/Alff/Poretschkin/Lucks, SG, 10. Aufl. 2018, § 10 Rn. 48.

Unter die „Gesetze", die außerdem zu beachten sind, fällt nicht nur das deutsche Verfassungsrecht, sondern auch das einfache Bundesrecht sowie Landesrecht.[142] Ferner muss ein Vorgesetzter die innerhalb der Bundeswehr geltenden Dienstvorschriften berücksichtigen.[143] Es ist es die Pflicht eines jeden Vorgesetzten, sich vor Befehlsgebung mit der jeweiligen Rechtslage vertraut zu machen: Gemäß § 10 Abs. 5 Satz 1 SG trägt er die Verantwortung für die durch ihn erteilten Befehle. Auch wenn jedes schuldhafte Erteilen eines rechtswidrigen Befehls gem. § 23 Abs. 1 SG ein Dienstvergehen darstellt, so ist ein rechtswidriger Befehl nicht per se als unverbindlich anzusehen: Die Frage der Verbindlichkeit ist anhand § 11 SG zu beurteilen.

3. Verbindlichkeit eines Befehls

Ein Soldat muss seinem Vorgesetzten gehorchen und dessen Befehle nach besten Kräften vollständig, gewissenhaft und unverzüglich ausführen.[144] Die schuldhafte Nichtbefolgung eines Befehls stellt ein Dienstvergehen dar, § 23 Abs. 1 SG. Sollte der Befehl allerdings rechtswidrig sein, kommt der Frage, ob dieser Befehl deshalb auch unverbindlich ist und nicht befolgt werden muss oder sich eine Ausführung desselben sogar verbietet, besondere Bedeutung zu.

Ein Befehl muss dann nicht befolgt werden, wenn dieser nicht nur rechtswidrig ist, sondern ihm noch ein weiterer Mangel anhaftet:[145] So liegt gem. § 11 Abs. 1 Satz 3 HS. 1 SG Ungehorsam nicht vor, wenn ein Befehl nicht befolgt wird, der die Menschenwürde verletzt. Nach Art. 1 Abs. 1 GG ist die Menschenwürde unantastbar, sie zu achten und zu schützen ist die Verpflichtung aller staatlichen Gewalt. Unverbindlich ist daher ein Befehl, welcher die Menschenwürde des Befehlsempfängers oder eines Dritten verletzt, in dem sich z. B. der Befehlsempfänger mit der Befehlsausführung zum Objekt herabwürdigt, der Lächerlichkeit preisgibt oder ein Dritter in demütigender Art und Weise in seiner Ehre oder Intimsphäre verletzt wird.[146] Ferner liegt gem. § 11 Abs. 1 Satz 3 HS. 1 SG Ungehorsam nicht vor, wenn ein Befehl nicht befolgt wird, der nicht zu dienstlichen Zwecken erteilt worden ist. Ein nicht zu dienstlichen Zwecken erteilter Befehl ist stets unverbindlich, da der Vorgesetzte insoweit die ihm verliehene Befehlsbefugnis überschreitet.[147] Hierunter fällt das zuvor gebrachte Beispiel der nautischen und navigatorischen Berechnungen für die private Segeltour des Vorgesetzten. Irrt sich in diesem Beispiel der NavGast hingegen und handelt es sich in Wahrheit z. B. um Planungen für ein geplantes Manöver der NATO, so ist für die Beurteilung der Frage eines möglichen

---

142 Lingens/Korte, WStG, 5. Aufl. 2012, § 2 Rn. 25.
143 Lingens/Korte, WStG, 5. Aufl. 2012, § 2 Rn. 25.
144 § 11 Abs. 1 Satz 1 u. 2 SG.
145 Lingens/Korte, WStG, 5. Aufl. 2012, § 2 Rn. 37.
146 Lingens/Korte, WStG, 5. Aufl. 2012, § 2 Rn. 38.
147 Scherer/Alff/Poretschkin/Lucks, SG, 10. Aufl. 2018, § 11 Rn. 15.

Ungehorsams entscheidend, ob der er seinen Irrtum hätte vermeiden können.

Da die in § 11 Abs. 1 Satz 3 HS. 1 SG und § 11 Abs. 2 SG genannten Unverbindlichkeitsgründe nicht abschließend sind, können auch andere Gründe zur Unverbindlichkeit des Befehls führen, z. B. wenn die Ausführung desselben für den Soldaten unzumutbar ist.[148] Wann genau von Unzumutbarkeit ausgegangen werden kann, ist „im Einzelnen bislang nicht hinreichend geklärt"[149]. Ohne diese Thematik vorliegend vertiefen zu wollen, so ist ein militärischer Befehl jedenfalls dann als unzumutbar anzusehen, „wenn der betroffene Untergebene sich insoweit auf den Schutz des Grundrechts der Freiheit des Gewissens berufen kann"[150].

§ 11 Abs. 2 SG geht noch weiter: Ein Befehl darf nicht ausgeführt werden, wenn (1.) mit seiner Ausführung eine Straftat begangen würde.[151] Diese muss nicht zwingend im deutschen Strafgesetzbuches (StGB) zu finden sein, auch andere Gesetze enthalten Straftatbestände, z. B. das Bundesnaturschutzgesetz (BNatSchG)[152], welches bei Sprengungen von Seeminen im Rahmen der Übungs- und Ausbildungstätigkeit der Deutschen Marine betroffen sein kann. Für § 11 Abs. 2 SG kann bereits ein sog. gefährlicher Befehl ausreichen, das heißt, dass mit der Befehlsausführung die Verwirklichung eines Straftatbestands nur dem Zufall überlassen ist.[153] Schließlich darf ein Befehl auch dann nicht ausgeführt werden, wenn damit (2.) ein schwerer Völkerrechtsverstoß einhergeht, etwa bei Verstößen gegen elementare Grundsätze des Völkerrechts. Insoweit sei beispielhaft auf die bereits erwähnten Genfer und Haager Konventionen verwiesen. Aus § 11 Abs. 2 SG folgt im Umkehrschluss zudem, dass ein Befehl, welcher zwar nicht die Begehung einer Straftat, wohl aber diejenige einer Ordnungswidrigkeit impliziert, sehr wohl verbindlich ist.[154]

Ist ein Befehl anhand der genannten Ausnahmen als unverbindlich einzustufen, so muss bzw. darf er durch den Untergebenen nicht ausgeführt werden. Zwar ist der Soldat grds. von jeder Verantwortung oder Prüfpflicht frei.[155] Befolgt der Soldat den Befehl dennoch und wird dadurch ein Straftatbestand erfüllt, so trifft den Soldaten dann eine Schuld, wenn er erkennt oder wenn es „unter Ausschluss jeden vernünftigen Zweifels offensichtlich"[156] ist, dass durch sein Handeln oder Unterlassen eine Straftat begangen wird, § 11 Abs. 2 Satz 2 SG. Bloße Zweifel an der Rechtmäßigkeit des

---

148 Lingens/Korte, WStG, 5. Aufl. 2012, § 2 Rn. 43 ff.

149 So BVerwG, Urt. v. 21.6.2005 – 2 WB 12.04, BVerwGE 127, 302, Rn. 118.

150 Ausführlich zum Thema BVerwG, Urt. v. 21.6.2005 – 2 WB 12.04, BVerwGE 127, 302, Rn. 116 ff.

151 § 11 Abs. 2, Satz 1 SG.

152 §§ 71, 71a BNatSchG.

153 Scherer/Alff/Poretschkin/Lucks, SG, 10. Aufl. 2018, § 11 Rn. 23b.

154 Lingens/Korte, WStG, 5. Aufl. 2012, § 2 Rn. 40.

155 Scherer/Alff/Poretschkin/Lucks, SG, 10. Aufl. 2018, § 11 Rn. 25.

156 Scherer/Alff/Poretschkin/Lucks, SG, 10. Aufl. 2018, § 11 Rn. 28.

Befehls reichen hier aus der Sicht des Soldaten jedoch nicht aus, er muss bösgläubig hinsichtlich der Folgen des Befehls sein.[157]

IV. Weisungsrecht

Neben militärischen Vorgesetztenverhältnissen gibt es auch solche nichtmilitärischer Natur. Dies ist insb. der Fall bei Zivilpersonal, sei es innerhalb oder außerhalb der Streitkräfte. Der „Dresdner Erlass" greift das Weisungsrecht mit Blick auf die besondere Stellung des BMVg auf, welches „als oberste Bundesbehörde weder Teil der Streitkräfte noch Teil der Bundeswehrverwaltung [ist.] Alle [...] Angehörigen des Ministeriums stehen [...] in allgemein-dienstlichen Unterstellungsverhältnissen und nehmen ihre Aufgabe auf der Grundlage von dienstlichen Weisungen/Anordnungen übergeordneter Mitarbeiter wahr [...]"[158]

Im Weisungsrecht tritt anstelle des Prinzips von Befehl und Gehorsam die Folgepflicht (Weisungsgebundenheit);[159] der Befehl wird durch die dienstliche Anordnung ersetzt.[160] Zur Beurteilung von Rechtmäßigkeit und Verbindlichkeit einer dienstlichen Anweisung ist § 11 Abs. 3 SG heranzuziehen. Demnach sind „im Verhältnis zu Personen, die befugt sind, dienstliche Anordnungen zu erteilen, die keinen Befehl darstellen", § 62 Abs. 1 und § 63 des Bundesbeamtengesetzes (BBG) entsprechend anzuwenden. Diese Regelungen des BBG gelten daher nicht nur für Beamte der Bundeswehr, sondern auch für Arbeitnehmer und Soldaten, soweit letztere außerhalb der Streitkräfte eingesetzt werden.[161]

Der Untergebene ist gem. § 62 Abs. 1 Satz 2 BBG verpflichtet, die dienstlichen Anordnungen seines Vorgesetzten auszuführen und dessen allgemeine Richtlinien zu befolgen. Dabei trägt er gem. § 63 Abs. 1 BBG die volle persönliche Verantwortung für die Rechtmäßigkeit seiner dienstlichen Handlungen. Bei Bedenken gegen die Rechtmäßigkeit einer dienstlichen Anordnung obliegt dem Untergebenen gem. § 63 Abs. 2 BBG eine Remonstrationspflicht: Er hat seine Bedenken unverzüglich bei seinem unmittelbaren Vorgesetzten geltend zu machen (Satz 1). Wird die Anordnung dennoch aufrechterhalten, hat der Untergebene sich, wenn seine Bedenken fortbestehen, an den nächsthöheren Vorgesetzten zu wenden (Satz 2). Wird die Anordnung auch auf dieser Ebene bestätigt, muss der Untergebene sie ausführen und ist aber gleichzeitig von der eigenen Verantwortung hinsichtlich der Rechtmäßigkeit seines Handelns befreit (Satz 3). Dies gilt jedoch nicht, wenn das aufgetragene Verhalten die Würde des Menschen

157 Scherer/Alff/Poretschkin/Lucks, SG, 10. Aufl. 2018, § 11 Rn. 26 f.
158 „Dresdner Erlass", Seite 2.
159 Battis, BBG, 5. Aufl. 2017, § 62 Rn. 3.
160 Battis, BBG, 5. Aufl. 2017, § 62 Rn. 4.
161 Vgl. zum Unterschied zwischen Beamten- und Soldatenverhältnis insoweit Dreist, NZWehrr 2012, 225 f.

verletzt oder anderweitig strafbar oder ordnungswidrig ist und die Strafbarkeit oder Ordnungswidrigkeit für den Beamten erkennbar ist (Satz 4): In diesem Fall ist der Beamte von seiner Folgepflicht befreit und ist, bei Befolgung einer solchen Anordnung, trotz vorangegangener Remonstration straf-, disziplinar- und haftungsrechtlich verantwortlich. Im Rahmen des Remonstrationsverfahrens kann die Bestätigung des nächsthöheren Vorgesetzten auf Verlangen des Untergebenen in schriftlicher Form erfolgen (Satz 5). Kann bei Gefahr im Verzug die Entscheidung des höheren Vorgesetzten nicht rechtzeitig herbeigeführt werden, gelten § 63 Abs. 2 Satz 3 und 4 BBG gem. § 63 Abs. 3 Satz 1 BBG entsprechend. § 63 Abs. 3 Satz 2 sieht vor, dass dem Untergebenen unverzüglich nach Ausführung der Anordnung eine schriftliche Bestätigung derselben zu erteilen ist.

Kapitel 4 Bundeswehrverwaltung

Christian Raap

Zumeist verbindet man mit der Bundeswehr allein die Streitkräfte. Zur Bundeswehr gehört aber auch eine eigenständige verfassungsrechtlich begründete, zivil geprägte Verwaltung. Die Bundeswehrverwaltung ist eine bundeseigene Verwaltung mit eigenem Verwaltungsunterbau, die den Aufgaben des Personalwesens und der unmittelbaren Deckung des Sachbedarfs der Streitkräfte dient (Art. 87b Abs. 1 Sätze 1 und 2 GG). Die Bundeswehrverwaltung als normale zivile Fachverwaltung[162] soll die Streitkräfte von administrativen Aufgaben entlasten[163] und so ihre Effektivität erhöhen.

I. Geschichte

Die Bundeswehrverwaltung ist eine Neuschöpfung der 1950er Jahre.[164] Sie unterscheidet sich beträchtlich von früheren deutschen Militärverwaltungen,[165] deren Anfänge im 17. Jh. liegen.[166] Die sog. Intendanturverwaltungen waren in die Streitkräfte eingebunden und unterstanden militärischen Vorgesetzten. Jede Teilstreitkraft (Heer, Marine, Luftwaffe) besaß eine eigene Intendanturverwaltung. Die Angehörigen dieser Verwaltungen hatten allerdings keinen Soldatenstatus. Die Entscheidung für die Bundeswehrverwaltung war eine bewusste und gewollte Absage an in die Teilstreitkräfte integrierte Intendaturverwaltungen.[167]

Die Bundeswehrverwaltung[168] gliederte sich bis zur umfassenden Neuausrichtung des Geschäftsbereichs des Bundesministeriums der Verteidigung (BMVg) ab 2012 in zwei Organisationsbereiche.[169] Zur Territorialen Wehrverwaltung gehörten das Bundesamt für Wehrverwaltung (bis Anfang der 1990er

162 Stern, Staatsrecht, Bd. II, 1980, S. 866.
163 Depenheuer, in: Maunz/Dürig, GG, 72. EL Juli 2014, Art. 87b Rn. 21.
164 Planung und Gestaltung der Bundeswehrverwaltung ab 1954 behandelt detailreich Schustereit, Deutsche Militärverwaltung im Umbruch, 2000, S. 225 ff.
165 Reinfried, Streitkräfte und Bundeswehrverwaltung, 1978, S. 8 ff.
166 Zur Stellung der Militärverwaltung bis 1945 siehe Schlaffer, BWV 2016, 141 ff.
167 Hahnenfeld, Wehrverfassungsrecht, 1965, S. 94 f.
168 Zur Geschichte der Bundeswehrverwaltung siehe Johanny, BWV 2016, 249 ff.
169 Siehe BMVg (Hrsg.), Weißbuch 2006 zur Sicherheitspolitik Deutschlands und zur Zukunft der Bundeswehr, 2006, S. 122 ff.

Jahre: Bundeswehrverwaltungsamt) als Bundesoberbehörde und die (zuletzt vier) Wehrbereichsverwaltungen als Mittelbehörden. Behörden der unteren Verwaltungsstufe waren die Standortverwaltungen (ab 2007: Bundeswehr-Dienstleistungszentren) und die Kreiswehrersatzämter. Hinzukamen die Bundesakademie für Wehrverwaltung und Wehrtechnik als zentrales Bildungsinstitut und das Bundessprachenamt als Bundesoberbehörde. Der Rüstungsbereich war für die Entwicklung, Erprobung und Beschaffung von Waffen und Gerät sowie Informationstechnik zuständig. Zu ihr gehörten als Bundesoberbehörden das Bundesamt für Wehrtechnik und Beschaffung und (ab 2002) das Bundesamt für Informationsmanagement und Informationstechnik der Bundeswehr sowie eine Anzahl weiterer Behörden.

Nach der Wende mit dem Untergang der DDR und der Auflösung der Nationalen Volksarmee baute die Bundeswehrverwaltung im Zuge der beträchtlichen Streitkräftereduzierung in großem Umfang Personal ab. In die Auslandseinsätze, an denen die Streitkräfte teilnehmen, ist die Bundeswehrverwaltung eingebunden. Seit Beginn des 21. Jh. nehmen juristische Personen des Privatrechts aufgrund einer sog. Organisationsprivatisierung einzelne Verwaltungsaufgaben der Bundeswehrverwaltung (insbesondere Bekleidungswesen, Fuhrpark, Informationstechnik, Instandsetzung) wahr.

II. Heutige Struktur

Die Bundeswehrverwaltung ist – wie die Streitkräfte mit ihren sechs Organisationsbereichen (Heer, Luftwaffe und Marine als Teilstreitkräfte; Streitkräftebasis, Zentraler Sanitätsdienst der Bundeswehr, Cyber- und Informationsraum) sowie die Organisationsbereiche Rechtspflege der Bundeswehr und Militärseelsorge – dem BMVg nachgeordnet. Streitkräfte, Bundeswehrverwaltung, Rechtspflege und Militärseelsorge bilden zusammen die Bundeswehr (sog. Vier-Säulen-Theorie).[170]

Heute gliedert sich die Bundeswehrverwaltung in die drei Organisationsbereiche (1.) Personal, (2.) Ausrüstung, Informationstechnik und Nutzung sowie (3.) Infrastruktur, Umweltschutz und Dienstleistungen.[171] In diesen Organisationsbereichen bestehen Bundesoberbehörden, denen zum Teil noch weitere Behörden nachgeordnet sind.

1. Personal

Dem Bundesamt für das Personalmanagement der Bundeswehr (BAPersBw)[172] als Bundesoberbehörde obliegt die Personalgewinnung, -führung

170 Raap, VR 2015, 48 m. w. N.

171 BMVg (Hrsg.), Die Neuausrichtung der Bundeswehr, 2. Aufl. 2013, enthält eine zusammenfassende Darstellung von Aufbau und Aufgaben der Bundeswehrverwaltung sowie der Rechtspflege der Bundeswehr und der Militärseelsorge.

172 Siehe Born, BWV 2012, 170 ff.

und -entwicklung. Regional nehmen Karrierecenter und -büros die Personalgewinnung wahr.

Den Bildungs- und Qualifizierungsprozess verantwortet das Bildungszentrum der Bundeswehr (BiZBw, ebenfalls Bundesoberbehörde). Dem BiZBw unterstehen die Bundeswehrfachschulen und die Auslandsschulen. Hinzukommen die beiden Universitäten der Bundeswehr und die Hochschule des Bundes für öffentliche Verwaltung – Fachbereich Bundeswehrverwaltung. Zum Organisationsbereich Personal zählt auch das Bundessprachenamt (BSprA). Dieser Bundesoberbehörde obliegen Sprachausbildungen und Sprachmittleraufgaben.

2. Ausrüstung, Informationstechnik und Nutzung

Das Bundesamt für Ausrüstung, Informationstechnik und Nutzung der Bundeswehr (BAAINBw) als Bundesoberbehörde trägt die Verantwortung für die Entwicklung, die Erprobung, die Beschaffung und das Nutzungsmanagement von Wehrmaterial und Informationstechnik.[173] Die Wehrtechnischen und Wehrwissenschaftlichen Dienststellen, das Zentrum für Informationstechnik der Bundeswehr und das Marinearsenal als Behörden der unteren Verwaltungsstufe sind dem BAAINBw nachgeordnet.

3. Infrastruktur, Umweltschutz und Dienstleistungen

Im Bundesamt für Infrastruktur, Umweltschutz und Dienstleistungen der Bundeswehr (BAIUDBw)[174] als Bundesoberbehörde sind u. a. Infrastrukturaufgaben, der Arbeits-, Umwelt- und Naturschutz, das Gefahrgutwesen, allgemeine Rechtsangelegenheiten (insbesondere die Schadensbearbeitung) und das sog. Travelmanagement gebündelt. In regionalen Kompetenzzentren Baumanagement erbringt das BAIUDBw vor Ort den infrastrukturellen Service für die Bundeswehr. Dem BAIUDBw unterstehen weitere Behörden der unteren Verwaltungsstufe. Das Zentrum Brandschutz der Bundeswehr führt und steuert die Bundeswehrfeuerwehren, das Verpflegungsamt der Bundeswehr die Truppenküchen und Betreuungseinrichtungen. Die Bundeswehr-Dienstleistungszentren erfüllen regional Serviceaufgaben für die Truppe. Für im Ausland stationierte deutsche Streitkräfte sind für den Service Bundeswehrverwaltungsstellen zuständig, in den Einsatzgebieten die Einsatzwehrverwaltungsstellen.

4. Exkurs: Rechtspflege der Bundeswehr und Militärseelsorge

Seit Bestehen der Bundeswehr gibt es mit der Rechtspflege und der Militärseelsorge zwei weitere zivile Organisationsbereiche; sie zählen organisatorisch nicht zur Bundeswehrverwaltung[175]. Beide Bereiche haben (teilweise) eigenständige verfassungsrechtliche Grundlagen. Die für Disziplinar- und

173 Einzelheiten unter www.baainbw.de.
174 Zum BAIUDBw und seinen Behörden siehe www.iud.bundeswehr.de.
175 Krieger, in: Schmidt-Bleibtreu/Hofmann/Hennecke, GG, 14. Aufl. 2018, Art. 87b Rn. 3.

Beschwerdeverfahren zuständigen Truppendienstgerichte fußen auf Art. 96 Abs. 4 GG,[176] die Militärseelsorge auf Art. 140 GG i. V. m. Art. 141 WRV.[177]

Zur Rechtspflege der Bundeswehr gehören einerseits die Truppendienstgerichte und der Bundeswehrdisziplinaranwalt beim BVerwG sowie die ihm nachgeordneten Wehrdisziplinaranwaltschaften bei den jeweiligen Einleitungsbehörden und andererseits die Rechtsberatung in den Streitkräften – auch in Auslandseinsätzen – sowie die Rechtslehre an den Ausbildungseinrichtungen der Streitkräfte.[178]

Evangelische und katholische Militärseelsorge sind von einer vertraglich ausgestalteten und die Autonomie wahrende Partnerschaft zwischen Staat und Kirche getragen. Sie gliedert sich in zwei Bundesoberbehörden (Ev. Kirchenamt für die Bundeswehr, Kath. Militärbischofsamt), Militärdekanate und Militärpfarrämter. Nunmehr kommt eine jüdische Militärseelsorge mit einem Militärrabbinat als Bundesoberbehörde hinzu.[179] Die Militärgeistlichen gewährleisten die seelsorgerliche Betreuung der Soldaten.

III. Rechtliche Einordnung

Der 1956 in das Grundgesetz eingefügte[180] und seither unveränderte Art. 87b GG verlangt eine selbstständige zivile Verwaltung des militärischen Bereichs, die neben den Streitkräften (Art. 87a GG) steht.[181]

1. Bundeswehrverwaltung

Art. 87b Abs. 1 ist eine eine Kompetenz-, Aufgaben- und Organisationsnorm.[182] Die Norm weist dem Bund eine auf bestimmte Materien bezogene Kompetenz zu und qualifiziert sie als staatliche Aufgabe. Darüber hinaus enthält die Vorschrift organisatorische Vorgaben für Art und Form der Aufgabenerfüllung.

Die Bundeswehrverwaltung ist kein Teil oder Annex der Streitkräfte,[183] sondern ein institutionell verselbstständigter, ziviler Verwaltungszweig, der den Regeln des allgemeinen Verwaltungshandelns unterliegt. Gegenüber der Bundeswehrverwaltung als eigenständiger Verwaltung haben daher die militärischen Kommandostellen keine Befehls- und Weisungsrechte.[184] Streitkräfte und Verwaltung unterscheiden sich in Funktion und Struk-

176 W. Meyer, in: v. Münch/Kunig, GG, 6. Aufl. 2012, Art. 96 Rn. 13.
177 Wolff, in: Hömig/Wolff, GG, 12. Aufl. 2018, Art. 140 Rn. 27.
178 Zur Rechtspflege in der Bundeswehr siehe ausführlich Kapitel 12.
179 Siehe BT-Drs. 19/180074 vom 19.3.2020. Dort ist auch der Vertrag zwischen der Bundesrepublik Deutschland und dem Zentralrat der Juden in Deutschland zur Regelung der jüdischen Miltärseelsorge veröffentlicht.
180 BGBl. 1956 I S. 111.
181 Schmahl, in: Sodan, GG, 4. Aufl. 2018, Art. 87b Rn. 1.
182 Baldus/Müller-Franken, in: v. Mangoldt/Klein/Starck, GG, 7. Aufl. 2018, Art. 87b Rn. 9–13.
183 BVerwG, Beschl. v. 29.6.2010 – 1 WB 40.09, NZWehrr 2011, 76 (77), Rn. 22.
184 BGH, Urt. v. 5.5.1975 – III ZR 51/73, BGHZ 64, 201 (206), Rn. 17; BayVGH, Urt. v. 4.6.2014 – 14 BV 12.2186, juris, Rn. 14.

tur.[185] Die Organisationsgewalt für den Bereich der Bundeswehrverwaltung hat das BMVg.

Aus Art. 87a, 87b GG folgt ein Trennungsgebot von Bundeswehrverwaltung und Streitkräften;[186] ihre gemeinsame Spitze ist das BMVg. Die Geltung des Trennungsgebots bei Auslandseinsätzen ist umstritten.[187] Die Trennung schließt nicht aus, dass im jeweils anderen Bundeswehrteil Soldaten oder Beamte/Arbeitnehmer tätig sind.[188]

Die Bundeswehrverwaltung besitzt ein grundsätzliches Wahrnehmungsmonopol.[189] Danach bedarf die Wahrnehmung von Aufgaben der Bundeswehrverwaltung durch die Streitkräfte stets einer besonderen Rechtfertigung.

Es besteht keine absolute Privatisierungssperre.[190] Eine Organisationsprivatisierung erfordert einen sachlichen Grund (z. B. höhere Wirtschaftlichkeit) und ist zulässig, wenn die Steuerung und Kontrolle durch das BMVg bzw. die Bundeswehrverwaltung bestehen bleiben. Der Bund muss daher in den juristischen Personen des Privatrechts einen entscheidenden Einfluss behalten.[191] Eine vollständige Verlagerung von Aufgaben in den Privatsektor (Aufgabenprivatisierung) wäre demgegenüber unzulässig.

Aus der Vorgabe „eigener Verwaltungsunterbau" (Art. 87b Abs. 1 Satz 1 GG) folgt lediglich, dass die Bundeswehrverwaltung in unterschiedliche Behörden gegliedert sein muss; die Zahl der Verwaltungsebenen lässt sich dem GG nicht entnehmen.[192]

Art. 87b Abs. 1 GG unterscheidet zwischen der obligatorischen Bundeswehrverwaltung und der fakultativen Bundeswehrverwaltung.[193] Art. 87b Abs. 1 Satz 2 GG betrifft die obligatorische Bundeswehrverwaltung. Die Norm umschreibt den originären Tätigkeitsbereich der Bundeswehrverwaltung[194] und damit ihren Kern. Das „Personalwesen" umfasst die Rechtsverhältnisse aller im Dienst der Streitkräfte stehenden Perso-

---

185 F. Kirchhof, Verteidigung und Bundeswehr, in: Handbuch des Staatsrechts, Bd. IV, 3. Aufl. 2006, § 84 Rn. 8.

186 OVG NRW, Beschl. v. 16.2.2010 – 1 E 825/09, NZWehrr 2010, 169 (171), Rn. 17; ausführlich Pieroth, Die verfassungsrechtliche Trennung zwischen Streitkräften und Bundeswehrverwaltung, NVwZ 2011, 705 ff.

187 Siehe Schmidt-Radefeldt, in BeckOK GG, 42. Edition, 1.12.2019, Art. 87b Rn. 12 f.

188 Zu den Grenzen statusübergreifender Dienstpostenbesetzungen Dreist, NZWehrr 2012, 221 (224 ff.).

189 OVG NRW, Beschl. v. 16.2.2010 – 1 E 825/09, NZWehrr 2010, 169 (171), Rn. 19; Kokott, in: Sachs, GG, 8. Aufl. 2018, Art. 87b Rn. 11.

190 Gramm, DVBl. 2003, 1366 ff.; v. Kielmansegg, BWV 2016, 246 (249).

191 OLG Düsseldorf, Beschl. v. 19.6.2013 – VII-Verg 55/12, NZBau 2013, 653, Rn. 30.

192 Kmemt, in: Jarass/Pieroth, GG, 16. Aufl. 2020, Art. 87b Rn. 4. Eine mehrstufige Ausgestaltung ist für die Bundesverwaltung allgemein nicht vorgegeben, siehe Wißmann, Verfassungsrechtliche Vorgaben der Verwaltungsorganisation, in: Hoffmann-Riem/Schmidt-Aßmann/Voßkuhle, Grundlagen des Verwaltungsrechts, Bd. I, 2. Aufl. 2012, § 15 Rn. 71.

193 Kloepfer, Verfassungsrecht I, 2011, § 29 Rn. 27 f.

194 BVerfG, Urt. v. 13.4.1978 – 2 BvF 1/77 u. a., BVerfGE 48, 127 (178), Rn. 93.

nen.[195] Die „unmittelbare Deckung des Sachbedarfs der Streitkräfte“[196] bedeutet die Bereitstellung von Dienstleistungen und Material für die Streitkräfte; maßgebend ist der unmittelbare Bezug zu den Aufgaben der Streitkräfte. Es muss ein direkter Zusammenhang zu den Aufgaben der Streitkräfte bestehen. „Dienen“ im Sinne der Norm meint „existieren für“; die Bundeswehrverwaltung muss diese Aufgaben erfüllen. Artikel 87b Abs. 1 Satz 3 GG enthält die verfassungsrechtliche Ermächtigung, der Bundeswehrverwaltung durch zustimmungsbedürftiges Bundesgesetz Aufgaben der Beschädigtenversorgung und des Bauwesens zu übertragen (fakultative Bundeswehrverwaltung). Gemäß Art. 87b Abs. 1 Satz 4 GG sind ebenfalls Gesetze zustimmungsbedürftig, die die Bundeswehrverwaltung zu Eingriffen in Rechte Dritter ermächtigen (föderative Sonderform des allgemeinen Vorbehalts des Gesetzes). Beispiel: Gesetz über die Beschränkung von Grundeigentum für die militärische Verteidigung (Schutzbereichsgesetz).[197]

2. Sonstige Verteidigungsverwaltung

Artikel 87b Abs. 2 GG enthält ausschließlich verfassungsrechtliche Ermächtigungen an den einfachen Gesetzgeber.[198] Die Norm ermächtigt zur gesetzlichen Festlegung von Verwaltungszuständigkeiten des Bundes (Legislativkompetenz). Es besteht ein größtmöglicher Freiraum für eine flexible Gestaltung der Verteidigungsverwaltung. Ob von der Ermächtigung Gebrauch gemacht werden soll, haben die Gesetzgebungsorgane im Einzelfall zu entscheiden. Ohne ein entsprechendes Gesetz bleibt es gemäß Art. 30, 83 GG bei dem allgemeinen Grundsatz der Verwaltung der Bundesgesetze durch die Länder als deren eigene Angelegenheit. Beispiel für eine vom Gesetzgeber errichtete Bundeseigenverwaltung war bis zur Aussetzung der Wehrpflicht das Wehrersatzwesen; als Behörden bestanden das Bundesamt für Wehrverwaltung, die Wehrbereichsverwaltungen und die Kreiswehrersatzämter.[199]

---

195 Wolff, Die Zuständigkeit der Bundeswehrverwaltung für das Personalwesen der Bundeswehr. Vorgaben des Art. 87b Abs. 1 GG für eine Strukturreform der Bundeswehr, 2011, S. 46.

196 Hierzu Schulte, Die verfassungsrechtliche Stellung der Bundeswehrverwaltung. Eine Untersuchung über die Stellung der Bundeswehrverwaltung zur Bundeswehr und zu den übrigen Verwaltungen des Bundes und der Länder, 1970, S. 159 ff.

197 BGBl. 1956 I S. 899 mit späteren Änderungen.

198 Heun, in: Dreier, GG, Bd. III, 3. Aufl. 2018, Art. 87b Rn. 11.

199 Raap, Deutsches Wehrrecht, 1999, S. 30.

Kapitel 5 Einsatz im Ausland

Norman Vogt

Die von der Bundesregierung im Juli 2018 veröffentlichte Konzeption der Bundeswehr sieht fünf gleichrangige Aufgaben für die Bundeswehr vor: Landes- und Bündnisverteidigung im Rahmen der NATO und der EU, internationales Krisenmanagement, Heimatschutz, Partnerschaft und Kooperation über EU und NATO hinaus sowie humanitäre Not- und Katastrophenhilfe.[200]

Die Beteiligung an Auslandseinsätzen ist hierbei – jedenfalls seit Ende des Kalten Krieges und der Wiedervereinigung – als internationales Krisenmanagement im Alltag eine der wesentlichen Aufgaben der Bundeswehr. Die Frage der grundsätzlichen Zulässigkeit einer solchen Beteiligung ist spätestens seit dem vielbeachteten „out of area"-Urteil des Bundesverfassungsgerichts geklärt. Demnach dürfen die bewaffneten Streitkräfte der Bundeswehr außer zur Verteidigung auch im Rahmen und nach den Regeln eines Systems gegenseitiger kollektiver Sicherheit eingesetzt werden, sofern die Bundesregierung – grundsätzlich zuvor – die konstitutive Zustimmung des Deutschen Bundestages eingeholt hat.[201]

I. Verfassungsrechtliche Abgrenzung

1. Der Ausgangspunkt: Art. 87a Abs. 1 und 2 GG

Die wehrverfassungsrechtliche Zentralnorm für die Bundeswehr ist Art. 87a GG. Dieser besagt:

> (1) Der Bund stellt Streitkräfte zur Verteidigung auf. Ihre zahlenmäßige Stärke und die Grundzüge ihrer Organisation müssen sich aus dem Haushaltsplan ergeben.
>
> (2) Außer zur Verteidigung dürfen die Streitkräfte nur eingesetzt werden, soweit dieses Grundgesetz es ausdrücklich zulässt.

Relevante Schlüsselbegriffe für die Frage der Zulässigkeit von Einsätzen (jeglicher Art) der deutschen Streitkräfte sind daher a) Streitkräfte, b) Einsätze (bzw. „eingesetzt") und c) Verteidigung. Sind die Verteidigung und

200 Bundesministerium der Verteidigung, Konzeption der Bundeswehr, 2018, S. 19 ff.
201 BVerfG, Urt. v. 12.7.1994 – 2 BvE 3/92, BVerfGE 90, 286 ff.

der Einsatz von Streitkräften zu regeln, sind unweigerlich die Beziehungen der Bundesrepublik Deutschland zu anderen Staaten betroffen. Die genannten Begriffe sind daher stets im Lichte des Völkerrechts auszulegen.[202]

a) **Streitkräfte.** Die „Streitkräfte" im Sinne des Grundgesetzes sind der Inbegriff der militärisch gegliederten und geführten Verbände der Bundesrepublik Deutschland.[203] Unter „militärisch gegliedert und geführt" ist die hierarchische Eingliederung und Organisation aller uniformierten Verbände unter die Befehls- und Kommandogewalt des Bundesministers der Verteidigung (Art. 65a GG) oder im Verteidigungsfall des Bundeskanzlers (Art. 115b GG) zu verstehen, der diese mittels des Prinzips von „Befehl und Gehorsam" führt.[204] Streitkräfte im Sinne des Art. 87a GG sind also die militärisch kämpfenden Teile der Bundeswehr. Gemeinsam mit der nichtmilitärischen Bundeswehrverwaltung (Art. 87b GG) bilden sie die Bundeswehr.[205]

b) **Einsätze.** Artikel 87a Abs. 2 GG macht Vorgaben, wann Streitkräfte „eingesetzt" werden dürfen. Der „Einsatz" der Streitkräfte ist von deren bloßer „Verwendung" abzugrenzen. Von einem Einsatz der Streitkräfte ist zu sprechen, wenn diese unter Nutzung ihrer spezifisch militärischen Mittel (Personal und Material) und Organisationsstrukturen hoheitlich tätig werden.[206] Ein Einsatz liegt auch vor, wenn Streitkräfte zumindest als Mittel der Exekutive im Zusammenhang mit Eingriffen in Grundrechte in ihrem Droh- und Einschüchterungspotential verwendet werden.[207] Verwendungen hingegen, die von der allgemeinen Aufgabenzuweisung abgedeckt sind, können etwa zu repräsentativen oder karitativen Zwecken erfolgen.[208] Auch die technisch-logistische Unterstützung von Behörden ist als Verwendung einzuordnen, vgl. insofern Kapitel 6 „Einsatz im Innern".

c) **Verteidigung.** Art. 87a GG verwendet den Begriff „Verteidigung" als unbestimmten Rechtsbegriff. Als solcher ist er auszulegen, um seinen rechtlichen Inhalt zu erschließen.[209] Gegenstand der Verteidigung im Sinne des Art. 87a GG ist der Staat. Nach der staatsrechtlichen Drei-Elemente-Lehre nach Georg Jellinek setzt sich ein Staat aus Staatsgebiet, Staatsvolk und

---

202 Riemenschneider, NZWehrr 2019, 191 f.
203 Depenheuer, in: Maunz/Dürig, GG, 90. EL Februar 2020, Art. 87a Rn. 70.
204 Ladiges, JuS 2015, 598 (599); Depenheuer, in: Maunz/Dürig, GG, 90. EL Februar 2020, Art. 87a Rn. 70; Epping, in: BeckOK, GG, 43. Edition 15.5.2020, Art. 87a Rn. 1.
205 Depenheuer, in: Maunz/Dürig, GG, 90. EL Februar 2020, Art. 87a Rn. 70; Epping, in: BeckOK, GG, 43. Edition 15.5.2020, Art. 87a Rn. 1.
206 Baldus/Müller-Franken, in: v. Mangoldt/Klein/Starck, GG, 7. Aufl. 2018, Art. 87a Rn. 80.
207 BVerfG, Beschl. v. 3.7.2012 – 2 PBvU 1/11, BVerfGE 132, 1, Rn. 50; BVerwGE 132, 110 (119 f.).
208 Weingärtner, GSZ 2019, 202 (203).
209 F. Kirchhof, Verteidigung und Bundeswehr, in: Handbuch des Staatsrechts, Bd. IV, 3. Aufl. 2006, § 84 Rn. 50.

Staatsgewalt zusammen.[210] Staatsgebiet, wie es Art. 115a GG als „Bundesgebiet“ beschreibt, umfasst das gesamte Territorium der Bundesrepublik Deutschland, einschließlich Luftraum und Küstenmeer.[211] Art. 87a GG erfasst jedoch nicht nur das Staatsgebiet (anders als dies etwa für den Verteidigungsfall gemäß Art. 115a Abs. 1 GG („Angriff mit Waffengewalt auf das Bundesgebiet“ angenommen wird), sondern auch die übrigen beiden konstituierenden Merkmale eines Staates.[212] Im „klassischen“ Fall der Landesverteidigung fallen alle drei Schutzgüter zusammen. Dies muss jedoch nicht immer der Fall sein. Denn mit dem Staat als Objekt der Verteidigungsbemühungen ist auch die Rettung Deutscher – also des Staatsvolks – im Ausland vom Verteidigungsbegriff des Art. 87a Abs. 1 Satz 1 GG erfasst. Es besteht eine grundrechtliche Schutzpflicht des Staates zugunsten seiner Bürger, die dieser im Ausland im Regelfall durch diplomatischen Schutz, etwa durch Botschaften und Konsulate, realisiert. Sollte jedoch ein Einsatz von Streitkräften zum Schutz deutscher Bürger notwendig sein, dann ist dieser – ungeachtet der völkerrechtlichen Rechtmäßigkeit – verfassungsrechtlich Verteidigung im Sinne des Art. 87a Abs. 1 GG, wenn der andere Staat einen solchen Einsatz auf seinem Territorium gestattet oder die dortige öffentliche Sicherheit und Ordnung zusammenbricht, so dass diplomatischer Schutz allein nicht mehr ausreichend ist oder dieser Staat sogar selbst deutsche Staatsangehörige angreift.[213] Dieser Schutzauftrag für den gesamten Staat findet sich auch im Eid aller Bundeswehrsoldaten gemäß § 9 SG wieder, wonach diese schwören (bzw. als freiwillig Wehrdienst Leistende geloben), „der Bundesrepublik Deutschland treu zu dienen und das Recht und die Freiheit des deutschen Volkes tapfer zu verteidigen.“

Der in Art. 115a GG geregelte Verteidigungsfall ist hiermit nicht zu verwechseln. Art. 115a GG trifft lediglich Verfahrensregelungen und passt insbesondere staatsorganisatorische Abläufe an die Notwendigkeiten des Verteidigungsfalls an.[214]

Der Begriff der Verteidigung in Art. 87a GG geht also über die bloße Territorialverteidigung hinaus, verhindert allerdings gleichzeitig durch seine Bezugnahme auf den Staat als Verteidigungsobjekt eine Instrumentalisierung der deutschen Streitkräfte als „Weltpolizei“.[215] Zwar umfasst der

---

210 Jellinek, Allgemeine Staatslehre, 3. Aufl. 1914 (Neudruck 1956), S. 183; vgl. auch Danwerth, JuS 2011, 406 (407 f.).

211 Heun, in: Dreier, GG, 3. Aufl. 2018, Art. 115a Rn 6.

212 Depenheuer, in: Maunz/Dürig, GG, 90. EL Februar 2020, Art. 87a Rn. 37; vgl. insofern auch Jahn, Das Strafrecht des Staatsnotstandes, 2004, S. 36 ff.

213 Depenheuer, in: Maunz/Dürig, GG, 90. EL Februar 2020, Art. 87a Rn. 40; F. Kirchhof, Verteidigung und Bundeswehr, in: Handbuch des Staatsrechts, Bd. IV, 3. Aufl. 2006, § 84 Rn. 52; Dau, NZWehrr 1998, 89 (95); Hillgruber, in Umbach/Clemens, GG, 2002, Art. 87a Rn. 17; Ladiges, JuS 2015, 602; a. A. Weingärtner, GSZ 2019, 202 (204); Baldus/Müller-Franken, in: v. Mangoldt/Klein/Stark, GG, 3. Aufl. 2018, Art. 87a Rn. 56; Krieger, in: Schmidt-Bleibtreu/Hofmann/Henneke, GG, 14. Aufl. 2018, Art. 87a Rn. 14.

214 Dreist, NZWehrr 2018, 109 f.

215 Depenheuer, in: Maunz/Dürig, GG, 90. EL Februar 2020, Art. 87a Rn. 86 ff.

Begriff der Verteidigung aus Art. 87a GG auch den der individuellen oder kollektiven Selbstverteidigung nach Art. 51 VN-Charta,[216] auch einschließlich des Bündnisfalls.[217] Zudem können nichtstaatliche Akteure – etwa Terrororganisationen – Urheber eines bewaffneten Angriffs sein, gegen die sich Staaten (individuell oder kollektiv) verteidigen können.[218] Jedoch ist nicht jede völkerrechtlich zulässige Gewaltanwendung auch Verteidigung im Sinne des Grundgesetzes. So sind etwa nach Art. 42 VN-Charta „erforderliche Maßnahmen" mit Luft-, See- oder Landstreitkräften zur Wahrung oder Wiederherstellung des Weltfriedens und der internationalen Sicherheit im Rahmen eines sogenannten „Kapitel VII-Mandats" zulässig. Kapitel VII der VN-Charta regelt Maßnahmen bei der Bedrohung des Weltfriedens und gestattet dabei auch die Anwendung von Gewalt – als Ausnahme vom grundsätzlich geltenden Gewaltverbot aus Art. 2 Nr. 4 VN-Charta.[219] Ein solcher Einsatz von Streitkräften ist jedoch keine Verteidigung im Sinne von Art. 87a GG. Ein derart weites Verständnis des Verteidigungsbegriffs würde ihn konturlos werden lassen, wenn er allein als Gegensatz zum völkerrechtlich verbotenen Angriffskrieg gesehen würde.[220]

2. Die Erweiterung: Art. 24 Abs. 2 GG

Es ist also nicht jede völkerrechtlich zulässige Gewaltanwendung auch nach dem Grundgesetz als Verteidigung gemäß Art. 87a Abs. 2 GG zulässig. Doch bereits nach der Präambel des Grundgesetzes ist das deutsche Volk „von dem Willen beseelt, als gleichberechtigtes Glied in einem Vereinten Europa dem Frieden der Welt zu dienen." Noch vor der Aufzählung der einzelnen Grundrechte wird also die Völkerrechtsfreundlichkeit des Grundgesetzes erkennbar. In diesem Zusammenhang sind daher die Vorgaben des Art. 24 Abs. 2 GG zu sehen. Dieser bildet eine Konstellation ab, in welcher das Grundgesetz den Einsatz von Streitkräften auch über die reine Verteidigung hinaus zulässt:

> (2) Der Bund kann sich zur Wahrung des Friedens einem System gegenseitiger kollektiver Sicherheit einordnen; er wird hierbei in die Beschränkungen seiner Hoheitsrechte einwilligen, die eine friedliche und dauerhafte Ordnung in Europa und zwischen den Völkern der Welt herbeiführen und sichern.

---

216 „Diese Charta beeinträchtigt im Falle eines bewaffneten Angriffs gegen ein Mitglied der Vereinten Nationen keineswegs das naturgegebene Recht zur individuellen oder kollektiven Selbstverteidigung, bis der Sicherheitsrat die zur Wahrung des Weltfriedens und der internationalen Sicherheit erforderlichen Maßnahmen getroffen hat."

217 Epping, in: BeckOK GG, Art. 87a Rn. 6; Brenner/Hahn, JuS 2001, 729 (732); Kokott, in: Sachs, GG, 8. Aufl. 2018, Art. 87a Rn. 24 f.; vgl. auch BVerwG, Urt. v. 26.9.2006 – 2 WD 2.06, NVwZ-RR 2007, 257 (259).

218 BVerfG, Beschl. v. 17.9.2019 – 2 BvE 2/16, juris, Rn. 50.

219 „Alle Mitglieder unterlassen in ihren internationalen Beziehungen jede gegen die territoriale Unversehrtheit oder die politische Unabhängigkeit eines Staates gerichtete oder sonst mit den Zielen der Vereinten Nationen unvereinbare Androhung oder Anwendung von Gewalt."

220 Kokott, in: Sachs, GG, 8. Aufl. 2018, Art. 87a Rn. 30.

Werden die dort aufgestellten Voraussetzungen erfüllt, ist ein Einsatz der Streitkräfte in diesem Rahmen verfassungsrechtlich auch dann zulässig, wenn es sich nicht um Verteidigung im Sinne des Art. 87a GG handelt. Die Ermächtigung des Art. 24 Abs. 2 GG bietet damit die verfassungsrechtliche Grundlage für die Übernahme mit der Zugehörigkeit zu einem solchen System typischerweise verbundenen Aufgaben. Zur Erfüllung dieser Aufgaben kann damit auch die Bundeswehr eingesetzt werden, wenn diese Einsätze im Rahmen und nach den Regeln dieses Systems stattfinden.[221]

a) **Einordnung in ein System gegenseitiger kollektiver Sicherheit.** Der Begriff des „Systems gegenseitiger kollektiver Sicherheit“ als bewusst unscharfe Fomulierung ist seit jeher und nach wie vor umstritten.[222] Als ein System gegenseiter kollektiver Sicherheit könnte etwa (nur) ein System angesehen werden, das der Friedenssicherung innerhalb desselben Systems dient.[223] Dann wären nur die Vereinten Nationen oder vergleichbare Organisationen solche Systeme. Erfasst man hingegen auch reine Verteidigungsbündnisse, die sich gegen Angriffe von außen richten, als Systeme gegenseitiger kollektiver Sicherheit auf, sind auch Organisationen wie etwa die NATO erfasst.[224]

Eine solche formale Unterscheidung zwischen nach innen und nach außen gerichteten Systemen führt allerdings im Ergebnis nicht weiter. Der vermeintliche Gegensatz zwischen kollektiver Sicherheit (also Friedenssicherung nach innen) und kollektiver Verteidigung (Friedenssicherung nach außen) ist letztlich keiner. Entscheidend ist nicht der Ursprung der Friedensbedrohung, sondern allein die strikte Verpflichtung zur gegenseitigen Friedenswahrung. So erkannte das BVerfG anhand des Selbstverteidigungsrechts aus Art. 51 VN-Charta: „Insoweit bestätigt die Satzung, dass sich zur Wahrung des internationalen Friedens eine Organisationsform, in der alle Mitglieder einem Angegriffenen bei einem Angriff eines Mitgliedstaates beistehen, und eine solche, in der sich die Mitgliedstaaten zur gegenseitigen Unterstützung bei einem Angriff durch einen Nicht-Mitgliedstaat verpflichten, ergänzen.“[225]

Die „Einordnung“ erfolgt zweistufig: Völkerrechtlich schließt die Bundesrepublik Deutschland mit dem jeweiligen System (meist eine internationale Organisation) einen Beitrittsvertrag; alternativ könnte sie auch Gründungsmitglied eines solchen Systems sein. Diesem Beitritt bzw. der völkerrechtlichen Vertragsgrundlage eines Systems gegenseitiger kollektiver

---

221 BVerfG, Urt. v. 12.7.1994 – 2 BvE 3/92, BVerfGE 90, 286 ff. = NJW 1994, 2207 (2208).

222 Callies, in: Maunz/Dürig, GG, 90. EL 2020, Art. 24 Abs. 2 Rn. 6.

223 Wolfrum, Deutschland in Verteidigungsbündnissen, in: Handbuch des Staatsrechts, Bd. X, 3. Aufl. 2012, § 221 Rn. 3; Deiseroth, in: Umbach/Clemens (Hrsg.), GG, 2002, Art. 24 Rn. 203; Fährmann, Die Bundeswehr im Einsatz für Europa, 2010, S. 201.

224 Rojahn, in: v. Münch/Kunig (Hrsg.), GG, 6. Aufl. 2012, Art. 24 Rn. 97; Röben, Außenverfassungsrecht, 2007, S. 247; Heun, JZ 1994, 1073 (1074).

225 BVerfG, Urt. v. 12.7.1994 – 2 BvE 3/92, BVerfGE 90, 286 (349).

Sicherheit muss der Deutsche Bundestag verfassungsrechtlich nach Art. 59 Abs. 2 Satz 1, 1. Alt. GG in Form eines Gesetzes zustimmen.[226]

b) Einzelne Systeme gegenseitiger kollektiver Sicherheit. Die Vereinten Nationen sind ein System gegenseitiger kollektiver Sicherheit im Sinne von Art. 24 Abs. 2 GG. Sie sind darauf angelegt, Streitigkeiten unter ihren Mitgliedern auf friedliche Weise beizulegen und notfalls durch Einsatz von Streitkräften den Friedenszustand wiederherzustellen. Dabei sind die Mitgliedstaaten zu entsprechender Zusammenarbeit verpflichtet.[227] Eine Mitgliedschaft in einem solchen System mit wechselseitiger Friedenssicherung setzt voraus, dass seine Mitglieder auch militärische Beiträge leisten.[228] Ein Einsatz der Bundeswehr im Rahmen und nach den Regeln der Vereinten Nationen ist damit verfassungsrechtlich zulässig.

Die NATO ist von ihrem Grundansatz her – trotz Erweiterung ihres Aufgabenspektrums seit Ende des Kalten Krieges – ein klassisches Verteidigungsbündnis. Ihr grundlegender Zweck der regionalen Friedenswahrung in Europa und dem Nordatlantik erlaubt allerdings auch Einsätze zur Eindämmung von Krisen, ohne dass die NATO ihren Charakter als Verteidigungsbündnis verlöre.[229] Die NATO dient der Wahrung des Friedens auch dadurch, dass sich die Vertragsparteien verpflichten, Streitfälle, an denen sie beteiligt sind, mit friedlichen Mitteln zu lösen.[230] Aus der Idee einer gemeinsamen Verteidigung gegen einen Angriff von außen folgt zudem, dass der Angreifende mit seinem Staatsgebiet einen insoweit maßgeblichen Bezug zum Bündnisgebiet herstellt. Mit dem Zweck der NATO als System mehrerer Staaten zur gemeinsamen Abwehr militärischer Angriffe von außen waren abwehrende militärische Einsätze außerhalb des Bündnisgebiets, nämlich auch auf dem Territorium eines angreifenden Staates, von vornherein umfasst. Bei einem Angriff muss die Verteidigung nicht an der Bündnisgrenze enden, sondern kann auf dem Territorium des Angreifers stattfinden. Dabei dient auch dessen langfristige und stabile Befriedung der Sicherung eines dauerhaften Friedens des Bündnisses.[231] Folglich wurde auch in dem nach Maßgabe des Art. 59 Abs. 2 Satz 1, Art. 24 Abs. 2 GG ergangene Zustimmungsgesetz zum NATO-Vertrag das Integrationsprogramm eines Systems gegenseitiger kollektiver Sicherheit festgelegt.[232] Eine Fortentwicklung der NATO ändert an dieser Einschätzung nichts,

---

226 Callies, in: Maunz/Dürig, GG, 90. EL 2020, Art. 24 Abs. 2 Rn. 57 ff.

227 BVerfG, Urt. v. 12.7.1994 – 2 BvE 3/92, BVerfGE 90, 286 (349).

228 Vogel, Die EUNAVFOR MED Operation Sophia zur Bekämpfung des Migrantenschmuggels auf Hoher See im Mittelmeer, 2019, S. 108.

229 BVerfG, Urt. v. 3.7.2007 – 2 BvE 2/07, BVerfGE 118, 244, Rn. 52.; BVerfG, Urt. v. 22.11.2001 – 2 BvE 6/99, BVerfGE 104, 151, Rn. 160 ff.

230 Heintschel v. Heinegg/Frau, in: BeckOK GG, 43. Ed. 15.5.2020, Art. 24 Rn. 33.2; Art. 1 NATO-Vertrag.

231 BVerfG, Urt. v. 3.7.2007 – 2 BvE 2/07, BVerfGE 118, 244, Rn. 54; BVerfG, Urt. v. 12.7.1994 – 2 BvE 3/92, BVerfGE 90, 286 (349).

232 BVerfG, Urt. v. 7.5.2008 – 2 BvE 1/03, BVerfGE 121, 135, Rn. 64.

solange eine solche Fortentwicklung nicht über die mit dem Zustimmungsgesetz erteilte Ermächtigung hinausgeht und damit ultra vires erfolgt.[233]

Bei der Europäischen Union (EU) hingegen ließ sich das vielbeachtete Lissabon-Urteil des Bundverfassungsgerichts so verstehen, dass die EU mit dem Integrationsstand des Vertrages von Lissabon noch kein System gegenseitiger kollektiver Sicherheit im Sinne des Art. 24 Abs. 2 GG darstellte.[234] Der für eine gemeinsame Verteidigung erst noch erforderliche einstimmige Beschluss des Europäischen Rates sowie der ebenfalls erforderliche Beschluss der Mitgliedstaaten im Einklang mit ihren jeweiligen verfassungsrechtlichen Vorschriften verdeutliche, „dass der Schritt der Europäischen Union zu einem System gegenseitiger kollektiver Sicherheit durch die geltende Fassung des Primärrechts und durch die Rechtslage nach einem Inkrafttreten des Vertrags von Lissabon noch nicht gegangen wird."[235] Inzwischen hat das Bundesverfassungsgericht allerdings in seiner Entscheidung zur Beteiligung deutscher Streitkräfte an dem Einsatz zur Verhütung und Unterbindung terroristischer Handlungen durch die Terrororganisation IS im September 2019 klargestellt: „Die Rechtsprechung des Bundesverfassungsgerichts ist [...] nicht dahingehend zu verstehen, dass die Europäische Union grundsätzlich nicht als System im Sinne von Art. 24 Abs. 2 GG eingeordnet werden kann. Ein System gegenseitiger kollektiver Sicherheit im Sinne des Art. 24 Abs. 2 GG setzt ein friedensicherndes Regelwerk sowie den Aufbau einer eigenen Organisation und einen Status völkerrechtlicher Gebundenheit voraus, der wechselseitig zur Wahrung des Friedens verpflichtet und Sicherheit gewährt [...]. Anhand dieser Kriterien kann die Europäische Union zumindest vertretbar als ein System gegenseitiger kollektiver Sicherheit angesehen werden."[236]

Ein Mandat des Sicherheitsrates der Vereinten Nationen gemäß Kapitel VII der VN-Charta – also für Maßnahmen bei Bedrohung oder Bruch des Friedens und bei Angriffshandlungen – ist für Einsätze der Bundeswehr im Rahmen der NATO oder EU nicht zwingend erforderlich.[237] Andere völkerrechtliche Ermächtigungen zur Gewaltanwendung, etwa die Einladung des betroffenen Staates, reichen grundsätzlich aus.

Sog. „Koalitionen der Willigen", also ad hoc vereinbarte Zusammenschlüsse ohne entsprechendes Mandat des Sicherheitsrates der Vereinten Nationen, erfüllen hingegen nicht die Kriterien eines Systems gegenseitiger

---

233 BVerfG, Urt. v. 22.11.2001 – 2 BvE 6/99, BVerfGE 104, 151, Rn. 160.

234 BVerfG, Urt. v. 30.6.2009 – 2 BvE 2/08, BVerfGE 123, 267 (425 f.).

235 BVerfG, Urt. v. 30.6.2009 – 2 BvE 2/08, BVerfGE 123, 267 (425 f.), Rn. 390; Callies, in: Maunz/Dürig, GG, 90. EL Februar 2020, Art. 24 Abs. 2 Rn. 42.

236 BVerfG, Beschl. v. 17.9.2019 – 2 BvE 2/16, juris, Rn. 52.; weithin h. M., vgl. nur Vogel, Die EUNAVFOR MED Operation Sophia zur Bekämpfung des Migrantenschmuggels auf Hoher See im Mittelmeer, 2019, S. 120 m. w. N.; Heintschel v. Heinegg/Frau, in: BeckOK GG, 43. Ed. 15.5.2020, Art. 24 Rn. 33.3.

237 Weingärtner, GSZ 2019, 202 (204); Heun, in: Dreier, GG, 3. Aufl. 2018, Art. 87a Rn. 18; a. A. Deiseroth, in: Umbach/Clemens, GG, 2002, Art. 24 Rn. 215.

kollektiver Sicherheit, da ihnen sowohl der Organisationsaufbau als auch eine völkerrechtliche Grundlage fehlt.[238]

II. Besondere Einsatzarten

Die Möglichkeit zum Einsatz deutscher Streitkräfte im Ausland geht über die bekannten „klassischen“ Auslandseinsätze der Bundeswehr wie seinerzeit etwa in Somalia (United Nations Operation in Somalia II [UNOSOM II]), dem ehemaligen Jugoslawien (United Nations Protection Force [UNPROFOR], Implementation Force [IFOR], Stabilisation Force [SFOR]) oder aktueller beispielsweise im Kosovo (Kosovo Force [KFOR]), Afghanistan (Resolute Support [RS]) und Mali (European Union Training Mission Mali [EUTM Mali] und Mission multidimensionelle integrée des Nations Unies pour la stabilisation au Mali [MINUSMA]) hinaus.

1. Militärische Evakuierungsoperationen

Da wie oben dargestellt sämtliche Elemente von Staatlichkeit Verteidigungsobjekte im Sinne des Art. 87a GG sind, ist der Streitkräfteeinsatz grundsätzlich auch dann möglich, wenn nur eines dieser Elemente bedroht ist. Ein konkretes Beispiel ist etwa eine Bedrohung des Staatsvolks: bei militärischen Evakuierungsoperationen besteht keine unmittelbare Gefahr für das Staatsgebiet (und noch weniger für die Staatsgewalt); es werden vielmehr („nur“) deutsche Staatsangehörige mit militärischen Maßnahmen im Ausland vor einer drohenden Gefahr gerettet.[239] Mehrere dieser Evakuierungsoperationen wurden inzwischen medial aufgearbeitet. Daneben waren sie Gegenstand bundesverfassungsgerichtlicher Rechtsprechung.

Die erste bekannte militärische Evakuierungsoperation der Bundeswehr war die „Operation Libelle“. Im März 1997 brach in Albanien der sogenannte Lotterieaufstand aus. Angesichts dieser Unruhen entschied die Bundesregierung, Soldaten des in Bosnien-Herzegowina eingesetzten deutschen Einsatzkontingents SFOR aus diesem herauszulösen und mit diesen sowie weiteren Unterstützungskräften unter nationalem Befehl eine Evakuierungsoperation in der albanischen Hauptstadt Tirana durchzuführen, um deutsche Staatsbürger und Staatsbürger verbündeter Nationen in Sicherheit zu bringen. Die Operation war ein Erfolg. Im Nachgang wurde die Evakuierungsoperation dem Bundestag zur Billigung vorgelegt und von diesem auch gebilligt.[240]

Ebenfalls große Aufmerksamkeit erlangte die „Operation Pegasus“, in der deutsche Streitkräfte im Februar 2011 wiederum eine Evakierungsoperation während des libyschen Bürgerkrieges durchführten.[241]

---

238 Weingärtner, GSZ 2019, 202 (204).

239 Riemenschneider, NZWehrr 2019, 191 (200).

240 BT-Drs 13/7233.

241 Siehe zur Zusammenfassung der Abläufe BVerfG, Urt. v. 23.9.2015 – 2 BvE 6/11, BVerfGE 140, 160, Rn. 2 ff.

Das Bundesverfassungsgericht hat die grundsätzliche Zulässigkeit einer solchen Operation bestätigt.[242]

2. Verteidigung von Bündnispartnern (isolierter Bündnisfall) und kollektive Selbstverteidigung

Die 1955 neu aufgestellten deutschen Streitkräfte wurden von Anfang an in die NATO integriert. Somit lässt sich die Verteidigung der Bundesrepublik Deutschland nur gemeinsam mit der Bündnisverteidigung sehen.[243] Die Bundesrepublik Deutschland hat sich in verschiedenen völkerrechtlichen Verträgen gegenüber ihren jeweiligen Bündnispartnern zum militärischen Beistand verpflichtet. Bekanntestes Beispiel dürfte Art. 5 des NATO-Vertrages, der „Bündnisfall" innerhalb der NATO, sein. In jüngerer Zeit kommt allerdings auch Art. 42 Abs. 7 Satz 1 EUV hinzu, in welchem sich die EU-Mitgliedstaaten im Falle eines bewaffneten Angriffs auf das Hoheitsgebiet eines Mitgliedstaats alle in ihrer Macht stehende Hilfe und Unterstützung im Einklang mit dem Selbstverteidigungsrecht aus Art. 51 VN-Charta zusichern.

Nach allgemeiner Ansicht ist auch eine solche reine Bündnisverteidigung ohne unmittelbare Betroffenheit des deutschen Staatsgebiets vom Verteidigungsbegriff des Art. 87a GG erfasst.[244]

Umstritten ist hingegen, ob auch die kollektive Selbstverteidigung ohne Bündnisverpflichtung, sondern ausschließlich nach Art. 51 VN-Charta noch als Verteidigung im Sinne des Art. 87a GG anzusehen ist.[245] Im Ergebnis ist dies jedoch abzulehnen: die durch Art. 24 Abs. 2 GG aufgestellten zusätzlichen Voraussetzungen wären entbehrlich, wenn jede Beteiligung an kollektiver Selbstverteidigung nach Art. 51 VN-Charta verfassungsrechtlich ohnehin als Verteidigung gemäß Art. 87a Abs. 1 GG zulässig wäre. Vielmehr muss auch hier der Bezug zu einem der drei oben genannten Merkmale des Verteidigungsobjekts „Staat" (Staatsgebiet – Staatsvolk – Staatsgewalt) bestehen, um die Nothilfe zugunsten anderer Staaten als „Verteidigung" im Sinne des Art. 87a Abs. 1 GG anzusehen. Zwar ist der Einsatz der Streitkräfte nicht auf Territorialverteidigung beschränkt, der Verteidigungsbegriff kann aber auch nicht losgelöst vom Staat interpretiert werden. Ein Verteidigungseinsatz kann nur vorliegen, wenn dadurch gleichzeitig Sicherheitsinteressen Deutschlands verfolgt werden.[246] Den Weltfrieden als Schutzgut des Verteidigungsbegriffs

---

242 BVerfG, Urt. v. 23.9.2015 – 2 BvE 6/11, BVerfGE 140, 160 ff.

243 Kokott, in: Sachs, GG, 8. Aufl. 2018, Art. 87a Rn. 23.

244 Depenheuer, in: Maunz/Dürig, GG, 90. EL Februar 2020, Art. 87a Rn 90; Epping, in: BeckOK GG, Art. 87a Rn. 6; Kokott, in: Sachs, GG, 8. Aufl. 2018, Art. 87a Rn. 25; Krieger, in: Schmidt-Bleibtreu/Hofmann/Henneke, GG, 14. Aufl. 2018, Art. 87a Rn. 11; Grzeszick, in: Friauf/Höfling, GG, Art. 87a Rn. 22.

245 Bejahend Krieger, in: Schmidt-Bleibtreu/Hofmann/Henneke, GG, 14. Aufl. 2018, Art. 87a Rn. 12; Oeter, NZWehrr 2000, 89 (91); verneinend Depenheuer, in Maunz/Dürig, GG, 90. EL Februar 2020, Art. 87a Rn. 98 f.

246 Depenheuer, in: Maunz/Dürig, GG, 90. EL Februar 2020, Art. 87a Rn. 119 ff.; Hillgruber, in: Umbach/Clemens, GG, Bd. 2, 2002, Art. 87a, Rn. 23.

aus Art. 87a GG anzusehen, würde zu einer Art Freibrief für militärische Interventionen führen, wann immer er bedroht wäre, und müsste durch internationale Richtlinien gerechtfertigt sein.[247]

III. Entscheidungsbefugnis zum Einsatz im Ausland – die „Parlamentsarmee“

Wie das Bundesverfassungsgericht in seinem „out of area“-Urteil erkannte, verpflichtet das Grundgesetz die Bundesregierung, für einen Einsatz bewaffneter Streitkräfte die – grundsätzlich vorherige – konstitutive Zustimmung des Deutschen Bundestages einzuholen, um „die Bundeswehr nicht als Machtpotential allein der Exekutive zu überlassen, sondern als ‚Parlamentsheer‘ in die demokratisch rechtsstaatliche Verfassungordnung einzufügen.“[248] Ein solcher wehrverfassungsrechtlicher Parlamentsvorbehalt gilt zunächst unmittelbar kraft Verfassung.[249] Das Bundesverfassungsgericht führt hierfür eine seit 1918 bestehende deutsche Verfassungstradition sowie eine Reihe von Vorschriften des Grundgesetzes an, in denen die parlamentarische Kontrolle des Streitkräfteeinsatzes zum Ausdruck kommt (etwa Art. 45a und 45b, Art. 87a Abs. 1 Satz 2 GG und weitere).[250] Allerdings gab das Bundesverfassungsgericht dem Gesetzgeber den Auftrag, die Form und das Ausmaß der parlamentarischen Mitwirkung näher auszugestalten.[251]

1. Voraussetzungen der Parlamentsbeteiligung

Der Gesetzgeber hat auf diese Forderungen des Bundesverfassungsgerichts reagiert und 2005 die Beteiligung des Parlaments von der Entsendung deutscher Streitkräfte in Einsätze im Parlamentsbeteiligungsgesetz (ParlBG) geregelt:

> **§ 1 Grundsatz**
> […]
> (2) Der Einsatz bewaffneter deutscher Streitkräfte außerhalb des Geltungsbereichs des Grundgesetzes bedarf der Zustimmung des Bundestages.
>
> **§ 2 Begriffsbestimmung**
> (1) Ein Einsatz bewaffneter Streitkräfte liegt vor, wenn Soldatinnen oder Soldaten der Bundeswehr in bewaffnete Unternehmungen einbezogen sind oder eine Einbeziehung in eine bewaffnete Unternehmung zu erwarten ist.

---

247 Voigt, UBWV 2020, 170 (174); Kirchhof, in: FS Bernhardt 1995, S. 821; Depenheuer, in Maunz/Dürig, GG, 90. EL Februar 2020, Art. 87a Rn. 37, Rn. 119 ff.
248 BVerfG, Urt. v. 12.7.1994 – 2 BvE 3/92, BVerfGE 90, 286 (381 ff.).
249 BVerfG, Urt. v. 12.7.1994 – 2 BvE 3/92, BVerfGE 90, 286 (351 ff.).
250 BVerfG, Urt. v. 12.7.1994 – 2 BvE 3/92, BVerfGE 90, 286 (383 ff.); Burkiczak, in: Nomos ParlBG, 2012, Einl. Rn. 2.
251 BVerfG, Urt. v. 12.7.1994 – 2 BvE 3/92, BVerfGE 90, 286 (389).

> (2) Vorbereitende Maßnahmen und Planungen sind kein Einsatz im Sinne dieses Gesetzes. Sie bedürfen keiner Zustimmung des Bundestages. Gleiches gilt für humanitäre Hilfsdienste und Hilfsleistungen der Streitkräfte, bei denen Waffen lediglich zum Zweck der Selbstverteidigung mitgeführt werden, wenn nicht zu erwarten ist, dass die Soldatinnen oder Soldaten in bewaffnete Unternehmungen einbezogen werden.

Nur wenn also die Einbeziehung deutscher Streitkräfte außerhalb des Geltungsbereichs des Grundgesetzes in eine bewaffnete Unternehmung zumindest zu erwarten ist, bedarf es der konstitutiven parlamentarischen Zustimmung. Dabei ist der „Einsatz bewaffneter Streitkräfte" ein verfassungsrechtlicher Begriff. Wie er sich jeweils konkretisiert, hängt nicht unmittelbar von der völkerrechtlichen Grundlage des jeweiligen Einsatzes ab.[252]

Diese Erwartung muss qualifiziert sein. Die bloße Möglichkeit, dass es bei einem Einsatz zu bewaffeneten Auseinandersetzungen kommt, reicht dabei nicht aus.[253] Zum einen müssen hierfür hinreichend greifbare tatsächliche Anhaltspunkte dafür vorliegen, dass ein Einsatz nach seinem Zweck, den konkreten politischen und militärischen Umständen sowie den Einsatzbefugnissen – auch als „Rules of Engagement" bekannt – in die Anwendung von Waffengewalt münden kann.[254] Zum anderen bedarf es einer besonderen Nähe zur Anwendung von Waffengewalt, was sich etwa aus der Betrachtung der Einsatzplanung oder eben der Einsatzbefugnisse ergeben kann. Eine solche Nähe ist anzunehmen, wenn bei einem Ablauf des Einsatzes wie geplant die Beteiligung deutscher Soldaten an der Anwendung bewaffneter Gewalt wahrscheinlich ist und die tatsächliche Anwendung praktisch nur noch vom Zufall abhängt.[255] Ein Indiz ist dabei die Bewaffnung der Soldaten: soll diese nicht nur der Selbstverteidigung, sondern gegebenenfalls auch dem Objektschutz dienen, wird von einer „qualifizierten Erwartung" auszugehen sein.[256]

Der Parlamentsvorbehalt ist dabei nicht auf Einsätze innerhalb von Systemen gegenseitiger kollektiver Sicherheit beschränkt, sondern gilt allgemein für bewaffnete Einsätze deutscher Soldaten im Ausland.[257] Die Bundeswehr wäre kein Parlamentsheer, wenn gerade allein national verantwortete Einsätze – etwa militärische Evakuierungsoperationen – ausgeklammert würden.[258] Angesichts seiner Funktion und Bedeutung ist der

---

252 BVerfG, Urt. v. 7.5.2008 – 2 BvE 1/03, BVerfGE 121, 135, Rn. 77; BVerfG, Urt. v. 12.7.1994 – 2 BvE 3/92, BVerfGE 90, 286 (387).

253 BVerfG, Urt. v. 7.5.2008 – 2 BvE 1/03, BVerfGE 121, 135, Rn. 77.

254 BVerfG, Urt. v. 23.9.2015 – 2 BvE 6/11, BVerfGE 140, 160, Rn. 74; BVerfG, Urt. v. 7.5.2008 – 2 BvE 1/03, BVerfGE 121, 135, Rn. 78.

255 BVerfG, Urt. v. 23.9.2015 – 2 BvE 6/11, BVerfGE 140, 160, Rn. 75; BVerfG, Urt. v. 7.5.2008 – 2 BvE 1/03, BVerfGE 121, 135, Rn. 79.

256 Ladiges, JuS 2015, 598 (603).

257 BVerfG, Urt. v. 23.9.2015 – 2 BvE 6/11, BVerfGE 140, 160, Rn. 66.

258 BVerfG, Urt. v. 23.9.2015 – 2 BvE 6/11, BVerfGE 140, 160, Rn. 69.

wehrverfassungsrechtliche Parlamentsvorbehalt schließlich stets parlamentsfreundlich auszulegen.[259]

2. Verfahren der Parlamentsbeteiligung

Grundsätzlich hat die Bundesregierung gemäß § 3 Abs. 1 ParlBG den Antrag auf Zustimmung zum Einsatz der Streitkräfte rechtzeitig vor Beginn des Einsatzes dem Bundestag vorzulegen. Sie hat dabei insbesondere den Einsatzauftrag, das Einsatzgebiet, die rechtlichen Grundlagen des Einsatzes, die Höchstzahl der einzusetzenden Soldaten, deren Fähigkeiten, die geplante Dauer des Einsatzes sowie seine voraussichtlichen Kosten und die Finanzierung darzulegen. Die Bundesregierung muss dabei allerdings keine Angaben veröffentlichen, die geeignet sind, das Erreichen des Einsatzziels zu bereinträchtigen oder gar zu vereiteln.[260]

Einem solchen Antrag der Bundesregierung kann der Bundestag lediglich zustimmen oder ihn ablehnen, jedoch keine Änderungen an ihm vornehmen. Er hat auch kein Initiativrecht, kann also nicht selbst den Einsatz der Bundeswehr vorschlagen.[261]

Sollte es sich um einen Einsatz geringer Intensität und Tragweite handeln – was die Bundesregierung allerdings begründet darzulegen hat –, kann die Zustimmung des Bundestages gemäß § 4 Abs. 1 Satz 1 ParlBG in einem vereinfachten Verfahren erteilt werden: Die Zustimmung gilt als erteilt, wenn nicht innerhalb von sieben Tagen nach Verteilung des Antrages als Bundestagdrucksache von einer Fraktion oder von 5 % der Mitglieder des Bundestages eine Befassung des Parlaments verlangt wird. Übliche Fälle von Einsätzen geringer Intensität und Tragweite sind beispielsweise Erkundungskommandos, die Entsendung einzelner Soldaten aufgrund von Austauschvereinbarungen mit verbündeten Streitkräften oder die Verwendung einzelner Soldaten im Rahmen eines Einsatzes der VN, der NATO, der EU oder einer Organisation, die einen VN-Auftrag erfüllt.

Besteht bei Einsätzen deutscher Streitkräfte Gefahr im Verzug oder würde eine öffentliche Befassung bei militärischen Evakuierungsoperationen das Leben der zu rettenden Menschen gefährden, bedürfen solche Einsätze gemäß § 5 Abs. 1 ParlBG keiner vorherigen Zustimmung des Bundestages. Der Antrag auf Zustimmung ist allerdings sobald möglich unverzüglich nachzuholen. Auch ist der Bundestag vor Beginn und während des Einsatzes „in geeigneter Weise“ – in der Regel durch die zuständigen Ausschüsse und Obleute – zu unterrichten. Sollte der Bundestag den Antrag auf Zustimmung ablehen, ist der Einsatz zu beenden.

Ist ein Einsatz bereits wieder beendet, bevor sich der Bundestag damit befassen kann – wie etwa bei einer Evakuierung deutscher und ausländi-

259 BVerfG, Urt. v. 23.9.2015 – 2 BvE 6/11, BVerfGE 140, 160, Rn. 70.
260 Burkiczak, in: Nomos ParlBG, 2012, § 3 Rn. 1.
261 BVerfG, Urt. v. 12.7.1994 – 2 BvE 3/92, BVerfGE 90, 286 (389).

scher Staatsbürger –, ist auch eine nachträgliche Zustimmung des Bundestags entbehrlich.[262]

Auch die Verlängerung von Einsätzen muss dem Bundestag zur Zustimmung vorgelegt werden. Soll es zu keiner Änderung der Rahmenbedingungen und Vorgaben für den Einsatz kommen, so kann (muss aber nicht) diese Verlängerung nach dem vereinfachten Verfahren stattfinden. Das ParlBG gibt dabei keine maximale Dauer der Zustimmung zu einem Einsatz vor. Die derzeit übliche jährliche Befassung des Bundestages mit den laufenden Auslandseinsätzen der Bundeswehr ergibt sich vielmehr aus der parlamentarischen Praxis.

Schließlich hat der Bundestag gemäß § 8 ParlBG ein Rückholrecht, er kann also jederzeit die Zustimmung zu einem Einsatz bewaffneter Streitkräfte widerrufen.

IV. Abgrenzung zu einzelnen dienstrechtlichen Begriffen

Leisten Soldaten der Bundeswehr im Ausland Dienst, können je nach konkreter Ausgestaltung unterschiedliche dienstrechtliche Begriffe zum Tragen kommen. Diese sollen abschließend in der gebotenen Kürze abgegrenzt werden.

1. Besondere Auslandsverwendung (§ 62 SG)

§ 62 SG trifft Regelungen über die Dienstleistung der „besonderen Auslandsverwendungen". Zu Dienstleistungen können gemäß § 59 Abs. 1 und Abs. 2 SG frühere Berufssoldaten im Ruhestand oder frühere Zeitsoldaten – die umgangssprachlichen „Reservisten" – herangezogen werden. Besondere Auslandsverwendungen sind Verwendungen, die auf Grund einer völkerrechtlichen Vereinbarung mit einer über- oder zwischenstaatlichen Organisation oder einem anderen Staat auf Beschluss der Bundesregierung im Ausland stattfinden. Sofern es sich um Verwendungen auf Schiffen oder in Luftfahrzeugen handelt, gehören außerdem solche Einsätze dazu, die außerhalb des deutschen Hoheitsgebietes stattfinden. Sie sind grundsätzlich jeweils für maximal sieben Monate zulässig. Grundsätzlich fallen hierunter humanitäre oder unterstützende Einsätze der Bundeswehr im Ausland.[263] Originäre Kampfeinsätze z. B. im Bündnisfall gemäß Art. 80a Abs. 3 GG oder im Verteidigungsfall gemäß Art. 115a Abs. 1 GG außerhalb des Staatsgebietes der Bundesrepublik Deutschland gehören nicht dazu.[264] Für aktive Soldaten ist § 62 SG nicht einschlägig; sie sind bereits über ihre Pflicht zum treuen Dienen gemäß § 7 SG zur Teilnahme an Auslandseinsätzen in Form besonderer Auslandsverwen-

262 BVerfG, Urt. v. 23.9.2015 – 2 BvE 6/11, BVerfGE 140, 160, Rn. 99 f.; Callies, in: Maunz/Dürig, GG, 90. EL 2020, Art. 24 Abs. 2 Rn. 85.

263 Scherer/Alff/Poretschkin/Lucks, SG, 10. Aufl. 2018, § 62 Rn. 2.

264 Walz/Eichen/Sohm, SG, 3. Aufl. 2016, § 62 Rn. 14.

dungen verpflichtet.[265] In den deutschen Einsatzkontingenten wird regelmäßig zu einem nicht unerheblichen Prozentsatz Reservistendienst in Form von besonderen Auslandsverwendungen geleistet. So werden beispielsweise allein die Dienstposten von Truppenpsychologiestabsoffizieren (TrPsychStOffz), Leitern der Einsatzverwaltungsstelle (Ltr EinsWVSt) und Rechtsberater-Stabsoffizieren (RBStOffz) durch Beamte der Bundeswehr als Reservistendienst Leistende in einer besonderen Auslandsverwendung besetzt.

2. Hilfeleistung im Ausland (humanitäre Hilfe) (§ 63a SG)

Hilfeleistungen im Ausland sind in § 63a SG als Verwendungen der Streitkräfte im Rahmen von humanitären Hilfeleistungen legaldefiniert. Sie werden gesondert als Dienstleistungen im Sinne von § 59 SG möglich gemacht, da sich die Erkenntnis durchgesetzt hat, dass die formalen Voraussetzungen für eine besondere Auslandsverwendung (insbesondere einen Beschluss der Bundesregierung, vgl. oben) nicht in jedem Fall rechtzeitig erwirkt werden können und daher eine eigenständige Norm für eine Heranziehung zu einem Reservistendienst in der Gestalt humanitäre Hilfe im Ausland notwendig ist.[266]

3. Besondere Verwendung im Ausland (§ 56 BBesG)

In § 56 BBesG findet sich der Begriff „besondere Verwendung im Ausland“, der dort auch legaldefiniert ist. Die Legaldefinition ist nahezu inhaltlich gleich zu der der besonderen Auslandsverwendung gemäß § 62 SG (vgl. oben). Regelungsgehalt von § 56 BBesG ist die Zahlung eines Auslandsverwendungszuschlags in derartigen Verwendungen. Es werden allerdings nicht nur Verwendungen von Soldaten der Bundeswehr erfasst, sondern auch solche von Bundesbeamten und Angehörigen des Technischen Hilfswerks. Die Höhe des jeweils zu zahlenenden Auslandsverwendungszuschlags wird gemäß § 56 Abs. 6 BBesG in der Auslandsverwendungszuschlagsverordnung (AuslVZV) geregelt und beläuft sich derzeit gemäß § 3 AuslVZV je nach Belastung im jeweiligen Einsatzgebiet auf einen Betrag zwischen 48 und 145 € pro Tag.

265 Walz/Eichen/Sohm, SG, 3. Aufl. 2018, § 62 Rn. 17.
266 Walz/Eichen/Sohm, SG, 3. Aufl. 2018, § 63a Rn. 1.

Kapitel 6 Einsatz im Innern

Harald Erkens

I. Politische Brisanz und praktische Relevanz

Der Einsatz der Streitkräfte im Innern ist politisch brisant und rechtlich hochanspruchsvoll. Staat und Gesellschaft können es sich, zumal unter den sicherheitspolitischen Umständen des 21. Jahrhunderts, jedoch nicht leisten, um diesen sperrigen Gegenstand einen Bogen zu machen. Je nach Szenario ist der Einsatz deutscher Soldaten auf deutschem Boden zu anderen als zu originären Verteidigungszwecken ein Gebot der praktischen Vernunft oder aber das letzte Mittel zum Schutz des freiheitlichen Rechtsstaates.

In das volle Scheinwerferlicht geriet das Thema nach „Nine-Eleven" sowie nach den seit 2006 ergangenen Entscheidungen des Bundesverfassungsgerichts zum Luftsicherheitsgesetz. In der Frage nach dem Abschuss eines gekaperten Passagierflugzeuges scheiden sich bis heute die Geister. Parlament und Regierung, Rechtsprechung, Rechtswissenschaft und sogar der Kulturbetrieb (in Gestalt des weltweit aufgeführten Theaterstücks „Terror" von Ferdinand von Schirach) haben sich an dem Problem des Streitkräfteeinsatzes im Innern abgearbeitet. Wie in nur wenigen anderen Fragen liegen hier die Fundamente des Rechtsstaates offen.

Mit der Rückbesinnung auf Landes- und Bündnisverteidigung – ursprüngliche und anspruchsvollste Aufgabe der Bundeswehr –, aber auch mit der gesamtstaatlichen Sicherheitsvorsorge, mit Heimatschutz, nationaler Krisen- und Risikovorsorge sowie Unterstützungsleistungen, namentlich bei Naturkatastrophen und besonders schweren Unglücksfällen, nehmen die aktuellen Basisdokumente der Bundesregierung (Weißbuch, Konzeption der Bundeswehr. Konzeption Zivile Verteidigung) auch den Einsatz im Innern wieder in den Blick.

II. Wehrverfassungsrechtliche Koordinaten

1. Art. 87a Abs. 1 Satz 1 GG als Grundnorm

Mit der zweiten Wehrnovelle vom 19. März 1956 ist Art. 87a GG in das Grundgesetz eingefügt und im Zuge der Notstandsverfassung vom 24. Juni 1968 auf seine bis heute gültige Form gebracht worden. Der Wortlaut von Art. 87a

Abs. 1 Satz 1 GG ist knapp: „Der Bund stellt Streitkräfte zur Verteidigung auf." Gleichwohl handelt es sich hier um die wehrverfassungsrechtliche Grundnorm schlechthin. Hier wird das Verhältnis des freiheitlich-demokratischen Rechtsstaates zu seiner Armee geregelt. Die Verfassungsnorm enthält den Auftrag an den Staat, Streitkräfte aufzustellen. Sie statuiert dabei das Wehrmonopol des Staates sowie eine Bestandsgarantie zugunsten der Bundeswehr.[267] Art. 87a Abs. 1 Satz 1 GG formuliert des Weiteren einen Kampfauftrag an die einmal aufgestellte Bundeswehr. Verteidigung ist ihre primäre und exklusive Aufgabe. Zugleich wird das äußere Gewaltmonopol der Streitkräfte abgegrenzt vom inneren Gewaltmonopol der Polizei.[268]

2. Art. 87a Abs. 2 GG als Ausnahme von der Regel

Der gesamte Aufbau des Art. 87a GG mit seinen vier Absätzen lässt erkennen, dass jeder Einsatz der Bundeswehr, der anderen Zwecken als der Verteidigung dient, Ausnahmecharakter hat. Gem. Art. 87a Abs. 2 GG bedarf es zu einer solchen Ausnahme von der Regel einer ausdrücklichen Ermächtigung durch die Verfassung selbst. Art. 87a Abs. 2 GG stellt demgemäß einen Numerus clausus verteidigungsfremder Einsatzmöglichkeiten der Streitkräfte auf. Diese sind verortet im Verteidigungsfall, im Spannungsfall, im innenpolitischen Notstand und im Katastrophennotstand. Außerhalb dieser Tatbestände ist jeder Streitkräfteeinsatz im Innern zu anderen als zu Verteidigungszwecken verfassungswidrig. Generalklauseln, wie sie etwa im Polizei- und Ordnungsrecht zum gesetzlichen Standardrepertoire gehören, gibt es hier ebenso wenig wie eine Kompetenz kraft Natur der Sache.[269]

Diese gesetzliche Strenge ist eine Konsequenz aus der deutschen Geschichte: Das Grundgesetz im Allgemeinen und seine Wehr- wie auch seine Notstandsverfassung im Besonderen sind immer auch als Reaktion auf die Exzesse des Nationalsozialismus zu sehen. Nachdem die Entscheidung der West-Alliierten zugunsten einer Wiederbewaffnung Westdeutschlands gefallen war, wurden verfassungsrechtliche Vorkehrungen getroffen, die verhindern sollen, dass die Bundeswehr mit der ihr eigenen Schlagkraft jemals zum innenpolitischen Machtinstrument werden könnte.[270]

a) **Trennungsgebot.** Im Verhältnis von Polizei und Streitkräften (ebenso zwischen Polizei und Nachrichtendiensten sowie zwischen polizeilicher und nichtpolizeilicher Gefahrenabwehr) gilt das sog. Trennungsgebot.

---

267 Dürig, in: Maunz/Dürig, GG (Erstkommentierung 1971), Art. 87a Rn. 5; Krieger, in: Schmidt-Bleibtreu/Klein, GG, 14. Aufl. 2018, Art. 87a Rn. 5; Baldus/Müller-Franken, in: v. Mangoldt/Klein/Starck, GG, Bd. 3, 7. Aufl. 2018, Art. 87a Rn. 20 ff.; Heun, in: Dreier, GG, Bd. 3, 3. Aufl. 2018, Art. 87a Rn. 8, 10.

268 F. Kirchhof, Verteidigung und Bundeswehr, in: Handbuch des Staatsrechts, Bd. IV, 3. Aufl. (2006), § 84 Rn. 10 ff.; Hernekamp, in: v. Münch/Kunig, GG, 6. Aufl. 2012, Art. 87a Rn. 4.

269 Hernekamp, in: von Münch/Kunig, GG, 6. Aufl. 2012, Art. 87a Rn. 14; Baldus/Müller-Franken, in: v. Mangoldt/Klein/Starck, GG, Bd. 3, 7. Aufl. 2018, Art. 87a Rn. 69 ff.

270 Stern, Staatsrecht, Bd. II, 1980, S. 1474 ff.

Staatliche Akteure, die zu weitreichenden Eingriffen in die Freiheitssphäre des Einzelnen befugt sind, sollen sich nur in klar abgegrenzten Bereichen bewegen können, die so wenige Überschneidungen wie möglich vorsehen.[271] Salopp gesagt: Die Staatsgewalt soll an die rechtsstaatliche Kette gelegt werden. Bezogen auf das Verhältnis von Polizei und Streitkräften geht es darum, sowohl eine militärisch aufgerüstete Vollzugspolizei als auch umgekehrt eine mit polizeilichen Vollzugsbefugnissen ausgestattete Armee zu verhindern. Innere Sicherheit ist Sache der Polizei. Die Wahrnehmung polizeilicher Aufgaben durch deutsche Soldaten auf deutschem Boden kann daher immer nur Ausnahmecharakter haben.

b) **Begriff der Verteidigung.** Nur solche Einsätze, die nicht in die Kategorie der Verteidigung als der Primärfunktion der Streitkräfte fallen, lösen den Verfassungsvorbehalt des Art. 87a Abs. 2 GG aus. Daher muss Gewissheit darüber herrschen, was unter Verteidigung zu verstehen ist. Diesbezüglich wird verwiesen auf Kapitel 5 (Einsatz im Ausland), I. 1. c.

c) **Begriff des Einsatzes.** Des Weiteren muss Klarheit über den Begriff des Einsatzes bestehen, denn nicht jede Verwendung der Streitkräfte hat Einsatzqualität und löst daher den Verfassungsvorbehalt aus. Umgekehrt ausgedrückt: Es gibt Konstellationen, in denen die Streitkräfte verwendet werden, ohne dass es hierzu einer Spezialermächtigung im Grundgesetz bedürfte. Solche Verwendungen liegen unterhalb der Einsatzschwelle. Zu den Einzelheiten siehe Kapitel 2 (Amtshilfe), II., III.; Kapitel 5 (Einsatz im Ausland), I.1.b.

III. Anknüpfung an die Notstandsverfassung

Die Wehrverfassung und damit auch die Frage des Einsatzes der Streitkräfte im Innern sind verknüpft mit der Notstandsverfassung. Deren Artikel sind durch das 17. Gesetz zur Änderung des Grundgesetzes vom 24. Juni 1968 eingefügt worden. Es handelt sich dabei nicht nur um die bis heute politisch wie gesellschaftlich am heftigsten umstrittene, sondern mit 28 betroffenen Artikeln auch um die bis zur Vollendung der deutschen Einheit umfangreichste Grundgesetzänderung.[272] Die einschlägigen Regelungen sind auf verschiedene Abschnitte des Grundgesetzes verteilt. Unterschieden werden innerer und äußerer Notstand.

Im inneren Notstand geht es um Gefahren, deren Ursprung in der eigenen staatlich-gesellschaftlichen Sphäre liegt. Hierzu gehören der Katastro-

271 Zur Herleitung des Trennungsgebotes: BVerfG, Beschl. v. 28.1.1998 – 2 BvF 3/92, BVerfGE 97, 198 (217); BVerfG, Beschl. v. 9.11.2010 – 2 BvR 2101/09, NStZ 2011, 103 (105 f.). Zur Historie: Cremer, Organisationen zum Schutz von Staat und Verfassung, in: Handbuch des Staatsrechts, Bd. XII, 3. Aufl. 2014, § 278 Rn. 23 f.

272 Darstellung bei Kaiser, Ausnahmeverfassungsrecht, 2020, S. 171 ff.; Gramm/Wittenberg, in: Schmidt-Bleibtreu/Klein, GG, 14. Aufl. 2018, vor Art. 115a Rn. 28 ff.

phennotstand gem. Art. 35 Abs. 2, 3 GG und der innenpolitische Notstand gem. Art. 91 GG, der auch als innerer Notstand im engeren Sinne oder als Staatsnotstand bezeichnet wird.

Der äußere Notstand ist auf Gefahren gerichtet, die durch auswärtige militärische Aggression bedingt sind. Zum äußeren Notstand gehören – bei fortschreitender Eskalation – der Zustimmungsfall gem. Art. 80a Abs. 1 Satz 1, 2. Alt. GG, der Spannungsfall gem. Art. 80a Abs. 1 Satz 1, 1. Alt. GG und der Verteidigungsfall gem. Art. 115a GG. Als selbständiger Tatbestand kommt der Bündnisfall gem. Art. 80a Abs. 3 GG i. V. m. Art. 5 Nordatlantik-Vertrag hinzu, der sich je nach Lageentwicklung noch unterhalb des Zustimmungsfalls, aber auch oberhalb des Spannungsfalls bewegen kann.

Zustimmungsfall und Bündnisfall müssen, ungeachtet ihrer hohen Relevanz für heutige Bedrohungsszenarien,[273] hier unberücksichtigt bleiben, denn nach dem eindeutigen Wortlaut von Art. 87a GG ist ein Inneneinsatz der Streitkräfte auf diesen beiden Eskalationsstufen ausgeschlossen.

IV. Die Einsatztatbestände im Einzelnen

1. Verteidigungsfall: Ergänzung des Verteidigungsauftrags in Art. 87a Abs. 3 GG

Höchste Eskalationsstufe der Notstandsverfassung und Inbegriff von Notstand schlechthin ist der Verteidigungsfall. Art. 115a Abs. 1 Satz 1 GG definiert den Verteidigungsfall als Situation, in der das Bundesgebiet mit Waffengewalt angegriffen wird oder ein solcher Angriff unmittelbar droht. „Waffengewalt" bedeutet militärische Gewalt, der mit polizeilichen Mitteln nicht wirkungsvoll entgegengetreten werden kann.[274] Der Verteidigungsfall wird auf Antrag der Bundesregierung durch den Bundestag bei qualifizierter Zweidrittelmehrheit und mit Zustimmung des Bundesrates festgestellt. Die Feststellung ist vom Bundespräsidenten im Bundesgesetzblatt zu verkünden. In besonders kritischen Situationen sieht Art. 115a Abs. 2 GG subsidiär ein weniger aufwendiges Verfahren vor, nämlich die ersatzweise Feststellung durch den Gemeinsamen Ausschuss (Art. 53a GG) als Notparlament. Die Vereinfachung reicht bis zur rechtlichen Fiktion in Art. 115a Abs. 4 GG: Sind bei einem Angriff auf das Bundesgebiet die zuständigen Bundesorgane nicht handlungsfähig – etwa nach einem massiven Luftangriff auf Berlin –, dann gilt der Verteidigungsfall als eingetreten.

Im Verteidigungsfall wird die Organisation des Gesamtstaates durch Kompetenzverdichtung, Kompetenzverschiebung und Verfahrensstraffung teilweise umgebaut.[275] Die Befehls- und Kommandogewalt über die Streitkräfte geht gem. Art. 115b GG vom Bundesminister der Verteidigung auf

---

273 Vgl. Erkens, BWV 2020, 97 (103 f.).

274 März, Äußerer Staatsnotstand, in: Handbuch des Staatsrechts, Bd. XII, 3. Aufl. 2014, § 281 Rn. 48.

275 Einzelheiten bei Erkens, ZfAS 2017, 485 (497 f.) m. w. N.

den Bundeskanzler über. Die Befugnisse der Streitkräfte erschöpfen sich im Verteidigungsfall nicht in der Erfüllung des Verteidigungsauftrags. Die Streitkräfte können gem. Art. 87a Abs. 3 Satz 1 GG im Verteidigungsfall zum Schutz verteidigungswichtiger ziviler Objekte und zur Verkehrsregelung sowie gem. Art. 87a Abs. 3 Satz 2 GG zur Unterstützung der Polizei beim Schutz sonstiger ziviler Objekte eingesetzt werden.

a) **Verteidigungsrelevanter Objektschutz.** Wenn Art. 87a Abs. 3 Satz 1 GG die Streitkräfte zum Schutz ziviler Objekte ermächtigt, „soweit dies zur Erfüllung ihres Verteidigungsauftrages erforderlich ist", wird darin deutlich, dass es um verteidigungsrelevante zivile Objekte geht, also um Objekte, die militärisch von Bedeutung sind und daher Ziel feindlicher Handlungen werden können. Dies gilt etwa für Industrieanlagen, Fernmeldeeinrichtungen, Bahnhöfe oder Flughäfen. Der Schutz ziviler Objekte ist auch im Verteidigungsfall eine Aufgabe der Gefahrenabwehr und damit an sich Sache der Polizei. Art. 87a Abs. 3 Satz 1 GG ermöglicht jedoch den Schutz unmittelbar durch die Streitkräfte. Ein Objekt ist zivil, wenn es weder von der Bundeswehr noch von anderen Streitkräften innegehabt wird.[276] Der Begriff der Verteidigungswichtigkeit ist seit 2002 zumindest auf einfachrechtlicher Ebene legaldefiniert, nämlich in § 1 Abs. 5 Satz 2 Sicherheitsüberprüfungsgesetz (SÜG): Verteidigungswichtig sind außerhalb des Geschäftsbereiches des BMVg solche Einrichtungen, die der Herstellung oder Erhaltung der Verteidigungsbereitschaft dienen und deren Beeinträchtigung die Gesundheit oder das Leben großer Teile der Bevölkerung sowie die öffentliche Sicherheit und Ordnung erheblich gefährden kann.

Die Regelung des Art. 87a Abs. 3 Satz 1 GG hat in mehrerlei Hinsicht ihren guten Sinn: Zunächst soll ein Doppeleinsatz von Polizei und Militär am selben Objekt vermieden werden. Wer sich durch Störaktionen, Attentate oder Kommandounternehmen gegen ein verteidigungswichtiges Objekt wendet, ist in der Regel kein „gewöhnlicher" Krimineller. Polizeivollzugsbeamte wären hier dem Risiko einer Konfrontation mit überlegenen Kräften ausgesetzt. Umgekehrt soll eine Sicherheitslücke geschlossen werden, die entstehen würde, wenn der Schutz solcher Objekte allein durch Polizeikräfte erfolgte.[277] Schließlich erübrigt sich auf diese Weise auch die Notwendigkeit einer Militarisierung der Polizei, womit wiederum dem oben (II. 2. a) genannten Trennungsgebot gedient ist.

Art. 87a Abs. 3 GG spricht nur von zivilen, nicht aber von militärischen Objekten. Das ist konsequent: Geht es nämlich um den Schutz militärischer Liegenschaften oder sonstiger militärischer Objekte – gleichgültig, ob der Angriff von Kombattanten im militärischen oder von Störern im polizeilichen

---

276 Hernekamp, in: von Münch/Kunig, GG, 6. Aufl. 2012, Art. 87a Rn. 17. Vgl. Baldus/Müller-Franken, in: v. Mangoldt/Klein/Starck, GG, Bd. 3, 7. Aufl. 2018, Art. 87a Rn. 128.

277 Stern, Staatsrecht, Bd. II, 1980, S. 1478; Hernekamp, in: v. Münch/Kunig, GG, 6. Aufl. 2012, Art. 87a Rn. 18.

Sinne ausgeht –, muss keiner der Ausnahmetatbestände des Grundgesetzes aktiviert werden, denn hier handelt es sich entweder um Verteidigung, also um das „Kerngeschäft" der Bundeswehr, oder um die Sonderpolizeigewalt der Bundeswehr nach dem Gesetz über die Anwendung unmittelbaren Zwanges und die Ausübung besonderer Befugnisse durch Soldaten der Bundeswehr und verbündete Streitkräfte sowie zivile Wachpersonen (UZwGBw).[278] Wird umgekehrt nicht auf das angegriffene Objekt, sondern auf das angreifende Subjekt abgestellt, gilt Folgendes: Handelt es sich bei den Angreifern um Kombattanten, ist es gleichgültig, ob das angegriffene Objekt ein militärisches oder ein ziviles – verteidigungswichtig oder nicht – ist. Rechtsgrundlage zur Abwehr des Angreifers ist das humanitäre Völkerrecht (Kriegsvölkerrecht).[279] Art. 87a Abs. 3 Satz 1 GG ist also nur dann heranzuziehen, wenn der Angreifer kein Kombattant und das Angriffsziel kein militärisches Objekt ist.

Damit ist aber noch nicht entschieden, nach welchem Recht sich konkrete Maßnahmen der Streitkräfte beim zivilen Objektschutz nach Art. 87a Abs. 3 Satz 1 GG richten. Diese Frage ist umstritten. Abgesehen von denjenigen Autoren, nach denen Art. 87a Abs. 3 Satz 1 GG nicht nur das „Ob" eines Streitkräfteeinsatzes im Innern regelt, sondern auch das „Wie" und deshalb eine eigenständige und vollgültige Ermächtigungsgrundlage darstellt,[280] stehen sich im Wesentlichen zwei Lager gegenüber: das polizeirechtliche und das völkerrechtliche.

Im polizeirechtlichen Lager wird eine Lösung darin gesehen, je nach Angreifer zu differenzieren. Hiernach sind Handlungen gegen Störer dem UZwGBw,[281] Handlungen gegen Kombattanten dagegen dem humanitären Völkerrecht zu unterstellen. Auf diese Weise werde auch Art. 87a Abs. 2 GG Genüge getan, wonach, wie oben dargelegt, die Wahrnehmung von Aufgaben der inneren Sicherheit nur ausnahmsweise Sache der Streitkräfte, im Übrigen aber der Polizei ist.[282]

Für die Anwendung von humanitärem Völkerrecht beim zivilen Objektschutz sprechen hiesigen Erachtens die besseren Argumente. Die strengen Maßstäbe des Polizeirechts, wie sie auch im UZwGBw gelten (so viel Eingriff wie nötig, so viel Schonung wie möglich), sind auf „gewöhnliche" Gefahrenabwehrsituationen zugeschnitten. Art. 87a Abs. 3 Satz 1 GG hat jedoch einen verteidigungsbezogenen Schwerpunkt (Wortlaut: „soweit dies zur Erfüllung ihres Verteidigungsauftrages erforderlich ist"). In der Konsequenz des § 12

---

278 Lenz, Notstandsverfassung des Grundgesetzes, 1971, Art. 87a Rn. 7.

279 März, Äußerer Staatsnotstand, in: Handbuch des Staatsrechts, Bd. XII, 3. Aufl. 2014, § 281 Rn. 21; Lenz, Notstandsverfassung des Grundgesetzes, 1971, Art. 87a Rn. 7.

280 Depenheuer, in: Maunz/Dürig, GG, 84. EL August 2018, Art. 87a Rn. 173; Hillgruber, in: Umbach/Clemens, GG, Bd. II, 2002, Art. 87a Rn. 57.

281 Näher zum UZwGBw als Sonderpolizeirecht der Bundeswehr: Kapitel 19 (Unmittelbarer Zwang).

282 Kokott, in: Sachs, GG, 8. Aufl. 2018, Art. 87a Rn. 61; Krieger, in: Schmidt-Bleibtreu/Klein, GG, 14. Aufl. 2018, Art. 87a Rn. 42.

UZwGBw, der die Anwendung unmittelbaren Zwangs verbietet, wenn Erfolg und Schaden erkennbar außer Verhältnis stehen, könnten die Streitkräfte zur kampflosen Aufgabe eines verteidigungswichtigen Objekts gezwungen sein. Ein weiterer Punkt ist zu bedenken: Unter dem Aspekt heutiger hybrider Kriegführung, für die der Einsatz irregulärer Kräfte geradezu typisch ist, kann regulären Streitkräften kaum zugemutet werden, in der kritischen, mitunter lebensgefährlichen Situation unter Beachtung zweierlei rechtlicher Regimes zunächst eine Zuordnung nach Kombattanten und Nichtkombattanten vorzunehmen. Allerdings wird der Streit insoweit entschärft, als auch bei Anwendung von humanitärem Völkerrecht der Grundsatz der Verhältnismäßigkeit – wenngleich nicht in seiner strengen polizeirechtlichen Ausprägung, sondern in Gestalt des Proportionalitätsprinzips – gilt und unterhalb der Schwelle zum Verteidigungsfall, also im Spannungsfall, das UZwGBw gleichwohl Anwendung finden kann (hierzu unten IV. 2. b).[283]

Wird dagegen in die Rechte von Personen eingegriffen, die weder Kombattanten noch Störer sind, etwa durch Anforderung von Grundstücken und Gebäuden, ist Rechtsgrundlage weder humanitäres Völkerrecht noch UZwGBw, sondern das Bundesleistungsgesetz (BLG).[284]

b) **Zivile Verkehrsregelung zu Verteidigungszwecken.** Die Sicherung geschlossener Verbände der Streitkräfte folgt bereits aus dem Verteidigungsauftrag gem. Art. 87a Abs. 1 GG und bedarf keiner Spezialermächtigung. Für die vom Verteidigungsauftrag nicht gedeckte Befugnis der Streitkräfte zur zivilen Verkehrsregelung gem. Art. 87a Abs. 3 Satz 1 GG gilt wiederum, dass Verteidigungsrelevanz bestehen muss. Das ist der Fall, wenn die jeweiligen Verkehrswege von den Streitkräften gerade nicht genutzt werden, aber militärische Notwendigkeit im Sinne der Bewegungsfreiheit der Truppe besteht.[285] Sichern die Streitkräfte auf diese Weise ihre Mobilität mit eigenen Mitteln, ist dies regelmäßig Sache der Feldjäger. Die Bundeswehr kann sich dabei auch auf ihre Sonderrechte aus § 35 Abs. 1–4 StVO berufen (z. B. Fahren im Verband, übermäßige Straßennutzung).[286] Die Befugnis zur Verkehrsregelung ist nicht auf den Straßenverkehr beschränkt, sondern umfasst auch Eisenbahnen, Wasserstraßen und den Luftverkehr.[287]

c) **Sonstiger Objektschutz.** Die Befugnisse, die den Streitkräften nach Art. 87a Abs. 3 Satz 2 GG zukommen, folgen anderen Regeln als die Befugnisse nach Art. 87a Abs. 3 Satz 1 GG. Im Wesentlichen bestehen vier Unter-

---

283 Hernekamp, in: von Münch/Kunig, GG, 6. Aufl. 2012, Art. 87a Rn. 21; März, Äußerer Staatsnotstand, in: Handbuch des Staatsrechts, Bd. XII, 3. Aufl. 2014, § 281 Rn. 23 f.; Stern, Staatsrecht, Bd. II, 1980, S. 1480.

284 Hierzu: Erkens, BWV 2020, 169 (170 ff.).

285 Hernekamp, in: v. Münch/Kunig, GG, 6. Aufl. 2012, Art. 87a Rn. 22; Lenz, Notstandsverfassung des Grundgesetzes, 1971, Art. 87a Rn. 9.

286 Erkens, BWV 2020, 97 (104).

287 F. Kirchhof, Verteidigung und Bundeswehr, in: Handbuch des Staatsrechts, Bd. IV, 3. Aufl. 2006, § 84 Rn. 52.

schiede: 1) Die Befugnisse kommen den Streitkräften nicht mit Feststellung des Spannungs- und Verteidigungsfalls von selbst (ipso iure) zu, sondern müssen ihnen übertragen werden. 2) Die Streitkräfte werden „zur Unterstützung" der Polizeikräfte tätig und arbeiten mit den zuständigen Behörden zusammen. 3) Der Objektschutz ist nicht auf verteidigungswichtige zivile Objekte beschränkt, sondern schließt, da eine Erforderlichkeitsklausel wie in Art. 87a Abs. 3 Satz 1 GG fehlt, auch verteidigungsirrelevante Objekte ein. 4) Befugnisse zur Verkehrsregelung werden nicht übertragen.

Die Bundespolizei, die im Verteidigungsfall im gesamten Bundesgebiet eingesetzt werden darf (Art. 115f Abs. 1 Nr. 1 GG), soll zur Unterstützung der Länderpolizei beim Schutz ziviler Objekte ohne Verteidigungsrelevanz vorrangig vor der Bundeswehr eingesetzt werden.[288] Im Grundgesetz nicht geregelt ist, wer, wenn der Einsatz der Streitkräfte dennoch erforderlich wird, für den Übertragungsakt zuständig ist. Drei Lösungen werden vorgeschlagen: Regelung durch Gesetz, Verwaltungsabkommen zwischen Bund und Ländern oder – die einfachste Lösung, zumal in zeitkritischen Lagen – einseitige Übertragung im Rahmen der Befehls- und Kommandogewalt (Art. 65a GG bzw. Art. 115b GG).[289] Dass die Streitkräfte mit zivilen Behörden zusammenzuwirken haben, bedeutet jedoch nicht, dass die eingesetzten Soldaten ziviler Weisung unterstellt würden.[290]

Die Frage nach der Rechtsgrundlage für Maßnahmen der Streitkräfte nach Art. 87a Abs. 3 Satz 2 GG ist einfacher zu beantworten als bei Maßnahmen nach Art. 87a Abs. 3 Satz 1 GG. Da hier die Streitkräfte nicht genuin militärisch, sondern „zur Unterstützung" der Polizeikräfte tätig werden, kann Rechtsgrundlage nur Polizeirecht und auch nur Bundesrecht sein. In Betracht kommen daher UZwG oder UZwGBw.[291]

2. Spannungsfall: Befugnisse der Streitkräfte in der Phase der Mobilmachung nach Art. 87a Abs. 3 GG

Anders als der Verteidigungsfall wird der in Art. 80a Abs. 1 Satz 1, 1. Alt. GG geregelte Spannungsfall nicht in der Verfassung definiert. Nach überwiegender Auffassung ist er gekennzeichnet durch die hinreichende Wahrscheinlichkeit einer Eskalation der außenpolitischen Konfliktlage hin zum bewaffneten Angriff auf das Bundesgebiet. Er ist der „Bereitschaftsdienst" des Verteidigungsfalls und ein Instrument des Krisenmanagements. Der Spannungsfall ermöglicht weitreichende Maßnahmen, die verhindern sollen, dass Deutschland von einem Angriff unvorbereitet getroffen wird. Er

288 Kokott, in: Sachs, GG, 8. Aufl. 2018, Art. 87a Rn. 64; Hernekamp, in: v. Münch/Kunig, GG, 6. Aufl. 2012, Art. 87a Rn. 26.

289 Hierzu Baldus/Müller-Franken, in: v. Mangoldt/Klein/Starck, GG, Bd. 3, 7. Aufl. 2018, Art. 87a Rn. 138 ff.

290 Depenheuer, in: Maunz/Dürig, GG, 84. EL August 2018, Art. 87a Rn. 174.

291 Für UZwG: Hernekamp in: v. Münch/Kunig, GG, 6. Aufl. 2012, Art. 87a Rn. 27. – Für UZwGBw: Baldus/Müller-Franken, in: v. Mangoldt/Klein/Starck, GG, Bd. 3, 7. Aufl. 2018, Art. 87a Rn. 132, 143.

ist durch den Bundestag mit Zweidrittelmehrheit festzustellen; die Verkündung erfolgt im Bundesgesetzblatt.[292]

Die Feststellung des Spannungsfalls verändert das Verfassungsgefüge nicht. Die Befehls- und Kommandogewalt über die Streitkräfte bleibt beim Bundesminister der Verteidigung (Art. 65a GG). Der Gemeinsame Ausschuss tritt nicht auf den Plan. Der Spannungsfall dient der Mobilmachung und ist vor allem der verfassungsrechtliche Schlüssel, mit dem das gesamte Konvolut der einfachrechtlichen Notstandsgesetze entsperrt wird.[293] Gem. § 2 WPflG lebt auch die Wehrpflicht, deren Vollzug zum 1. Juli 2011 ausgesetzt worden ist, im Spannungs- und Verteidigungsfall wieder auf.

Was die Befugnisse der Streitkräfte bei einem Einsatz im Innern gem. Art. 87a Abs. 3 GG im Spannungsfall angeht, gelten die gleichen Regeln wie im Verteidigungsfall. Unterschiede ergeben sich in tatsächlicher Hinsicht jedoch daraus, dass es hier noch nicht zu offenen Kampfhandlungen, wohl aber zu verdeckten Operationen kommen kann. Im Spannungsfall sind daher höhere Anforderungen an die Verhältnismäßigkeit der ergriffenen Maßnahmen zu stellen.[294] Nach dem oben Gesagten ist hier der Anwendungsbereich des UZwGBw ungleich weiter als der des humanitären Völkerrechts.

3. Innenpolitischer Notstand: Der Kampf gegen den Verfassungsfeind (Art. 87a Abs. 4 GG)

Wenngleich die gesamte Notstandsgesetzgebung im politisch und gesellschaftlich schwülen Klima der 1960er Jahre auf Widerstand stieß, war die Regelung des inneren Notstands (neben dem in Art. 12a GG geregelten Arbeitszwang) doch die umstrittenste.[295] Nüchtern betrachtet, handelt es sich hier jedoch um eine rechtsstaatliche Selbstverständlichkeit: Der freiheitliche Rechtsstaat darf für sich in Anspruch nehmen, zum Schutz seiner selbst vor Gefahren aus dem Innern als Ultima Ratio auch seine Soldaten heranzuziehen. Er muss nicht, wenn der Einsatz der Polizeikräfte zu scheitern droht oder bereits gescheitert ist, seiner Erosion tatenlos zusehen[296] und in „Agonie“[297] fallen. In Verbindung mit Art. 91 GG richtet sich Art. 87a Abs. 4 GG daher gegen den Verfassungsfeind, der sich gegen die

---

292 Sannwald, in: Schmidt-Bleibtreu/Klein, GG, 14. Aufl. 2018, Art. 80a Rn. 19; Depenheuer, in: Maunz/Dürig, GG, 63. EL Oktober 2011, Art. 80a Rn. 27 f.; März, Äußerer Staatsnotstand, in: Handbuch des Staatsrechts, Bd. XII, 3. Aufl. 2014, § 281 Rn. 8 ff.

293 Darstellung der Notstandsgesetze und ihrer Bedeutung für die Streitkräfte: Erkens, BWV 2020, 147 ff., 169 ff.; 193 ff., 217 ff.

294 März, Äußerer Staatsnotstand, in: Handbuch des Staatsrechts, Bd. XII, 3. Aufl. 2014, § 281 Rn. 20, 22, 24.

295 Vgl. Benda, Die Notstandsverfassung, 10. Aufl. 1968, S. 133 f. – S. auch Hartmann/Stuth/Werner, Die Notstandsgesetze, in: Mayer/Stuby, Das lädierte Grundgesetz, 1977, S. 202 ff. Allgemein Krohn, Die gesellschaftlichen Auseinandersetzungen um die Notstandsgesetze, 1981.

296 Hierzu Erkens, ZfAS 2017, 485 (490 ff.).

297 Treffend: K. Ipsen, Der Einsatz der Bundeswehr zur Verteidigung, im Spannungs- und Verteidigungsfall sowie im internen bewaffneten Konflikt, in: Schwarz, Sicherheitspolitik, 3. Aufl. 1978, 615 (617 f.).

demokratische Legitimität erhebt. In diesem Konflikt stellt das Grundgesetz die Streitkräfte auf die Seite der Legitimität.[298]

a) **Anspruchsvolle Voraussetzungen.** Art. 87a Abs. 4 Satz 1 GG verweist seinerseits auf Art. 91 Abs. 2 GG, dessen Voraussetzungen vorliegen müssen. Erste Voraussetzung ist eine drohende Gefahr für den Bestand oder die freiheitliche demokratische Grundordnung des Bundes oder eines Landes (Art. 91 Abs. 1 GG). Das „Hausgut" des freiheitlichen Rechtsstaats, insbesondere territoriale Integrität, Souveränität nach außen, Handlungsfähigkeit nach innen sowie das staatliche Gewaltmonopol, muss bedroht sein. Hierzu genügt keine ferne, abstrakte Gefahr; vorausgesetzt wird vielmehr die hinreichende Wahrscheinlichkeit des Schadenseintritts. In der Sache geht es um Szenarien wie Meuterei, Aufruhr, Putsch und Staatsstreich. Schärfstes Szenario ist der Bürgerkrieg.[299] Dennoch muss zur Aktivierung von Art. 87a Abs. 4 GG keine Bürgerkriegsarmee aufmarschieren; es genügen bereits einige Hundert militärisch bewaffnete und organisierte Guerillakämpfer.[300] Bei Vorliegen (nur) dieser ersten Voraussetzung kann das betroffene Land Polizeikräfte anderer Länder sowie die Bundespolizei anfordern.

Zweite Voraussetzung ist, dass das Land, in dem die Gefahr droht, nicht selbst zur Bekämpfung der Gefahr bereit oder in der Lage ist. Ist auch dies der Fall, kann die Bundesregierung gem. Art. 91 Abs. 2 Satz 1 GG nicht nur die Bundespolizei einsetzen, sondern auch die Polizei des betroffenen Landes und anderer Länder ihrer Weisung unterstellen.

Für den Streitkräfteeinsatz muss eine dritte Voraussetzung erfüllt sein: Reichen im Falle der Bundesintervention nach Art. 91 Abs. 2 Satz 1 GG Länder- und Bundespolizei nicht aus, gestattet Art. 87a Abs. 4 Satz 1 GG als letztes Mittel zum Schutz ziviler Objekte sowie zur Bekämpfung organisierter und militärisch bewaffneter Aufständischer den Einsatz der Streitkräfte. Hierzu bedarf es eines förmlichen Kabinettsbeschlusses. Eine Beteiligung des Parlaments ist, anders als im Spannungs- und Verteidigungsfall, nicht vorgesehen.[301] Der Einsatz ist außerdem nur zulässig, wenn die Aufständischen durch Organisation „und" (nicht „oder"!) militärische Bewaffnung ihrerseits in der Lage sind, eine quasi-militärische Wirkung zu entfalten. Bleibt es beim Einsatz von „Spontanwaffen" wie Pflastersteinen, Stahlkugeln oder Molotow-Cocktails, dürfen die Streitkräfte allenfalls den Objektschutz übernehmen. Auf Seiten der Polizei werden so Kräfte frei zur aktiven Bekämpfung.[302]

---

298 Klein, Innerer Staatsnotstand, in: Handbuch des Staatsrechts, Bd. XII, 3. Aufl. 2014, § 280 Rn. 45.

299 Erkens, ZfAS 2017, 485 (496).

300 Klein, Innerer Staatsnotstand, in: Handbuch des Staatsrechts, Bd. XII, 3. Aufl. 2014, § 280 Rn. 45.

301 Jedoch haben gem. Art. 87a Abs. 4 Satz 2 GG Bundestag und Bundesrat unabhängig voneinander das Recht, die Einstellung des Streitkräfteeinsatzes zu verlangen.

302 Klein, Innerer Staatsnotstand, in: Handbuch des Staatsrechts, Bd. XII, 3. Aufl. 2014, § 280 Rn. 50 ff.

b) Schneidige Rechtsfolgen. Ist dieser höchste Eskalationsgrad erreicht, untersteht das „Sicherheitspersonal" des Gesamtstaates, also Länderpolizei, Bundespolizei und Streitkräfte, der Weisung der Bundesregierung. Der Sinn der Regelung in Art. 87a Abs. 4 GG liegt wie bei den Einsatzbefugnissen im Spannungs- und Verteidigungsfall darin, dass die Konfrontation der Polizeikräfte mit einem überlegenen Gegner vermieden werden soll. Im Kampf mit einem „aufmunitionierten" Gegner soll Waffengleichheit herrschen. Der ultimative Charakter der Regelung kommt dadurch zum Ausdruck, dass die Bundesregierung zuvor die Länderpolizei ihrer Weisung unterstellt sowie die Bundespolizei erfolglos eingesetzt haben muss. Das bedeutet aber nicht, dass die Streitkräfte erst eingreifen dürfen, wenn die Polizeikräfte aufgerieben sind. Dies wäre ein Verstoß gegen das Gebot effizienter Gefahrenabwehr und vor allem mit der staatlichen Fürsorgepflicht unvereinbar. Es genügt, dass ein Scheitern der Polizeikräfte objektiv vorhersehbar ist.[303]

Wie im Spannungs- und Verteidigungsfall stellt sich auch im innenpolitischen Notstand die Frage, welches Recht die Grundlage für konkrete Maßnahmen der Streitkräfte bildet. Auf erste Sicht spricht für die Anwendung von Kriegsvölkerrecht – und damit für die Behandlung der Aufständischen als Kombattanten – der oben genannte Zweck der Vorschrift, wonach die Polizeikräfte nicht mit einem Gegner konfrontiert werden sollen, dem sie nicht gewachsen sind. Letzteres setzt allerdings voraus, dass die Bundesregierung in einer mit dem Verteidigungsfall vergleichbaren Lage die Aufständischen als kriegführende Partei anerkennt und so den Konflikt dem Völkerrecht unterstellt.[304]

Indes werden die Streitkräfte gem. Art. 87a Abs. 4 Satz 1 GG „zur Unterstützung der Polizei" tätig, nicht dagegen „zur Erfüllung ihres Verteidigungsauftrages" (Wortlaut des Art. 87a Abs. 3 Satz 1 GG). Es handelt sich hier also in erster Linie nicht um eine militärische, sondern um eine polizeiliche Aufgabe. Dies spricht, jedenfalls solange der Konflikt nicht dem Völkerrecht unterstellt ist, für die Behandlung der Aufständischen als Störer und somit für die Anwendung von Polizeirecht (UZwG und UZwGBw).[305] Selbst wenn aber „nur" Polizeirecht zur Anwendung kommt, ist nach einhelliger Meinung der Einsatz spezifisch militärischer Waffen nach dem Grundsatz der Verhältnismäßigkeit zulässig.[306]

Trotz des gegenüber Art. 87a Abs. 3 Satz 1 GG unterschiedlichen Wortlauts bewirkt Art. 87a Abs. 4 Satz 1 GG keinen Rollentausch. Die Streit-

---

303 Baldus/Müller-Franken, in: v. Mangoldt/Klein/Starck, GG, Bd. 3, 7. Aufl. 2018, Art. 87a Rn. 158; Klein, Innerer Staatsnotstand, in: Handbuch des Staatsrechts, Bd. XII, 3. Aufl. 2014, § 280 Rn. 46.

304 Kokott, in: Sachs, GG, 8. Aufl. 2018, Art. 87a Rn. 68.

305 F. Kirchhof, Verteidigung und Bundeswehr, in: Handbuch des Staatsrechts, Bd. IV, 3. Aufl. 2006, § 84 Rn. 60; Baldus/Müller-Franken, in: v. Mangoldt/Klein/Starck, GG, Bd. 3, 7. Aufl. 2018, Art. 87a Rn. 171; Depenheuer in: Maunz/Dürig, GG, 84. EL August 2018, Art. 87a Rn. 178.

306 Klein, Innerer Staatsnotstand, in: Handbuch des Staatsrechts, Bd. XII, 3. Aufl. 2014, § 280 Rn. 53; Stern, Staatsrecht, Bd. 2, 1980, S. 1485.

kräfte werden zwar „zur Unterstützung der Polizei“ eingesetzt, nicht aber „als Polizeikräfte“. Sie verbleiben damit als Soldaten innerhalb ihrer Befehls- und Kommandostrukturen.[307]

4. Katastrophennotstand: Vom „unpolitischen“ Notstand zum Instrument gegen den Terror (Art. 35 Abs. 2, 3 GG)

Der Katastrophennotstand nach Art. 35 Abs. 2 Satz 2, Abs. 3 GG setzt eine Naturkatastrophe oder einen besonders schweren Unglücksfall voraus. Gemeinsam haben beide Szenarien das „katastrophische“ Schadensausmaß, doch unterscheiden sie sich in der Ursache: dort Naturgewalten, hier technische Unzulänglichkeit oder menschliches Verhalten. Naturkatastrophen sind etwa Hochwasser, extremer Schneefall, Dürre sowie großflächige Wald- und Heidebrände, aber auch Epidemien und Pandemien. Beispiele für besonders schwere Unglücksfälle sind Eisenbahnunfälle, Flugzeugabstürze, die Kollision von Öltankern in Küstennähe oder die Havarie eines Kernreaktors.[308] Nach der jüngeren Rechtsprechung des Bundesverfassungsgerichts kommt als Ursache eines besonders schweren Unglücksfalls aber nicht nur Fahrlässigkeit, sondern auch Vorsatz (und damit Terror und Sabotage) in Betracht.[309] Zudem muss ein Schaden nicht bereits eingetreten sein. Es genügt, dass der Schadenseintritt ohne das Ergreifen von Gegenmaßnahmen mit an Sicherheit grenzender Wahrscheinlichkeit in Kürze zu erwarten ist.[310]

Unterschiede zwischen den beiden Absätzen von Art. 35 GG zeigen sich zum einen in geographischer bzw. quantitativer Hinsicht: Bei Art. 35 Abs. 2 Satz 2 GG ist ein einzelnes Bundesland betroffen, bei Art. 35 Abs. 3 GG reicht die Gefahrenlage darüber hinaus, weshalb oft von „regionalem“ und „überregionalem Katastrophennotstand“ die Rede ist. Zum anderen – und dies ist das entscheidende Kriterium – verlangt Art. 35 Abs. 3 Satz 1 GG, dass ein Einschreiten des Bundes erforderlich ist. Dies ist der Fall, wenn ein Land die Lage aus objektiven oder subjektiven Gründen nicht im Griff hat, die Gefahr also nicht bekämpfen kann oder nicht bekämpfen will.[311]

Der Katastrophennotstand in der Variante der bundesgenössischen Hilfe ist, abgesehen von der singulären Feststellung des Bündnisfalls nach „Nine-Eleven“, bis heute der einzige Tatbestand der Notstandsverfassung, der aktiviert worden ist. Auch die Streitkräfte wurden im Katastrophennotstand eingesetzt. Dabei ging es jedoch nicht um die Anwendung von Waffengewalt.

a) Bundesgenössische Hilfe (Art. 35 Abs. 2 Satz 2 GG). In Art. 35 Abs. 2 Satz 2 GG wird das betroffene Land ermächtigt, Polizeikräfte anderer Länder sowie der Bundespolizei und der Streitkräfte anzufordern. Wer auf Länder-

307 Stern, Staatsrecht, Bd. II, 1980, S. 1484 f.
308 Beispiele bei Lenz, Notstandsverfassung des Grundgesetzes, 1971, Art. 35 Rn. 6.
309 BVerfG, Urt. v. 15.2.2006 – 1 BvR 357/05, BVerfGE 115, 118 (143 f.).
310 BVerfG, Urt. v. 15.2.2006 – 1 BvR 357/05, BVerfGE 115, 118 (145).
311 Erkens, ZfAS 2017, 485 (495 f.); Dederer, in: Maunz/Dürig, GG, 84. EL August 2018, Art. 35 Rn. 136.

seite anforderungsberechtigt ist, richtet sich nach dem Recht des jeweiligen Landes. Welche Stelle auf der angeforderten Seite über die Entsendung von Einheiten der Bundeswehr entscheidet, hat das BMVg geregelt in der Zentralen Dienstvorschrift A-2110/10 Hilfeleistungen der Bundeswehr im Rahmen des Artikels 35 des Grundgesetzes (Amts- und Katastrophenhilfe) vom 4. Juli 2018.[312] Sollen hoheitliche Zwangs- und Eingriffsbefugnisse in Anspruch genommen werden, ist schon wegen Art. 65a GG stets eine ministerielle Entscheidung erforderlich.

Sämtliche angeforderten Kräfte werden zur Unterstützung der Kräfte des Landes eingesetzt. Maßgeblich sind daher Recht und Weisung des jeweiligen Landes. Dennoch bleiben die eingesetzten Soldaten in truppendienstlicher und allgemeindienstlicher Hinsicht ihren Vorgesetzten unterstellt. Weisungen des Landes können sich nur an denjenigen Offizier richten, der als Befehlshaber den Einsatz leitet.[313]

Im Katastrophennotstand gibt es keine Pflicht, eine bestimmte Reihenfolge einzuhalten. Der Einsatz der Streitkräfte ist nicht erst am oberen Ende der Eskalation zulässig.[314] Ist von vornherein klar, dass allein die Bundeswehr imstande ist, eine bestimmte Situation in den Griff zu bekommen, dann müssen nicht zunächst Länder- und Bundespolizei auf den Plan gerufen werden. Dies gilt sowohl für die bundesgenössische Hilfe als auch für die im Folgenden dargestellte Bundesintervention.

b) **Bundesintervention (Art. 35 Abs. 3 GG).** Gem. Art. 35 Abs. 3 Satz 1 GG kann die Bundesregierung die Landesregierungen anweisen, anderen Ländern Polizeikräfte zur Verfügung zu stellen. Sie kann ebenso Einheiten von Bundespolizei und Bundeswehr einsetzen, und zwar auch gegen den Willen des betroffenen Landes. Die Länderpolizei kann zwar nicht, wie im innenpolitischen Notstand (s. oben IV. 3. b), der Weisung der Bundesregierung unmittelbar unterstellt werden. Bundespolizei und Streitkräfte werden jedoch bei der Bundesintervention nach Abs. 3 dem Land nicht „zur Verfügung gestellt" (wie in Abs. 2), sondern als eigene Kräfte des Bundes eingesetzt. Nach überwiegender Auffassung ist das betroffene Land daher auch nicht weisungsbefugt. Jedoch richtet sich der Einsatz nach dem Recht des betroffenen Landes.[315] Über einen Einsatz nach Art. 35 Abs. 3 Satz 1 GG entscheidet im

---

312 GMBl 2018 S. 670 ff. Hiernach entscheiden im Regelverfahren je nach dem Maß der Anforderung im nachgeordneten Bereich die ersuchten Truppenteile und Dienststellen, der Nationale Territoriale Befehlshaber oder BMVg selbst. Daneben sind ein Eilverfahren sowie in Notfällen die Soforthilfe zugunsten von Behörden vorgesehen.

313 Stern, Staatsrecht, Bd. II, 1980, S. 1464 f.; Dederer, in: Maunz/Dürig, GG, 84. EL August 2018, Art. 35 Rn. 156.

314 Stern, Staatsrecht, Bd. II, 1980, S. 1486.

315 Stern, Staatsrecht, Bd. II, 1980, S. 1486; Klein, Innerer Staatsnotstand, in: HStR, Bd. XII, 3. Aufl. 2014, § 280 Rn. 42. – Für die Anwendung von Bundesrecht: Reimer, in: Bonner Kommentar GG, 186. EL September 2017, Art. 35 Rn. 305 f.; Dederer, in: Maunz/Dürig, GG, 84. EL August 2018, Art. 35 Rn. 161, 166; Kirchhof, Verteidigung und Bundeswehr, in: Handbuch des Staatsrechts, Bd. IV, 3. Aufl. 2006, § 84 Rn. 61.

Grundsatz die Bundesregierung als Kollegialorgan (Art. 62 GG), wobei sie im Anschluss die Entscheidung über konkrete Maßnahmen delegieren kann, beispielsweise an den Inspekteur der Luftwaffe.[316]

Die Bundesintervention ist gegenüber der bundesgenössischen Hilfe subsidiär.[317] Selbst wenn das Schadensszenario, beispielsweise ein Hochwasserereignis, mehrere Bundesländer oder sogar, wie die durch das Coronavirus SARS-CoV-2 ausgelöste Pandemie, das gesamte Bundesgebiet betrifft, sind die Länder Herren des Verfahrens. Solange nicht ein Land „ausfällt", ist stets Art. 35 Abs. 2 Satz 2 GG einschlägig.

c) **Zwangsbefugnisse und Bewaffnung: die Rechtsprechung des Bundesverfassungsgerichts zum Luftsicherheitsgesetz.** Was die Befugnisse der Streitkräfte im Katastrophennotstand angeht, muss unterschieden werden: Schlichte technisch-logistische Unterstützung ist als einfache Amtshilfe unterhalb der Einsatzschwelle bereits von Art. 35 Abs. 1 GG gedeckt. (Zu den einzelnen Fallgruppen s. Kapitel 2 [Amtshilfe], III). Der Verfassungsvorbehalt des Art. 87a Abs. 2 GG wird nicht ausgelöst, weshalb die Bundeswehr auch ohne Ersuchen im Rahmen der „Soforthilfe" tätig werden darf.[318] Oberhalb der Einsatzschwelle werden Androhung und Anwendung hoheitlicher Zwangs- und Eingriffsbefugnisse einschließlich des Gebrauchs polizeilicher Waffen von der Ermächtigung in Art. 35 Abs. 2 Satz 2, Abs. 3 GG umfasst.[319]

Die Frage nach der Zulässigkeit spezifisch militärischer Waffen im Katastrophennotstand war hingegen lange Zeit, anders als beim Einsatz der Streitkräfte im innenpolitischen Notstand (s. oben IV.3.b), umstritten. Durch Plenarbeschluss vom 3. Juli 2012 hat das Bundesverfassungsgericht die gegenteilige Auffassung des Ersten Senats aus dem Urteil zum Luftsicherheitsgesetz (LuftSiG) von 2006 überholt und den Gebrauch spezifisch militärischer Waffen, etwa der Bordwaffen eines Kampfflugzeuges, im Katastrophennotstand für zulässig erklärt. Voraussetzung ist, dass weniger schwerwiegende Mittel nicht ausreichen. Zudem muss mit an Sicherheit grenzender Wahrscheinlichkeit ausgeschlossen sein, dass Unbeteiligte betroffen werden.[320] Unter dogmatischen Gesichtspunkten mögen gute Argumente dafür sprechen, dass militärische Bewaffnung kein Thema für den an sich „unpolitischen" Katastrophennotstand ist.[321] Hinter der Neuinter-

316 So ausdrücklich BVerfG, Beschl. v. 20.2.2013 – 2 BvF 1/05, BVerfGE 133, 241 (268).

317 Klein, Innerer Staatsnotstand, in: Handbuch des Staatsrechts, Bd. XII, 3. Aufl. 2014, § 280 Rn. 38.

318 Dederer, in: Maunz/Dürig, GG, 84. EL August 2018, Art. 35 Rn. 46, 160. Dies gilt aber auch nur hier, vgl. Zentrale Dienstvorschrift A-2110/10 (Fn. 312), Nr. 423.

319 So auch die herkömmliche Auffassung: Benda, Die Notstandsverfassung, 10. Aufl. 1968, S. 147.

320 BVerfG, Plenarbeschl. v. 3.7.2012 – 2 PBvU 1/11, 2 BvF 1/05, BVerfGE 132, 1 (9 ff.).

321 Ebenso Buchberger, in: Schenke/Graulich/Ruthig, Sicherheitsrecht des Bundes, 2. Aufl. 2019, § 14 LuftSiG Rn. 2; Bäcker, Organisationsverfassungsrechtliche Grundlagen der Polizeiarbeit, in: Bäcker/Denninger/Graulich, Handbuch des Polizeirechts, 6. Aufl. 2018, 134.

pretation steht jedoch das nachvollziehbare rechtspolitische Anliegen, eine Regelungslücke zu schließen, die sich ergibt, wenn – beispielsweise in einem „Renegade-Fall" – die Polizei nichts ausrichten kann und die Bundeswehr nichts ausrichten darf.[322] Dabei sollte allerdings nicht übersehen werden, dass wegen der genannten Einschränkungen der Einsatz militärischer Waffen letztlich doch ausgeschlossen sein dürfte. Die 2006 für verfassungswidrig und nichtig erklärte Abschussermächtigung des § 14 Abs. 3 LuftSiG lebte durch den Plenarbeschluss von 2012 auch nicht wieder auf, weshalb es hinsichtlich eines nur von Terroristen besetzten Flugzeuges derzeit an einer einfachgesetzlichen Grundlage mangelt.[323]

V. „Altes" Recht und neue Bedrohungslagen?

Die Bundeswehr sieht sich 65 Jahre nach ihrer Gründung einer sicherheits- und verteidigungspolitischen Situation mit einer Vielzahl neuartiger Szenarien gegenüber: transnationaler Terrorismus, Cyber-Attacken, Desinformationskampagnen, ökonomische Repressalien, Mobilisierung ethnischer Minderheiten, gelenkte Migrationsströme, verdeckte Operationen, Einsatz irregulärer Kräfte sowie – als hochkomplexes, diffuses Phänomen, das all diese Bestandteile in sich aufnimmt und je nach Bedarf mit militärischen Komponenten anreichert – hybride Kriegführung. Eine Einordnung in das herkömmliche Schema Verteidigung – Gefahrenabwehr, Kombattant – Störer, äußere Sicherheit – innere Sicherheit wird immer schwieriger. Die Grenzen sind ins Fließen geraten und ein dritter Aggregatzustand zwischen Krieg und Frieden hat sich etabliert.[324] Demgegenüber sind die hier dargestellten Regelungen für den Einsatz im Innern zugeschnitten auf den Kalten Krieg und seit über 50 Jahren im Wesentlichen unverändert.

Wird Deutschland von symmetrischer militärischer Gewalt getroffen, ist die Feststellung des Verteidigungsfalls gem. Art. 115a GG und der Einsatz der Streitkräfte im Innern gem. Art. 87a Abs. 3 GG selbstverständlich das Mittel der Wahl. Sollte Deutschland in eine bürgerkriegsähnliche Lage fallen, ist die politische Führung gut beraten, den innenpolitischen Notstand gem. Art. 91 GG zu aktivieren und sich erforderlichenfalls der Befugnisse aus Art. 87a Abs. 4 GG zu bedienen.

Schwieriger zu beantworten ist die Frage, wie die vorhandenen Regelungen mit hybriden und asymmetrischen Szenarien korrespondieren, deren Eintritt heute ungleich wahrscheinlicher ist als der klassische Staaten-

322 Walter, Annäherung an die Realitäten – neue Einsichten des Bundesverfassungsgerichtes zum Einsatz der Streitkräfte im Innern, NZWehrr 2013, 222 ff., 230 ff.; Oldiges, Wehr- und Zivilverteidigungsrecht, in: Achterberg/Püttner/Würtenberger, Besonderes Verwaltungsrecht, Bd. 3, 3. Aufl. 2013, § 74 Rn. 47.

323 Buchberger (Fn. 321), § 14 LuftSiG Rn. 6.

324 Überblick bei: Hahn, Sicherheit für Generationen, 2017; Lemler, Sicherheitskonzepte in asymmetrischen Konflikten, 2017, S. 563 ff.; Erkens, ZfAS 2017, 485 (502 ff.).

oder Bürgerkrieg.[325] Wie jede andere Norm des Grundgesetzes sind auch die hier behandelten Einsatztatbestände der Auslegung zugänglich. Die Rechtsprechung des Bundesverfassungsgerichts zum Luftsicherheitsgesetz hat dies belegt. Dennoch findet jede Auslegung ihre Grenze am Wortlaut des Art. 87a Abs. 2 GG. „Hybride“ Einsatztatbestände können im Wege der Verfassungsinterpretation nicht geschaffen werden. Hier besteht Handlungsbedarf. Dies ist jedoch keine Aufgabe des Rechts, sondern der Politik, und sie ist bis auf Weiteres ungelöst.

325 Hierzu Krings/Burkiczak, DÖV 2002, 501 (510 ff.).

Kapitel 7 Historische Entwicklung

Rudolf J. Schlaffer

I. Militär und Recht

1. Einhegung des Krieges

Der Begriff des Krieges mutet im 21. Jahrhundert anachronistisch an. In der Geschichte der Bundesrepublik Deutschland findet er sich in keiner offiziellen oder offiziösen Bezeichnung mehr. Im Grundgesetz für die Bundesrepublik Deutschland (GG) aus dem Jahr 1949 ist bis heute dagegen in mehreren Artikeln vom Krieg die Rede.[326] Bei der Suche nach einer Defintion stößt man sowohl in der deutschsprachigen als auch internationalen Literatur auf General Carl von Clausewitz.[327] Er beschrieb die gefährliche Asymmetrie der Ziele in der Kriegsführung zwischen den Kriegsparteien.[328] Der absolute Krieg konnte demnach erst mit dem Volkskrieg seit den Befreiungskriegen geführt werden. Die wirtschaftlichen, politischen, kulturellen und gesellschaftlichen Faktoren beeinflussten die Akteure, immer mehr die ethischen und moralischen Grenzen in der Kriegsführung wie beispielsweise im Zweiten Weltkrieg zu überschreiten. Clausewitz setzte aber voraus, dass die politischen und militärischen Ziele parallel verfolgt werden würden. Das Ziel solch einer Kriegsführung konnte einerseits auf die absolute Niederwerfung des Gegners, andererseits lediglich auf die zeitweise Schwächung zielen.

Der Historiker Eberhard Kessel negierte dagegen nicht nur den von Clausewitz angenommenen schematischen Parallelismus von politischen und militärischen Kriegszielen, er bezweifelte seine Definition des Krieges überhaupt.[329] Denkt man Clausewitz und Kessel weiter, dann herrschte der begrenzte Krieg bis zur Französischen Revolution vor, mit dem Aufstand des Volkes gegen den Monarchen nahm der Krieg immer mehr die absolute Formt an, um sich dann mit dem Strukturwandel der Nationalstaaten von 1871 bis 1945 zum totalen Krieg zu wandeln. Zwischen dem Wiener Kongress 1815 und dem Ersten Weltkrieg wurde zumindest in Europa der Krieg verstaatlicht.

326 So z. B. in Art. 12a oder 26.
327 Heuser, Clausewitz lesen!, 2005.
328 Clausewitz, Vom Kriege, 2016, S. 153.
329 Kessel, Die doppelte Art des Krieges, 1953, S. 303.

Ein neues demokratisches Europa, erschaffen durch eine europäische Revolution, sei aber auf den großen Krieg angewiesen gewesen, so der Historiker Dieter Langewiesche.[330] Das Jahr 1945 setzte auch in der Kriegstheorie eine Zäsur. Im Denken vom Krieg spielte wieder der Begrenzte eine Rolle, weil der absolute und totale Atomkrieg die globale Vernichtung bedeutet hätte. Somit erschien der begrenzte Krieg alternativlos, es sei denn, eine Seite nahm den eigenen Untergang billigend in Kauf.[331]

2. Entwicklung des Kriegswesens

„Altes Reich" (A. R.) ist eine heute übliche Kurzbezeichnung für das mittelalterliche und frühneuzeitliche Heilige Römische Reich. Es entstand im 10. Jahrhundert und erlosch mit der Niederlegung der Reichskrone durch den Habsburger Kaiser Franz II. während der Napoleonischen Kriege im Jahr 1806. Es war weder ein Bundesstaat noch Staatenbund und entwickelte auf Reichsebene keine moderne Staatlichkeit wie die jeweiligen landesherrlichen Territorien. Die Reichsverfassung des A.R. garantierte den Kleinstaaten eine weitgehende Unabhängigkeit gegenüber den mächtigen Landesherren. Im Gegensatz zu diesen verfügte das A. R. über kein stehendes Heer. Der Reichstag entschied über Krieg sowie Frieden.[332] Während der Frühen Neuzeit hatte sich dann der militärische Oberbefehl von den als private Kriegsunternehmer handelnden Obristen, deren Auftraggeber sowie Zahl- und Kriegsherr der Monarch gewesen war, zum königlichen Kriegsherrn und Oberbefehlshaber verlagert.[333]

II. Deutsches Kaiserreich und Kontingentheer

Die Einführung der konstitutionellen Monarchie in Preußen im Jahr 1850 sollte den königlichen Oberbefehl beschränken. Um aber die Einflussnahme der Parlamentskammern auf die Führung des Heeres zu unterbinden, hatte Friedrich Wilhelm IV. bereits am 1. Juli 1849 ein Handbillet erlassen, in dem er den Oberbefehl über das Heer explizit von der Gegenzeichnungspflicht ausgenommen hatte. Denn die Gegenzeichnungspflicht gemäß Art. 44 der preußischen Verfassung durch den verantwortlichen Kriegsminister sollte eigentlich den Monarchen in der Ausübung des Oberbefehls ab dem 31. Januar 1850 einschränken.[334] Nach der Inkraftsetzung der Verfassungsurkunde für den Preußischen Staat vom 31. Januar 1850 bemühten sich namhafte Staatsrechts-

330 Langewiesche, Der gewaltsame Lehrer, 2019, S. 117 f. und 208.
331 Kessel, Die doppelte Art des Krieges, 1953, S. 310.
332 Raap, VR 2017, 86–88.
333 Jansen/Kronenbitter/Förster (Hrsg.), Rückkehr der Condottieri?, 2009.
334 ACDP, I-142-005/3, Bundesministerium für Verteidigung, Studie über den Oberbefehl, ohne Datum, vermutlich in den 1950er Jahren, 30 Seiten, hier S. 5 f., 10 f.; Messerschmidt, Die politische Geschichte der preußisch-deutschen Armee, Bd. 4, 1979; Petter, Deutscher Bund und deutsche Mittelstaaten, Bd. 4, 1979; Busch, Gegen Demokraten helfen nur Soldaten!, 2006; Epkenhans, Einigung durch »Eisen und Blut«, 2006.

gelehrte wie Karl Hecker oder Paul Laband eine Begründung für die der Preußischen Verfassung von 1850 und der späteren Reichsverfassung von 1871 widersprechenden Regelungen zu finden. Daher konstruierten sie die Unterscheidung nach Armeebefehlen und Armeeverordnungen. Befehle seien demnach Anordnungen des Monarchen kraft seiner Kommandogewalt und Verordnungen solche Verfügungen, die er aufgrund seiner Regierungsgewalt erlassen konnte. Sein Nachfolger als Preußischer König griff diese Ausnahme auf und regelte bereits in der Kabinettsorder vom 18. Januar 1861, dass Befehle und Anordnungen in truppendienstlichen sowie personellen Angelegenheiten keiner Gegenzeichnung des Kriegsministers bedurften. Wilhelm I. beschränkte damit die Befugnisse der Parlamentskammern aus der preußischen Verfassung auf das Budgetrecht und die Militärverwaltung. Akte der Kommandogewalt waren in dieser Logik ohne Gegenzeichnung des Kriegsministers zulässig, während die der Regierungsgewalt die ministerielle Gegenzeichnung erforderten. Richterliche Bestätigung fand diese staatsrechtliche Praxis aber erst im Jahre 1900 durch das Preußische Oberverwaltungsgericht.[335] Bis dahin hatte es sich bei der Unterscheidung um die herrschende Rechtsauslegung und keineswegs um eine unangefochtene Meinung gehandelt. Die Kritik verstummte auch nach diesem Urteil nicht.

Preußens Ministerpräsident Otto von Bismarck bekleidete gemäß der Verfassung des Norddeutschen Bundes vom 16. April 1867 zugleich das Amt des Regierungschefs des Bundes (Bundeskanzler). Zuvor war der Bund als ein Militärbündnis der deutschen Staaten nördlich des Mains unter Führung Preußens 1866 gegründet worden. Danach verwandelte er sich bereits ein Jahr später zu einem Bundesstaat und damit zu einer Vorstufe des deutschen Nationalstaates. Lediglich die süddeutschen Großherzogtümer Baden und Hessen sowie die Königreiche Bayern und Württemberg traten dem Bund noch nicht bei, sondern schlossen mit ihm bilaterale Verträge. Im Deutsch-Französischen Krieg von 1870/71 stellten sie sich auf die Seite des Norddeutschen Bundes und traten ihm auch im November 1870 bei.[336] Das Deutsche Reich proklamierten die Könige und Fürsten noch während des Krieges am 18. Januar 1870. Die Verfassung des Deutschen Bundes („Novemberverfassung"), eines Bundesstaats, trat zum 1. Januar 1871 in Kraft. Die Reichsverfassung als Grundlage des Bundesstaates wurde am 16. April 1871 im Bundesgesetzblatt des Deutschen Bundes verkündet und somit in Kraft gesetzt.[337]

Der Abschnitt XI beschrieb das Reichskriegswesen. Die Art. 57 bis 69 des Abschnitts XI bestimmten den Allgemeinen Wehrdienst im Kontingen-

---

335 Erhardt, Die Befehls- und Kommandogewalt, 1969, S. 41–44; Rosinski, Die Deutsche Armee, 1970, S. 231–234. Herbert Rosinski emigrierte 1939 aus Deutschland nach Großbritannien und veröffentlichte dort The German Army. Die deutsche Ausgabe erschien 1970.

336 Epkenhans, Der Deutsch-Französische Krieg 1870/71, 2020.

337 Bundesgesetzblatt des Deutschen Bundes, Nr. 16, ausgegeben zu Berlin den 20.4.1871, S. 63–65.

theer und führten die preußische Militärgesetzgebung im gesamten Deutschen Reich ein. Das Militärstrafgesetzbuch und die Militärstrafgerichtsordnung vom 3. April 1845, die Verordnung über die Ehrengerichte vom 20. Juli 1843 sowie die Bestimmungen über Aushebung, Dienstzeit, Servis- und Verpflegungswesen, Einquartierung sowie der Ersatz von Flurbeschädigungen übernahmen die Bundesstaaten aus dem preußischen Recht. Neben den Bereichen der Militärjustiz und Militärverwaltung galt Preußen auch als Vorbild für die Mobilmachung im Krieg (Art. 59 bis 61 der Reichsverfassung). Bis auf die Militärkirchenordnung übernahmen selbst die süddeutschen Staaten das preußische Heerwesen; trotzdem existierten im neuen Deutschen Kaiserreich in der Folgezeit noch etliche Separatrechte für Bayern, Württemberg und Sachsen.[338] Dessen ungeachtet blieb die Hegemonie Preußens im Militärwesen unter den Einzelstaaten gewahrt.

Preußen stellte den Kaiser und obersten Feldherren im Bundesstaat. Die Militärkonventionen und Verträge, die Gliederung als Reichs- und Kontingentarmee sowie die Aufspaltung von Befehls- und Kommandoangelegenheiten zersplitterten die Wehrverfassung und das Wehrrecht. Daher musste die parlamentarische Vertretung des Heeres der preußische Kriegsminister als Bundesratsbevollmächtigter, Vorsitzender des Bundesratsausschusses sowie als Sprecher der Reichsleitung und der Armee ohne eigene Kommandobefugnis wahrnehmen. Während des Ersten Weltkriegs trat zudem das preußische Belagerungszustandsgesetz von 1851 in Kraft, mit dem ab Ende Juli 1914 die Exekutivgewalt auf die Militärbefehlshaber überging. In Bayern nahm diese Funktion der bayerische Kriegsminister wahr. Die Militärbefehlshaber kommandierten nicht nur das Besatzungsheer in der Heimat, sondern übten auch Exekutivgewalt auf die Pressefreiheit, öffentliche Meinung und Ordnung aus.[339]

III. Weimarer Republik und Reichswehr

Das Ende des Kaiserreiches und die Ausrufung der Republik erforderten eine neue Verfassung. Der Friedensvertrag von Versailles vom 28. Juni 1919 beschränkte die Militärmacht des Deutschen Reiches. Neben den Obergrenzen für das Heer von 100 000 sowie die Marine von 15 000 Soldaten und die damit verbundene Abschaffung der Wehrpflicht schrieben die Alliierten zudem Verbote für die Organisation der Streitkräfte, die Aufstellung eines Großen Generalstabs und der Luftwaffe, die Herstellung und Verwendung von Panzern oder Giftgas fest. Das Heer sollte lediglich die Ordnung aufrechterhalten und die Grenze schützen können. Der Versailler Vertrag degradierte die einstige preußisch-deutsche Militärgroßmacht zu einer un-

338 Ebd., S. 63–65.

339 Stachelbeck, Deutschlands Heer und Marine, 2013, S. 101 f., 136 f.; Deist, Militär und Innenpolitik im Weltkrieg 1914–1918, 1970, S. XL–LI; ders., Das Militär an der »Heimatfront« 1914 bis 1918, 2002, S. 375–389; Neitzel, Blut und Eisen, 2003.

bedeutenden Kleinmacht, deren Streitkräfte kaum den Küsten- und Grenzschutz sowie eine sichere innere Ordnung gewährleisten konnten.[340]

Seit der Ausrufung der Republik am 9. November 1918 existierte immer noch de facto ein kaiserliches Kontingentheer. Freilich gab es erfolglose Initiativen aus den Einheiten heraus, republikanische Verbände aufzustellen. Auch das von Friedrich Ebert entworfene und vom Rat der Volksbeauftragten gebilligte „Gesetz zur Bildung einer freiwilligen Volkswehr“ vom 12. November 1918 scheiterte aufgrund der unterschiedlichen Auffassungen zwischen dem Preußischen Kriegsministerium und den Arbeiter- und Soldatenräten. Die Idee einer „Volkswehr“ wich daher der Erkenntnis, dass die Aufstellung von Truppenverbänden ohne die alten militärischen Eliten kaum möglich sein sollte. Deshalb begann am 6. Januar 1919 die Aufstellung von Streitkräften der Weimarer Republik mit dem alten Führungspersonal.[341]

Die Wehrverfassung der Weimarer Republik bestand aus fünf zusammenhängenden Teilen: dem Versailler Vertrag vom 28. Juni 1919, den militärischen Bestimmungen in der Reichsverfassung vom 11. August 1919, dem Gesetz über die Abschaffung der Militärgerichtsbarkeit vom 17. August 1920, dem Wehrgesetz vom 23. März 1921 sowie schließlich der Besoldungs- und Versorgungsgesetzgebung. § 11 des Wehrgesetzes von 1921 übertrug dem Reichspräsidenten das Militärverordnungsrecht. Eine militärische Adjutantur sollte ihn bei der Ausübung des Oberbefehls unterstützen. Somit entstand mit dieser Adjutantur ein persönlicher Weg der militärischen Führung vorbei an den verfassungsmäßigen Organen wie dem Reichswehrminister und dem Reichskanzler zum Reichspräsidenten als Oberbefehlshaber.[342]

Die Streitkräfte standen erstmals in der preußischen und deutschen Geschichte unter einer direkten parlamentarischen Kontrolle. Zudem schworen die Soldaten seit 1919 den Treueid auf die Reichsverfassung. Die Einheit der Gesetzgebung, die zentrale Führung der Reichswehr durch den Reichspräsidenten und den Reichswehrminister sowie die eidliche Verpflichtung der Soldaten zur Verfassung bedeuteten einen wesentlichen Einschnitt gegenüber der bisherigen Praxis in der konstitutionellen Monarchie. Die weitreichenden Befugnisse der Chefs der Heeres- und Marineleitung höhlten die zivile Kontrolle der Streitkräfte jedoch aus. Mit einer geschickten Personalauswahl und Stellenbesetzung gelang es ihnen, ihren Einfluss sicherzustellen. Mit der schrittweisen faktischen Wiederherstellung der Aufspaltung von Verwaltung und Kommandogewalt umgingen sie den parlamentarisch ver-

340 Reichsgesetzblatt 1919, 12.8.1919, Nr. 140, S. 687; Vollständiger Versailler Vertrag vom 28.6.1919, http://www.documentarchiv.de/wr/vv.html, Zugriff: 1.7.2020.

341 Keller, Die Wehrmacht der Deutschen Republik ist die Reichswehr, 2014; Noske, Erlebtes aus Aufstieg und Niedergang einer Demokratie, 1947, S. 178; Schmädeke, Militärische Kommandogewalt und parlamentarische Demokratie, 1966, S. 23–27.

342 ACDP, I-142-005/3, Bundesministerium für Verteidigung, Studie über den Oberbefehl, ohne Datum, vermutlich in den 1950er Jahren, 30 Seiten, hier S. 6 f.

antwortlichen Fachminister. Mit der direkten Unterstellung von Ämtern und Truppenverbänden unter die Chefs der Heeres- und Marineleitung vollzog sich der Weg zum „Staat im Staate“. Aber die zivile Kontrolle versagte nicht nur beim Reichswehrminister, sondern schon in der Nationalversammlung und im Reichstag. Weder die Aufhebung der Militärgerichtsbarkeit gemäß Art. 106 der Reichsverfassung in Friedenszeiten setzten die Streitkräfte konsequent um – vielmehr blieb sie für die Marine uneingeschränkt bestehen und beim Heer übernahmen Disziplinarkammern die Funktion von Militärstrafgerichten –, noch beschloss das Parlament die Einrichtung eines Fachausschusses für die Streitkräfte, der dafür zuständig gewesen wäre.[343] Art. 54 Weimarer Reichsverfassung regelte, dass über Krieg und Frieden aufgrund eines Reichsgesetzes der Reichstag zu entscheiden habe. Über den Krieg bestimmte demnach allein die Volksvertretung.[344] Die Reichswehr stellte zumindest in verfassungsrechtlicher Hinsicht eine echte und damit die erste deutsche Parlamentsarmee dar, auch wenn sie kaum parlamentarisch kontrolliert wurde. Sie blieb zwar organisatorisch in die Weimarer Republik eingefügt, entwickelte sich aber nicht zum integralen Bestandteil der Republik. Diese Entwicklung resultierte aber nicht aus der lückenhaften Weimarer Reichsverfassung.

IV. „Drittes Reich“ und Wehrmacht

Formal betrachtet blieb während der Zeit des Nationalsozialismus in Deutschland die Weimarer Reichsverfassung weiter in Kraft. Sie wurde jedoch wesentlich um das verfassungsändernde „Gesetz zur Behebung der Not von Volk und Reich“ vom 24. März 1933 ergänzt. Damit wurde faktisch die Verfassung in wesentlichen Punkten außer Kraft gesetzt. Zudem höhlten sie weitere Gesetze und Verordnungen aus. Der Jurist und Politikwissenschaftler Ernst Fraenkel bezeichnete dies zeitgenössisch schon als „Doppelstaat“.[345] Einerseits unterlegte die NS-Regierung ihr Herrschaftssystem normativ und anderseits kontrollierten sie es über Maßnahmen gegen vermeintliche Gegner. Mit der Ernennung Werner von Blombergs zum Reichswehrminister am 30. Januar 1933, wenige Stunden vor Adolf Hitlers Berufung zum Reichskanzler, verstieß Reichspräsident Paul von Hindenburg gegen die Weimarer Reichsverfassung. Diese sah erst die Ernennung des Reichskanzlers und sodann durch dessen Gegenzeichnung die Ernennung des Reichswehrministers vor. Mit dieser Aktion unternahmen Hindenburg und Reichskanzler Kurt von Schleicher den Versuch, das wichtige Reichswehrministeramt nicht Hitler und der NSDAP zu überlassen. Jedoch entwickelte sich gerade Blomberg zum treuen Gefolgs-

343 Keller, Die Wehrmacht der Deutschen Republik ist die Reichswehr, Kap. VII, 2014; Wehler, Deutsche Gesellschaftsgeschichte, Bd 4, 2008, S. 348–413; Heinemann, Rechtsgeschichte der Reichswehr 1918–1933, 2017.

344 Mann, Das Bundesministerium der Verteidigung, 1971, S. 22.

345 Fraenkel, The Dual State, 1941; ders., Der Doppelstaat, 1974.

mann Hitlers und damit zum Initiator der Umwandlung der Reichswehr in der Demokratie zur Wehrmacht in der Diktatur. Mit dem Tod Hindenburgs am 2. August 1934 übernahm Hitler als „Führer und Reichskanzler bzw. als Führer und Oberster Befehlshaber der Wehrmacht" die wichtigsten Spitzenämter in Personalunion selbst. Das zunächst auf vier Jahre begrenzte „Ermächtigungsgesetz" verlängerte der Reichstag 1937, 1941 und 1943. Damit wahrten die Nationalsozialisten den Anschein eines Rechtstaats und bestätigten so Fraenkels 1941 aufgestellte These vom „Doppelstaat".

Mit der Gleichschaltungspolitik nach der Machtübernahme durch die Nationalsozialisten wurden die ministeriellen Ressorts und der Reichstag ebenfalls weitgehend dem „Führerwillen" ausgeliefert. Trotzdem existierte mit der Reichswehr bis 1936 eine immer noch starke Institution, die Hitlers Macht gefährden konnte. Daher betonten sowohl die Staats- als auch die Parteiführung die „Zwei-Säulen-Theorie", wonach die Träger des Staates die NSDAP und die Wehrmacht seien. Trotzdem bestand die Furcht vor einer Entwicklung der bewaffneten Macht zu einem „Staat im Staate" weiter.[346]

Die normativen Grundlagen für die Wehrverfassung legte Hitler 1935. Aufgrund des Reichsverteidigungsgesetzes und des Wehrgesetzes konnte der Reichskanzler den Verteidigungsnotstand erklären. Damit übernahm der Reichskriegsminister als Oberbefehlshaber der Wehrmacht die Exekutivgewalt im Staat. Anders als noch bei Hindenburgs Amtsübernahme als Reichspräsident beabsichtigte Hitler aufgrund des „Führerprinzips" der NSDAP von Anfang an, den Oberbefehl über die Wehrmacht nicht zu teilen. Im Kriegsminister bündelte sich nunmehr die militärische Befehls- und Kommandogewalt sowie das zivile Weisungsrecht für die Reichsverteidigung.

Der von Ernst Fraenkel beschriebene „Maßnahmenstaat" wirkte sich auch auf die Art der Kriegsführung aus. Die Führererlasse, Sondergerichtsbarkeit der SS, Militärgerichtsbarkeit, Nichtanwendung des Kriegsvölkerrechts, Amnestie von Verbrechen, Erlasse sowie Richtlinien der Wehrmacht- und vor allem der Heeresführung verwandelten das Deutsche Reich, in dem immer noch normativ die Weimarer Reichsverfassung und die daraus abgeleiteten Rechtstaatlichkeit garantierenden Gesetze galten, in einen Weltanschauungsstaat. Der Wille des „Führers" galt als Gesetz. Die Ideologie der NSDAP fing auch in der Wehrmacht an zu wirken, sie drang mit der wehrgeistigen Kriegsführung immer mehr in die Truppe ein.[347] Die bedingungslose Kapitulation der Wehrmacht wirkte sich jedoch nicht völkerrechtlich auf den Weiterbestand des Staates aus. Wenn auch nicht mehr handlungsfähiges Rechtssubjekt, bestand das Deutsche Reich de iure fort und war ab 1949 mit der Bundesrepublik Deutschland identisch.

---

346 Förster, Die Wehrmacht im NS-Staat, 2007, S. 22 f.; Heinemann, Rechtsgeschichte der Reichswehr 1918-1933, 2017.

347 Aly, Hitlers Volksstaat, 2005; Messerschmitt, Die Wehrmacht im NS-Staat, 1969; Förster, Die Wehrmacht im NS-Staat, 2007, S. 61.

V. Demokratie und Bundeswehr

Die Streitkräfte der Bundesrepublik Deutschland mussten sich in die parlamentarisch-demokratische Staatsverfassung einfügen. Das seit der Reichsgründung erfolgreiche Bestreben des Militärs auf Teilhabe an der politischen Herrschaft hatte in der Weimarer Republik zum einen eine Distanz zu den demokratischen Institutionen, zum anderen aber auch eine intensive verdeckte politische Betätigung der militärischen Führung bewirkt. Die gesellschaftlichen, ökonomischen, politischen Verhältnisse und die internationale Situation unterschieden sich nach dem Ende des Zweiten Weltkrieges im Vergleich zum Übergang des Kaiserreiches zur Weimarer Republik sowie schließlich zum nationalsozialistischen Deutschland grundlegend. Eine Entwicklung wie in Weimar sollte durch diverse Sicherungsmechanismen verhindert werden. Die besondere parlamentarische Kontrolle der Streitkräfte, die zivil-militärische Führung, die Regelung des Oberbefehls und die funktionale Trennung der Streitkräfte von der Verwaltung sollten die Bundeswehr grundgesetzlich verankern und somit in die wehrhafte Demokratie einbetten.[348]

Dic Fraktionen im Deutschen Bundestag einigten sich auf das Gesetz zur Ergänzung des Grundgesetzes (Erste Wehrergänzung vom 26. Januar 1954). Die Pariser Verträge von 1955 regelten den NATO-Beitritt und die Aufstellung der Bundeswehr. Mit der Zweiten Wehrergänzung von 1956 konnten die Voraussetzungen für die Einführung der Allgemeinen Wehrpflicht, für die Ernennung von Offizieren und Unteroffizieren durch den Bundespräsidenten und die Übertragung der Befehls- und Kommandogewalt im Frieden sowie im Krieg geregelt werden. Art. 45a GG bestimmte den Verteidigungsausschuss sowohl zum Kontroll- als auch zum Untersuchungsausschuss für die Bundeswehr. Zusätzlich führte Art. 45b GG mit dem Wehrbeauftragten des Deutschen Bundestages ein völlig neuartiges Organ in die deutsche Verfassungsgeschichte ein. Aufgrund des historisch begründeten Misstrauens bei der Ausübung der Kommandogewalt sollte daher die Bundeswehr verfassungsrechtlich und parlamentarisch eingehegt werden. Dies erfolgte nun über eine Wehrverfassung, die den Primat der Politik und die parlamentarische Verantwortlichkeit festschrieb. Die weiteren Gesetze, Verordnungen und Erlasse resultierten aus diesen Grundsatzfestlegungen. Auch das innere Gefüge der Bundeswehr folgte dieser Logik. Die Innere Führung orientierte sich damit ausdrücklich sowie ausschließlich am Grundgesetz und dem parlamentarisch-demokratischen Staats- und Regierungssystem.[349]

Das Grundgesetz unterstellte die Streitkräfte (Art. 87a) und die Bundeswehrvehrverwaltung (Art. 87b) einer politischen, zivilen und parlamenta-

348 Schlaffer, Der Wehrbeauftragte 1951 bis 1985, 2006. Zur parlamentarischen Kontrolle siehe Kapitel 10.

349 Schlaffer, Der Wehrbeauftragte 1951 bis 1985, 2006.

risch kontrollierten Leitung. Der Aufbau der Bundeswehrverwaltung diente zum einen der weiteren zivilen Integration des Militärs, anderseits resultierte sie aus dem föderalen Prinzip des Grundgesetzes. Die Streitkräfte wären sonst in den Ländern und Kommunen verwaltet worden, woraus sich vermutlich Reibungen und Kompetenzprobleme ergeben hätten. Die Streitkräfte der Bundesrepublik Deutschland erhielten daher den Verfassungsstatus als Bundesorgan. Die Bundesrepublik Deutschland gehörte seit 1955 der NATO an. Gemäß Art. 24 Abs. 2 GG konnte die Bundesrepublik einem System gegenseitiger kollektiver Sicherheit beitreten. Art. 25 GG regelte das Verhältnis der allgemeinen Regeln des Völkerrechts zum deutschen Recht. Aus Art. 59 Abs. 2 GG ergab sich nach herrschender Ansicht, dass völkerrechtliche Verträge wie der Nordatlantikvertrag vom 4. April 1949 Bestandteil des Bundesrechts sein sollten und damit den Rang eines einfachen Bundesrechts einnahmen. Mögliche sich aus der Normenhierarchie ergebende Probleme wie beispielsweise die Frage nach der Verfassungsvereinbarkeit dieser Verträge wurden soweit wie möglich durch eine völkerrechtsfreundliche Interpretation des deutschen (Verfassungs-)Rechts zu umgehen versucht, konnten aber nie völlig ausgeschlossen werden. Damit ergaben sich schließlich unmittelbare politische und rechtliche Wirkungen. Die Bundeswehr unterstellte der NATO im Verteidigungsfall assignierte Verbände, die dann dem Oberbefehl des SACEUR unterstanden hätten. Die Bundesrepublik Deutschland garantierte aufgrund des Beschlusses des NATO-Militärausschusses (Dokument MC 36/2) und dem SACEUR-Agreement den NATO-Streitkräften die Operationsfreiheit auf ihrem Territorium.[350]

Bereits die Erste Wehrergänzung nahm im GG eine Unterscheidung zwischen den Streitkräften und der Wehrverwaltung vor. Historisch gesehen war das eine unnötige Aufteilung. Die Aufspaltung des preußischen königlichen Oberbefehls in Befehls- und Kommandogewalt schaffte ja gerade diese verfassungsrechtlich und parlamentarisch problematische Konstruktion. Eigentlich umfasste bereits die Befehlsgewalt die Wehrverwaltung. Die grundgesetzliche Regelung zwischen den Streitkräften und der Wehrverwaltung trug zusätzlich vor allem dem Föderalismusprinzip Rechnung und stellte eine zivile Komponente gegen die Streitkräfte. Jedoch fordert Art. 87b GG nicht, dass es sich dabei um einen Beamtenapparat handeln musste. Somit hätten alle diese Funktionen auch von Soldaten übernommen werden können. Jedoch sollten hier die historischen Erfahrungen mit dem Rüstungsintendanten- und Wehrmachtsbeamtenwesen die Grundlage für eine ausdrücklich zivile Wehrverwaltung bilden.[351]

Die Streitkräfte und die Wehrverwaltung unterstanden dem Verteidigungsminister. Daher umfasste der Terminus „Inhaber der Befehls- und

350 BArch BW 1/54979, Aufgabenstellung der Befehlshaber der Alliierten Streitkräfte Europa Mitte und Europa Nord aus dem Jahr 1959 (deutsche Übersetzung aus dem Englischen).

351 Reinfried/Steinebach, Die Bundeswehrverwaltung, 1983, S. 23–27. Zur Bundeswehrverwaltung siehe Kapitel 4.

Kommandogewalt" weit mehr als die Kompetenz, militärische Befehle und Kommandos zu geben. Vielmehr handelte es sich um eine Leitungs- und Entscheidungszuständigkeit im militärischen Bereich, die sich auf die gesamte militärische Führung und Leitung sowohl in operativer als auch in personeller Hinsicht, die militärische Planung und Organisation sowie die Art der Truppenaufstellung, Gliederung und die Organisation des Führungsprozesses erstreckte. Der Bundesverteidigungsminister fungierte zugleich als oberster Dienstvorgesetzter der Bundeswehrverwaltung. Für den Bereich der zivilen Verwaltung verfügte er über ein dienstliches Weisungsrecht. Die militärische Befehlsgewalt wirkte strukturell anders und umfasste eben nicht nur ein gesteigertes dienstliches Weisungsrecht. Im Gegensatz zum Beamten beging der Soldat bei Gehorsamsverweigerung eine Straftat. Der Beamte musste in der Konsequenz lediglich ein Disziplinarverfahren (ggf. mit der Entfernung aus dem Dienstverhältnis) fürchten, auf den Soldaten wartete als ultima ratio ein Freiheitsentzug. Der Staat konnte auf den Soldaten weit mehr existenziell als auf den Beamten zugreifen. Die statusrechtliche Gleichstellung und „eine völlige Eingliederung des militärischen Bereichs in Recht, Begriffe und Organisationsformen der zivilen vollziehenden Gewalt müsste diese funktionsbedingte Eigenstruktur des militärischen Bereichs notwendigerweise auflösen. Die Aufgabe des Militärs würde dadurch nicht gefördert, auch nicht „zivilisiert", sondern nur behindert. Das Militär würde zu einer „Art Außenpolizei denaturiert werden", so der renommierte Staats- und Verwaltungsrechtswissenschaftler Ernst-Wolfgang Böckenförde in seiner Studie „Die Eingliederung der Streitkräfte in die demokratisch-parlamentarische Verfassungsordnung und die Vertretung des Bundesverteidigungsministers in der militärischen Befehlsgewalt".[352]

Durch diese Doppelkonstruktion als ministerialbürokratische Oberste Bundes- und militärische Kommandobehörde entstand eine Institution, die nicht mehr nur einem Regierungsressort entsprach. Vorgänger waren aber bereits das Reichswehrministerium und das Kriegsministerium der Wehrmacht gewesen. Damit fasste der verfassungsändernde Gesetzgeber die demokratisch-parlamentarische Verantwortlichkeit, zivile Wehrverwaltung und den militärischen Befehls- und Kommandobereich unter einer Führung und Leitung zusammen.

Die völkerrechtlichen, grundgesetzlichen und anderen normativen Vorgaben mussten sich auch auf das innere Gefüge der Bundeswehr auswirken. Die Armee sollte einerseits militärisch effektiv, anderseits politisch und gesellschaftlich integriert werden. Die Innere Führung vereinte demnach in einer Person den tapferen Soldaten, freien Menschen und den in der frei-

352 AdsD, 1/HSA, Mappennummer 008012, Ernst-Wolfgang Böckenförde, Die Eingliederung der Streitkräfte in die demokratisch-parlamentarische Verfassungsordnung und die Vertretung des Bundesverteidigungsministers in der militärischen Befehlsgewalt (Befehls- und Kommandogewalt), 21 Seiten, hier S. 9.

heitlichen Ordnung lebenden Staatsbürger. Eine an rechtsstaatlichen Maßstäben orientierte Militärgerichtsbarkeit galt als eine unbedingte Voraussetzung für die Innere Führung. Im Grunde genommen wurde weniger der militärische Vorgesetzte als vielmehr der zivile Jurist auf der normativen Ebene ein wesentlicher Garant für die Implementierung der Inneren Führung. Mit der Einführung der Inneren Führung der Bundeswehr wurde eine militärpolitische Zäsur in der Struktur deutscher Streitkräfte im 20. Jahrhundert eingeleitet.

VI. Wehrrecht und Tradition der Bundeswehr

Der 2018 in Kraft gesetzte Traditionserlass der Bundeswehr bezieht ausdrücklich auch die zivilen Bereiche mit ein. Entsprechend ist im Organisationsbereich der Rechtspflege der Abteilungsleiter Recht im BMVg ausdrücklich für die Traditionsbildung und Traditionspflege verantwortlich.[353]

353 Schlaffer, BWV 2018, 184–187.

Kapitel 8 Humanitäres Völkerrecht

Moritz Philipp Koch

I. Einleitung

Das humanitäre Völkerrecht ist als Teil des allgemeinen Völkerrechts dem öffentlichen Recht zuzuordnen und adressiert vor allem die Beteiligten von Kriegen und Konflikten. Das Wehrrecht, das u. a. die Rechte und Pflichten von Soldaten regelt, und das humanitäre Völkerrecht sind somit untrennbar miteinander verbunden. Der Grundgedanke des humanitären Völkerrechts liegt darin, wegweisende Aspekte der Menschlichkeit selbst in Kriegszeiten aufrecht zu erhalten. Die weltweite Bedeutung und die weitreichende Akzeptanz der vier Genfer Abkommen als wesentliche Rechtsgrundlagen des humanitären Völkerrechts gehen zurück bis ins Jahr 1859. Im italienischen Solferino ereignete sich eine grausame Schlacht zwischen der Armee Österreichs und den Armeen Sardinien-Piemonts und Frankreichs. Als der Reisende Henry Dunant das Schlachtfeld von Solferino erreichte und auf das Leid der Verwundeten traf, entschied er sich spontan, den Verwundeten Hilfe zu leisten, ohne die Hintergründe der Schlacht oder die Beweggründe der Konfliktparteien näher zu kennen und motivierte zahlreiche weitere Menschen, seinem Beispiel zu folgen. Als maßgebliches Kriterium für die Art und den Umfang der Hilfeleistung wählte Dunant unter dem Gesichtspunkt der Menschlichkeit das Maß der Not. Er konnte zu diesem Zeitpunkt nicht ahnen, dass sein Handeln in Solferino einmal als Geburtsstunde des humanitären Völkerrechts und der Grundsätze der internationalen Rotkreuz- und Rothalbmondbewegung angesehen werden würde.

Dunant verfasste ein Buch[354] über seine Erinnerungen und leistete damit eine wertvolle Vorarbeit für die Genfer Abkommen und die Entstehung des Internationalen Komitees vom Roten Kreuz (IKRK).[355] „Eine Erinnerung von Solferino“ schildert nicht nur die zum Teil grausamen Erlebnisse Dunants, sondern enthält auch Ideen die bis heute die geltenden vier Genfer Abkommen und ihre Zusatzprotokolle prägen. Die wesentlichen Grundsätze und In-

354 Dunant, Eine Erinnerung an Solferino, 6. Aufl. 2016.

355 Einzelheiten über das IKRK finden sich auf der Internetseite des IKRK, https://www.icrc.org/de (zuletzt abgerufen am 2.8.2020). Nach eigenen Angaben beschäftigt das IKRK derzeit rund 16.000 Personen in über 80 Staaten weltweit. Diese Zahlen unterstreichen die große Bedeutung des IKRK.

halte des humanitären Völkerrechts haben sich in den vergangenen Jahrzehnten in zahlreichen Konflikten bewährt. Das gilt vor allem für den Grundgedanken, dass bestimmte Mindeststandards der Menschlichkeit zu jeder Zeit und an jedem Ort, auch in Kriegen und Konflikten, gelten müssen.

Insgesamt erweist sich das humanitäre Völkerrecht als eine Geschichte der Menschlichkeit, die sich seit vielen Jahren fortschreibt. Gleichzeitig lehrt die menschliche Geschichte, dass nicht nur die Menschlichkeit, sondern auch die Unmenschlichkeit in jedem Zeitalter anzutreffen ist. Für das humanitäre Völkerrecht bedeutet dies, dass es auf neue Formen der Unmenschlichkeit immer wieder reagieren muss. Die weltweiten Rahmenbedingungen für das humanitäre Völkerrecht haben sich vor allem im 21. Jahrhundert stark verändert. Das zeigt bereits der Umstand, dass die moderne Kriegsführung mit derjenigen aus den Schlachten früherer Jahrhunderte in vielen Punkten nicht mehr zu vergleichen ist. Moderne Kampfflugzeuge, präzise Waffen und hochentwickelte Drohnen stehen weltweit für einen Kampfeinsatz innerhalb weniger Minuten bereit. Es ist vor allem das Beispiel hochentwickelter Drohnen mit Eignung zum Kampfeinsatz, das veranschaulicht, wie sehr sich die heutigen Kampfhandlungen von denen früherer Zeiten unterscheiden.

Derartige neue Rahmenbedingungen werfen zahlreiche neue Fragen zur Reichweite des humanitären Völkerrechts auf. Neue Fragestellungen entstehen auch im Hinblick auf ganz neue Konfliktformen. Dazu gehört vor allem der internationale Terrorismus und die damit verbundenen Krisen und Konflikte. Auch insoweit bildete der Beginn des neuen Jahrtausends mit den Terroranschlägen in den Vereinigten Staaten und zahlreichen sich anschließenden Konflikten eine Zäsur. Es ist daher von herausragender Bedeutung, die Grundlagen des humanitären Völkerrechts kontinuierlich in Erinnerung zu rufen und Diskussionen über eine Weiterentwicklung des humanitären Völkerrechts zu führen.

II. Auftrag und Anwendbarkeit des humanitären Völkerrechts

Das humanitäre Völkerrecht zeichnet sich dadurch aus, dass es das Leid der von einem Krieg betroffenen Menschen verringern soll. Das gilt sowohl im Hinblick auf ehemalige Konfliktbeteiligte und Kriegsgefangene, als auch mit Blick auf die Zivilbevölkerung. Anknüpfend an die Grundgedanken der Menschlichkeit und angelehnt an den Maßstab der Hilfe nach dem Maß der Not kommt dem humanitären Völkerrecht eine Schutzfunktion zu, die im Laufe der vergangenen Jahrhunderte bereits unzähligen Menschen das Leben gerettet hat.

1. Klare Fokussierung auf die Aufrechterhaltung der Menschlichkeit in bewaffneten Konflikten

Um das humanitäre Völkerrecht und seine Grundgedanken zu verstehen, ist es erforderlich, seinen Sinn und Zweck präzise hervorzuheben. Dieser liegt allein darin, das Leid der Menschen in bewaffneten Konflikten unter Gesichtspunkten der Menschlichkeit zu reduzieren. Aus dieser klaren Fokussierung folgt bereits, dass es nicht zum Auftrag des humanitären Völkerrechts zählt, die Ursachen von Kriegen zu bekämpfen, indem z. B. politische Spannungen oder Differenzen gelöst werden. Das humanitäre Völkerrecht kann seinem ureigenen Auftrag nur dann erfolgreich nachkommen, wenn es sich nicht in die Klärung von politischen Konflikten verstrickt. Diese Neutralität ist nicht nur ein zentraler Grundsatz der internationalen Rotkreuz- und Rothalbmond-Bewegung, sondern auch für das humanitäre Völkerrecht essentiell. Andernfalls bestünde die Gefahr, dass die maßgeblichen Akteure[356] selbst in die Konflikte hineingezogen würden. Das wäre für die Akzeptanz des humanitären Völkerrechts allerdings verheerend. Die Motive für einen bewaffneten Konflikt und die Frage nach der Schuld der beteiligten Konfliktparteien spielen für die Anwendbarkeit des humanitären Völkerrechts daher zu Recht keine Rolle. Neutralität ist indes nicht mit dem Verzicht auf eine eigene Meinungsbildung gleichzusetzen. Dementsprechend dürfen und sollten auch Vertreter des humanitären Völkerrechts[357] bei Menschenrechtsverletzungen ihre Stimme erheben und Verstöße verurteilen. Ein wirksames humanitäres Völkerrecht ist auf Akteure angewiesen, die seine Inhalte – auch auf internationaler Ebene – klar adressieren.

2. Das humanitäre Völkerrecht als Teil des Wehrrechts und seine Bedeutung für die Bundeswehr

Wie bereits in der Einleitung erwähnt, sind das Wehrrecht und das humanitäre Völkerrecht untrennbar miteinander verzahnt. Das Wehrrecht, das neben den Rechtsvorschriften über die Stellung und den Einsatz der Streitkräfte vor allem die Rechte und Pflichten der Soldaten regelt, wird durch Regelungen des humanitären Völkerrechts konkretisiert und ergänzt. Soldaten und weitere Angehörige der Bundeswehr müssen die Regelungen des humanitären Völkerrechts zwingend kennen, um ihre Pflichten in Kriegen und Konflikten ordnungsgemäß zu erfüllen. Die Rechtsgrundlagen des humanitären Völkerrechts, insbesondere die Genfer Abkommen, die nachfolgend genauer erläutert werden, gehören daher auch für die Bundeswehr zum Basiswissen. Insoweit hat sich eine enge Abstimmung zwischen der Bundeswehr und der internationalen Rotkreuz- und Rothalbmond-Bewegung, die gesetzlich und satzungsgemäß mit der Verbreitung des humanitären Völkerrechts betraut ist, bewährt.

3. Rechtsgrundlagen des humanitären Völkerrechts

Zu den Rechtsgrundlagen des humanitären Völkerrechts zählen insbesondere internationale Übereinkünfte allgemeiner oder besonderer Natur sowie das internationale Gewohnheitsrecht.[358]

356 Z.B. Vertreter des IKRK oder der internationalen Rotkreuz- und Rothalbmond-Bewegung.
357 Z.B. Konventionsbeauftragte der internationalen Rotkreuz- und Rothalbmond-Bewegung.
358 Vgl. auch Art. 38 des Statuts des Internationalen Gerichtshofs.

a) **Völkervertragsrecht, insbesondere zwischenstaatliche Abkommen/ Übereinkünfte.** Die wesentlichen und umfassendsten Regelungen des humanitären Völkerrechts finden sich in multilateralen staatlichen Abkommen. Von besonderer Bedeutung sind dabei die Haager Landkriegsordnung[359] und insbesondere die vier Genfer Abkommen zum Schutz der Kriegsopfer vom 12. August 1949 sowie die drei Zusatzprotokolle zu den Genfer Abkommen. Nahezu alle Staaten der Welt sind Vertragsstaaten der Genfer Abkommen.[360] Die Bundesrepublik Deutschland ist seit dem 3. September 1954 als Vertragsstaat Teil der Genfer Abkommen von 1949 und seit dem 14. Februar 1991 Vertragsstaat der Zusatzprotokolle von 1977.[361] Das I. Genfer Abkommen zur Verbesserung des Loses der Verwundeten und Kranken der Streitkräfte im Felde lässt bereits in seiner Bezeichnung und durch die Datierung der Urfassung im Jahre 1864 den engen Zusammenhang zur Schlacht von Solferino erkennen. Das I. Genfer Abkommen, zu dem weitere Fassungen aus den Jahren 1906 und 1929 existieren, bildet einen besonderen Meilenstein des humanitären Völkerrechts. Das II. Genfer Abkommen zur Verbesserung des Loses der Verwundeten, der Kranken und der Schiffbrüchigen der Streitkräfte zur See aus dem Jahre 1899 bildete eine Ergänzung des I. Genfer Abkommens und regelt den Schutz für kranke, verwundete und schiffbrüchige Angehörige der bewaffneten Seestreitkräfte. Die Abgrenzung beider Abkommen regelt Art. 4 des II. Genfer Abkommens. Danach sind bei Kriegshandlungen zwischen den Land- und Seestreitkräften der am Konflikt beteiligten Parteien die Bestimmungen des II. Genfer Abkommens nur auf die an Bord befindlichen Streitkräfte anwendbar. Die an Land gesetzten Streitkräfte unterfallen demgegenüber sofort dem I. Genfer Abkommen. Das III. Genfer Abkommen über die Behandlung der Kriegsgefangenen findet seinen Ursprung im Jahre 1929. Art. 4 des III. Genfer Abkommens regelt, wer Kriegsgefangener ist und damit dem Schutz des III. Abkommens unterfällt. Bei Zweifeln über den Status eines Betroffenen ist dieser gemäß Art. 5 des III. Genfer Abkommens als Kriegsgefangener zu behandeln. Besonders bedeutsam und im Jahre 1949 neu eingeführt ist das IV. Genfer Abkommen über den Schutz von Zivilpersonen. Dieses knüpft an die Erfahrungen der Weltkriege an und trägt der Tatsache Rechnung, dass Zivilpersonen in Kriegen häufig besonders schutzbedürftig sind. Eine wichtige Ergänzung der Genfer Abkommen bilden die beiden Zusatzprotokolle zum Schutz der Opfer internationaler bzw. nicht internationaler bewaffneter Konflikte vom 8. Juni 1977. Ein weiteres, III. Zusatzprotokoll über die Annahme eines zusätzlichen Schutzzeichens trat am 14. Januar 2007 in Kraft.

---

359 Abkommen betreffend die Gesetze und Gebräuche des Landkriegs vom 18.10.1907, mit Haager Landkriegsordnung (HLKO).

360 Eine aktuelle Übersicht findet sich auf der Internetseite des IKRK https://www.icrc.org/de (zuletzt abgerufen am 2.8.2020).

361 Vgl. hierzu die Übersicht auf der Internetseite des IKRK, https://www.icrc.org/de (zuletzt abgerufen 2.8.2020).

Die Genfer Abkommen sind historisch betrachtet eine wertvolle Errungenschaft, weil sie übergreifend zentrale Menschenrechte gewährleisten und jederzeit und überall – auch in Kriegen – Verbrechen wie Mord, Verstümmelung, Folter und Geiselnahmen verbieten. Neben diesen und sonstigen grausamen Behandlungen ist auch die Beeinträchtigung der persönlichen Würde untersagt. Auch Verurteilungen und Hinrichtungen ohne Gerichtsurteil durch ein ordnungsgemäß bestelltes Gericht sind verboten. Der hohe Wert der vorgenannten Rechte kommt auch dadurch zum Ausdruck, dass sie überall und zu jeder Zeit gelten und ein Verzicht nach der ausdrücklichen Regelung der Abkommen nicht möglich ist.

b) Völkergewohnheitsrecht. Neben den umfassenden Abkommen des Völkervertragsrechts spielt auch das Völkergewohnheitsrecht eine wichtige Rolle. Wie auch in anderen Rechtsgebieten zeichnet sich das Völkergewohnheitsrecht dadurch aus, dass es unter bestimmten Voraussetzungen dort greift, wo existierende Regelungen nicht anwendbar sind.[362] Im Hinblick auf den Anwendungsbereich des Völkergewohnheitsrecht wird insbesondere die Frage diskutiert, ob bestimmte Regelungen für internationale bewaffnete Konflikte in Form des Gewohnheitsrechts auch für nicht internationale Konflikte Geltung beanspruchen können, sofern insoweit eine ausdrückliche Regelung fehlt. Eine weitere besondere Konstellation bildet die Frage, ob ein Rückgriff auf Völkergewohnheitsrecht möglich ist, wenn der betroffene Staat ein Abkommen, das ausdrückliche Regelungen enthält, nicht ratifiziert hat. In beiden Fällen handelt es sich grundsätzlich jedoch um eine Frage des Einzelfalles.

III. Durchsetzung des humanitären Völkerrechts

Um die Akzeptanz des humanitären Völkerrechts dauerhaft zu sichern, ist seine konsequente Durchsetzung erforderlich. Dementsprechend regelt Art. 1 des I. Genfer Abkommens, dass sich „die Hohen Vertragsparteien verpflichten […], das vorliegende Abkommen unter allen Umständen einzuhalten und seine Einhaltung durchzusetzen“. Auch wenn es sich um eine relativ allgemein gehaltene Formulierung handelt, liegt bereits aufgrund der gesetzlichen Platzierung an wegweisender Stelle der Abkommen ein klarer Auftrag an die Vertragsstaaten vor.

1. Durchsetzung des humanitären Völkerrechts durch eine effiziente Verbreitungsarbeit

Die Vertragsstaaten müssen dafür Sorge tragen, dass hinreichende Maßnahmen zur Durchsetzung des humanitären Völkerrechts getroffen werden. Grundvoraussetzung ist dabei, dass die Regelungen des humanitären Völ-

362 Der Internationale Gerichtshof hat sich in einem Rechtsgutachten mit dem Völkergewohnheitsrecht beschäftigt, vgl. Rechtsgutachten des Internationalen Gerichtshofs vom 8.7.1996.

kerrechts allen Personen bekannt sind, die in irgendeiner Form mit militärischen Belangen Kontakt haben. Militärisch Verantwortlichen kommt dabei eine Schlüsselrolle zu. Die Vermittlung der Inhalte ist aber nicht auf militärische Verantwortliche beschränkt. Erfasst werden sollten insbesondere auch Angehörige der Innenressorts, der Polizei, Mitglieder von Hilfsorganisationen und generell die Bürger. Die Wissensvermittlung an die handelnden Akteure setzt eine kontinuierliche und effiziente Verbreitungsarbeit seitens der Vertragsstaaten voraus. Dementsprechend regelt z. B. Art. 47 des I. Genfer Abkommens ausdrücklich, dass sich Vertragsstaaten verpflichten, „in Friedens- und in Kriegszeiten den Wortlaut des vorliegenden Abkommens in ihren Ländern im weitestmöglichen Ausmaß zu verbreiten und insbesondere sein Studium in die militärischen und, wenn möglich, zivilen Ausbildungsprogramme aufzunehmen, damit die Gesamtheit der Bevölkerung und insbesondere die bewaffneten Streitkräfte, das Sanitätspersonal und die Feldprediger seine Grundsätze kennenlernen können." Hierbei handelt es sich um einen wichtigen und umfassenden Auftrag an sämtliche Mitgliedstaaten. Eine besonders wichtige Rolle bei der Unterstützung der Vertragsstaaten im Bereich Verbreitungsarbeit spielt die internationale Rotkreuz- und Rothalbmond-Bewegung.

a) Gesetzlicher und satzungsgemäßer Verbreitungsauftrag an die internationale Rotkreuz- und Rothalbmond-Bewegung[363]. Die Verbreitung des humanitären Völkerrechts und der eigenen Grundsätze gehört als gesetzlicher und satzungsmäßiger Auftrag zu den Kernaufgaben des Deutschen Roten Kreuzes (DRK). Durch das DRK-Gesetz[364] wird das DRK mit der Aufgabe der Verbreitungsarbeit gesetzlich beauftragt. Gemäß § 2 DRKG nimmt das Deutsche Rote Kreuz als freiwillige Hilfsgesellschaft die Aufgaben wahr, die sich aus den Genfer Rotkreuz-Abkommen von 1949 und ihren Zusatzprotokollen ergeben. Dazu gehören nach der ausdrücklichen Regelung in § 2 DRKG auch die Verbreitung von Kenntnissen über das humanitäre Völkerrecht sowie die Grundsätze und Ideale der Internationalen Rotkreuz- und Rothalbmond-Bewegung und die Unterstützung der Bundesregierung hierbei. Weitere Aufgaben werden ausdrücklich genannt, die Aufzählung ist allerdings nicht abschließend.[365] Nahezu inhaltsgleich zu § 2 DRKG regelt Art. 3 Nr. 2 der Statuten der internationalen Rotkreuz-

363 Dazu eingehend und aktuell Koch, Verbreitungsarbeit in Alltag, Katastrophe und bewaffnetem Konflikt, erscheint in: Lüder/Stahlhut, Gesamtverteidigung in Gefahr!?: Auf dem Weg zu einer Gesundheitssicherheitspolitik, 2020.

364 Das DRK-Gesetz (DRKG) regelt als Bundesgesetz die Anerkennung des DRK als Nationale Rotkreuz-Gesellschaft auf dem Gebiet der Bundesrepublik Deutschland und als freiwillige Hilfsgesellschaft der deutschen Behörden im humanitären Bereich. Es wurde am 16.10.2008 vom Deutschen Bundestag verabschiedet und ist am 11.12.2008 in Kraft getreten.

365 Dazu gehören u. a. die Unterstützung des Sanitätsdienstes der Bundeswehr (Art. 26 des I. Genfer Abkommens) und die Wahrnehmung von Aufgaben eines amtlichen Auskunftsbüros (Art. 122 des III. Genfer Abkommens und Art. 136 des IV. Genfer Abkommens) sowie die Wahrnehmung eines Suchdienstes.

und Rothalbmond-Bewegung, dass die nationalen Gesellschaften das humanitäre Völkerrecht verbreiten und ihre Regierungen bei dessen Verbreitung unterstützen und dabei von sich aus Initiativen ergreifen. Sie verbreiten außerdem die Grundsätze und Ideale der Bewegung und unterstützen die Regierungen, die sich gleichfalls dieser Tätigkeit widmen.

Der Auftrag zur Verbreitungsarbeit wird insbesondere durch sog. Konventionsbeauftragte des Deutschen Roten Kreuzes umgesetzt. Neben einem Bundeskonventionsbeauftragten und den Landeskonventionsbeauftragten der Landesverbände gibt es zahlreiche Kreiskonventionsbeauftragte, die sich im Rahmen ihrer Konventionsarbeit mit dem humanitären Völkerrecht beschäftigen und dieses verbreiten.

b) **Verbreitungsarbeit durch unterschiedliche Formate.** Für die Verbreitungsarbeit stehen zahlreiche geeignete Formate zur Verfügung. Wesentlich ist vor allem, dass die Verbreitungsarbeit kontinuierlich erfolgt. Die Verbreitungsarbeit muss darauf ausgerichtet sein, sämtliche Zielgruppen zu erreichen. Eine erfolgreiche Verbreitungsarbeit richtet sich an Menschen aller Altersgruppen und Geschlechter und kennt keine nationalen Grenzen. Teilweise ist eine besondere Zielgruppenorientierung gegeben, vor allem dann, wenn besondere Berührungspunkte mit dem humanitären Völkerrecht bereits bestehen oder unmittelbar bevorstehen. Insofern ist vor allem die Aus- und Fortbildung von Soldaten und von medizinischem Personal in Kriegs- und Krisengebieten von besonderer Bedeutung. Bei der Wahl der Formate sollte neben klassischen Formaten wie Konferenzen, Tagungen und Vorträgen auch ein Rückgriff auf digitale Medien erfolgen. Eine erfolgreiche Konventions- und Verbreitungsarbeit muss immer zeitgemäß sein.

2. Gewährung von Zutritt zu Krisen- und Konfliktregionen

Von besonderer Bedeutung für die Etablierung und Durchsetzung des humanitären Völkerrechts ist neben der Wissensvermittlung, dass die Anwendung des humanitären Völkerrechts nachprüfbar bleibt. Dementsprechend muss insbesondere den Delegierten des Internationalen Komitees vom Roten Kreuz der erforderliche Zugang zu besetzten Gebieten sowie Kriegsgefangenen und gefangenen Zivilpersonen eingeräumt werden. Die Hilfeleistungen und der Zugang sind auch den nationalen Gesellschaften der internationalen Rotkreuz- und Rothalbmondgesellschaft sowie sonstigen Akteuren zu ermöglichen. Damit die Nachprüfung möglichst unter eigenem Schutz möglich ist, wurden entsprechende Schutzzeichen etabliert. Das Rote Kreuz, der Rote Halbmond und der Rote Kristall genießen weltweit eine nahezu einzigartige Anerkennung als Symbole für Schutz und Hilfe. Während das Rote Kreuz bereits seit der ersten Genfer Konferenz im Jahre 1863 anerkannt ist, wurde der Rote Halbmond im Jahr 1929 völkerrechtlich anerkannt. Vergleichsweise jung ist hingegen der Rote Kristall, der erst im Jahre 2005 mit der Verabschiedung des III. Zusatzprotokolls als zusätzliches Wahrzeichen eingeführt wurde.

Bei der Verwendung der Wahrzeichen ist strikt zwischen der Verwendung als Schutzzeichen und der Verwendung als Kennzeichen zu unterscheiden. Für die Verwendung als Kennzeichen ist charakteristisch, dass eine Verwendung nur Rotkreuz- und Rothalbmondgesellschaften gestattet ist. Selbst andere Hilfsorganisationen dürfen die Wahrzeichen nicht als Kennzeichen verwenden. Das Kennzeichen gewährt keinen Schutz nach den Genfer Abkommen. Bei einer Verwendung als Schutzzeichen eröffnen die drei Wahrzeichen hingegen den Anwendungsbereich der Genfer Abkommen. Um einen verantwortlichen Gebrauch zu gewährleisten, steht die Verwendung als Schutzzeichen im Anwendungsbereich der ersten drei Genfer Abkommen unter der Aufsicht der zuständigen Militärbehörde.[366] Im Anwendungsbereich des zivilen Bevölkerungsschutzes nach dem IV. Genfer Abkommen entscheiden die jeweils zuständigen staatlichen Stellen.[367] In Deutschland sind das staatliche Organe, die vom Bundesministerium des Innern, für Bau und Heimat bestimmt worden sind. Der Verwendung als Schutzzeichen kommt eine herausragende Bedeutung zu. Die Verwendung weist darauf hin, dass die gekennzeichneten Personen oder Sachen dem besonderen Schutz der Genfer Abkommen unterliegen.

IV. Fazit und Ausblick – Fortentwicklung des humanitären Völkerrechts

Die Genfer Abkommen enthalten – wie dargelegt – die wesentlichen Regelungen des humanitären Völkerrechts. Aus diesem Grunde ist die Frage nach einer Weiterentwicklung des humanitären Völkerrechts auch immer mit einem Blick auf die Genfer Abkommen verbunden. Die Bereitschaft zur Ergänzung oder Veränderung der Genfer Abkommen ist traditionell eher gering. Der Grund hierfür liegt darin, dass die Genfer Abkommen eine breite Akzeptanz erreicht haben und dass jede Diskussion über Veränderungen die Gefahr begründen könnte, diese Akzeptanz in Zweifel zu ziehen. Gleichzeitig hat sich die inhaltliche Beschränkung der Genfer Abkommen auf elementare Rechte bewährt. Es gibt daher gute Gründe, einen strengen Fokus auf diese wesentlichen Inhalte beizubehalten. Dennoch wäre es falsch, Diskussionen über eine Fortentwicklung der Genfer Abkommen zu unterlassen. Die Zusatzprotokolle beweisen, dass Ergänzungen der Genfer Abkommen möglich und sinnvoll sein können. In den kommenden Jahren wird es eine wichtige Aufgabe für alle völkerrechtlich Interessierten sein, Antworten auf die neuen Herausforderungen des 21. Jahrhunderts zu finden.

Wie bei allen rechtlichen Regelungen lassen sich auch im Falle der Genfer Abkommen Verstöße nicht von vornherein ausschließen. Verstöße

366 Vgl. Art. 39 des I. Genfer Abkommens.

367 Vgl. Art. 18, 20, 21, 22, 14 des IV. Genfer Abkommens.

hat es immer gegeben und wird es auch in der Zukunft geben. Die Erfolgsgeschichte des humanitären Völkerrechts wird aber nicht durch Verstöße beendet. Vielmehr hat insbesondere die weltweite Akzeptanz der Genfer Abkommen dazu geführt, dass die Erfolgsgeschichte kontinuierlich fortgeschrieben und die Menschlichkeit in Kriegen und Konflikten in zahlreichen Fällen gewahrt wird. Die Zahl der Situationen, in denen durch die Anwendung der Genfer Abkommen großes menschliches Leid vermieden oder vermindert worden ist, ist deutlich größer als die Zahl der Verstöße gegen die Genfer Abkommen. Es ist Aufgabe aller Streitkräfte, Hilfsorganisationen und sonstigen Verantwortlichen, dass dies so bleibt.

Kapitel 9 Militärischer Abschirmdienst

Esther Iglesias Appuhn

I. Einführung

Das Bundesamt für den Militärischen Abschirmdienst (BAMAD) ist neben dem Bundesamt für Verfassungsschutz (BfV) als ziviler Inlandsnachrichtendienst und dem Bundesnachrichtendienst (BND) als Auslandsnachrichtendienst einer der drei Nachrichtendienste des Bundes. Es nimmt für den Geschäftsbereich des Bundesministeriums der Verteidigung (BMVg) die Aufgaben einer Verfassungsschutzbehörde wahr.[368] Das BAMAD ist eine dem BMVg unmittelbar nachgeordnete zivile Bundesoberbehörde.[369] Sein nachgeordneter Bereich besteht aus acht regional verteilten MAD-Stellen. Obwohl allgemein mit dem Begriff „MAD“ das BAMAD und die MAD-Stellen bezeichnet werden, hat dies keine eigenständige staatsorganisatorische Bedeutung und ist vielmehr historisch begründet. Denn die MAD-Stellen unterstehen dem BAMAD, sodass der „MAD“ keine über das BAMAD hinausgehende Verwaltungsstruktur erfasst.[370]

Die Entstehung des MAD ist auf die im Jahr 1956 gegründete Unterabteilung im BMVg „Innere Sicherheit der Streitkräfte“ (Unterabteilung IV J – Sicherheit) zurückzuführen.[371] Die Einzelbefugnisse des MAD stammten zunächst aus einem „Strauß“ verschiedener gesetzlicher Regelungen, die den MAD vereinzelt erwähnten (sog. Blumenstraußtheorie).[372] Erst infolge

368 Siehe zur Begründung des Gesetzgebers zur „Notwendigkeit“ für die Einrichtung des MAD neben bereits bestehenden zivilen Verfassungsschutzbehörden BT-Drs. 11/4306, S. 66.

369 Infolge des Tagesbefehls der Bundesministerin der Verteidigung vom 30.5.2017 wurde der MAD (damals bestehend aus MAD-Amt und MAD-Stellen) mit Wirkung zum 1.8.2017 aus der militärischen Organisation herausgelöst und zu einer zivilen Bundesoberbehörde mit nachgeordnetem Bereich umgestaltet. An einer gesetzlichen Regelung zur Schaffung des BAMAD fehlt es. Ob mit der Überführung am 1.8.2017 des ehemaligen MAD-Amtes von einer Dienststelle der Streitkräftebasis in eine zivile Bundesoberbehörde, das BAMAD, die Kompetenzzuordnung zu Art. 87a Abs. 1 Satz 1 GG weiterhin gilt, erscheint vor diesem Hintergrund fraglich.

370 Da jedoch in Gesetzen fast ausschließlich weiterhin die Bezeichnung „MAD“ verwendet wird, wird in diesem Beitrag gleichfalls verfahren. Siehe ausnahmsweise § 12 Abs. 1 Nr. 4 HmbSÜGG, welches das BAMAD nennt.

371 Vgl. Droste, Handbuch des Verfassungsschutzrechts, 2007, S. 29 (Fn. 85), S. 647; Ibler, in: Maunz/Dürig, GG, 90. EL Oktober 2020, Art. 87 Rn. 158.

372 Dau, DÖV 1991, 661 (662).

rechtswidriger Abhörmaßnahmen in den 1970er und 1980er Jahren und insbesondere aufgrund des „Volkszählungsurteils“[373] des BVerfG wurden die Aufgaben und Befugnisse des MAD formell gesetzlich im „Gesetz über den Militärischen Abschirmdienst“ (MADG) kodifiziert, das am 30. Dezember 1990 in Kraft getreten ist.[374] Das MADG kennzeichnet, dass es überwiegend auf die im BVerfSchG für das BfV niedergelegten Befugnisse verweist; es handelt sich mithin um ein „Verweisungsgesetz“.[375] Vorteil einer solchen Verweisungstechnik ist eine einheitliche Rechtsentwicklung. Andererseits hängt infolgedessen die Weiterentwicklung des MADG von der des BVerfSchG ab. Dessen Federführung liegt „ressortfremd“ beim Bundesministerium des Innern, für Bau und Heimat, das auch andere Schwerpunkte im Blick haben kann. Das BMVg kann für Änderungen im MADG letztlich lediglich Impulse setzen. Darüber hinaus setzt auch das Erfordernis der Normenklarheit der Verwendung gesetzlicher Verweisungsketten Grenzen. Unübersichtliche Verweisungskaskaden werden – zu Recht – mit den grundrechtlichen Anforderungen als nicht vereinbar erachtet.[376]

II. Aufgaben des MAD

Die gesetzlichen Aufgaben des MAD sind in § 1 Abs. 1–3 und § 14 MADG festgelegt. § 1 Abs. 1 MADG umfasst die Extremismusabwehr (Satz 1 Nr. 1), die Spionageabwehr (Satz 1 Nr. 2) sowie die Abwehr des internationalen Extremismus und Terrorismus (Satz 2). In § 1 Abs. 2 MADG ist dem MAD die Beurteilung der Sicherheitslage zugewiesen. Die Mitwirkungsaufgabe des personellen und materiellen Geheimschutzes ist in § 1 Abs. 3 MADG geregelt. Ein Tätigwerden des MAD im Ausland ist nach § 14 MADG zum Schutz von Auslandseinsätzen der Bundeswehr vorgesehen.

1. Abgrenzung zu zivilen Verfassungsschutzbehörden

Obwohl die Aufgaben des MAD weitgehend mit denen der zivilen Verfassungsschutzbehörden übereinstimmten,[377] ist das Ziel des MAD ein anderes. Die Aufklärung von Gefahren für die freiheitliche demokratische Grundordnung durch zivile Verfassungsschutzbehörden dient der Vorbereitung von Partei- (Art. 21 Abs. 2 GG) und Vereinsverbotsverfahren (Art. 9 Abs. 2 GG),

---

373 BVerfG, Urt. v. 15.12.1983 – 1 BvR 209/83, BVerfGE 65, 1 ff., bei dem das BVerfG aus dem grundgesetzlich verbürgten allgemeinen Persönlichkeitsrecht aus Art. 2 Abs. 1 i. V. m. Art. 1 Abs. 1 GG das Recht auf informationelle Selbstbestimmung herleitete.

374 Das MADG wurde zusätzlich zu einer Novelle des BDSG und des BVerfSchG sowie dem ebenfalls neu geschaffenen BNDG als Art. 3 des Artikelgesetzes „Gesetz zur Fortentwicklung der Datenverarbeitung und des Datenschutzes“ vom 20.12.1990 verabschiedet.

375 Siems, in: Schenke/Graulich/Ruthig, Sicherheitsrecht des Bundes, 2. Aufl. 2019, MADG, § 1 Rn. 3.

376 BVerfG, Urt. v. 19.5.2020 – 1 BvR 2835/17; BVerfG, Beschl. v. 3.3.2004 – 1 BvF 3/92, BVerfGE 110, 33.

377 Die Aufgaben der Beurteilung der Sicherheitslage und der Einsatzabschirmung kommen nur dem MAD zu.

dem Ausspruch der Grundrechtsverwirkung (Art. 18 GG) sowie der Unterrichtung der Öffentlichkeit über Erkenntnisse, z. B. durch Verfassungsschutzberichte. Der MAD hingegen bezweckt im Schwerpunkt die Sensibilisierung von Geschäftsbereichszugehörigen und die Einhaltung der Verfassungstreuepflicht. Denn nur dann sind die Streitkräfte in der Lage, ihre Aufgaben i. S. d. Grundgesetzes zu erfüllen. Der MAD hat personenbezogen den einzelnen Geschäftsbereichsangehörigen, der einer verfassungsschutzrelevanten Organisation angehört, im Fokus, wohingegen der Schwerpunkt ziviler Verfassungsschutzbehörden auf politisch aktiven Personenzusammenschlüssen liegt. Insoweit dient die Arbeit des MAD der Feststellung und Beurteilung von für die zuständigen Bundeswehrdienststellen zur weiteren Verfolgung relevanten Sachverhalten.[378] Daraus folgt jedoch nicht, dass der MAD nicht auch Personenzusammenschlüsse oder gar Netzwerke zum Gegenstand seiner Bearbeitung machen darf; § 1 Abs. 1 Satz 3 MADG i. V. m. § 4 Abs. 1 Satz 2 MADG verweist auf den Personenzusammenschluss.

2. Extremismusabwehr

Zu den Kernaufgaben des MAD in der Praxis gehört die Extremismusabwehr. Im Vordergrund stehen die Sammlung und Auswertung von Informationen über Bestrebungen, die gegen die freiheitliche demokratische Grundordnung gerichtet sind. Der Begriff der freiheitlichen demokratischen Grundordnung ist in § 1 Abs. 1 Satz 3 MADG i. V. m. § 4 Abs. 2 BVerfSchG legaldefiniert.[379] Aufgabe und Zielrichtung der Extremismusabwehr des MAD ist vor dem Hintergrund der Einbettung der Streitkräfte in das Verfassungsgefüge zu verstehen. Denn der den Staat tragende Körper an Staatsdienern kann nur dann seinen verfassungsgemäßen Auftrag erfüllen, wenn er durchweg verfassungstreu ist.[380]

3. Spionageabwehr

Die Spionageabwehr richtet sich gegen aufklärende nachrichtendienstliche Tätigkeiten fremder Staaten auf dem Gebiet der Bundesrepublik Deutschland. Die Abwehr geheimdienstlicher Tätigkeiten erfasst auch die klassischen Tätigkeiten der Sabotage und der Beeinflussung sowie der Cyberabwehr.[381] Das Vorgehen der Spionageabwehr richtet sich gegen sämtliche illegale

---

378 Vgl. Siems, in: Schenke/Graulich/Ruthig, Sicherheitsrecht des Bundes, 2. Aufl. 2019, MADG, § 1 Rn. 11 f.; Warg, in: Dietrich/Eiffler, Handbuch des Rechts der Nachrichtendienste, 2017, V § 1 Rn. 11.

379 Vgl. BVerfG, Urt. v. 23.10.1952 – 1 BvB 1/51, BVerfGE 2, 1 (12 ff.). Zudem wird der Begriff in Art. 10 Abs. 2 Satz 2, Art. 11 Abs. 2, Art. 18 Satz 1, Art. 21 Abs. 2 und Abs. 3 Satz 1, Art. 73 Abs. 1 Nr. 10 a), Art. 87a Abs. 4 Satz 1 und Art. 91 Abs. 1 GG verwendet, vgl. Klein, in: Maunz/Dürig, GG, 89. EL Oktober 2019, Art. 21, Rn. 519.

380 Vgl. zum Begriff und zur Verletzung der politischen Treuepflicht: Iglesias Appuhn/Appuhn, BWV 2020, 25 (27 ff.); dies., BWV 2020, 56 ff. m. w. N.

381 Vgl. ausführlich zur Spionageabwehr Warg, in: Dietrich/Eiffler, Handbuch des Rechts der Nachrichtendienste, 2017, V § 4 Rn. 15 ff. – zur fehlenden eigenständigen Bedeutung des Merkmals „sicherheitsgefährdende Tätigkeit": Rn. 26.

nachrichtendienstliche Tätigkeiten – unabhängig davon, welcher Staat vermeintlich verantwortlich ist. Dieser sog. „360-Grad-Blick“ wurde im Zuge der „NSA-Affäre“ geschärft.

4. Abwehr des internationalen Extremismus und Terrorismus

Die Aufgaben des MAD wurden mit dem infolge der Anschläge vom 11. September 2001 ergangenen Terrorismusbekämpfungsgesetz um die Abwehr des internationalen Extremismus und Terrorismus erweitert. Der Tatbestand umfasst Bestrebungen, die sich gegen das Verbot militärischer Gewaltanwendung im Ausland, das Verbot, konfessionelle, rassische oder ethnische Gruppen im Ausland zu vernichten oder als Verbrechen gegen die Menschlichkeit physisch oder psychisch zu beeinträchtigen, richten.[382]

5. Beurteilung der Sicherheitslage

Für die Beurteilung der Sicherheitslage nach § 1 Abs. 2 MADG ist der MAD ausschließlich auf die Auswertung von Informationen beschränkt; eine Befugnis zur (eigenen) Erhebung personenbezogener Daten wird ihm insoweit nicht eingeräumt (§ 4 Abs. 1 Satz 2 MADG). § 1 Abs. 2 Hs. 2 MADG stellt klar, dass sich die Informationsauswertung auch auf Personen beziehen kann, die – anders als in Absatz 1 vorausgesetzt – nicht dem Geschäftsbereich des BMVg angehören oder in ihm tätig sind. Diese Ausweitung der Zuständigkeit des MAD über den des Geschäftsbereichs des BMVg hinaus ist dem Umstand geschuldet, dass die Einschätzung potentieller Bedrohungen für die Bundeswehr ein umfassendes Bild erfordert, in dem der Geschäftsbereich des BMVg nur ein Teilstück des Gesamtbildes darstellt.[383] Vor dem Hintergrund des dargestellten Zwecks der Regelung stellt sich die Frage, ob § 4 Abs. 1 Satz 2 MADG daher so auszulegen ist, dass der MAD dennoch die bei anderen Behörden vorhandenen Informationen über Externe abfragen darf.[384] Dafür spricht, dass die Beurteilung der Sicherheitslage auch geschäftsbereichsfremde Personen einbezieht, sodass ohne die Möglichkeit der Abfrage personenbezogener Daten bei anderen Behörden, der MAD auf die Auswertung der bereits i. R. d. § 1 Abs. 1 MADG erhobenen Daten beschränkt wäre.[385] Gegen die aufgezeigte Auslegung des § 4 Abs. 1 Satz 2 MADG spricht indessen der klare Wortlaut der Vorschrift. Angesichts des mit einer Datenabfrage einhergehenden Grundrechtsein-

382 BT-Drs. 14/7386, S. 38.

383 Siems, in: Schenke/Graulich/Ruthig, Sicherheitsrecht des Bundes, 2. Aufl. 2019, MADG, § 1 Rn. 24.

384 So Siems, in: Schenke/Graulich/Ruthig, Sicherheitsrecht des Bundes, 2. Aufl. 2019, MADG, § 4 Rn. 11; Warg, in: Dietrich/Eiffler, Handbuch des Rechts der Nachrichtendienste, 2017, V § 1 Rn. 82. Nach Gröpl, Die Nachrichtendienste im Regelwerk der deutschen Sicherheitsverwaltung, 1993, S. 234, schließt § 4 Abs. 1 Satz 2 MADG nur die Erhebung personenbezogener Daten mit nachrichtendienstlichen Mitteln aus.

385 Unter Hinzuziehung von § 3 Abs. 3 BDSG a. F. (wonach „Erheben“ das Beschaffen von Daten über den Betroffenen bedeutet) wäre nach einer engen Auslegung selbst die Beschaffung von Daten aus öffentlich zugänglichen Quellen ausgeschlossen.

griffs für den Betroffenen und dem rechtstaatlichen Erfordernis der Bestimmtheit wäre eine eindeutige gesetzliche Regelung notwendig.

6. Mitwirkungsaufgabe

Unter dem personellen Geheimschutz (§ 1 Abs. 3 Satz 1 Nr. 1, Satz 2 MADG) sind die Überprüfungen nach dem SÜG zu verstehen.[386] Der materielle Geheimschutz (§ 1 Abs. 3 Satz 1 Nr. 2 MADG) erfasst die baulichen, organisatorischen und informationstechnischen Beratungen zur Absicherung von Liegenschaften zum Verschlusssachenschutz.[387]

7. Schutz von Auslandseinsätzen der Bundeswehr

§ 14 MADG bildet in Teilen die Aufgaben und Befugnisse des MAD im Inland für Auslandseinsätze ab und dient damit dem Schutz der Truppe. Soweit der MAD im Einsatzland nicht öffentliche Stellen um Auskünfte ersucht, ist er zur Sammlung und Auswertung von Informationen nach § 14 Abs. 1 Satz 1 MADG räumlich auf Liegenschaften der Bundeswehr begrenzt.[388] Der Rechtsrahmen des § 14 MADG knüpft an einen mandatierten Auslandseinsatz i. S. d. § 62 Abs. 1 SG oder an eine humanitäre Maßnahme nach § 63a SG an, sodass einsatzgleiche Verpflichtungen der Streitkräfte außerhalb des NATO-Geltungsbereichs nicht vom Tatbestand der Vorschrift erfasst sind. Gleichwohl ist ein Tätigwerden des MAD im Ausland nach Maßgabe der Inlandsbefugnisse möglich, soweit dies das Gastland erlaubt und der MAD nach den §§ 1, 2 MADG zuständig ist.[389]

Inwieweit das Urteil des BVerfG vom 19. Mai 2020 (1 BvR 2835/17) zur Ausland-Ausland-Fernmeldeaufklärung des BND, mit dem die grundsätzliche Grundrechtsgeltung für Ausländer im Ausland klargestellt wurde, eine Anpassung des § 14 MADG zur Folge haben wird, bleibt abzuwarten. Für die in § 14 Abs. 1–3 MADG enthaltene Aufgabenzuweisung zur Erhebung, Verarbeitung und Nutzung personenbezogener Daten enthält § 14 Abs. 4 MADG nur für die Datenerhebung im Inland oder über deutsche Staatsangehörige eine Ermächtigungsgrundlage. Bezüglich der Datenerhebung über Ausländer im Ausland mangelt es infolge der bisherigen Annahme des Gesetzgebers, dass Ausländer im Ausland keinen Grundrechtsschutz genießen, an einer entsprechenden Ermächtigungsgrundlage. Vor allem die mit einem Eingriff in das Grundrecht auf informationelle Selbstbestimmung einhergehende Überprüfung von bei Einsatzkontingenten der Bun-

386 Zum Sicherheitsüberprüfungsrecht siehe Kapitel 13.

387 Siems, in: Schenke/Graulich/Ruthig, Sicherheitsrecht des Bundes, 2. Aufl. 2019, MADG, § 1 Rn. 27; vgl. Warg, in: Dietrich/Eiffler, Handbuch des Rechts der Nachrichtendienste, 2017, V § 4 Rn. 4.

388 Siehe zum Liegenschaftsbegriff BR-Drs. 694/03, S. 9; Siems, in: Schenke/Graulich/Ruthig, Sicherheitsrecht des Bundes, 2. Aufl. 2019, MADG, § 14 Rn. 5 ff. Zum Einsatz im Ausland siehe Kapitel 5.

389 Siems, in: Schenke/Graulich/Ruthig, Sicherheitsrecht des Bundes, 2. Aufl. 2019, MADG, § 14 Rn. 1.

deswehr beschäftigten einheimischen Ortskräfte könnte eine Novellierung notwendig machen.

III. Zuständigkeitseröffnung

Da sowohl die zivilen Verfassungsschutzbehörden als auch der MAD die Aufgaben der Extremismus- und Spionageabwehr gemeinsam haben, ist eine Zuständigkeitsabgrenzung erforderlich.

1. „Doppelte Klammer"

Die Zuständigkeit des MAD im Bereich der Extremismus- und Spionageabwehr ist gemäß § 1 Abs. 1 Satz 1 MADG nur eröffnet, wenn sich die Bestrebungen oder Tätigkeiten gegen Personen, Dienststellen oder Einrichtungen im Geschäftsbereich des BMVg richten und von Personen ausgehen,[390] die diesem Geschäftsbereich angehören oder in ihm tätig sind. Damit ist der Bezug zum Geschäftsbereich des BMVg sowohl auf Seiten des Verantwortlichen als auch auf Schutzgutseite erforderlich (sog. „doppelte Klammer").

Personen gehören dem Geschäftsbereich des BMVg an, wenn sie in einem öffentlich- oder privatrechtlichen Dienst- oder Arbeitsverhältnis zur Bundesrepublik Deutschland stehen und aus den im Einzelplan 14 des Bundeshaushalts ausgebrachten Haushaltsmitteln bezahlt werden.[391] Personen gehören dem Geschäftsbereich auch für die Dauer ihrer Beurlaubung, Entsendung, Kommandierung oder Abordnung an, sofern nicht im Einzelfall aufgrund einer gesonderten Regelung andere Sicherheitsstellen während dieser Zeit zuständig sind. Personen sind im Geschäftsbereich tätig, wenn sie dort, ohne ihm anzugehören, ständig oder überwiegend aufgrund anderer Rechtsverhältnisse Dienst- oder Werkleistungen erbringen. Nicht hierunter fallen Personen, die Leistungen aufgrund von Wartungs- oder Lieferungsverträgen erbringen.[392] Zum Geschäftsbereich des BMVg zählen das BMVg, die Streitkräfte, die Bundeswehrverwaltung, die Truppendienstgerichte, der Bundeswehrdisziplinaranwalt und die Wehrdisziplinaranwälte sowie die Dienststellen der Militärseelsorge.[393]

Da die effektive Abwehr einer sicherheitsgefährdenden Tätigkeit i. S. d. § 1 Abs. 1 Satz 1 Nr. 2 MADG die Anknüpfung an Vorsatz oder Fahrlässigkeit des Verantwortlichen entbehrlich macht, ist die Zuständigkeit des MAD auch dann eröffnet, wenn der Geschäftsbereichsangehörige sich nicht dessen bewusst ist, dass er mit Tätern außerhalb des Geschäftsbereichs zusammenarbeitet und von diesen instrumentalisiert wird.[394]

---

390 Der Gesetzeswortlaut „ausgehen sollen" erfasst nicht zukünftige Geschäftsbereichsangehörige.

391 Der Bundeshaushalt ist gemäß dem Ressortprinzip in Einzelpläne und Kapitel unterteilt, vgl. § 13 BHO. Entsprechend dieser Systematik wird der Verteidigungshaushalt auch als „Einzelplan 14" bezeichnet.

392 BT-Drs. 11/4306, S. 67.

393 BT-Drs. 11/4306, S. 66.

394 Z. B. im Falle eines Cyberangriffs, um auf IT-Systeme der Bundeswehr einzuwirken, vgl. Siems, in: Schenke/Graulich/Ruthig, Sicherheitsrecht des Bundes, 2. Aufl. 2019, MADG, § 1 Rn. 19.

2. Ausnahmen

Eine Erweiterung der Zuständigkeit des MAD gegenüber geschäftsbereichsfremden Personen sieht § 2 MADG vor. Die Klärung von Verdachtsfällen macht es häufig nötig, Personen aus dem engeren Umfeld des Geschäftsbereichsangehörigen einzubeziehen. Diesem Erfordernis wird § 2 Abs. 1 Satz 2 Nr. 1 MADG gerecht und erweitert die Zuständigkeit des MAD auf Ehegatten, Lebenspartner, Verlobte oder dem in eheähnlicher Gemeinschaft Lebenden, wenn davon auszugehen ist, dass diese Person die Aktivität i. S. d. § 1 Abs. 1 MADG unterstützt. Unabhängig einer persönlichen Bindung regelt § 2 Abs. 1 Satz 2 Nr. 2 MADG eine Annexzuständigkeit für den Fall einer geheimdienstlichen Verstrickung. Vorausgesetzt wird die Benehmensherstellung mit der zuständigen Verfassungsschutzbehörde. Unter Benehmen ist mehr als eine bloße Inkenntnissetzung, aber weniger als eine Einwilligung zu verstehen.[395]

Vor dem Hintergrund, dass Angriffe auf den MAD typischerweise von Geschäftsbereichsfremden ausgehen, kann der MAD außerdem nach § 2 Abs. 2 MADG zum Selbstschutz unter Herstellung des Benehmens mit der zuständigen Verfassungsschutzbehörde seine Zuständigkeit auf Ressortfremde ausweiten.[396]

Die besonderen Zuständigkeiten in § 2 MADG sind Ausnahmeregelungen („im Einzelfall") und damit eng auszulegen. Ferner setzen sie voraus, dass die Zuständigkeitserweiterung zur Fortführung der Aufgaben nach § 1 Abs. 1 MADG „zwingend erforderlich" ist. Das ist der Fall, wenn anderenfalls die weitere Erforschung des Sachverhalts gefährdet oder nur mit übermäßigem Aufwand möglich wäre.[397]

Eine Ausnahme vom Grundsatz der sog. „doppelten Klammer" enthält außerdem § 1 Abs. 1 Satz 2 MADG. Die Abwehr des internationalen Extremismus und Terrorismus zielt auf Schutzgüter ab, die die Bundeswehr nur mittelbar betreffen, und knüpft damit lediglich auf Seiten des Verantwortlichen an die Geschäftsbereichszugehörigkeit an.[398] Umgekehrt verhält es sich nach § 14 Abs. 3 Satz 1 MADG im Rahmen der Auslandseinsatzabschirmung, wo der personelle Bundeswehrbezug zugunsten des Liegenschaftsbezuges aufgegeben wurde.[399]

---

395 Siems, in: Schenke/Graulich/Ruthig, Sicherheitsrecht des Bundes, 2. Aufl. 2019, MADG, § 2 Rn. 4.

396 Siems, in: Schenke/Graulich/Ruthig, Sicherheitsrecht des Bundes, 2. Aufl. 2019, MADG, § 2 Rn. 8.

397 Siehe die konkretisierende Erläuterung in § 2 Abs. 1 Satz 2 Nr. 2 MADG.

398 Siems, in: Schenke/Graulich/Ruthig, Sicherheitsrecht des Bundes, 2. Aufl. 2019, MADG, § 1 Rn. 19.

399 Bareinske, in: Dietrich/Eiffler, Handbuch des Rechts der Nachrichtendienste, 2017, V § 9 Rn. 55.

IV. Befugnisse

1. Generalbefugnis und Spezialermächtigungen

Das MADG verweist weitgehend auf die Befugnisse im BVerfSchG. § 4 Abs. 1 Satz 1 MADG enthält, vergleichbar mit § 8 Abs. 1 BVerfSchG, die Generalermächtigung für die Verarbeitung personenbezogener Daten.[400] Die Befugnisse des MAD reichen von der Erhebung mit offenen Mitteln – wie der Befragung oder der Internetrecherche – (§ 4 Abs. 1 Satz 1 MADG i. V. m. § 8 Abs. 4 BVerfSchG) bis hin zur Erhebung mit verdeckten Mitteln und Methoden (z. B. in §§ 4 Abs. 1 Satz 1, 5 MADG i. V. m. § 8 Abs. 2, 9 Abs. 1 BVerfSchG, der Ermächtigungsgrundlage für den Einsatz „typischer" nachrichtendienstlichen Mittel ist). Als Mittel der heimlichen Informationsbeschaffung sind solche erfasst, mit denen getarnt werden soll, dass der MAD eine Information gewinnen will, die also überhaupt nicht bemerkt oder als Informationsbeschaffung des MAD verstanden werden soll. Allein der Umstand, dass der Betroffene nicht weiß oder nicht erfährt, dass der MAD eine bestimmte Information über ihn erhebt, macht die Information nicht zu einer heimlichen i. S. d. Gesetzes.[401] Kennzeichen der verdeckten Informationsbeschaffung ist mithin der aus Sicht des Betroffenen bestehende Bruch seines geschützten Vertrauens in die Integrität seiner informationellen Privatsphäre.[402] Der Rückgriff auf die Generalklausel kommt nur bei Grundrechtseingriffen von geringerer Intensität in Betracht oder in engen Grenzen (vorübergehend bis der Gesetzgeber eine entsprechende spezialgesetzliche Regelung schafft) bei solchen, die nicht gesondert gesetzlich geregelt sind.[403] Spezialgesetzliche Normierungen gelten etwa bei Eingriffen in das Brief-, Post- und Fernmeldegeheimnis aus Art. 10 Abs. 1 GG nach dem G 10, bei besonderen Auskunftsverlangen (§ 4a MADG i. V. m. §§ 8a, 8b BVerfSchG), beim Einsatz des IMSI-Catchers[404] (§ 5 Hs. 2 MADG i. V. m. § 9 Abs. 4 BVerfSchG) oder bei der akustischen und optischen Wohnraumüberwachung (§ 5 Hs. 2 MADG i. V. m. § 9 Abs. 2 BVerfSchG).

2. Trennungsgebot

Im Sinne eines effektiven Grundrechtsschutzes unterliegt der MAD, wie alle anderen Nachrichtendienste, dem Trennungsgebot: Gemäß § 4 Abs. 2 Hs. 1 MADG stehen ihm keine polizeilichen Befugnisse oder Weisungsbefugnisse

---

400 Siehe § 13 Nr. 2 MADG i. V. m. § 46 Nr. 2 BDSG zum Begriff der „Verarbeitung", wonach alle Phasen der Datenverarbeitung erfasst werden.

401 Vgl. Roth, in: Schenke/Graulich/Ruthig, Sicherheitsrecht des Bundes, 2. Aufl. 2019, BVerfSchG, § 8 Rn. 25.

402 Siems, in: Schenke/Graulich/Ruthig, Sicherheitsrecht des Bundes, 2. Aufl. 2019, MADG, § 4 Rn. 7.

403 Vgl. Lampe, NStZ 2015, 361 (366).

404 Beim IMSI (International Mobile Subscriber Indentity)-Catcher handelt es sich um ein Gerät, das durch Auslesen der Karten- und Gerätenummer eines Mobiltelefons die Eingrenzung des Standorts eines Mobiltelefons innerhalb einer Funkzelle erlaubt.

zu. Ausgeschlossen sind sämtliche polizeiliche Zwangsmaßnahmen und damit auch der Rückgriff auf die Befugnisse nach dem UZwGBw.[405] Ein Umgehungsverbot im Wege der Amtshilfe legt § 4 Abs. 2 Hs. 2 MADG fest.[406]

3. Übermittlungsbefugnisse

Mit der Informationssammlung und -auswertung verfolgt der MAD keinen Selbstzweck. Die Rolle des MAD ist vor dem Hintergrund des Trennungsgebotes und fehlender polizeilicher Befugnisse zu verstehen. Zu bestimmten Zwecken darf der MAD Informationen an andere Stellen, wie den Strafverfolgungsbehörden,[407] übermitteln. Da jede Übermittlung personenbezogener Daten jedoch einen eigenständigen Eingriff in das Grundrecht des Betroffenen auf informationelle Selbstbestimmung darstellt,[408] bedarf es ausreichender Ermächtigungsgrundlagen.[409] Diesen Informationsaustausch regeln – ungeachtet spezieller Übermittlungsvorschriften –[410] §§ 10, 11 MADG, die weitgehend auf das BVerfSchG verweisen. Die Datenübermittlung an öffentliche Stellen innerhalb des Geschäftsbereichs des BMVg beurteilt sich nach § 11 Abs. 1 Satz 1 MADG i. V. m. § 19 Abs. 1 Satz 2 BVerfSchG. Von besonderer Bedeutung dürfte vor dem Hintergrund der für Soldaten und Beamte geltenden Verfassungstreuepflicht die Übermittlung personenbezogener Daten zum Schutz der freiheitlichen demokratischen Grundordnung an die disziplinarrechtlich oder für die Personalbearbeitung zuständigen Stelle sein.[411] Hinsichtlich der Zusammenarbeit zwischen zivilen Verfassungsschutzbehörden und dem MAD sieht § 3 Abs. 3 Satz 1 MADG eine gegenseitige Unterrichtungspflicht vor.[412]

---

405 Zum unmittelbaren Zwang siehe Kapitel 19.

406 Siems, in: Schenke/Graulich/Ruthig, Sicherheitsrecht des Bundes, 2. Aufl. 2019, MADG, § 4 Rn. 12 f.

407 Vgl. BVerfG, Urt. v. 24.4.2013 – 1 BvR 1215/07, BVerfGE 133, 277 ff. zu den Maßstäben und dem „informationellen Trennungsprinzip".

408 BVerfG, Urt. v. 15.12.1983 – 1 BvR 209/83, BVerfGE 65, 1 (46, 61); BVerfG, Urt. v. 14.7.1999 – 1 BvR 2226/94, BVerfGE 100, 313 (367).

409 Siehe dazu insbesondere das sog. Doppeltürmodel des BVerfG, Beschl. v. 24.1.2012 – 1 BvR 1299/05, BVerfGE 130, 151 ff.: Ein Datenaustausch vollzieht sich durch die einander korrespondierenden Eingriffe von Abfrage und Übermittlung, die jeweils einer eigenen Rechtsgrundlage bedürfen. Der Gesetzgeber muss, bildlich gesprochen, nicht nur die Tür zur Übermittlung von Daten öffnen, sondern auch die Tür zu deren Abfrage. Erst beide Rechtsgrundlagen gemeinsam, die wie eine Doppeltür zusammenwirken müssen, berechtigen zu einem Austausch personenbezogener Daten. Dies schließt – nach Maßgabe der Kompetenzordnung und den Anforderungen der Normenklarheit – nicht aus, dass beide Rechtsgrundlagen auch in einer Norm zusammengefasst werden können.

410 Z. B. § 4 Abs. 4 G 10 für die Übermittlung personenbezogener Daten, die aus Individualmaßnahmen nach § 3 G 10 gewonnen wurden.

411 Vgl. Siems, in: Schenke/Graulich/Ruthig, Sicherheitsrecht des Bundes, 2. Aufl. 2019, MADG, § 11 Rn. 5.

412 Siems, in: Dietrich/Eiffler, Handbuch des Rechts der Nachrichtendienste, 2017, VI § 7 Rn. 51.

4. Parlamentarische Kontrolle

Die verdeckte Informationsbeschaffung durch den MAD, wie auch der anderer Nachrichtendiente, hat in einer parlamentarischen und rechtsstaatlichen Demokratie besondere Kontrollmechanismen zur Konsequenz. Diesem Erfordernis wird Art. 45d GG gerecht, indem er das Parlamentarische Kontrollgremium (PKGr) zur Kontrolle nachrichtendienstlicher Tätigkeit verfassungsrechtlich verankert. Neben dem Institut des PKGr verfügt der Bundestag über weitere Einrichtungen für vertrauliche Kontrolltätigkeiten im Bereich nachrichtendienstlicher Tätigkeiten auf gesetzlicher Grundlage. Dazu zählt bei Haushaltsangelegenheiten das Vertrauensgremium nach § 10a Abs. 2 Satz 1 BHO sowie die nach § 15 G 10 geschaffene G 10-Kommission, deren Kontrollbefugnis, sich auf die gesamte Erhebung, Verarbeitung und Nutzung der nach diesem Gesetz erlangten personenbezogenen Daten durch Nachrichtendienste des Bundes erstreckt.[413]

Eine Neuerung stellt die 2016 gesetzlich eingeführte Stellung des Ständigen Bevollmächtigten dar, der die Arbeit des PKGr unterstützt; ihm obliegen die Vorbereitung der Sitzungen des PKGr und der Berichte an das Plenum sowie auf Weisung des PKGr die Prüfung von Sachverhalten (§§ 5a, 5b PKGrG).[414] Mit der Novellierung des PKGrG sollen die angelegten umfangreichen Kontrollrechte des PKGr intensiver, koordinierter und kontinuierlicher wahrgenommen werden können. Auch soll die Arbeit der weiteren gesetzlich verankerten Gremien mit Kontrollfunktion für die Tätigkeit der Nachrichtendienste, namentlich die der G 10-Kommission und des Vertrauensgremiums, stärker mit der Tätigkeit des PKGr verknüpft werden. Der Ständige Bevollmächtigte ist der verlängerte Arm des PKGr, der dessen Rechte gegenüber der Bundesregierung und den Nachrichtendiensten des Bundes auch in strategischer Hinsicht wahrnimmt.[415]

---

413 Vgl. Magiera, in: Sachs, GG, 8. Aufl. 2018, Art. 45d Rn. 2, 5.
414 Magiera, in: Sachs, GG, 8. Aufl. 2018, Art. 45d Rn. 12.
415 BT-Drs. 18/9040, S. 1 f. Zur parlamentarischen Kontrolle siehe auch Kapitel 10.

Kapitel 10 Parlamentarische Kontrolle der Streitkräfte

Florian Faulenbach

Streitkräfte sind ein zentraler Machtfaktor im modernen Staatswesen, sie tragen die Waffen des Staates.[416] Das Grundgesetz ordnet die Bundeswehr der Exekutive, speziell dem Bundesminister der Verteidigung, Art. 65a GG, bzw. im Verteidigungsfall dem Bundeskanzler, Art. 115b GG, zu.[417] Wie andere demokratisch verfasste Staaten ist die Bundesrepublik Deutschland um eine wirkungsvolle Kontrolle der Exekutive und insbesondere der Streitkräfte durch das Parlament bemüht.[418] Dabei enthält das Grundgesetz entsprechende Kontrollinstrumente in weitaus größerem Umfang als in anderen europäischen Demokratien üblich.[419]

Parlamentarische Kontrolle ist in Deutschland daher mehr als nur die bloße Reaktion auf das Verhalten der Regierung.[420] Obwohl der Kernbereich der verschiedenen Gewalten unveränderbar[421] ist, ist der Bundestag rechtlich nicht gehindert, eine mitwirkende, das Handeln der Regierung anleitende Kontrolle auszuüben.[422] Andererseits darf die demokratische Kontrolle nicht so ausgestaltet sein, dass die Streitkräfte ihrem verfassungsmäßigen Auftrag nicht nachkommen könnten.[423] Denn sowohl der Einrichtung als auch der Funktionsfähigkeit der Bundeswehr kommt nach ständiger Rechtsprechung des BVerfG[424] ein verfassungsrechtlicher Rang zu.

Im Grundgesetz wird intensive parlamentarische Kontrolle gewährleistet durch die Haushaltsbindung der Streitkräfte, Art. 87a Abs. 1 Satz 2 GG, den Wehrbeauftragten des Deutschen Bundestages, Art. 45b GG, den Parlamentsvorbehalt für die Feststellung des Verteidigungsfalles, Art. 115a GG,

416 Vgl. Raap, JuS 1996, 980.
417 Dietz, Das Primat der Politik in kaiserlicher Armee, Reichswehr, Wehrmacht und Bundeswehr, 2011, S. 531.
418 Kockel, UBWV 2015, 178; vgl. auch Schmidt, BWV 2007, 97.
419 Vgl. Nolte/Krieger, Europäische Wehrrechtssysteme, 2002, S. 20 f.
420 Klein, ZG 2012, 209 (215).
421 BVerfG, Beschl. v. 17.7.1996 – 2 BvF 2/93, BVerfGE 95, 1 (15).
422 Klein, ZG 2012, 209 (216).
423 Vgl. Krieger, in: Schmidt-Bleibtreu/Hofmann/Henneke, GG, 14. Aufl. 2018, Art. 87a Rn. 7.
424 BVerfG, Beschl. v. 26.5.1970 – 1 BvR 83/6, BVerfGE 28, 243 (261); BVerfG, Urt. v. 13.4.1978 – 2 BvF 1/77, BVerfGE 48, 127 (159 f.); BVerfG, Beschl. v. 7.4.1981 – 2 BvR 446/80, BVerfGE 57, 29 (39).

und den Verteidigungsausschuss, Art. 45a GG. Zudem steht der militärische Einsatz der Bundeswehr nach der Rechtsprechung des BVerfG unter einem konstitutiven Parlamentsvorbehalt.[425]

I. Einführung

Das Grundgesetz betrachtet die Bundeswehr vollumfänglich als Teil der vollziehenden Gewalt, erkennt also in den betreffenden Normen keine außerhalb der an Grundrechte (Art. 1 Abs. 3 GG) sowie an Recht und Gesetz (Art. 20 Abs. 3 GG) gebundenen Exekutive stehende „Wehr-" oder „Verteidigungsgewalt" im Sinne einer vierten Gewalt an.[426] Insbesondere durch Art. 65a GG und Art. 115b GG stellt das Grundgesetz weiterhin klar, dass die oberste Befehlsgewalt über die Streitkräfte immer in den Händen eines parlamentarisch verantwortlichen Regierungsmitgliedes liegt.[427]

1. Die Wehrverfassung

Der Begriff der Wehrverfassung bezeichnet verschiedene, über den Verfassungstext verstreute Artikel, die die Funktions- und Kompetenzzuweisungen auf dem Gebiet des Wehrwesens in der Verfassung regeln und die in einem systematischen Zusammenhang stehen.[428] Sie ist notwendiger Bestandteil jeder Verfassung, weil die militärische Verteidigung seit alters her eine staatliche Urfunktion ist.[429] In das Grundgesetz wurden die Regelungen erst im Nachhinein aufgenommen.[430] Abgesehen von den Regelungen zur sog. „Notstandsverfassung", ist die Wehrverfassung seither praktisch unverändert geblieben.

2. Die Bundeswehr als Parlamentsarmee und das Primat der Politik

Die Bundeswehr ist historisch als Parlamentsheer konzipiert und dieser Umstand vom BVerfG mit Quasi-Verfassungsrang ausgestattet worden.[431] Dieses Postulat hat das BVerfG in seiner „Out-of-Area-Einsätze"-Entscheidung[432] aus dem Jahre 1994 aus einer Zusammenschau von Normen der Wehrverfassung sowie aus der Genese der Wiederbewaffnung Deutschlands hergeleitet.[433] Mit dem Begriff Parlamentsheer ist nicht nur die vollständige Einordnung der Streitkräfte in die Verfassungsordnung der Bundesre-

---

425 Vgl. BVerfG, Urt. v. 12.7.1994 – 2 BvE 3/92, BVerfGE 90, 286 (381 ff.).
426 Vgl. Müller-Franken/Uhle, in: Schmidt-Bleibtreu/Hofmann/Hennecke, GG, 14. Aufl. 2018, Art. 65a Rn. 1 m. w. N.
427 Hernekamp, in: v. Münch/Kunig, GG, 6. Aufl. 2012, Art. 65a Rn. 2.
428 Raap, JuS 1996, 980.
429 Müller-Franken/Uhle, in: Schmidt-Bleibtreu/Hofmann/Hennecke, GG, 14. Aufl. 2018, Art. 65a Rn. 11.
430 Vgl. BGBl. 1956 I S. 111.
431 Kockel, UBWV 2015, 178.
432 Vgl. BVerfG, Urt. v. 12.7.1994 – 2 BvE 3/92, BVerfGE 90, 286 (381 ff.).
433 Vgl. Kockel, UBWV 2015, 178.

publik Deutschland gemeint, sondern auch die konstitutive Beteiligung des Bundestages an Entscheidungen über Auslandseinsätze der Streitkräfte.[434] Den Vorrang der politischen Entscheidung vor ihrer militärischen Ausführung und den Vorrang der politischen Institutionen vor der militärischen Organisation bezeichnet man als Primat der Politik.[435]

II. Der Bundesminister der Verteidigung, Art. 65a GG

Der Bundesminister der Verteidigung hat nach Art. 65a GG im Frieden die Befehls- und Kommandogewalt über die Streitkräfte. Dieser Umstand formt die Ressortzuständigkeit des Verteidigungsministers besonders aus. Art. 65a GG ist insoweit eine Sonderregelung zum Ressortprinzip aus Art. 65 Satz 2 GG,[436] nach dem jeder Bundesminister seinen Geschäftsbereich selbstständig und unter eigener Verantwortung innerhalb der Richtlinien des Bundeskanzlers führt. Der dem Ministerium nachgeordnete Geschäftsbereich umfasst neben den Streitkräften, Art. 87a GG, die Bundeswehrverwaltung, Art. 87b GG, die Rechtspflege in der Bundeswehr (insbesondere die Truppendienstgerichte, Art. 96 Abs. 4 GG) und die Militärseelsorge, Art. 140 GG i. V. m. Art. 141 WRV. Das Bundesministerium der Verteidigung als oberste Bundesbehörde unterstützt den Bundesminister bei seiner Arbeit. Das Ministerium ist ein Pflichtressort und gehört neben dem Auswärtigen Amt und den Bundesministerien des Innern, der Justiz und der Finanzen zu den fünf klassischen Ressorts.

1. Befehls- und Kommandogewalt

Der Begriff der Befehls- und Kommandogewalt ist zu verstehen als die Innehabung der höchsten exekutivischen Anordnungsbefugnisse über die Streitkräfte.[437] Als Kompetenzbegriff umfasst er die Summe aller militärischen Rechte, die zur Gewährleistung des Auftrages der Streitkräfte erforderlich sind.[438] Einer begrifflichen Unterscheidung zwischen Befehlsgewalt und Kommandogewalt bedarf es an dieser Stelle nicht.[439] Mit der Zusammenfassung der Begriffe Befehls- und Kommandogewalt wollte der Verfassungsgeber erreichen, dass jeder Rückgriff auf die traditionelle militärische Kommandogewalt im Sinne eines auch legislative und judikative Befugnisse umfassenden

434 Wiefelspütz, HFR 2010, 230 (231).

435 Dietz, Das Primat der Politik in kaiserlicher Armee, Reichswehr, Wehrmacht und Bundeswehr, 2011, S. 3.

436 Müller-Franken/Uhle, in: Schmidt-Bleibtreu/Hofmann/Hennecke, GG, 14. Aufl. 2018, Art. 65a Rn. 22.

437 Stern, Staatsrecht, Bd. II, 1980, S. 872; Müller-Franken/Uhle, in: Schmidt-Bleibtreu/Hofmann/Hennecke, GG, 14. Aufl. 1980, 2018, Art. 65a Rn. 15 (m. w. N.).

438 Müller-Franken/Uhle, in: Schmidt-Bleibtreu/Hofmann/Hennecke, GG, 14. Aufl. 2018, Art. 65a Rn. 15 (m. w. N.).

439 Vgl. zum Stand der Dikussion Jarass/Pieroth, GG, 16. Aufl. 2020, Art. 65a, Rn. 1; Müller-Franken/Uhle, in: Schmidt-Bleibtreu/Hofmann/Hennecke, GG, 14. Aufl. 2018, Art. 65a Rn. 15 (m. w. N.).

Oberbefehls[440] als eigenständiger, von der politischen Führung ausgeklammerter militärischer Vorbehaltsbereich ausgeschlossen ist.[441] Durch diesen Verzicht auf den Oberbefehl als Rechtsinstitut existiert weder ein selbstständiges Militärverordnungsrecht noch eine Militärgerichtsbarkeit außerhalb der Judikative. Denn einerseits hat die Exekutive wegen Art. 80 Abs. 1 GG keine originäre Rechtsetzungsbefugnis und andererseits ist die rechtsprechende Gewalt unabhängigen Richtern anvertraut, Art. 92, 97 Abs. 1 GG.[442]

Nach Art. 115b GG geht die Befehls- und Kommandogewalt mit der Verkündung des Verteidigungsfalles auf den Bundeskanzler über. Der Bundesminister der Verteidigung ist in Friedenszeiten alleiniger Inhaber dieser unteilbaren Gewalt, der Bundeskanzler besitzt keine Befugnis, diese in Friedenszeiten zu übernehmen.[443] Sie darf auch nicht auf andere Personen oder nachgeordnete Stellen übertragen werden.[444]

Nicht von der Befehls- und Kommandogewalt erfasst ist das Recht, Offiziere und Unteroffiziere zu ernennen und zu entlassen,[445] sowie die Ausübung des Begnadigungsrechts im Bereich der Bundeswehr. Diese Rechte stehen gemäß Art. 60 Abs. 1 und Abs. 2 GG ebenso dem Bundespräsidenten zu wie das Recht zur Stiftung und Verleihung von Orden und Ehrenzeichen sowie zur Festlegung von Uniformen und Rangabzeichen.[446]

2. Voraussetzungen für das Amt

Der Bundesminister der Verteidigung darf – wie jeder andere Bundesminister – kein anderes besoldetes Amt und keinen Beruf ausüben, Art. 66 GG. Damit darf er insbesondere nicht gleichzeitig aktiver Soldat sein. Auch im Übrigen gelten keine Besonderheiten, insbesondere steht das Amt auch Kriegsdienstverweigerern offen.

3. Vertretung

Das Grundgesetz trifft für die Vertretung im Falle der Verhinderung des Bundesverteidigungsministers keine Regelung. Es gelten daher die allgemeinen Regelungen des § 14 GOBReg.[447] Im Kabinett wird er vertreten durch einen dafür bestimmten anderen Minister, § 14 Abs. 1 GOBReg. Für

---

440 Vgl. Dietz, Das Primat der Politik in kaiserlicher Armee, Reichswehr, Wehrmacht und Bundeswehr, 2011. S. 532.

441 Vgl. BT-Drucks. 2/2150, S. 4.

442 Vgl. Raap, JuS 1996, 980 (981).

443 Vgl. Hernekamp, in: v. Münch/Kunig, GG, 6. Aufl. 2012, Art. 65a Rn. 7 m. w. N.

444 Jarass/Pieroth, GG, 16. Aufl. 2020, Art. 65a, Rn. 2.

445 Hinsichtlich des Rechts auf Ernennung und Entlassung hat der Bundespräsident allerdings weitestgehend von dem Recht aus Art. 60 Abs. 3 GG Gebrauch gemacht, die ihm vorbehaltenen Befugnisse auf andere Behörden – nämlich den Bundesverteidigungsminister – zu übertragen.

446 Vgl. Stern, Staatsrecht, Bd. II, 1980, S. 872.

447 Zum Stand der Diskussion zu dieser kontroversen Fragestellung vgl. eingehend Müller-Franken/Uhle, in: Schmidt-Bleibtreu/Hofmann/Hennecke, GG, 14. Aufl. 2018, Art. 65a Rn. 26 f. (m. w. N.).

Erklärungen vor dem Bundestag, vor dem Bundesrat und in den Sitzungen der Bundesregierung wird der Bundesminister durch den Parlamentarischen Staatssekretär vertreten, § 14 Abs. 2 Satz 1 GOBReg. Ständiger Vertreter in der Leitung des Ministeriums als oberster Bundesbehörde ist der beamtete Staatssekretär, § 14 Abs. 3 GOBReg.

4. Parlamentarische Kontrolle

Mit der Übertragung der Befehls- und Kommandogewalt auf den Bundesverteidigungsminister bzw. auf den Bundeskanzler wurde klargestellt, dass die parlamentarische Kontrolle über die Bundeswehr – nicht anders als in anderen Bereichen der Exekutive – verfassungsrechtlich garantiert ist.[448] In Bezug auf den Bundesminister der Verteidigung gelten diesbezüglich die allgemeinen Kontrollmöglichkeiten des Parlaments. So kann der Bundestag gemäß Art. 43 Abs. 1 GG die Anwesenheit des Bundesministers in seinen Sitzungen verlangen und ihn dabei zur Rede stellen (sog. Zitierrecht[449]). Weiterhin gilt das allgemeine Fragerecht des Parlaments gegenüber der Bundesregierung (sog. Interpellationsrecht).[450]

5. Ende des Amtes

Auch für das Ende des Amtes des Bundesverteidigungsministers gelten die allgemeinen Regeln. Es endet somit – außer durch Entlassung – mit dem Zusammentritt eines neugewählten Bundestages sowie jeder anderen Erledigung des Amtes des Bundeskanzlers, Art. 69 Abs. 2 GG.

III. Der Verteidigungsausschuss, Art. 45a GG

Von besonderer Bedeutung für die parlamentarische Kontrolle der Streitkräfte ist die Institution des Verteidigungsausschusses.[451] Seine Einsetzung ist nach Art. 45a GG verbindlich und nicht lediglich nach Art. 44 GG fakultativ (sog. Pflichtausschuss).[452] Zudem besteht er als ständiger Ausschuss und besitzt die Rechte eines Untersuchungsausschusses mit einem spezifischen Minderheitenquorum, Art. 45a Abs. 2 und Abs. 3 GG.[453]

---

448 Müller-Franken/Uhle, in: Schmidt-Bleibtreu/Hofmann/Hennecke, GG, 14. Aufl. 2018, Art. 65a Rn. 24.

449 Vgl. hierzu Lorz/Richterich, in: Morlok/Schliesky/Wiefelspütz, Parlamentsrecht, 2015, § 35 Rn. 57 ff.

450 Vgl. hierzu Lorz/Richterich, in: Morlok/Schliesky/Wiefelspütz, Parlamentsrecht, 2015, § 35 Rn. 67 ff.

451 Dietz, Das Primat der Politik in kaiserlicher Armee, Reichswehr, Wehrmacht und Bundeswehr, 2011, S. 545; vgl. auch Nolte/Krieger, Europäische Wehrrechtssysteme, 2002, S. 21.

452 Vgl. hierzu Gerland, in: Morlok/Schliesky/Wiefelspütz, Parlamentsrecht, 2015, § 29 Rn. 5 ff.; vgl. auch Jarass/Pieroth, Art. 45a GG, Rn. 1.

453 Dietz, Das Primat der Politik in kaiserlicher Armee, Reichswehr, Wehrmacht und Bundeswehr, 2011, S. 545.

1. Zuständigkeit

Der Verteidigungsausschuss ist federführend zuständig für die Behandlung der Vorlagen zur Verteidigung des Bundesgebietes gegen militärische Angriffe von außen einschließlich einer Zusammenarbeit in Verteidigungsbündnissen.[454] Hierbei beschränkt sich seine Zuständigkeit auf den Bereich der militärischen Verteidigung, für die zivile Verteidigung ist der Innenausschuss zuständig. Weiterhin ist er mitberatend zuständig für den Einsatz der Bundeswehr im Ausland, wenn diese außerhalb des Verteidigungsfalls Aufgaben der internationalen Friedenssicherung wahrnimmt.[455]

2. Der Verteidigungsausschuss als Untersuchungsausschuss

Untersuchungsausschüsse sind ein wichtiges Hilfsorgan des Parlaments zur Kontrolle der Regierung und der dieser nachgeordneten Verwaltung.[456] Seine verfassungsrechtliche Grundlage hat der Untersuchungsausschuss des Bundestages in Art. 44 Abs. 1 Satz 1 GG. Konkretisiert wird die Vorschrift durch das im Jahr 2001 vom Bundestag erlassene Gesetz zur Regelung des Rechts der Untersuchungsausschüsse des Deutschen Bundestages (PUAG).[457]

Auf dem Gebiet der militärischen Verteidigung werden die Rechte der Untersuchungsausschüsse gemäß Art. 45a Abs. 2 Satz 1 GG i. V. m. § 34 Abs. 1 Satz 1 PUAG ausschließlich vom Verteidigungsausschuss als Organ einer speziellen und intensivierten parlamentarischen Kontrolle[458] wahrgenommen (sog. Enqêtemonopol, Art. 45a Abs. 3 GG). Der Bundestag darf also zu diesen Angelegenheiten keinen Untersuchungsausschuss nach Art. 44 GG einsetzen.[459]

Auch die Initiative zur Konstituierung als Untersuchungsausschuss liegt allein beim Verteidigungsausschuss selbst. Auf den Antrag eines Viertels seiner Mitglieder folgt gemäß Art. 45a Abs. 2 Satz 2 GG i. V. m. § 34 Abs. 1 Satz 2 PUAG die förmliche Konstituierung.[460] Damit ist sichergestellt, dass sämtliche Vorgänge des Verteidigungswesens jederzeit auf alleinige parlamentarische Initiative vom Verteidigungsausschuss untersucht werden können.[461] Der Einsetzungsbeschluss kommt zustande, wenn ihm eine einfache Mehrheit im Ausschuss zustimmt.[462] Gegenstand der Untersuchung kön-

---

454 F. Kirchhof, Verteidigung und Bundeswehr, in: Handbuch des Staatsrechts, Bd. IV, 3. Aufl. 2006, § 84 Rn. 37.

455 Kluth, in: Schmidt-Bleibtreu/Hofmann/Hennecke, GG, 14. Aufl. 2018, Art. 45a Rn. 8.

456 Klingreen, JA 2018, 880 (882); vgl. auch Spranger, Wehrverfassung im Wandel, 2003, S. 27, 32.

457 Kockel, UBWV 2015, 178 (179).

458 Vgl. Geis, in: Isensee/Kirchhof, Handbuch des Staatsrechts, 3. Aufl. 2005, Bd. III, § 55 Rn. 27 ff.

459 Vgl. hierzu Gerland, in: Morlok/Schliesky/Wiefelspütz, Parlamentsrecht, 2015, § 29 Rn. 49 (m. w. N.); Kluth, in: Schmidt-Bleibtreu/Hofmann/Hennecke, 14. Aufl. 2018, GG, Art. 45a Rn. 9 (m. w. N.); Jarass/Pieroth, GG, 15. Aufl. 2018, Art. 45a GG, Rn. 2; Nettesheim/Vetter, JuS 2004, 219 (221).

460 Vgl. Brocker, in: Epping/Hillgruber, GG, 3. Aufl. 2020, Art. 45a Rn. 9.

461 BVerfG, Urt. v. 12.7.1994 – 2 BvE 3/92, BVerfGE 90, 286 (385).

462 Gerland, in: Morlok/Schliesky/Wiefelspütz, Parlamentsrecht, 2015, § 29 Rn. 48.

nen nur abgeschlossene[463] Angelegenheiten der militärischen Verteidigung sein.[464]

Das Verfahren der Beweiserhebung, Beweiswürdigung und Berichterstattung an den Bundestag richtet sich gemäß § 34 Abs. 4 Satz 1 PUAG nach den allgemeinen Verfahrensvorschriften für Untersuchungsausschüsse. Somit stehen insbesondere Augenscheinseinnahme, Aktenvorlage, Sachverständigengutachten und Zeugenvernehmungen zur Verfügung.[465] Der Verteidigungs-Untersuchungsausschuss unterliegt jedoch – zum Schutz verteidigungspolitischer Belange[466] – nicht dem Gebot der Öffentlichkeit der Beweisaufnahme.[467]

IV. Der Wehrbeauftragte des Deutschen Bundestages, Art. 45b GG

Weiteres Hilfsorgan des Bundestages bei der Ausübung der parlamentarischen Kontrolle ist der Wehrbeauftragte des Bundestages. Seine Berufung ist eine verfassungsrechtliche Pflicht, Art. 45b Satz 1 GG. Über Rechte und Pflichten des Wehrbeauftragten und seine Rechtsstellung trifft das Grundgesetz keine Regelungen, sondern überlässt dies dem „Gesetz über den Wehrbeauftragten des Deutschen Bundestages" (WBeauftrG), Art. 45b Satz 2 GG.

Art. 45b GG wurde 1956 im Rahmen der Wehrverfassung in das Grundgesetz eingefügt. Der verfassungsändernde Gesetzgeber versprach sich vom Wehrbeauftragten eine Verstärkung der parlamentarischen Kontrolle über die neugegründete Bundeswehr.[468] Während der Verteidigungsausschuss die Parlamentskontrolle unter allgemeinen und hauptsächlich politischen Gesichtspunkten ausüben sollte, war die Tätigkeit des Wehrbeauftragten für das Gebiet der inneren Truppenführung und zur Kontrolle von Einzelfällen gedacht.[469] Letztlich sollte er somit dafür Sorge tragen, dass „die parlamentarische Kontrolle nicht eine abstrakte Angelegenheit bleibt, sondern sich im Notfall auch auf den Kasernenhof erstreckt"[470].

Weiterhin sollte der Wehrbeauftragte darüber wachen, dass die Grundrechte der Soldaten – insbesondere der wehrpflichtigen Soldaten[471] – nicht über das erforderliche und gesetzlich normierte Maß hinaus eingeschränkt werden.[472] Der freiheitliche Rechtsstaat mit dem zentralen Ziel der Ver-

463 Vgl. Gerland, in: Morlok/Schliesky/Wiefelspütz, Parlamentsrecht, 2015, § 29 Rn. 46.
464 Zu den mitunter schwierigen Abgrenzungsfragen vgl. Klingreen, JA 2018, 880 (884 f.); Kockel, UBWV 2015, 178 (181).
465 Vgl. Brocker, in: Epping/Hillgruber, GG, 3. Aufl. 2020, Art. 44 Rn. 40 ff.
466 Gerland, in: Morlok/Schliesky/Wiefelspütz, Parlamentsrecht, 2015, § 29 Rn. 49.
467 Kluth, in: Schmidt-Bleibtreu/Hofmann/Hennecke, GG, 14. Aufl. 2018, Art. 45a Rn. 10.
468 Krämer, UBWV 2010, 305 (306).
469 Raap, JuS 1996, 980 (982).
470 Vogt, Militär und Demokratie, 1972, S. 50.
471 Paproth/Dimroth, NZWehrr 2012, 16 (17).
472 Vgl. F. Kirchhof, Verteidigung und Bundeswehr, in: Handbuch des Staatsrechts, Bd. IV, 3. Aufl. 2006, § 84 Rn. 38.

wirklichung der Grundrechte für alle Bürger sollte sich auf diese Weise strukturell auch innerhalb des Militärs etablieren.[473]

1. Das Amt des Wehrbeauftragten

Der Wehrbeauftragte wird in geheimer Wahl mit der Mehrheit der Mitglieder des Bundestages gewählt, § 13 Satz 1 WBeauftrG. Nach § 13 Satz 2 WBeauftrG sind vorschlagsberechtigt: der Verteidigungsausschuss, die Fraktionen und so viele Abgeordnete, wie nach der Geschäftsordnung der Stärke einer Fraktion entsprechen. Wählbar ist jeder Deutsche, der das 35. Lebensjahr vollendet hat, § 14 Abs. 1 WBeauftrG. Die Ernennung wird durch den Präsidenten des Bundestages vorgenommen, § 15 Abs. 1 Satz 2 WBeauftrG. Das Amt des Wehrbeauftragten dauert fünf Jahre, wobei Wiederwahl zulässig ist, § 14 Abs. 2 WBeauftrG. Die Dauer der Amtszeit übersteigt damit die Wahlperiode des Bundestages. Das Amt endet außer durch Ablauf der Amtszeit oder durch Tod mit der Abberufung oder mit der Entlassung auf Verlangen, § 15 Abs. 3 WBeauftrG.

2. Aufgaben und Rechte des Wehrbeauftragten

Die Aufgaben des Wehrbeauftragten ergeben sich aus der Zielsetzung des Art. 45b GG. Er wird tätig auf Weisung des Bundestages oder des Verteidigungsausschusses oder aufgrund eigener Wahrnehmung, wenn ihm Vorgänge bekannt werden, die auf eine Verletzung von Grundrechten der Soldaten oder der Grundsätze der Inneren Führung schließen lassen, § 1 Abs. 2 und 3 WBeauftrG. Solche Vorgänge werden oftmals unmittelbar im Wege der Eingabe durch Soldaten an ihn herangetragen (sog. „Eingaberecht“, § 7 WBeauftrG), wobei anonyme Eingaben grundsätzlich nicht bearbeitet werden, § 8 WBeauftrG.

Die Ermessensbetätigung des Wehrbeauftragten bezieht sich sowohl auf das „Ob“ als auch auf das „Wie“ seines Eingreifens.[474] Bei seinem Tätigwerden ist er jedoch auf Kontrollmaßnahmen beschränkt. Ihm sind keine Sonderrechte, wie beispielsweise das Recht zur Beschwerde oder ein Weisungsrecht an die für die Einleitung von Disziplinar- und Strafverfahren zuständigen Stellen, zuerkannt worden.[475]

Zur Wahrnehmung seiner Aufgaben stehen dem Wehrbeauftragten die in § 3 WBeauftrG genannten umfassenden Informationsrechte zu. Insbesondere kann der Wehrbeauftragte danach als einziger Zivilist neben dem Bundesminister jederzeit Truppenteile, Stäbe, Dienststellen und Behörden der Bundeswehr und ihre Einrichtungen auch ohne vorherige Anmeldung besuchen, § 3 Nr. 4 WBeauftrG. Die besondere Bedeutung dieses Rechts wird noch dadurch unterstrichen, dass es das einzige[476] der Rechte des

473 Vogt, Militär und Demokratie, 1972, S. 50.

474 Busch, Der Wehrbeauftragte. Organ der parlamentarischen Kontrolle, 5. Aufl. 1999, S. 62.

475 Paproth/Dimroth, NZWehrr 2012, 16 (21); vgl. auch BVerwG, Beschl. v. 8.2.1973 – I WB 228.72, BVerwGE 46, 69–71.

476 Abgesehen vom Fall des § 17 Abs. 2 WBeauftrG.

Wehrbeauftragten ist, das nicht von seinem Vertreter wahrgenommen werden darf, § 3 Nr. 4 Satz 2 WBeauftrG.[477]

Nach Ablauf eines jeden Kalenderjahres hat der Wehrbeauftragte dem Bundestag einen schriftlichen Bericht über seine Tätigkeit zu erstatten (sog. Jahresbericht des Wehrbeauftragten, § 2 Abs. 1 WBeauftrG), der auch in der Öffentlichkeit meist große Beachtung findet. Mit dem Jahresbericht soll das Parlament in die Lage versetzt werden, beschriebene Missstände und etwaige Fehlentwicklungen in künftige politische Entscheidungen einbeziehen zu können.[478]

V. Das Budgetrecht des Parlaments, Art. 87a Abs. 1 Satz 2 und Art. 110 Abs. 2 GG

Art. 110 Abs. 1 GG normiert das parlamentarische Budgetrecht als Kernbestimmung der Haushaltswirtschaft des Bundes.[479] Art. 87a Abs. 1 Satz 2 GG konkretisiert die Grundsätze der Wahrheit und Klarheit des Etats dahin, dass die Personalstärke und die Organisation der Streitkräfte bereits aus dem als Gesetz zu beschließenden Haushaltsplan ersichtlich sein müssen.[480] Damit ist es weder zulässig, dem Bundestag lediglich summierte Etats ohne nähere Aufschlüsselung auf die Teilstreitkräfte und ihre Struktur vorzulegen, noch sind Manipulationen der Art möglich, Ausgaben für die Streitkräfte in ressortfremde Etats gleichsam „auszulagern".[481] Art. 87a Abs. 1 Satz 2 GG bezweckt folglich eine intensive parlamentarische Kontrolle der Streitkräfte. Darüber hinaus verschafft die Vorschrift dem Bundestag einen bedeutenden Einfluss auf Aufbau und Umfang der Streitkräfte und weist dem Parlament damit letztlich eine Regierungsaufgabe[482] zu.

1. Die zahlenmäßige Stärke

Damit sich die zahlenmäßige Stärke der Streitkräfte aus dem Haushaltsplan ergibt, muss der Bundestag bestimmen, für welche Anzahl Soldaten Haushaltsmittel im jeweiligen Haushaltsjahr angesetzt werden.[483] Das Parlament hat es somit in der Hand, die maximale Friedenspräsenzstärke festzule-

477 Vgl. Fuchs, DVBl 2017, 1522 (1524).

478 Schmidt, BWV 2007, 97 (99).

479 BVerfG, Urt. v. 18.4.1989 – 2 BvF 1/82, BVerfGE 79, 311 (329); vgl. zur Bedeutung des parlamentarischen Budgetrechts auch Klein, ZG 2012, 209 (224).

480 Dietz, Das Primat der Politik in kaiserlicher Armee, Reichswehr, Wehrmacht und Bundeswehr, 2011, S. 540.

481 Vgl. Dietz, Das Primat der Politik in kaiserlicher Armee, Reichswehr, Wehrmacht und Bundeswehr, 2011, S. 540.

482 Vgl. BVerfG, Urt. v. 12.7.1994 – 2 BvE 3/92, BVerfGE 90, 286 (385): „Die besonderen Anforderungen an den Militärhaushalt verlangen, dass die Streitkräfteplanung einschließlich der Personalentwicklung und Organisation parlamentarisch vorgezeichnet wird; insoweit ist für den Bereich der Streitkräfte eine Regierungsaufgabe des Parlaments begründet".

483 Krieger, in: Schmidt-Bleibtreu/Hofmann/Hennecke, GG, 14. Aufl. 2018, Art. 87a Rn. 19.

gen.[484] Überschreitungen der im Haushaltsplan festgelegten Personalstärke sind unzulässig. Ebenso unzulässig[485] ist deren Unterschreitung.[486] Die zahlenmäßige Stärke betrifft nicht Angehörige der Reserve.[487]

2. Die Grundzüge ihrer Organisation

Die parlamentarische Kontrolle der Funktionsfähigkeit der Streitkräfte wird weiterhin durch das Erfordernis gewährleistet, dass sich auch die Grundzüge ihrer Organisation aus dem Haushaltsplan ergeben müssen. Auf diese Weise ist für die Parlamentarier nachvollziehbar, ob die Organisationsstruktur der Streitkräfte eine funktionsgerechte Wahrnehmung ihrer Aufgabe ermöglicht.[488] Mithin hängen fundamentale Änderungen der Wehrstruktur von der Zustimmung des Bundestages ab.[489]

VI. Die Zustimmungs- und Mitwirkungserfordernisse beim Einsatz der Streitkräfte

Das Grundgesetz behält dem Parlament hinsichtlich der Streitkräfte jedoch nicht nur die Kontrolle und die grundsätzliche Steuerung von Planung und Entwicklung, sondern auch konkrete Entscheidungen über deren Verwendung vor.[490] Der militärische Einsatz steht damit unter einem konstitutiven Parlamentsvorbehalt.[491]

Die Verfassung weist der Bundeswehr ein breites Aufgaben- und Einsatzspektrum zu. Landes- und Bündnisverteidigung sind in den vergangenen Jahren vor dem Hintergrund eines komplexer und volatiler gewordenen sicherheitspolitischen Umfelds Deutschlands wieder mehr in den militärischen Fokus gerückt. Trotz der nach wie vor zahlreichen Auslandseinsätze ist die Verteidigung Deutschlands und seiner Bündnispartner damit nach wie vor der Kernauftrag der Bundeswehr.

1. Der Verteidigungsfall

Hinsichtlich der Rolle des Parlaments beim Einsatz der Streitkräfte zur Landesverteidigung ist Art. 115a GG von zentraler Bedeutung. Die Feststellung

---

484 Raap, JuS 1996, 980 (981).

485 Vgl. Hernekamp, in: v. Münch/Kunig, GG, 6. Aufl. 2012, Art. 87a Rn. 10; Jarass/Pieroth, GG, 16. Aufl. 2020, Art. 87a GG, Rn. 5; zum Streitstand in dieser Frage vgl. Krieger, in: Schmidt-Bleibtreu/Hofmann/Hennecke, GG, 14. Aufl. 2018, Art. 87a Rn. 19 (m. w. N.).

486 Für die hier vertretene Auffassung spricht, dass zur parlamentarischen Kontrolle auch die Kontrolle gehört, ob die Regierung die Funktionsfähigkeit der Streitkräfte hinsichtlich ihrer zahlenmäßigen Stärke tatsächlich gewährleistet, vgl. Krieger in: Schmidt-Bleibtreu/Hofmann/Hennecke, GG, 14. Aufl. 2018, Art. 87a Rn. 19.

487 Vgl. (str.) Hernekamp, in: v. Münch/Kunig, GG, 6. Aufl. 2012, Art. 87a Rn. 10; Jarass/Pieroth, GG, 15. Aufl. 2018, Art. 87a GG, Rn. 5; zum Streitstand in dieser Frage vgl. Krieger, in: Schmidt-Bleibtreu/Hofmann/Hennecke, GG, 14. Aufl. 2018, Art. 87a Rn. 19 (m. w. N.).

488 Vgl. Krieger, in: Schmidt-Bleibtreu/Hofmann/Hennecke, GG, 14. Aufl. 2018, Art. 87a Rn. 20.

489 Raap, JuS 1996, 980 (981).

490 BVerfG, Urt. v. 12.7.1994 – 2 BvE 3/92, BVerfGE 90, 286 (385).

491 Vgl. BVerfG, Urt. v. 12.7.1994 – 2 BvE 3/92, BVerfGE 90, 286 (381 ff.).

des Verteidigungsfalls trifft der Bundestag als das nach der Verfassungsordnung des Grundgesetzes unmittelbar demokratisch legitimierte Repräsentativorgan des Volkes.[492] Die Feststellung erfolgt auf Antrag der Bundesregierung und bedarf einer Mehrheit von zwei Dritteln der abgegebenen Stimmen, mindestens der Mehrheit der Mitglieder des Bundestages, Art. 115a Abs. 1 GG.[493] Sie bewirkt insbesondere den Übergang der Befehls- und Kommandogewalt über die Streitkräfte auf den Bundeskanzler und ermächtigt zugleich zum konkreten militärischen Einsatz der Streitkräfte.[494]

Soweit die Streitkräfte im Verteidigungsfall auch befugt sind oder ermächtigt werden können, zivile Objekte zu schützen und Aufgaben der Verkehrsregelung wahrzunehmen (Art. 87a Abs. 3 GG), ergibt sich die Mitwirkung der gesetzgebenden Körperschaften aus der vom Bundestag mit Zustimmung des Bundesrates gemäß Art. 115a Abs. 1 GG zu treffenden, vorherigen Feststellung des Verteidigungsfalles.[495]

Die Aufhebung von Maßnahmen sowie die Beendigung des Verteidigungsfalles richten sich nach Art. 115a Abs. l GG. Nach Absatz 2 kann der Bundestag mit Zustimmung des Bundesrates jederzeit durch einen vom Bundespräsidenten zu verkündenden Beschluß den Verteidigungsfall für beendet erklären. Der Bundesrat kann verlangen, dass der Bundestag hierüber beschließt. Der Verteidigungsfall ist unverzüglich für beendet zu erklären, wenn die Voraussetzungen für seine Feststellung (Art. 115a Abs. 1 GG) nicht mehr gegeben sind. Andererseits kann der Verteidigungsfall auch aufgehoben werden, wenn die Voraussetzungen noch andauern.[496]

Von Verteidigungs- und Bündnisfall zu unterscheiden sind der Spannungsfall und der Zustimmungsfall. Der Spannungsfall (Art. 80a Abs. 1 Alt. 1 GG) betrifft eine schwere außenpolitische Konfliktsituation, die eine umgehend erhöhte Verteidigungsbereitschaft gebietet und die Besorgnis begründet, dass der Verteidigungsfall in naher Zukunft eintreten wird.[497] Er muss vom Bundestag mit Zwei-Drittel-Mehrheit förmlich festgestellt werden.[498] Rechtsfolge ist, dass bestimmte Vorschriften, die auf den Spannungsfall Bezug nehmen, „entsperrt" und angewandt werden können.[499] Hierzu gehört auch ein begrenzter Einsatz der Bundeswehr im Innern[500]

---

492 BVerfG, Urt. v. 7.5.2008 – 2 BvE 1/03, BVerfGE 121, 135–153.

493 Für den Fall, dass das Bundesgebiet mit Waffengewalt angegriffen wird und die zuständigen Bundesorgane außerstande sind, sofort die Feststellung nach Absatz 1 Satz 1 zu treffen, „gilt diese Feststellung als getroffen und als zu dem Zeitpunkt verkündet, in dem der Angriff begonnen hat", Art. 115a Abs. 4 GG.

494 BVerfG, Urt. v. 12.7.1994 – 2 BvE 3/92, BVerfGE 90, 286 (386).

495 BVerfG, Urt. v. 12.7.1994 – 2 BvE 3/92, BVerfGE 90, 286 (386).

496 Jarass/Pieroth, GG, 16. Aufl. 2020, Art. 115 l Rn. 2.

497 Gramm/Wittenberg, in: Schmidt-Bleibtreu/Hofmann/Hennecke, GG, 14. Aufl. 2018, Vorb. v. Art. 115a Rn. 47.

498 Vgl. Jarass/Pieroth, GG, 15. Aufl. 2018, Art. 80a Rn. 1.

499 Gramm/Wittenberg, in: Schmidt-Bleibtreu/Hofmann/Hennecke, GG, 16. Aufl. 2020, Vorb. v. Art. 115a Rn. 47.

500 Vgl. zum Einsatz der Bundeswehr im Innern eingehend Kapitel 6.

nach Art. 87a Abs. 3 GG. Der Bundestag hat während der Laufzeit des Spannungsfalles nach Absatz 2 das Recht, die Aufhebung oder (als Minus) die Aussetzung von Rechtsverordnungen oder Einzelakten zu verlangen, die auf die entsperrten Vorschriften gestützt wurden. Darüber hinaus kann er den Spannungsfall (mit einfacher Mehrheit) aufheben.[501] Der Zustimmungsfall (Art. 80a Abs. 1 Alt. 2 GG) ist eine Vorstufe des Spannungsfalls und dadurch gekennzeichnet, dass der Bundestag der Anwendung einzelner Vorschriften besonders zustimmt.[502]

2. Die Bündnisverteidigung

Der Bündnisfall (Art. 80a Abs. 3 Satz 1 GG) wird bei einem Angriff auf einen Bündnispartner von einem zuständigen internationalen Organ im Rahmen eines Bündnisvertrages mit Zustimmung der Bundesregierung festgestellt. Auch diese Bündnisklausel gestattet jedoch keinen Streitkräfteeinsatz in alleiniger Kompetenz der Exekutive; die Vorschrift betrifft die nach Maßgabe des NATO-Alarmsystems ausgelöste „zivile Teilmobilmachung“, nicht den Streitkräfteeinsatz im Bündnisfall.[503] Im Fall eines Angriffs auf einen Bündnispartner hat das Parlament der Beistandsverpflichtung zwar schon in Gesetzesform zugestimmt und damit grundsätzlich gebilligt, dass deutsche Streitkräfte bei Eintritt des Bündnisfalles zum Einsatz kommen.[504] Auch in diesem Fall bedarf es jedoch noch der – regelmäßig vorhergehenden – parlamentarischen Entscheidung über den konkreten Einsatz nach Maßgabe der bestehenden Bündnisverpflichtung.[505] Zudem kann der Bundestag nach Art. 80a Abs. 3 Satz 2 GG die Aufhebung der möglichen Maßnahmen mit der Mehrheit seiner Mitglieder verlangen.

3. Der Einsatz bewaffneter Streitkräfte im Ausland

Das BVerfG hat in seiner bereits – mehrfach zitierten – „Out-of Area-Entscheidung“ vom 12. Juli 1994 eine entscheidende Richtungsweisung zugunsten der Beteiligungsrechte des Parlamentes getroffen.[506] Durch das „Gesetz über die parlamentarische Beteiligung bei der Entscheidung über den Einsatz bewaffneter Streitkräfte im Ausland (Parlamentsbeteiligungsgesetz)“ vom 18. März 2005 werden Form und Ausmaß der parlamentarischen Mitwirkung geregelt (vgl. hierzu eingehend Kapitel 5). Nicht der Zustimmung des Bundestages bedarf die Verwendung von Personal der Bundeswehr für Hilfsdienste und Hilfeleistungen im Ausland, sofern die Soldaten dabei nicht in bewaffnete Unternehmungen einbezogen sind.[507]

---

501 Jarass/Pieroth, GG, 16. Aufl. 2020, Art. 80a GG Rn. 2.
502 Gramm/Wittenberg, in: Schmidt-Bleibtreu/Hofmann/Hennecke, GG, 14. Aufl. 2018, Vorb. v. Art. 115a Rn. 47.
503 BVerfG, Urt. v. 12.7.1994 – 2 BvE 3/92, BVerfGE 90, 286 (387).
504 BVerfG, Urt. v. 12.7.1994 – 2 BvE 3/92, BVerfGE 90, 286 (387).
505 BVerfG, Urt. v. 12.7.1994 – 2 BvE 3/92, BVerfGE 90, 286 (387).
506 BVerfG, Urt. v. 12.7.1994 – 2 BvE 3/92, BVerfGE 90, 286–384.
507 BVerfG, Urt. v. 12.7.1994 – 2 BvE 3/92, BVerfGE 90, 286 (388).

4. Der Einsatz der Streitkräfte im Innern

Ein nach Art. 87a Abs. 4 Satz 1 GG möglicher Einsatz von Streitkräften beim Schutz von zivilen Objekten und bei der Bekämpfung organisierter und militärisch bewaffneter Aufständischer ist einzustellen, wenn der Bundestag oder der Bundesrat es verlangen, Art. 87a Abs. 4 Satz 2 GG. Der Einsatz von Streitkräften zur Unterstützung der Polizeikräfte bei Naturkatastrophen oder Unglücksfällen, die das Gebiet mehr als eines Landes betreffen, wird vom Grundgesetz vor allem als bundesstaatliches Problem verstanden: Er ist jederzeit auf Verlangen des Bundesrates zu beenden, Art. 35 Abs. 3 Satz 2 GG.[508]

508 Vgl. BVerfG, Urt. v. 12.7.1994 – 2 BvE 3/92, BVerfGE 90, 286 (386 f.).

Kapitel 11 Pflichten der Soldaten

Alexander Sanne

Der Unterabschnitt „Pflichten und Rechte" des Soldatengesetzes (SG) bildet gleichzeitig auch dessen Kernstück.[509] Die dort enthaltenen Vorschriften regeln das Verhältnis zwischen dem Dienstherrn und der Soldaten und legen Inhalt und Grenzen dieses Dienstverhältnisses sowie im Verhältnis der Soldaten untereinander fest. Dieser Unterabschnitt enthält somit auch die Grundlage des materiellen Disziplinarrechts.[510]

Die §§ 7 bis 21 SG enthalten im Wesentlichen die Pflichten der Soldaten, weitere soldatische Pflichten lassen sich aber auch anderen Gesetzen entnehmen[511]. Die §§ 25 bis 36 SG normieren demgegenüber im Schwerpunkt die Rechte der Soldaten gegenüber dem Dienstherrn. Nachfolgend wird der wichtigste Inhalt der Pflichten des Soldaten kurz erörtert.

I. Staatsbürgerliche Rechte des Soldaten

Soldaten haben gemäß § 6 Satz 1 SG die gleichen (Grund-)Rechte wie jeder andere Staatsbürger. Sie sind „Staatsbürger in Uniform". In Satz 2 wird klargestellt, dass diese Rechte im Rahmen der Erfordernisse des militärischen Dienstes eingeschränkt werden. Art 17a GG verdeutlicht auf verfassungsrechtlicher Ebene, dass Soldaten grundsätzlich umfassenden Grundrechtsschutz genießen, jedoch aufgrund des Wehrdienstes Beschränkungen der dort aufgeführten Grundrechte möglich sind.[512] § 6 SG betont die Stellung von Soldaten innerhalb des demokratischen Rechtsstaates noch einmal unterhalb der Verfassungsebene.

Ob und unter welchen Voraussetzungen die (Grund-)Rechte von Soldaten eingeschränkt werden können, ergibt sich aus dem GG.[513] Die Formulierung des § 6 SG zur Einschränkung dieser Grundrechte „im Rahmen der

---

509 Scherer/Alff/Poretschkin/Lucks, SG, 10. Aufl. 2018, vor § 6 SG Rn. 1; Sanne/Weniger, SG, 2. Aufl. 2014; Vorbemerkung zu § 6.

510 Siehe Kapitel 21.

511 Bsp.: § 7 Abs. 2 SoldGG – die Pflicht, eine (sexuelle) Belästigung zu unterlassen.

512 Scherer/Alff/Poretschkin/Lucks, SG, 10. Aufl. 2018, § 6 Rn. 6, Walz/Eichen/Sohm, SG, 3. Aufl. 2016, SG, § 6 Rn. 10 u. 11.

513 Scherer/Alff/Poretschkin/Lucks, SG, 10. Aufl. 2018, § 6 Rn. 4; Walz/Eichen/Sohm, SG, 3. Aufl. 2016, SG, § 6 Rn. 8; Sanne/Weniger, SG, 2. Aufl. 2014, § 6 Rn. 3.

Erfordernisse des militärischen Dienstes“ ist insofern als Ausprägung des Grundsatzes der Verhältnismäßigkeit und des Willkürverbots zu verstehen.

Einschränkungen sind nur im Rahmen der Erfordernisse des militärischen Dienstes möglich. Hiermit ist die Funktionsfähigkeit der Streitkräfte gemeint. Bereits solche Maßnahmen, die geeignet sind, die Erfüllung der Aufgaben der Bundeswehr zu gewährleisten, sichern diese Funktionsfähigkeit.[514] Die Funktionsfähigkeit der Streitkräfte hat bei der Abwägung der betroffenen Interessen insofern Verfassungsrang.[515]

Die Menschenwürde bleibt auch im Zusammenhang mit der Funktionsfähigkeit der Streitkräfte unantastbar.[516] Demgegenüber wird das Recht auf freie Entfaltung der Persönlichkeit regelmäßig durch alle soldatischen Pflichten eingeschränkt.[517] Das Recht auf Leben und körperliche Unversehrtheit können beispielsweise im Rahmen der Pflicht zur Gesunderhaltung (§ 17 Abs. 4 SG), durch die Pflicht, „tapfer zu dienen“ (§ 7 SG), oder die Pflicht, Kameraden in „Not und Gefahr beizustehen“ (§ 12 SG) eingeschränkt werden.[518] Auch andere Grundrechte, beispielsweise das Recht auf freie Meinungsäußerung, die Versammlungsfreiheit, das Recht auf Freizügigkeit oder das Petitionsrecht, werden regelmäßig zur Gewährleistung der Funktionsfähigkeit der Streitkräfte eingeschränkt.[519]

Das militärische Prinzip der “Inneren Führung“ findet in § 6 SG ebenso seine rechtliche Verankerung wie der Begriff des „Staatsbürgers in Uniform“.

II. Grundpflicht des Soldaten

Die Pflicht, „treu zu dienen“ und „tapfer zu verteidigen“ (§ 7 SG), stellt die Grundpflicht der Soldaten dar und wird häufig als Alleinstellungsmerkmal des Soldatentums, beispielsweise in Abgrenzung zum übrigen öffentlichen Dienst, gesehen. [520]

---

514 BVerwG, Beschl. v. 17.5.1972 – 1 WB 125.71, BVerwGE 43, 353; Scherer/Alff/Poretschkin/Lucks, SG, 10. Aufl. 2018, § 6 Rn. 10; Sanne/Weniger, SG, 2. Aufl. 2014 § 6 Rn. 4.

515 BVerfG, Urt. v. 13.4.1978 – 2 BvF 1/77 u. a., BVerfGE 48, 127, 159 f.; Scherer/Alff/Poretschkin/Lucks, SG, 10. Aufl. 2018, § 6 Rn. 5 u. 5a.

516 Scherer/Alff/Poretschkin/Lucks, SG, 10. Aufl. 2018, § 6 Rn. 11; Walz/Eichen/Sohm, SG, 3. Aufl. 2016, § 6 Rn. 8; Sanne/Weniger, SG, 2. Aufl. 2014 § 6 Rn. 5.

517 Scherer/Alff/Poretschkin/Lucks, SG, 10. Aufl. 2018, § 6 Rn. 12; Sanne/Weniger, SG, 2. Aufl. 2014, § 6 Rn. 6.

518 Scherer/Alff/Poretschkin/Lucks, SG, 10. Aufl. 2018, 6 Rn. 17; Walz/Eichen/Sohm, SG, 3. Aufl. 2016, § 6 Rn. 24, Sanne/Weniger, SG, 2. Aufl. 2014, § 6 Rn. 7.

519 Walz/Eichen/Sohm, SG, 3. Aufl. 2016, § 6 Rn. 24; Sanne/Weniger, SG, 2. Aufl. 2014, § 6 Rn. 5ff; ausführlich in Scherer/Alff/Poretschkin/Lucks, SG, 10. Aufl. 2018, § 6 Rn. 11 bis 53.

520 Scherer/Alff/Poretschkin/Lucks, SG, 10. Aufl. 2018, § 7 Rn. 1; Gesamtkommentar Öffentliches Dienstrecht (GKÖD), GKÖD I Yk, § 7 Rn. 2; kritisch dazu Walz/Eichen/Sohm, SG, 3. Aufl. 2016, § 7 Rn. 9.

Sofern der inhaltlich allgemein gehaltene § 7 durch die nachfolgenden soldatischen Pflichten der §§ 8 ff. konkretisiert wird, sind diese als speziellere Vorschriften anzuwenden. Aufgrund dieser Subsidiarität kann § 7 als eine Art Auffangtatbestand bei soldatischen Pflichten betrachtet werden.[521]

Eine Verletzung dieser Dienstpflicht kann auch durch Nicht- oder Schlechterfüllung erfolgen. Soldaten müssen auch dort nach besten Kräften den Dienst erfüllen, wo kein Befehl das Verhalten regelt. Infolgedessen kann sogar ein Dienst „nach Vorschrift" einen schuldhaften Verstoß gegen § 7 begründen.[522]

1. Pflicht, „treu zu dienen"

Eine allgemeingültige Definition des unbestimmten Rechtsbegriffes „treu zu dienen" wurde bislang nicht entwickelt.[523] Vielmehr leitet sich hieraus eine Vielzahl von Einzelpflichten und Verboten ab, die von der Rechtsprechung im Rahmen von Einzelfällen konkretisiert oder inhaltlich umschrieben worden.

Die Pflicht zum treuen Dienen fordert von Soldaten, im Dienst und außerhalb des Dienstes zur Funktionsfähigkeit der Bundeswehr beizutragen und alles zu unterlassen, was die Bundeswehr in ihrem durch das Grundgesetz festgelegten Aufgabenbereich schwächen würde.[524]

Eine Kategorie der Dienstleistungspflicht, die im Bereich der Lehre und auch in der Rechtsprechung besondere Bedeutung erfahren hat, ist die Verpflichtung zur Loyalität gegenüber der Rechtsordnung.[525]

Weitere besonders bedeutsame Fallgruppen, die sich aus der Pflicht zum treuen Dienen ergeben, sind die Pflichten, jederzeit Dienst zu leisten, das Vermögen der Bundeswehr zu schützen, Dienst an der Waffe zu leisten und die Pflicht, Anordnungen anderer als militärischer Vorgesetzter zu befolgen. [526]

---

521 BVerwG, Urt. v. 2.6.1981 – 2 WD 22.80, BVerwGE 73, 194, 197 = NZWehrr 1982, 68; Scherer/Alff/Poretschkin/Lucks, SG, 10. Aufl. 2018, § 7 Rn. 3; Walz/Eichen/Sohm, SG, 3. Aufl. 2016, § 7 Rn. 20; Sanne/Weniger, SG 2. Aufl. 2014, § 7 Rn. 1.

522 BVerwG, Urt. v. 17.1.1991 – 2 WD 16.90, BVerwGE 93,14 = NZWehrr 1991, 118; BVerwG, Urt. v. 21.12.2010 – WD 13.09, NZWehrr 2012, 125; Scherer/Alff/Poretschkin/Lucks, SG, 10. Aufl. 2018, § 7 Rn. 8; Walz/Eichen/Sohm, SG, 3. Aufl. 2016, § 7 Rn. 27.

523 Walz/Eichen/Sohm, SG, 3. Aufl. 2016, § 7 Rn. 26; Sanne/Weniger, SG, 2. Aufl. 2014, § 7 Rn. 2.

524 BVerwG, Urt. v. 21.6.2005 – 2 WD 12.04, NZWehrr 2005, 254; Scherer/Alff/Poretschkin/Lucks, SG, 10. Aufl. 2018, § 7 Rn. 5; Walz/Eichen/Sohm, SG, 3. Aufl. 2016, § 7 Rn. 26 m. w. N.; Sanne/Weniger, SG, 2. Aufl. 2014, § 7 Rn. 2.

525 BVerwG, Urt. v. 13.3.2008 – 2 WD 6.07, NZWehrr 2009, 33 (35); Scherer/Alff/Poretschkin/Lucks, SG, 10. Aufl. 2018, § 7 Rn. 19; Walz/Eichen/Sohm, SG, 3. Aufl. 2016, § 7 Rn. 21; Sanne/Weniger, SG, 2. Aufl. 2014, § 7 Rn. 8.

526 Ausführlich Scherer/Alff/Poretschkin/Lucks, SG, 10. Aufl. 2018, § 7 Rn. 12 ff.; Sanne/Weniger, SG, 2. Aufl. 2014, § 7 Rn. 3 ff.; Walz/Eichen/Sohm, SG, 3. Aufl. 2016, § 7 Rn. 32 mit einzelnen Beispielen.

2. Pflicht, „tapfer zu verteidigen"

Die Pflicht des Soldaten, „tapfer zu verteidigen", ist keine eigenständige Dienstpflicht neben der Pflicht, „treu zu dienen";[527] sie ist gemeinsam mit der Treupflicht zu verstehen und hat infolgedessen den selben räumlichen und persönlichen Geltungsbereich.[528] Die Pflicht zur Tapferkeit verlangt, dass sich Soldaten bei Erfüllung ihres Auftrages nicht von Furcht vor persönlicher Gefahr abhalten lassen. Die Berufung auf den entschuldigenden Notstand gemäß § 35 StGB ist Soldaten insofern verwehrt.[529]

Jedoch wird durch die Pflicht auch lebensbedrohliche Situationen einzugehen, keine Pflicht begründet, das Leben bedingungslos aufzuopfern.[530] Die Grenze zumutbarer Tapferkeit, auch unter Lebensgefahr, ist in jedem Einzelfall unter Berücksichtigung der Gesamtumstände zu ziehen.

Die Pflicht zur Tapferkeit besteht lediglich im Umfeld des militärischen Dienstes. Eine gesteigerte Pflicht zur Hilfeleistung bei Unglücksfällen im privaten Umfeld besteht nicht.[531]

„Recht und Freiheit" sind beispielhaft genannte Rechtsgüter. Die Tapferkeitspflicht erfasst alle schützenswerten Rechtsgüter aller deutschen Staatsangehörigen im Sinne des Art. 116 GG.[532]

III. Eintreten für die demokratische Grundordnung

Der Begriff „freiheitliche demokratische Grundordnung" in § 8 SG ist identisch mit dem Begriff der freiheitlichen demokratischen Grundordnung, wie er in Bezug auf Art. 21 GG konturiert worden ist.[533] Unter der freiheitlichen demokratischen Grundordnung ist allgemein eine Ordnung zu verstehen, die unter Ausschluss jeglicher Gewalt- und Willkürherrschaft eine rechtsstaatliche Herrschaftsordnung auf der Grundlage der Selbstbestimmung des Volkes nach dem Willen der jeweiligen Mehrheit und der Freiheit und Gleichheit darstellt.[534] Ausgangspunkt für die Bestimmung des Begriffsinhalts ist danach die Würde des Menschen sowie das Demokratieprinzip, ebenso auch der Grundsatz der Rechtsstaatlichkeit.[535]

---

527 Walz/Eichen/Sohm, SG, 3. Aufl. 2016, § 7 Rn. 30; Sanne/Weniger, SG, 2. Aufl. 2014, § 7 Rn. 11.

528 Scherer/Alff/Poretschkin/Lucks, SG, 10. Aufl. 2018, § 7 Rn. 30; Walz/Eichen/Sohm, SG, 3. Aufl. 2016, § 7 Rn. 30.

529 Scherer/Alff/Poretschkin/Lucks, SG, 10. Aufl. 2018, § 7 Rn. 33; Sanne/Weniger, SG, 2. Aufl. 2014, § 7 Rn. 11.

530 Scherer/Alff/Poretschkin/Lucks, SG, 10. Aufl. 2018, § 7 Rn. 31a; Walz/Eichen/Sohm, SG, 3. Aufl. 2016, § 7 Rn. 31; Lingens/Korte, § 6 Rn. 7.

531 Scherer/Alff/Poretschkin/Lucks, SG, 10. Aufl. 2018, § 7 Rn. 32.

532 Walz/Eichen/Sohm, SG, 3. Aufl. 2016, § 7 Rn. 28; Sanne/Weniger, SG, 2. Aufl. 2014, § 7 Rn. 12; Scherer/Alff/Poretschkin/Lucks, SG, 10. Aufl. 2018, § 7 Rn. 34.

533 BVerwG, Urt. v. 18.6.2020 – 2 WD 17.19, juris.

534 BVerfG, Urt. v. 23.10.1952 – 1 BvB 1/51, BVerfGE 2, 1; Sanne/Weniger, SG, 2. Aufl. 2014, § 8 Rn 2; Walz/Eichen/Sohm, SG, 3. Aufl. 2016, § 8 Rn. 18.

535 BVerwG, Urt. v. 18.6.2020 – 2 WD 17.19, juris.

Die politische Treuepflicht gehört zu den Kernpflichten eines Soldaten; eine Verletzung ist somit grundsätzlich als eine der schwersten denkbaren Pflichtwidrigkeiten anzusehen.[536]

1. Pflicht, die freiheitliche demokratische Grundordnung „anzuerkennen“

Soldaten müssen sich mit den fundamentalen Grundsätzen des Staates, dem sie dienen, identifizieren; daraus folgt auch, dass Soldaten den Staat sowie dessen verfassungsmäßige Grundsätze nicht dergestalt infrage stellen dürfen, dass die freiheitliche demokratische Grundordnung angegriffen wird.[537]

2. Pflicht, „durch sein gesamtes Verhalten einzutreten“

Weitergehend als die Pflicht, die freiheitliche demokratische Grundordnung anzuerkennen, verlangt die Pflicht, für die freiheitliche demokratische Grundordnung einzutreten, dass der Soldat sich über die innere Anerkennung der freiheitlichen demokratischen Grundordnung hinaus auch äußerlich von solchen Gruppen distanziert, die den Staat, seine verfassungsmäßigen Organe oder die geltende Verfassungsordnung angreifen und diffamieren.[538] Im Ergebnis ist es also möglich, trotz einer inneren verfassungstreuen Gesinnung, aus anderen Gründen (zur Provokation, aus Solidarität, aus Übermut, etc.) gegen die Pflicht „einzustehen“ zu verstoßen. Beide Pflichten können getrennt voneinander betrachtet werden.[539] Soldaten sind allerdings berechtigt, Kritik am Staat zu üben und für Änderungen der bestehenden Verhältnisse einzutreten,[540] solange dabei die fundamentalen Grundsätze der freiheitlichen demokratischen Grundordnung unangetastet bleiben. Gegen die Pflichten aus § 8 SG kann der Soldat durch aktives Tun oder durch Unterlassen verstoßen.[541]

IV. Eid und feierliches Gelöbnis

Das Ablegen des Eides von Soldaten auf Zeit und Berufssoldaten bzw. des Gelöbnisses von Soldaten, die aufgrund des Wehrpflichtgesetzes Dienst leis-

---

536 BVerwG, Urt. v. 28.9.1990 – 2 WD 27.89, juris; Scherer/Alff/Poretschkin/Lucks, SG, 10. Aufl. 2018, § 8 Rn. 6a.

537 BVerfG, Beschl. v. 18.2.1970 – 1 BvR 531/68, BVerfGE 28, 36; Sanne/Weniger, SG, 2. Aufl. 2014, § 8 Rn. 2.

538 BVerfG, Beschl. v. 22.5.1975 – 2 BvL 13/73, BVerfGE 39, 334; BVerwG, Urt. v. 18.6.2020 – 2 WD 17.19, juris; Sanne/Weniger, SG, 2. Aufl. 2014, § 8 Rn. 2; kritisch hierzu Walz/Eichen/Sohm, SG, 3. Aufl. 2016, § 8 Rn. 22.

539 Diese inhaltliche Zweiteilung wird in dieser Deutlichkeit vom BVerwG erstmalig im Urt. v. 18.6.2020 – 2 WD 17.19, juris, aufgezeigt; in der gängigen Kommentierung ist eine solche förmliche Zweiteilung bislang nicht näher betrachtet worden.

540 Scherer/Alff/Poretschkin/Lucks, SG, 10. Aufl. 2018, § 8 Rn. 5; Sanne/Weniger, SG, 2. Aufl. 2014, § 8 Rn. 2.

541 Walz/Eichen/Sohm, SG, 3. Aufl. 2016, § 8 Rn. 23; Scherer/Alff/Poretschkin/Lucks, SG, 10. Aufl. 2018, § 8 Rn. 6.

ten, gemäß § 9 SG ist eine Dienstpflicht.[542] Zweck der Norm ist die nach außen bekundete Bekräftigung der Pflichten aus dem Dienstverhältnis, Eid und Gelöbnis entfalten daher lediglich deklaratorische und keine konstitutive Wirkung.[543]

Die Bindungswirkung des Eides entfällt mit der Beendigung des aktiven Dienstverhältnisses. Einen Widerruf des geleisteten Eides sieht das SG nicht vor; ein solcher Widerruf wäre mithin rechtlich bedeutungslos.[544]

Bei Verweigerung des Ablegens des Eides oder des Gelöbnisses erfolgt in der Praxis, nicht zuletzt aufgrund dessen rein deklaratorischer Natur, grundsätzlich keine disziplinare Sanktion.[545] Vielmehr werden Berufssoldaten als Eidesverweigerer gemäß §§ 46 Abs. 2 Satz 1 Nr. 4 SG entlassen, gleiches gilt über die Verweisung aus § 55 Abs. 1 Satz 1 SG für Soldaten auf Zeit. Gelöbnisverweigerer hingegen werden aufgrund des Mangels einer vergleichbaren Regelung nicht entlassen, diese Soldaten sollen jedoch regelmäßig nicht befördert werden.[546]

V. Pflichten des Vorgesetzten

Vorgesetzter gemäß § 10 SG sind Vorgesetzte im Sinne des § 1 Abs. 3 SG.[547] Maßgeblich zur Frage, wer unter welchen Bedingungen Vorgesetzter ist, ist hierbei die Verordnung über die Regelung des militärischen Vorgesetztenverhältnisses (VorgV), jedoch können auch zivile Personen Vorgesetzte sein (beispielsweise der Inhaber der Befehls- und Kommandogewalt – Art. 65a GG).

1. Beispiel in Haltung und Pflichterfüllung

§ 10 Abs. 1 SG ist keine eigenständige Dienstpflicht. Vielmehr ist die Maßgabe, in Haltung und Pflichterfüllung ein Beispiel zu geben, als Verdeutlichung der erhöhten Verantwortung von Vorgesetzten zu sehen.[548] Je höher Dienstgrad und Dienststellung eines Vorgesetzten sind, desto größer sind die Anforderungen an seine beispielhafte Haltung und Pflichterfüllung. Mit § 10 Abs. 1 SG wird somit ein, die Bemessungskriterien der WDO[549] ergänzender, Maßstab für die Bewertung und Ahndung von Pflichtverletzungen gesetzlich festgelegt.

542 Walz/Eichen/Sohm, SG, 3. Aufl. 2016, § 9 Rn. 41; Scherer/Alff/Poretschkin/Lucks, SG, 10. Aufl. 2018, § 9 Rn. 9; Sanne/Weniger, SG, 2. Aufl. 2014, § 9 Rn. 5.

543 Walz/Eichen/Sohm, § 9 Rn. 28; Scherer/Alff/Poretschkin/Lucks, SG, 10. Aufl. 2018, § 9 Rn. 6; Sanne/Weniger, SG, 2. Aufl. 2014, § 9 Rn. 1.

544 Walz/Eichen/Sohm, SG, 3. Aufl. 2016, § 9 Rn. 38.

545 Walz/Eichen/Sohm, SG, 3. Aufl. 2016, § 9 Rn. 44; Scherer/Alff/Poretschkin/Lucks, SG, 10. Aufl. 2018, § 9 Rn. 4; kritisch hierzu: Sanne/Weniger, SG, 2. Aufl. 2014, § 9 Rn. 8.

546 Walz/Eichen/Sohm, SG, 3. Aufl. 2016, § 9 Rn. 45; Sanne/Weniger, SG, 2. Aufl. 2014, § 9 Rn. 8.

547 Vogelgesang, in: GKÖD I YK, § 10 Rn. 1; Walz/Eichen/Sohm, SG, 3. Aufl. 2016, § 10 Rn. 8.

548 Walz/Eichen/Sohm, SG, 3. Aufl. 2016, § 10 Rn. 11; Scherer/Alff/Poretschkin/Lucks, SG, 10. Aufl. 2018, § 10 Rn. 2; Sanne/Weniger, SG, 2. Aufl. 2014, § 10 Rn. 4.

549 § 38 WDO – Richtlinien für das Bemessen der Disziplinarmaßnahme.

Für die verschärfte Haftung als Vorgesetzter muss kein konkretes Vorgesetzten-Untergebenenverhältnis im jeweiligen Einzelfall bestanden haben.[550] Ausreichend ist bereits eine grundsätzliche Vorgesetztenstellung aufgrund des Dienstgrades, so dass im Ergebnis alle Offiziere und Unteroffiziere stets von § 10 Abs. 1 SG erfasst sind.[551]

2. Pflicht zur Dienstaufsicht

Die Pflicht zur Dienstaufsicht (§ 10 Abs. 2 SG) enthält eine Beobachtungs- und eine Berichtigungsfunktion. Vorgesetzte müssen nicht nur ihre Untergebenen beobachten und überwachen, sondern sie zur Pflichterfüllung anhalten sowie von etwaigen Verfehlungen abhalten.[552] Die Dienstaufsicht dient damit auch dazu, Untergebene vor Nachteilen[553] zu bewahren.

Vorgesetzte haben alle notwendigen Entscheidungen und Maßnahmen zu treffen, die der Behebung von Mängeln im Zuständigkeitsbereich dienen. Bleiben Vorgesetzte untätig, obwohl sie an sich handeln oder einschreiten müssten, verletzen sie ihre Dienstaufsichtspflicht.[554]

Zur Maßregelung erkannten Fehlverhaltens stehen den jeweils hierzu berechtigten Vorgesetzten beispielsweise Erzieherische Maßnahmen[555] oder auch Disziplinarmaßnahmen[556] zur Verfügung.

Die Pflicht zur Dienstaufsicht besteht gegenüber dem Dienstherrn, nicht gegenüber den Untergebenen. Unterstellte Soldaten haben daher keinen eigenen Anspruch auf Dienstaufsicht.[557]

3. Pflicht zur Fürsorge

§ 10 Abs. 3 SG verpflichtet den Vorgesetzten, sich bei allen Handlungen vom Wohlwollen gegenüber den unterstellten Soldaten leiten zu lassen.[558]

Die Fürsorgepflicht des Vorgesetzten und mögliche Pflichtverstöße sind zu unterscheiden von der allgemeinen Fürsorgepflicht des Dienstherrn, die sich aus § 31 SG ergibt. Je nach Zuordnung sind unterschiedliche Rechtswege (Wehrdienstgericht oder Verwaltungsgericht) eröffnet. Die Abgren-

---

550 BVerwG, Urt. v. 18.4.2013 – 2 WD 16.12, NZWehrr 2014, 119; Vogelgesang, in: GKÖD I YK, § 10 Rn. 6; Walz/Eichen/Sohm, SG, 3. Aufl. 2016, § 10 Rn. 12; Sanne/Weniger, SG, 2. Aufl. 2014, § 10 Rn. 4.

551 Es handelt sich hierbei um Vorgesetzte nach § 4 Abs. 3 VorgV.

552 Walz/Eichen/Sohm, SG, 3. Aufl. 2016, § 10 Rn. 20; Sanne/Weniger, SG, 2. Aufl. 2014, § 10 Rn. 8.

553 Solche Nachteile können beispielsweise körperliche, psychische oder materielle Schäden, aber auch disziplinare Maßregelungen sein.

554 Walz/Eichen/Sohm, SG, 3. Aufl. 2016, § 10 Rn. 24; Sanne/Weniger, SG, 2. Aufl. 2014, § 10 Rn. 9.

555 ZDv A 2160/6, Abschnitt 1.43.

556 § 22 WDO.

557 BVerwG, Beschl. v. 6.9.1990 – 1 WB 70.89, NZWehrr 1991, 211; Walz/Eichen/Sohm, SG, 3. Aufl. 2016, § 10 Rn. 21; Scherer/Alff/Poretschkin/Lucks, SG, 10. Aufl. 2018, § 10 Rn. 14; Sanne/Weniger, SG, 2. Aufl. 2014, § 10 Rn. 10.

558 BVerwG, Beschl. v. 30.1.1996 – 1 WB 114.95, NZWehrr 1996, 160; BVerwG, Beschl. v. 19.8.2004 – 1 WDS-VR 5.04, ZBR 2005, 346; Scherer/Alff/Poretschkin/Lucks, SG, 10. Aufl. 2018, § 10 Rn. 21.

zung der beiden Pflichten lässt sich regelmäßig nur anhand des konkreten Einzelfalles aufzeigen. Liegt der Anlass im ureigenen Verantwortungsbereich des Vorgesetzten, ist dessen Pflicht zur Fürsorge aus § 10 Abs. 3 SG verletzt, liegt der Anlass im vom Staat zu verantwortenden Gesetzmäßigkeiten, ist § 31 SG betroffen.[559]

4. Befehlsbefugnis

§ 10 Abs. 4 SG legt der Grenzen der Rechtmäßigkeit eines Befehls und damit die Grenzen der Befehlsbefugnis fest. Zum Befehlsrecht siehe Kapitel 3.

5. Befehlsverantwortung und -durchsetzung

Für einen erteilten Befehl trägt der Vorgesetzte gemäß § 10 Abs. 5 Satz 1 SG die Verantwortung. Die Übernahme der Verantwortung erstreckt sich auch auf Zweckmäßigkeit und Verhältnismäßigkeit eines Befehls.[560] § 10 Abs. 5 Satz 1 SG stellt dies lediglich klar, begründet aber darüber hinaus keine eigenständige (und somit verletzbare) Pflicht.[561]

§ 10 Abs. 5 Satz 2 SG verpflichtet den Vorgesetzten, Befehle auch durchzusetzen. Diese Pflicht erstreckt sich auf eigene Befehle und solche, die andere Vorgesetzte erteilt haben.[562] Hierbei ist der Grundsatz der Verhältnismäßigkeit zu wahren; Befehle sind in der „den Umständen angemessenen Weise" durchzusetzen.[563] Unstrittig stehen Vorgesetzten zur Durchsetzung ihrer Befehle Erzieherische Maßnahmen[564] und das Recht zur vorläufigen Festnahme[565] bzw. der jeweiligen Androhung zur Verfügung.[566] § 10 Abs. 5 Satz 2 SG ist jedoch keine Rechtsgrundlage zur Anwendung unmittelbaren Zwanges.[567]

6. Zurückhaltung

Die Pflicht zur Zurückhaltung gemäß § 10 Abs. 6 SG verpflichtet Offiziere und Unteroffiziere, nicht jedoch Mannschaften[568] – auch nicht, wenn die Mann-

559 Ausführlich: Walz/Eichen/Sohm, SG, 3. Aufl. 2016, § 10 Rn. 32 bis 34; Scherer/Alff/Poretschkin/Lucks, SG, 10. Aufl. 2018, § 10 Rn. 18; Sanne/Weniger, SG, 2. Aufl. 2014, § 10 Rn. 2.

560 Walz/Eichen/Sohm, SG, 3. Aufl. 2016, § 10 Rn. 89; Scherer/Alff/Poretschkin/Lucks, SG, 10. Aufl. 2018, § 10 Rn. 53 und 54.

561 Sanne/Weniger, SG, 2. Aufl. 2014, § 10 Rn. 17; Walz/Eichen/Sohm, SG, 3. Aufl. 2016, § 10 Rn. 87.

562 Walz/Eichen/Sohm, SG, 3. Aufl. 2016, § 10 Rn. 96.

563 Sanne/Weniger, SG, 2. Aufl. 2014, SG, 2. Aufl. 2014, § 10 Rn. 18; Walz/Eichen/Sohm, SG, 3. Aufl. 2016, § 10 Rn. 97; Scherer/Alff/Poretschkin/Lucks, SG, 10. Aufl. 2018, § 10 Rn. 58b.

564 ZDv A-2160/6 Abschnitt 1.43.

565 § 21 WDO.

566 Walz/Eichen/Sohm, SG, 3. Aufl. 2016, § 10 Rn. 103 u. 105; Weniger/Sanne, SG, 2. Aufl. 2014, § 10 Rn. 18. Zur Frage der Anwendung darüber hinaus gehender körperlicher Gewalt oder Waffengewalt zur Befehlsdurchsetzung vergleiche Walz/Eichen/Sohm, SG, 3. Aufl. 2016, § 10 Rn. 99 ff.

567 Scherer/Alff/Poretschkin/Lucks, SG, 10. Aufl. 2018, § 10 Rn. 58 a und 58b; Walz/Eichen/Sohm, SG, 3. Aufl. 2016, § 10 Rn. 100; Sanne/Weniger, SG, 2. Aufl. 2014, § 10 Rn. 18.

568 Walz/Eichen/Sohm, SG, 3. Aufl. 2016, § 10 Rn. 109; Scherer/Alff/Poretschkin/Lucks, SG, 10. Aufl. 2018, § 10 Rn. 61; Sanne/Weniger, SG, 2. Aufl. 2014, § 12 Rn. 19.

schaften als Vorgesetzte Befehlsbefugnis haben. Offiziere und Unteroffiziere haben bei allen Äußerungen, sowohl innerhalb als auch außerhalb des Dienstes, Zurückhaltung im gesetzlich geforderten Umfang zu wahren. Hierbei darf der Vorgesetze durchaus am öffentlichen Meinungs- und Willensbildungsprozess teilnehmen, er muss dies jedoch besonnen, tolerant und sachlich tun.[569]

Nur solche Äußerungen sind von der Pflicht erfasst, die in die Öffentlichkeit dringen oder Untergebenen zu Gehör kommen können.[570] Äußerungen im engen Familienkreis und andere Äußerungen, bei denen der Vorgesetzte mit einem „Bekanntwerden in der Öffentlichkeit" nicht zu rechnen braucht, sind daher nicht erfasst.[571]

Zum Zeitpunkt der Äußerung muss der Offizier oder Unteroffizier keine konkrete Funktion eines militärischen Vorgesetzten innegehabt haben.[572] Der Wortlaut der Norm bietet keinen Ansatz, die aufgeführten allgemein gehaltenen Tatbestandsvoraussetzungen auf ein konkretes Vorgesetztenverhältnis zu reduzieren.

Für die Pflichtverletzung reicht es aus, dass eine Äußerung geeignet ist, das Vertrauen als Vorgesetzten zu schädigen. Ein tatsächlicher Autoritätsverlust muss nicht eingetreten sein[573].

VI. Gehorsam

§ 11 SG legt die Grenzen der Verbindlichkeit eines Befehls und damit die Grenzen der Pflicht zum Gehorsam fest. Zum Befehlsrecht siehe Kapitel 3.

VII. Kameradschaft

Die besondere Bedeutung der Kameradschaftspflicht wird bereits durch die Formulierung des § 12 Satz 1 SG betont. Dieser originär militärischen Norm entspricht, unter Bezugnahme auf die praktische Anwendung und Bedeutung, keine Vorschrift im sonstigen öffentlichen Dienstrecht.[574]

---

569 St. Rspr., BVerfG, Beschl. v. 18.2.1970 – 2 BvR 531/68, BVerfGE 28, 36; BVerwG, Urt. v. 10.10.1985 – 2 WD 19.85, BVerwGE 83, 60, Walz/Eichen/Sohm, SG, 3. Aufl. 2016, § 10 Rn. 119; Scherer/Alff/Poretschkin/Lucks, SG, 10. Aufl. 2018, § 10 Rn. 64 u. 65; Sanne/Weniger, SG, 2. Aufl. 2014, § 10 Rn. 20.

570 BVerwG, Urt. v. 22.10.2008 – 2 WD 1.08, BVerwGE 132, 179; Walz/Eichen/Sohm, SG, 3. Aufl. 2016, § 10 Rn. 115; Scherer/Alff/Poretschkin/Lucks, SG, 10. Aufl. 2018, § 10 Rn. 62.

571 Bsp.: Inhalt eines Beschwerdeschreibens, das bei sachgemäßer Behandlung nicht an die Öffentlichkeit gelangen kann, oder ein vertrauliches Gespräch im Kameradenkreis (BVerwG, Urt. v. 24.10.1996 – 2 WD 22.96, BVerwGE 113, 13).

572 In der Literatur umstritten. Ebenfalls von der Entbehrlichkeit einer konkreten Vorgesetztenstellung ausgehend: Walz/Eichen/Sohm, SG, 3. Aufl. 2016, § 10 Rn. 113; Scherer/Alff/Poretschkin/Lucks, SG, 10. Aufl. 2018, § 10 Rn. 61a.

573 BVerwG, Urt. v. 23.3.2017 – 2 WD 16.16, juris; BVerwG, Urt. v. 13.3.2008 – 2 WD 6.07, NZWehrr 2009, 33; Walz/Eichen/Sohm, SG, 3. Aufl. 2016, § 10 Rn. 114.

574 Scherer/Alff/Poretschkin/Lucks, SG, 10. Aufl. 2018, § 12 Rn. 2a; Sanne/Weniger, SG, 2. Aufl. 2014, § 12 Rn. 1; im Ergebnis auch: Walz/Eichen/Sohm, SG, 3. Aufl. 2016, § 12 Rn. 4.

Die normierten Pflichten aufgrund der Kameradschaft[575] bestimmen die Mindestanforderungen die an jeden Soldaten im Interesse der Einsatzfähigkeit der Streitkräfte und des Zusammenhalts der Truppe zu erfüllen sind.[576] Die Kameradschaft ist somit ein Schutzgut der Bundeswehr und nicht nur ein Schutzgut des einzelnen Soldaten.[577]

Kameraden sind nur Soldaten der Bundeswehr, die in einem aktiven Wehrdienstverhältnis stehen. Zivilbeschäftigte, Reservisten außerhalb eines Wehrdienstverhältnisses, Soldaten außer Dienst oder Soldaten der früheren NVA und Soldaten anderer Streitkräfte sind keine Kameraden im Sinne des § 12 SG.[578]

Soldaten haben die Pflicht, die Würde, Ehre und alle anderen Rechte der Kameraden zu achten und ihnen in Not und Gefahr beizustehen. § 12 Satz 3 SG konkretisiert diese Pflichten lediglich und enthält keine zusätzliche Pflicht.[579] Die zu achtende „Würde“ entspricht dem Begriff der Menschenwürde des Grundgesetzes, der Begriff der „Ehre“ ist gleichzusetzen mit dem Tatbestandsmerkmal der Ehre aus § 185 StGB.[580]

Verstöße gegen diese Dienstpflicht sind in vielfacher Weise denkbar; eine abschließende Aufzählung ist an dieser Stelle nicht möglich.[581] Lediglich als Beispiel soll hier der „Einbruch in die Kameradenehe“ aufgezeigt werden, der bis heute eine gerichtliche Disziplinarmaßnahme zur Folge haben kann und, wie zu Beginn ausgeführt, einen Unterschied zwischen der Bedeutung des § 12 SG für das Soldatenrecht gegenüber ähnlichen Pflichten[582] im übrigen öffentlichen Dienstrecht aufzeigt.

VIII. Wahrheit

Die Pflicht zur wahrheitsgemäßen Äußerung (§ 13 SG) ist eine Dienstpflicht gegenüber dem Dienstherrn.[583] Davon erfasst sind grundsätzlich alle dienstlichen Aussagen gegenüber Vorgesetzten, Kameraden oder Dienststellen der Bundeswehr.[584]

575 Legt man den Wortlaut des § 12 SG zugrunde, verpflichtet die Kameradschaft zu einem bestimmten Verhalten (§ 12 Satz 2: „Sie verpflichtet [...]“).

576 Walz/Eichen/Sohm, SG, 3. Aufl. 2016, § 12 Rn. 6 und 7; Scherer/Alff/Poretschkin/Lucks, SG, 10. Aufl. 2018, § 12 Rn. 1; Sanne/Weniger, SG, 2. Aufl. 2014, § 12 Rn. 4.

577 Walz/Eichen/Sohm, SG, 3. Aufl. 2016, § 12 Rn. 11; Scherer/Alff/Poretschkin/Lucks, SG, 10. Aufl. 2018, § 12 Rn. 17.

578 Walz/Eichen/Sohm, SG, 3. Aufl. 2016, § 12 Rn. 13; Scherer/Alff/Poretschkin/Lucks, SG, 10. Aufl. 2018, § 12 Rn. 5; Sanne/Weniger, SG, 2. Aufl. 2014, § 12 Rn. 3.

579 Walz/Eichen/Sohm, SG, 3. Aufl. 2016, § 12 Rn. 20; Sanne/Weniger, SG, 2. Aufl. 2014, § 12 Rn. 4.

580 Walz/Eichen/Sohm, SG, 3. Aufl. 2016, § 12 Rn. 16; Scherer/Alff/Poretschkin/Lucks, SG, 10. Aufl. 2018, § 12 Rn. 7; Sanne/Weniger, SG, 2. Aufl. 2014, § 12, a. a. O.

581 Zur umfassenderen Auflistung von Einzelfällen vgl.: Walz/Eichen/Sohm, SG, 3. Aufl. 2016, § 12 Rn. 21; Scherer/Alff/Poretschkin/Lucks, SG, 10. Aufl. 2018, § 12 Rn. 11 bis 11c; Sanne/Weniger, SG, 2. Aufl. 2014, § 12 Rn. 5 bis 8.

582 Vgl. § 61 Abs. 1 Satz 1 BBG.

583 Walz/Eichen/Sohm, SG, 3. Aufl. 2016, § 13 Rn. 14; Sanne/Weniger, SG, 2. Aufl. 2014, § 13 Rn. 2.

584 Walz/Eichen/Sohm, SG, 3. Aufl. 2016, § 13 Rn. 13; Sanne/Weniger, SG, 2. Aufl. 2014, § 13 Rn. 2.

Die Pflicht zur Wahrheit ist auf dienstliche Angelegenheiten beschränkt; das sind solche, die mit dem Dienst zusammenhängen und den dienstlichen Bereich der Bundeswehr als Exekutive berühren.[585] Allerdings können auch private Angelegenheiten dienstliche Belange betreffen.[586] Im Rahmen eines einfachen Disziplinarverfahrens darf der beschuldigte Soldat die Aussage verweigern, er darf jedoch nicht die Unwahrheit sagen.[587]

Wahr ist eine Aussage, wenn der vorgetragene Sachverhalt mit der Wirklichkeit übereinstimmt.[588]

Die Wahrheitspflicht findet ihre Grenzen in Straf- und gerichtlichen Disziplinarverfahren; hier ist der Soldat nicht verpflichtet, wahrheitsgemäße, ihn selbst belastende Angaben zu machen.[589] Insofern überwiegt der allgemeine Rechtsgrundsatz, dass niemand gezwungen werden darf, sich selbst zu beschuldigen, das Interesse des Dienstherrn an der Wahrheit.

Eine Meldung darf nur gefordert werden, wenn die zu bekundete Tatsache in Beziehung zum Dienst steht, wenn es im Interesse des Dienstes unerlässlich ist, über einen Vorgang die Wahrheit zu erfahren[590]. Eine Meldung ist die Kundgabe von Tatsachen, die von Soldaten aufgrund Gesetz, Dienstvorschrift oder Einzelbefehl zulässigerweise abverlangt werden darf.[591]

IX. Verschwiegenheit

Die Pflicht zur Verschwiegenheit (§ 14 SG) dient sowohl dem Schutz der Bundeswehr, insbesondere im Zusammenhang mit sicherheitsempfindlichen Bereichen, als auch dem Schutz des einzelnen Soldaten, beispielsweise in personal- oder disziplinarrechtlichen Angelegenheiten.[592] Zur Verschwiegenheit verpflichtet sind auch aus dem Wehrdienst ausgeschiedene Soldaten.[593]

---

585 BVerwG, Urt. v. 4.9.2009 – 2 WD 17.08, BVerwGE 134, 379 und BVerwG, Beschl. v. 22.11.2012 – 1 WB 21.12 u. a., NZWehrr 2014, 81; Walz/Eichen/Sohm, SG, 3. Aufl. 2016, § 13 Rn. 17; Scherer/Alff/Poretschkin/Lucks, SG, 10. Aufl. 2018, § 13 Rn. 4.

586 Walz/Eichen/Sohm, SG, 3. Aufl. 2016, § 13 Rn. 17; Scherer/Alff/Poretschkin/Lucks, SG, 10. Aufl. 2018, § 13 Rn. 4; Sanne/Weniger, SG, 2. Aufl. 2014, § 13 Rn. 2.

587 Walz/Eichen/Sohm, SG, 3. Aufl. 2016, § 13 Rn. 22; Scherer/Alff/Poretschkin/Lucks, SG, 10. Aufl. 2018, § 13 Rn. 17; Sanne/Weniger, SG, 2. Aufl. 2014, § 13 Rn. 3.

588 BVerwG, Urt. v. 4.9.2009 – 2 WD 17.08, BVerwGE 134, 379; Walz/Eichen/Sohm, SG, 3. Aufl. 2016, § 13 Rn. 25; Sanne/Weniger, SG, 2. Aufl. 2014, § 13 Rn. 1.

589 BVerwG, Beschl. v. 22.11.2012 – 1 WB 21.12 u. a., NZWehrr 2014, 81; BVerwG, Urt. v. 18.12.1980 – 1 D 89.79, BVerwGE 73, 121; Walz/Eichen/Sohm, SG, 3. Aufl. 2016, § 13 Rn. 18 und 21; Scherer/Alff/Poretschkin/Lucks, SG, 10. Aufl. 2018, § 13 Rn. 20; Sanne/Weniger, § 13 Rn. 3.

590 Walz/Eichen/Sohm, SG, 3. Aufl. 2016, § 13 Rn. 28 und 30; Scherer/Alff/Poretschkin/Lucks, SG, 10. Aufl. 2018, § 13 Rn. 39; Sanne/Weniger, SG, 2. Aufl. 2014, § 13 Rn. 4.

591 Walz/Eichen/Sohm, SG, 3. Aufl. 2016, § 13 Rn 28; Scherer/Alff/Poretschkin/Lucks, SG, 10. Aufl. 2018, § 13 Rn. 37; Sanne/Weniger, SG, 2. Aufl. 2014, § 13 Rn 4; Lingens/Korte, WStG, 5. Aufl. 2012, § 42 Rn. 3 f.

592 Walz/Eichen/Sohm, SG, 3. Aufl. 2016, § 14 Rn. 11; Scherer/Alff/Poretschkin/Lucks, SG, 10. Aufl. 2018, § 14 Rn. 1; Sanne/Weniger, SG, 2. Aufl. 2014, § 14 Rn. 2.

593 Walz/Eichen/Sohm, SG, 3. Aufl. 2016, § 14 Rn. 7.

Die Verschwiegenheitspflicht umfasst neben dienstlichen Angelegenheiten, die der Soldat im Rahmen seiner Funktion erfährt, auch solche, die dem Soldaten zufällig („bei Gelegenheit") im Zusammenhang mit dem Dienst bekannt werden.[594]

Ausgenommen von der Pflicht zur Verschwiegenheit sind Mitteilungen, die im dienstlichen Verkehr geboten sind, wie Meldungen, Auskünfte, Vorlagen an vorgesetzte Personen und Dienststellen die mit dem Inhalt der Mitteilung befasst sind.[595] Ebenfalls ausgenommen sind offenkundige Tatsachen, also allgemein bekannte Angelegenheiten oder solche, die jedermann auf allgemein zugänglichem Weg jederzeit erfahren kann.[596]

Unabhängig davon, ob ein Soldat als Zeuge, Beschuldigter oder in anderer Funktion gerichtlich oder außergerichtlich zu der Verschwiegenheitspflicht unterliegenden Angelegenheiten aussagen soll, wird eine schriftliche Aussagegenehmigung des (letzten) Disziplinarvorgesetzten benötigt.[597]

Soldaten haben nach Ausscheiden aus dem Wehrdienst die in § 14 Abs. 3 SG bezeichneten Sachen herauszugeben, wenn der öffentlich-rechtliche Herausgabeanspruch das Eigentumsrecht des Einzelnen überwiegt.[598]

X. Politische Betätigung

Das Grundrecht auf freie Meinungsäußerung wird durch die § 15 Abs. 1, 2 und 4 SG begrenzt.[599] Durch diese Einschränkungen sollen die Kameradschaft und die gegenseitige Achtung von Soldaten als unerlässliche Voraussetzungen für Disziplin und Schlagkraft der Truppe gewährleistet werden.[600]

Die gemäß § 15 Abs. 1 SG untersagte politische Betätigung umfasst jede Handlungsweise, die darauf abzielt „für Fragen, deren Behandlung zum Tätigkeitsbereich des Staates oder der politischen Parteien gehört, eine be-

594 Walz/Eichen/Sohm, SG, 3. Aufl. 2016, § 14 Rn. 13; Sanne/Weniger, SG, 2. Aufl. 2014, § 14 Rn. 4.

595 GKÖD I Yk, § 14 Rn. 9; Walz/Eichen/Sohm, SG, 3. Aufl. 2016, § 14 Rn 15; Sanne/Weniger, SG, 2. Aufl. 2014, § 14 Rn. 5.

596 Walz/Eichen/Sohm, SG, 3. Aufl. 2016, § 14 Rn. 16; Scherer/Alff/Poretschkin/Lucks, SG, 10. Aufl. 2018, § 14 Rn. 5.

597 Walz/Eichen/Sohm, SG, 3. Aufl. 2016, § 14 Rn. 20 u. 21; Scherer/Alff/Poretschkin/Lucks, SG, 10. Aufl. 2018, § 14 Rn. 10; Sanne/Weniger, SG, 2. Aufl. 2014, § 14 Rn. 8 und 9.

598 Walz/Eichen/Sohm, SG, 3. Aufl. 2016, § 14 Rn. 24; Sanne/Weniger, SG, 2. Aufl. 2014, § 14 Rn. 10.

599 Walz/Eichen/Sohm, § 15 Rn. 12; Sanne/Weniger, SG, 2. Aufl. 2014, § 15 Rn. 1; Scherer/Alff/Poretschkin/Lucks, SG, 10. Aufl. 2018, § 15 Rn. 2; zum in der Praxis wenig relevanten Streit diesbezüglich vgl. Walz/Eichen/Sohm, SG, 3. Aufl. 2016, § 15 Rn. 13 bis 17.

600 BVerfG, Beschl. v. 2.3.1977 – 2 BvR 1319/76, BVerfGE 44, 197; Walz/Eichen/Sohm, SG, 3. Aufl. 2016, § 15 Rn. 18 f. (mit kritischen Anmerkungen); Scherer/Alff/Poretschkin/Lucks, SG, 10. Aufl. 2018, § 15 Rn. 4.

stimmte Auffassung zur Wirksamkeit zu bringen".[601] Der Begriff der politischen Betätigung ist ein auslegungsbedürftiger Rechtsbegriff, der in der Rechtsprechung nicht einheitlich bewertet wird.[602]

Unabhängig davon ist es Soldaten aber erlaubt, im Gespräch mit Kameraden ihre (politische) Meinung zu vertreten, wobei es sich hierbei um einen echten Dialog, der auf gegenseitiger Anerkennung, Rücksicht und Achtung beruht, handeln muss. Ansprachen, Monologe oder Versuche der Indoktrinierung sind daher keine erlaubte politische Betätigung.[603]

Das Tragen der Uniform ist Soldaten bei politischen Veranstaltungen nicht erlaubt. Politische Veranstaltungen sind alle Versammlungen, Kundgebungen oder Demonstrationen von politischen Parteien oder anderen Organisationen, die sich politisch betätigen[604]. Ob eine Veranstaltung „politisch" oder „unpolitisch" ist, ist häufig schwer zu beurteilen und im Ergebnis eine Frage des Einzelfalles. Keine verbotene Teilnahme in Uniform liegt vor, wenn der Soldat aus dienstlichem Anlass an einer solchen Veranstaltung teilnimmt.[605]

Die politische Einflussnahme auf Untergebene ist Vorgesetzten verboten. Dieses Verbot soll insbesondere den Missbrauch der dienstlichen Stellung verhindern[606] und den Untergebenen schützen.[607] Einflussnahme kann nicht nur durch Wort oder Schrift erfolgen, sondern auch durch Einladung von Gastrednern, Zugänglichmachen von Büchern, einseitige Gestaltung des staatsbürgerlichen Unterrichtes oder andere Maßnahmen.[608] Keine unerlaubte Beeinflussung ist die Behandlung politischer Fragen im staatsbürgerlichen Unterricht, wenn sie objektiv, nicht tendenziös und unter Berücksichtigung des Gegenstandpunktes geschieht.[609] Der Versuch einer Einflussnahme ist ausreichend zur Pflichtverletzung. Der beeinflussende Vorgesetzte muss in der Absicht der Einflussnahme handeln.[610]

601 St. Rspr. BVerwG, Beschl. v. 22.12.1970 – WB 115.70, BVerwGE 43, 162; Walz/Eichen/Sohm, SG, 3. Aufl. 2016, § 15 Rn. 29; Scherer/Alff/Poretschkin/Lucks, SG, 10. Aufl. 2018, § 15 Rn. 7; Sanne/Weniger, SG, 2. Aufl. 2014, § 15 Rn. 2.

602 Walz/Eichen/Sohm, SG, 3. Aufl. 2016, § 15 Rn. 29; Sanne/Weniger, SG, 2. Aufl. 2014, § 15 Rn. 2.

603 Seifert, NZWehrr 1988, 234; Walz/Eichen/Sohm, SG, 3. Aufl. 2016, § 15 Rn. 30; Scherer/Alff/Poretschkin/Lucks, SG, 10. Aufl. 2018, § 15 Rn. 10 f.; Sanne/Weniger, SG, 2. Aufl. 2014, § 15 Rn. 3.

604 Scherer/Alff/Poretschkin/Lucks, SG, 10. Aufl. 2018, § 15 Rn. 17; Sanne/Weniger, SG, 2. Aufl. 2014, § 15 Rn. 7.

605 Walz/Eichen/Sohm, SG, 3. Aufl. 2016, § 15 Rn. 42; Scherer/Alff/Poretschkin/Lucks, SG, 10. Aufl. 2018, § 15 Rn. 18; Sanne/Weniger, SG, 2. Aufl. 2014, § 15, a. a. O.

606 BVerfG, Beschl. v. 18.2.1970 – 2 BvR 531/68, BVerfGE 28, 36.

607 Walz/Eichen/Sohm, § 15 Rn. 43.

608 Walz/Eichen/Sohm, SG, 3. Aufl. 2016, § 15 Rn. 43; Scherer/Alff/Poretschkin/Lucks, SG, 10. Aufl. 2018, § 15 Rn. 20; Sanne/Weniger, SG, 2. Aufl. 2014, § 15 Rn. 9.

609 Scherer/Alff/Poretschkin/Lucks, SG, 10. Aufl. 2018, § 15 Rn. 20.

610 Walz/Eichen/Sohm, SG, 3. Aufl. 2016, § 15 Rn. 43; Scherer/Alff/Poretschkin/Lucks, SG, 10. Aufl. 2018, § 15 Rn. 20; Sanne/Weniger, SG, 2. Aufl. 2014, § 15 Rn. 9.

XI. Verhalten in anderen Staaten

Während des dienstlichen Auslandsaufenthaltes ist Soldaten gemäß § 16 SG jede Einmischung in die Angelegenheit des Aufenthaltsstaates verboten.[611] Einmischung ist jede Äußerung, die geeignet ist, auf Angelegenheiten des Staates einzuwirken; solche Angelegenheiten sind zuvorderst politischer, können aber auch beispielsweise wirtschaftlicher Natur sein.[612]

Ob das Verbot auch für den privaten Aufenthalt gilt, ist in umstritten.[613] Im Ergebnis gebietet der Wortlaut keine Einschränkung auf den dienstlichen Bereich und auch die mit einer rein dienstlichen Anwendung verbundene Gleichbehandlung von Beamten und Soldaten vermag als Argument nicht zu überzeugen.[614]

Äußerungen im Inland sind ebensowenig von § 16 erfasst wie eine Einmischung während eines Aufenthaltes im Rahmen eines bewaffneten Konfliktes.[615]

XII. Verhalten im und außer Dienst

1. Wahrung der Disziplin

Der Begriff „Disziplin" in § 17 Abs. 1 SG meint eine Haltung, mit der sich der Soldat selbstbeherrscht in das militärische Gefüge einordnet und unterordnet.[616] Soldaten müssen daher die dienstliche Autorität der Vorgesetzten ohne Rücksicht auf Sympathie oder Antiphatie anerkennen.[617] Die zu wahrende dienstliche Stellung beruht auf Dienstgrad und Dienststellung, hieraus ergibt sich regelmäßig der Umfang der geschuldeten Achtung. Allerdings können auch andere Faktoren im Einzelfall zu berücksichtigen sein.[618]

Ob aufgrund der allgemeinen Pflicht, „Disziplin" zu wahren, Offiziere und Unteroffiziere gehalten sind, über ihre Pflicht aus § 10 Abs. 2 SG hin-

---

611 Walz/Eichen/Sohm, SG, 3. Aufl. 2016, § 16 Rn. 7; Scherer/Alff/Poretschkin/Lucks, SG, 10. Aufl. 2018, § 16 Rn. 2; Sanne/Weniger, SG, 2. Aufl. 2014, § 16 Rn. 2.

612 Walz/Eichen/Sohm, SG, 3. Aufl. 2016, § 16 Rn. 9; Scherer/Alff/Poretschkin/Lucks, SG, 10. Aufl. 2018, § 16 Rn. 4; Sanne/Weniger, SG, 2. Aufl. 2014, § 16 Rn. 2.

613 Ablehnend: Walz/Eichen/Sohm, SG, 3. Aufl. 2016, § 16 Rn. 7; h. M. bejahend: Scherer/Alff/Poretschkin/Lucks, SG, 10. Aufl. 2018, § 16 Rn. 2 und Sanne/Weniger, SG, 2. Aufl. 2014, § 16 Rn. 4.

614 So aber Walz/Eichen/Sohm, SG, 3. Aufl. 2016, § 16, a. a. O.

615 Walz/Eichen/Sohm, SG, 3. Aufl. 2016, § 16 Rn. 10 u. 11; Scherer/Alff/Poretschkin/Lucks, SG, 10. Aufl. 2018, § 16 Rn. 5 u. 6; Sanne/Weniger, SG, 2. Aufl. 2014, § 16 Rn. 4.

616 BVerwG, Urt. v. 13.3.2008 – 2 WD 6.07, NZWehrr 2009, 33; Walz/Eichen/Sohm, SG, 3. Aufl. 2016, § 17 Rn. 32; Scherer/Alff/Poretschkin/Lucks, SG, 10. Aufl. 2018, § 17 Rn. 2; Sanne/Weniger, SG, 2. Aufl. 2014, § 17 Rn. 4.

617 BVerwG, Urt. v. 13.3.2008 – 2 WD 6.07.

618 Scherer/Alff/Poretschkin/Lucks, SG, 10. Aufl. 2018, § 17 Rn. 5; Sanne/Weniger, SG, 2. Aufl. 2014, § 17 Rn. 4; Fallbeispiele in Walz/Eichen/Sohm, SG, 3. Aufl. 2016, § 17 Rn. 37.

aus bei beobachteten (erheblichen) Dienstvergehen einzuschreiten, ist strittig.[619]

2. Pflicht zum Wohlverhalten

Die Wohlverhaltenspflicht (§ 17 Abs. 2 SG) ist der Grundtatbestand der Pflichtenregelungen im Soldatengesetz. Sie dient auch als Auffangtatbestand, unter dem Handlungen zu beurteilen sind, die keine spezifischere Pflicht verletzen.[620] In der Praxis ist daher eine Vielzahl von Handlungen als Verstoß gegen die Wohlverhaltenspflicht eingestuft worden.[621]

Das Ansehen der Bundeswehr ist der gute Ruf der Bundeswehr oder einzelner Truppenteile bei außenstehenden Personen.[622]

Achtung und Vertrauen stehen für das dienstliche Ansehen des Soldaten.[623] Achtung ist das Ansehen bei Gleichgestellten und Untergebenen, Vertrauen ist das Ansehen bei Vorgesetzten.[624] Achtung und Vertrauen beruhen wesentlich auf der moralischen Integrität des Soldaten; ihre Wahrung ist kein Selbstzweck, sondern dient der Erhaltung der Einsatzbereitschaft der Streitkräfte.[625] Eine Beeinträchtigung kann vorliegen, wenn der Soldat Zweifel an seiner Redlichkeit und Zuverlässigkeit weckt[626] oder seine charakterliche Eignung für die jeweilige Verwendung in Frage stellt.[627] Es ist ausreichend, dass das pflichtwidrige Verhalten geeignet ist, eine Beeinträchtigung herbeizuführen, eine tatsächliche Beeinträchtigung ist nicht erforderlich.[628]

Das Verhüllungsverbot aus § 17 Abs. 2 Satz 2 SG fordert von Soldaten, grundsätzlich das Gesicht sichtbar zu lassen. Ausnahmen können sich jedoch aus dienstlichen[629] oder gesundheitlichen[630] Gründen ergeben. Die Vorschrift trägt auch dem religiösen Neutralitätsgebot Rechnung. Im Schwerpunkt soll sie aber die Anforderungen an eine vertrauensvolle Kom-

---

619 Ablehnend: Walz/Eichen/Sohm, SG, 3. Aufl. 2016, § 17 Rn. 36; bejahend GKÖD I Yk, § 17 Rn. 6; Scherer/Alff/Poretschkin/Lucks, SG, 10. Aufl. 2018, § 17 Rn. 9.

620 Vgl. Walz/Eichen/Sohm, SG, 3. Aufl. 2016, § 17 Rn. 38; Scherer/Alff/Poretschkin/Lucks, SG, 10. Aufl. 2018, § 17 Rn. 14; Sanne/Weniger, SG, 2. Aufl. 2014, § 17 Rn. 6.

621 Fallbeispiele in: Walz/Eichen/Sohm, SG, 3. Aufl. 2016, § 17 Rn. 44; Scherer/Alff/Poretschkin/Lucks, SG, 10. Aufl. 2018, § 17 Rn. 20 und 20a; Sanne/Weniger, SG, 2. Aufl. 2014, § 17 Rn. 8.

622 GKÖD I Yk, § 17 Rn. 12; Scherer/Alff/Poretschkin/Lucks, SG, 10. Aufl. 2018, § 17 Rn. 16.

623 Scherer/Alff/Poretschkin/Lucks, SG, 10. Aufl. 2018, § 17 Rn. 17; Sanne/Weniger, SG, 2. Aufl. 2014, § 17 Rn. 6.

624 Walz/Eichen/Sohm, SG, 3. Aufl. 2016, § 17 Rn. 42; Scherer/Alff/Poretschkin/Lucks, SG, 10. Aufl. 2018, § 17 Rn. 17.

625 Walz/Eichen/Sohm, SG, 3. Aufl. 2016, § 17 Rn. 42; Sanne/Weniger, SG, 2. Aufl. 2014, § 17 Rn. 6

626 BVerwG, Urt. v. 28.11.1972 – 2 WD 48.71, NZWehrr 1973, 108.

627 BVerwG, Urt. v. 2.4.1974 – 2 WD 5.74, NZWehrr 1975, 69.

628 Walz/Eichen/Sohm, SG, 3. Aufl. 2016, § 17 Rn. 41; Scherer/Alff/Poretschkin/Lucks, SG, 10. Aufl. 2018, § 17 Rn. 19; Sanne/Weniger, SG, 2. Aufl. 2014, § 17 Rn. 6.

629 Bsp.: Befohlene Tarnmaßnahmen.

630 Bsp.: Schutz vor Infektionen (Corona).

munikation, an ein kameradschaftliches Miteinander und den Zusammenhalt der Soldaten im täglichen Dienst und innerhalb militärischer Unterkünfte und Anlagen sicherstellen.

Mit § 17 Abs. 2 Satz 3 SG wird klargestellt, dass die Wohlverhaltenspflicht auch außerhalb des Dienstes und außerhalb dienstlicher Unterkünfte und Anlagen Anwendung findet. Hieraus ergibt sich im Umkehrschuss, dass Satz 1 nur innerhalb des Dienstes und innerhalb dienstlicher Anlagen und Unterkünfte anwendbar ist.[631]

Außerhalb des Dienstes und militärischer Unterkünfte und Anlagen dürfen das Ansehen der Bundeswehr und Achtung und Vertrauen nicht ernsthaft beeinträchtigt werden. Das Merkmal der „ernsthaften" Beeinträchtigung trägt hier insbesondere dem Unterschied zwischen in erster Linie privatem Verhalten (Satz 3) und Verhalten, das unmittelbar zum Dienst in Bezug steht (Satz 1), Rechnung.

Eine ernsthafte Beeinträchtigung ist gegeben, wenn der Soldat als Repräsentant der Bundeswehr oder eines bestimmten Truppenteils anzusehen ist und das Verhalten des Soldaten negative Rückschlüsse auf die qualitative Ausbildung, moralische Integrität, allgemeine Dienstauffassung oder die Disziplin der Truppe zulässt.[632] Ein bestimmter Dienstgrad ist hierbei nicht zwingend erforderlich.[633]. Vielmehr kommt es jeweils auf die konkreten Umstände des Einzelfalles an, wobei auch hier die Geeignetheit der ernsthaften Beeinträchtigung ausreichend für eine Pflichtverletzung ist.

Verstoßen Soldaten außerhalb des Dienstes in nicht nur geringer Weise[634] gegen ein Strafgesetz, liegt darin regelmäßig eine Verletzung von § 17 Abs. 2 SG. Ein Rückgriff auf § 7 SG unter dem Gesichtspunkt eines Verstoßes gegen die Loyalität zur Rechtsordnung ist dann nicht mehr zulässig.[635]

3. Nachwirkende Wohlverhaltenspflicht

Die dem aktiven Dienst nachfolgende Pflicht aus § 17 Abs. 3 SG findet ihren Ursprung in der Tatsache, dass die Bundewehr darauf angewiesen ist, eine eignungsgerechte personelle Besetzung von Offizier- und Unteroffizierstellen bei Reservedienstleistungen oder im Verteidigungsfall sicherzustellen.[636] Mannschaftsdienstgrade sind nicht betroffen.[637]

---

631 Scherer/Alff/Poretschkin/Lucks, SG, 10. Aufl. 2018, § 17 Rn. 15; Sanne/Weniger, SG, 2. Aufl. 2014, § 17 Rn. 7.

632 BVerwG, Urt. 18.7.1995 – 2 WD 32.94, BVerwGE 103, 257.

633 Sanne/Weniger, SG, 2. Aufl. 2014, § 17 Rn. 9.

634 Vgl. BVerwG, Urt. v. 20.3.2014 – 2 WD 5.13, BVerwGE 149, 224: außerdienstliches Fehlverhalten ohne Bezug zur Dienstausübung, wenn das Strafrecht eine mittelschwere Strafe (Freiheitsstrafe bis zu zwei Jahren) androht.

635 BVerwG, Urt. v. 20.3.2014 – 2 WD 5.13, BVerwGE 149, 224.

636 Walz/Eichen/Sohm, SG, 3. Aufl. 2016, § 17 Rn. 53; Sanne/Weniger, SG, 2. Aufl. 2014, § 17 Rn. 12.

637 Scherer/Alff/Poretschkin/Lucks, SG, 10. Aufl. 2018, § 17 Rn. 37; Sanne/Weniger, SG, 2. Aufl. 2014, § 23 Rn. 7.

Das Verhalten des Soldaten muss objektiv geeignet sein, ihn für eine Wiederverwendung im Dienstgrad zu qualifizieren.[638] Sofern eine erneute Berufung in ein Wehrdienstverhältnis in jedem Fall ausgeschlossen ist, kann auch eine Verletzung dieser Pflicht nicht vorliegen.

In Verbindung mit § 23 Abs. 2 Nr. 2, 2. Alt. SG gilt damit ein entsprechendes „unwürdiges Verhalten" als Dienstvergehen.

XIII. Gesunderhaltungspflicht und Patientenrechte

Die in § 17a SG enthaltenen Pflichten waren zuvor als Abs. 4 in § 17 SG enthalten.[639] Eine wesentliche Änderung des Inhalts ist dabei nicht erfolgt.

1. Pflicht zur Gesunderhaltung

§ 17a Abs. 1 Satz 1 SG legt die Gesunderhaltungspflicht als Rechtspflicht des Soldaten fest; Satz 2 bezieht sich auf die Verantwortlichkeit des Soldaten bei Verstößen gegen diese Pflicht.[640] Ein Verstoß gegen diese Pflicht liegt bei einer selbst herbeigeführte Gesundheitsschädigung jedoch nur dann vor, wenn durch diese die Erfüllung der dienstlichen Aufgaben nicht nur unwesentlich beeinträchtigt wird und der Erfolg vorsätzlich oder grob fahrlässig herbeigeführt wurde.[641] Eine bloße Gefährdung ist nicht ausreichend.

Aus der Pflicht zur Gesunderhaltung resultiert das Recht, vorbeugende Einzelbefehle zur Gesunderhaltung zu geben.[642] Erfassen solche Befehle den außerdienstlichen Bereich, sind sie einer besonders sorgfältigen Prüfung des Verhältnismäßigkeitsgrundsatzes zu unterziehen.[643]

2. Duldungspflicht

Ärztliche Eingriffe in die körperliche Unversehrtheit muss der Soldat dulden, wenn sie die gesetzlichen Bedingungen des § 17a Abs. 2 Satz 1 Nr. 1 oder Nr. 2 SG erfüllen. Welche Maßnahmen Soldaten im Rahmen der Nr. 1 zu dulden haben, bestimmen die für den Vollzug des Infektionsschutzgesetzes im Bereich der Bundeswehr zuständigen Stellen. Impfungen sind regel-

---

638 Scherer/Alff/Poretschkin/Lucks, SG, 10. Aufl. 2018, § 17 Rn. 39; Sanne/Weniger, SG, 2. Aufl. 2014, § 23 Rn. 12; Fallbeispiele in: Walz/Eichen/Sohm, SG, 3. Aufl. 2016, § 17 Rn. 59, und Sanne/Weniger, SG, 2. Aufl. 2014, § 17 Rn. 12.

639 Geändert durch das Bundeswehr-Einsatzbereitschaftsstärkungsgesetz im August 2019 (BGBl. I S. 1147).

640 Scherer/Alff/Poretschkin/Lucks, SG, 10. Aufl. 2018, § 17 Rn. 46; Sanne/Weniger, SG, 2. Aufl. 2014, § 17 Rn. 15.

641 Walz/Eichen/Sohm, SG, 3. Aufl. 2016, § 17 Rn. 60; Sanne/Weniger, SG, 2. Aufl. 2014, § 17 Rn. 15.

642 Walz/Eichen/Sohm, SG, 3. Aufl. 2016, § 17 Rn. 62; Scherer/Alff/Poretschkin/Lucks, SG, 10. Aufl. 2018, § 17 Rn. 49; Sanne/Weniger, SG, 2. Aufl. 2014, § 17 Rn. 16.

643 Walz/Eichen/Sohm, § 17 Rn. 62; Scherer/Alff/Poretschkin/Lucks, SG, 10. Aufl. 2018, § 17 Rn. 50; Sanne/Weniger, SG, 2. Aufl. 2014, § 17 Rn. 16.

mäßig auch ohne Einverständnis zulässig;[644] allerdings ist auch hier die Verhältnismäßigkeit zu beachten.

3. Einfache ärztliche Maßnahmen

Die in § 17a Abs. 3 SG aufgeführten, hinzunehmenden einfachen ärztlichen Maßnahmen sind nicht abschließend aufgezählt. Ähnliche Maßnahmen mit entsprechend geringer Einwirkungen sind daher ebenfalls ohne Einwilligung möglich[645]. Es handelt sich hierbei allerdings nicht um eine Ermächtigungsgrundlage für die Abnahme von Blutproben zum Nachweis eines Dienstvergehens[646].

4. Ablehnung zumutbarer Maßnahmen

Eine ärztliche Behandlung kann für den Soldaten gemäß § 17a Abs. 4 Satz 2 SG unzumutbar sein, wenn sie mit erheblicher Gefahr für Leben oder Gesundheit verbunden ist. Eine Operation kann unzumutbar sein, wenn sie einen erheblichen Eingriff in die körperliche Unversehrtheit darstellt.[647] Wann das jeweils der Fall ist, ist im Einzelfall und vorwiegend unter medizinischen Gesichtspunkten zu bewerten.

XIV. Gemeinschaftsunterkunft und Gemeinschaftsverpflegung

Die Anordnung kann gem. § 18 Satz 1 SG allgemein oder für den Einzelfall getroffen werden. Die Einzelheiten hierzu sind in einer Dienstvorschrift[648] geregelt. Auf Antrag kann für den verpflichteten Personenkreis eine Befreiung von der Pflicht gewährt werden, diese kann jedoch jederzeit wieder zurückgenommen werden, was insbesondere für die Verhängung einer Ausgangsbeschränkung[649] als Disziplinarmaßnahme eine Rolle spielt.[650]

Gemeinschaftsunterkünfte können alle von Amts wegen bereitgestellten Unterkünfte sein, beispielsweise Kasernen, Quartiere bei Manövern und Übungen oder Bordunterkünfte.[651] Es ist umstritten, ob eine Gemeinschaftsunterkunft eine „Wohnung“ im Sinne des GG ist.[652]

---

644 Walz/Eichen/Sohm, SG, 3. Aufl. 2016, § 17 Rn. 71; Scherer/Alff/Poretschkin/Lucks, SG, 10. Aufl. 2018, § 17 Rn. 53b; Sanne/Weniger, SG, 2. Aufl. 2014, § 17 Rn. 17.

645 Walz/Eichen/Sohm, SG, 3. Aufl. 2016, § 17 Rn. 73.

646 Walz/Eichen/Sohm, SG, 3. Aufl. 2016, § 17 Rn. 70; Scherer/Alff/Poretschkin/Lucks, SG, 10. Aufl. 2018, § 17 Rn. 61a.

647 Walz/Eichen/Sohm, SG, 3. Aufl. 2016, § 17 Rn. 75 und 76; Scherer/Alff/Poretschkin/Lucks, SG, 10. Aufl. 2018, § 17 Rn. 58.

648 ZDv A-1900/2.

649 § 25 Abs. 2 Satz 2 WDO.

650 Walz/Eichen/Sohm, SG, 3. Aufl. 2016, § 18 Rn. 18; Sanne/Weniger, SG, 2. Aufl. 2014, § 18 Rn. 2.

651 Scherer/Alff/Poretschkin/Lucks, SG, 10. Aufl. 2018, § 18 Rn. 5; Sanne/Weniger, SG, 2. Aufl. 2014, § 18 Rn. 3.

652 Vgl. zum Streitstand Walz/Eichen/Sohm, SG, 3. Aufl. 2016, § 18 Rn. 13 und Scherer/Alff/Poretschkin/Lucks, SG, 10. Aufl. 2018, § 18 Rn. 6.

Gemeinschaftsverpflegung im Sinne § 18 Satz 1 SG ist die Truppenverpflegung, durch die Verpflichtung zur Teilnahme wird aber kein Recht auf eine bestimmte Verpflegung begründet. Zwar können „gewisse Schwierigkeiten" bei der Auswahl der in der Gemeinschaftsverpflegung angebotenen Speisen zumutbar sein;[653] demgegenüber ist aber religiösen Speisevorschriften Raum zur Einhaltung zu geben.[654]

§ 18 bildet auch die Rechtsgrundlage für einen befohlenen Zapfenstreich und eine Ausgangsregelung.[655]

XV. Verbot der Annahme von Belohnungen und Geschenken

§ 19 SG gilt für aktive und ehemalige Soldaten gleichermaßen, soweit die Zuwendung einen Bezug zur dienstlichen Tätigkeit hat.[656] Der Bezug zur dienstlichen Tätigkeit wird weit ausgelegt. Er besteht, wenn die dienstliche Tätigkeit als solche für die Gewährung des Vorteils maßgebend ist.[657]

Belohnungen und Geschenke sind wirtschaftliche Vorteile aller Art, dies kann auch die kostenfreie oder vergünstigte Nutzung von PKW oder Wohnungen, Freikarten für Veranstaltungen oder Preisgelder für Ehrungen umfassen.[658] Näheres regelt die entsprechende Dienstvorschrift,[659] welche die gesetzlichen Regelungen und die Festlegungen der Bundesregierung ergänzt und konkretisiert.

Etwas pflichtwidrig Erlangtes ist an den Dienstherrn herauszugeben.[660] Der Dienstherr hat somit einen Herausgabeanspruch, der der regelmäßigen Verjährungsfrist unterliegt.

XVI. Nebentätigkeit

Soldaten schulden ihre hauptsächliche Schaffenskraft dem Dienstherrn.[661] Dennoch ist die Ausübung von Nebentätigkeiten gemäß § 20 SG unter bestimmten Einschränkungen und Voraussetzungen möglich. Diese Bedingungen sollen einerseits die volle Arbeitskraft für den Dienstherrn sicherstellen und andererseits den Soldaten vor einer Ge-

653 Für Vegetarier siehe OVG Schleswig-Holstein, Beschl. v. 17.2.1993 – 3 M 86/92, NVwZ 1993, 702.
654 Walz/Eichen/Sohm, SG, 3. Aufl. 2016, § 18 Rn. 14; Scherer/Alff/Poretschkin/Lucks, SG, 10. Aufl. 2018, § 18 Rn 12; Sanne/Weniger, SG, 2. Aufl. 2014, § 18 Rn. 4.
655 Walz/Eichen/Sohm, § 18 Rn. 19; Scherer/Alff/Poretschkin/Lucks, SG, 10. Aufl. 2018, § 18 Rn. 2; Sanne/Weniger, SG, 2. Aufl. 2014, § 18 Rn. 3.
656 Sanne/Weniger, SG, 2. Aufl. 2014, § 19 Rn. 2.
657 BVerwG, Urt. v. 2.6.1981 – 2 WD 22.80, BVerwGE 73, 194.
658 Walz/Eichen/Sohm, SG, 3. Aufl. 2016, § 18 Rn. 19; Scherer/Alff/Poretschkin/Lucks, SG, 10. Aufl. 2018, § 19 Rn. 2; Sanne/Weniger, SG, 2. Aufl. 2014, § 19 Rn. 3.
659 ZDv A-2100/2.
660 Walz/Eichen/Sohm, SG, 3. Aufl. 2016, § 19 Rn. 29; Scherer/Alff/Poretschkin/Lucks, SG, 10. Aufl. 2018, § 19 Rn. 9; Sanne/Weniger, SG, 2. Aufl. 2014, § 19 Rn. 5.
661 Scherer/Alff/Poretschkin/Lucks, SG, 10. Aufl. 2018, § 20 Rn. 1; Sanne/Weniger, SG, 2. Aufl. 2014, § 20 Rn. 1.

fährdung durch übermäßige Beanspruchung durch eine Nebentätigkeit schützen.

Die Definition der Nebentätigkeit entspricht der des § 97 Abs. 1 BBG. Entgeltlich ist eine Nebentätigkeit, wenn für sie eine Gegenleistung (Geld und geldwerter Vorteil) erbracht wird.[662]

Besteht die Gefahr, dass irgendein Teil der durch den Dienst bestimmten Pflichten des Soldaten durch die Nebentätigkeit voraussichtlich beeinträchtigt werden kann, ist die Genehmigung zu versagen.[663] Die unter § 20 Abs. 2 Satz 2 SG aufgeführten Versagungsgründe sind nicht abschließend.

Die Nebentätigkeit darf nur außerhalb des Dienstes ausgeübt werden, dies gilt sowohl zeitlich (außerhalb der Dienstzeit) als auch örtlich (außerhalb der dienstlichen Liegenschaft und Unterkunft).[664] Ausnahmen hiervon sind unter den gesetzlichen Voraussetzungen möglich.

Nicht genehmigungspflichtige Tätigkeiten können dennoch einer Anzeigepflicht unterliegen. Der Dienstherr hat den Umgang mit Anzeigen und Genehmigungen in einer Dienstvorschrift geregelt.[665] Die Genehmigungsbefugnis ist mit dieser Dienstvorschrift auf den zuständigen Disziplinarvorgesetzten mit wenigstens der Disziplinarbefugnis eines Bataillonskommandeurs übertragen worden.

XVII. Tätigkeit nach Ausscheiden aus dem Wehrdienst

Die Pflichten aus § 20a SG führen teilweise die Restriktionen fort, die Soldaten bereits während der Dienstzeit im Zusammenhang mit der Ausübung von Nebentätigkeiten auferlegt werden. Zielsetzung hierbei ist die Sicherstellung der Funktionsfähigkeit des Dienstes in den Streitkräften und der Schutz des dienstlich erworbenen Amtswissens.[666]

Die Anzeigepflicht ist zeitlich begrenzt, eine Untersagung erfolgt unter den Voraussetzungen des § 20a Abs. 2 SG. Über die Besorgnis der Beeinträchtigung ist rein objektiv und ohne Berücksichtigung der Persönlichkeit des anzeigenden Soldaten zu entscheiden.[667] Hierbei ist allerdings mehr zu verlangen, als die nicht auszuschließende Möglichkeit einer fern liegenden Gefahr der Beeinträchtigung,[668] vielmehr muss bei

---

662 Walz/Eichen/Sohm, SG, 3. Aufl. 2016, § 20 Rn. 19; Sanne/Weniger, SG, 2. Aufl. 2014, § 20 Rn. 4.

663 Walz/Eichen/Sohm, SG, 3. Aufl. 2016, § 20 Rn. 44; Scherer/Alff/Poretschkin/Lucks, SG, 10. Aufl. 2018, § 20 Rn. 4; Sanne/Weniger, SG, 2. Aufl. 2014, § 20 Rn. 19.

664 Walz/Eichen/Sohm, SG, 3. Aufl. 2016, § 20 Rn. 71; Scherer/Alff/Poretschkin/Lucks, SG, 10. Aufl. 2018, § 20 Rn. 5; Sanne/Weniger, SG, 2. Aufl. 2014, § 20 Rn. 27.

665 ZDv A-1400/12.

666 Walz/Eichen/Sohm, SG, 3. Aufl. 2016, § 20a Rn. 15; Scherer/Alff/Poretschkin/Lucks, SG, 10. Aufl. 2018, § 20a Rn. 7 und 8; Sanne/Weniger, SG, 2. Aufl. 2014, § 20a Rn. 10.

667 BVerwG, Urt. v. 6.12.1989 – 6 C 52.87, BVerwGE 84, 194; Walz/Eichen/Sohm, SG, 3. Aufl. 2016, § 20a Rn. 21; Sanne/Weniger, SG, 2. Aufl. 2014, § 20a Rn. 10.

668 Walz/Eichen/Sohm, SG, 3. Aufl. 2016, § 20a Rn. 20.

verständiger Würdigung der Umstände unter Berücksichtigung der erfahrungsgemäß zu erwartenden Entwicklung eine Beeinträchtigung wahrscheinlich sein.[669]

XVIII. Vormundschaft und Ehrenämter

Die in § 21 SG aufgeführten Tätigkeiten sind keine Nebentätigkeiten im Sinne des § 20 SG.[670] Zwingende dienstliche Gründe zum Versagen der zur Übernahme der bezeichneten Tätigkeiten benötigten Genehmigung können nur bei konkreter Gefährdung überragender dienstlicher Obliegenheiten des Soldaten oder der Einsatzbereitschaft der Streitkräfte angenommen werden.[671]

---

669 BVerwG, Urt. 24.9.1992 – 2 A 6.91, BVerwGE 91,57.
670 Walz/Eichen/Sohm, SG, 3. Aufl. 2016, § 17 Rn. 14.
671 Walz/Eichen/Sohm, SG, 3. Aufl. 2016, § 17 Rn. 17; Sanne/Weniger, SG, 2. Aufl. 2014, § 17 Rn. 4.

Kapitel 12 Rechtspflege der Bundeswehr

Roland Fritzen

Die Rechtspflege der Bundeswehr ist Teil des Geschäftsbereichs des Bundesministeriums der Verteidigung. Nach der ministeriellen Sichtweise[672] besteht sie aus der Rechtspflege im organisatorischen Sinn einerseits und der Rechtspflege im funktionalen Sinn andererseits. Der Schwerpunkt dieses Kapitels liegt auf der Rechtspflege im organisatorischen Sinn und den Verfahren vor den Truppendienstgerichten. Im Anschluss daran wird die Rechtspflege im funktionalen Sinn dargestellt, in deren Zentrum die Rechtsberater und Rechtslehrer stehen.

I. Die Rechtspflege im organisatorischen Sinn

1. Rechtliche Grundlagen

Die Rechtspflege im organisatorischen Sinne ist von Gesetzes wegen vorgesehen. Nach § 68 WDO sind Wehrdienstgerichte, nach der Legaldefinition Dienstgerichte für gerichtliche Disziplinarverfahren gegen Soldaten und für Verfahren über Beschwerden von Soldaten, die Truppendienstgerichte und die Wehrdienstsenate des Bundesverwaltungsgerichts.

Die Disziplinargerichtsbarkeit über Soldaten ist mit dem Grundgesetz vereinbar.[673] Die Wehrdienstgerichte sind besondere Gerichte im Sinne von Art. 101 Abs. 2 GG, die gesetzlich im Voraus für ein bestimmtes Sachgebiet einschließlich eines bestimmten Personenkreises abstrakt und generell berufen sind.[674] Damit unterscheiden sie sich von gemäß Art. 101 Abs. 1 Satz 1 GG unzulässigen Ausnahmegerichten, die in Abweichung von der gesetzlichen Zuständigkeit zur Entscheidung einzelner konkreter oder individuell bestimmter Fälle berufen oder nach Verwirklichung des zu beurteilenden Sachverhalts eingesetzt oder für zuständig erklärt worden sind.[675]

672 Zentrale Dienstvorschrift A-2180/11 – „Die Rechtspflege der Bundeswehr", Nr. 106.

673 Instruktiv dazu: BVerwG, Urt. v. 24.9.1992 – 2 WD 13.91; grundlegend bereits: BVerfG, Beschl. v. 2.5.1967 – 2 BvL 1/66.

674 Wolff, in: Hömig/Wolff, GG, 12. Aufl. 2018, Art. 103 Rn. 13; Voßkuhle, in: v. Mangoldt/Klein/Starck, GG, 7. Aufl. 2018, Art. 96 Rn. 23; Schwandt, ZBR 1994, 357.

675 BVerfG, Beschl. v. 17.11.1959 – 1 BvR 88/56; Jachmann-Michel, in: Maunz/Dürig, GG, 90. EL Februar 2020, Art. 101 Rn. 90; Degenhart, in: Sachs, GG, 8. Aufl. 2018, Art. 101 Rn. 23.

Die verfassungsrechtliche Ermächtigungsgrundlage für die Errichtung eigener Wehrdienstgerichte enthält Art. 96 Abs. 4 GG, wonach der Bund für Personen, die zu ihm in einem öffentlich-rechtlichen Dienstverhältnis stehen, Bundesgerichte zur Entscheidung in Disziplinarverfahren und Beschwerdeverfahren errichten kann.[676] Für Soldaten hat der Gesetzgeber davon in § 69 Abs. 1 WDO Gebrauch gemacht, wonach das Bundesministerium der Verteidigung durch Rechtsverordnung die Truppendienstgerichte errichtet und deren Sitz und Dienstbereich nach den sachlichen Bedürfnissen der Rechtspflege bestimmt.[677] Dies sind derzeit die Truppendienstgerichte Nord mit Sitz in Münster und Süd mit Sitz in München.[678] Ihre Bindung an den Staat ist zudem in personeller Hinsicht gewährleistet. Nach § 69 Abs. 4 WDO gehören die Truppendienstgerichte zum Geschäftsbereich des Bundesministeriums der Verteidigung mit der Folge, dass der Präsident und die weiteren Richter gemäß den Anforderungen des Deutschen Richtergesetzes als Richter im Bundesdienst vom Bundespräsidenten bzw. vom Bundesminister der Verteidigung zu ernennen sind.[679] Sie üben ihre Tätigkeit in richterlicher Unabhängigkeit im Sinne von Art. 97 Abs. 1 GG bzw. § 25 DRiG aus.

2. Die Truppendienstgerichte

a) Überblick. Die Truppendienstgerichte sind zunächst sachlich zuständig als Gerichte erster Instanz in gerichtlichen Disziplinarverfahren nach §§ 99, 112 WDO sowie gemäß § 145 Abs. 1 WDO für die gerichtliche Nachprüfung aller auf Grundlage der WDO ergehenden Anordnungen und Entscheidungen.[680] Sie sind weiterhin zuständig in gerichtlichen Antragsverfahren nach § 17 WBO, da es sich regelmäßig um (Rechts-)Fragen handelt, die das besondere militärische Über- und Unterordnungsverhältnis

---

676 Der Bund macht von der Kompetenz des Art. 96 Abs. 4 GG indes nur teilweise Gebrauch. Eine Sondergerichtsbarkeit für Bundesbeamte gibt es seit dem 1.1.2004 nicht mehr. In bundesbeamtenrechtlichen Disziplinarangelegenheiten entscheiden nunmehr die allgemeinen Verwaltungsgerichte in einem dreiinstanzlichen Verfahren (siehe ausführlich: Detterbeck, in: Sachs, GG, 8. Aufl. 2018, Art. 96 Rn. 16 und Voßkuhle, in: von Mangoldt/Klein/Starck, GG, 7. Aufl. 2018, Art. 96 Rn. 20).

677 Truppendienstgerichte-Verordnung v. 1.7.2020, in Kraft getreten am 14.7.2020. Ergänzt wird die TrDGV durch die Zentrale Dienstvorschrift A-2180/12 – Verteilung der Truppendienstkammern. Aufgrund einer inhaltlichen Neufassung der TrDGV konnte die bisherige Verordnung über die Errichtung von Truppendienstgerichten hingegen ersatzlos aufgehoben werden, vgl. § 4 Satz 2 TrDGV.

678 Nach § 3 TrDGV bestehen derzeit jeweils zwei auswärtige Kammern in Hamburg und Potsdam (beim Truppendienstgericht Nord) sowie in Koblenz und Erfurt (beim Truppendienstgericht Süd).

679 Die Richter am Bundesverwaltungsgericht werden nach Art. 95 Abs. 2 GG berufen und ebenfalls nach den Vorschriften des Deutschen Richtergesetzes vom Bundespräsidenten als Richter im Bundesdienst ernannt. Sie gehören allerdings dem Geschäftsbereich des Bundesministeriums der Justiz und für Verbraucherschutz an.

680 Ergänzend hierzu unten: I. 2. b) cc).

betreffen.[681] Schließlich obliegt ihnen nach § 12 Abs. 2 SBG die Entscheidung über die Abberufung der Vertrauensperson.

Die Kammern der Truppendienstgerichte werden von einem zivilen Berufsrichter als Vorsitzenden geleitet und entscheiden in der Hauptverhandlung nach § 75 Abs. 1 WDO in der Regel unter Hinzuziehung von zwei ehrenamtlichen militärischen Richtern, die im Losverfahren ausgewählt werden. Von den ehrenamtlichen Richtern muss nach § 75 Abs. 2 WDO einer der Dienstgradgruppe des betroffenen Soldaten (sog. Kameradenbeisitzer) angehören, der andere Stabsoffizier sein. Außerhalb der Hauptverhandlung entscheidet der Vorsitzende nach § 75 Abs. 1 Satz 2 WDO alleine, soweit nicht nach der WDO das Truppendienstgericht zu entscheiden hat. Wenn es nach Umfang oder Bedeutung der Sache geboten ist, kann der Vorsitzende nach § 76 WDO vor Anberaumung der Hauptverhandlung zusätzlich zwei weitere Berufsrichter heranziehen (sog. große Besetzung).

Die Wehrdienstgerichtsbarkeit ist zweistufig. Das Bundesverwaltungsgericht entscheidet im gerichtlichen Disziplinarverfahren als Gericht zweiter Instanz nach §§ 114, 115 WDO. Außerdem entscheidet es im gerichtlichen Antragsverfahren aufgrund des privilegium fori nach § 21, 22 WBO. In sonstigen Wehrbeschwerdeverfahren entscheiden die Truppendienstgerichte vorbehaltlich der Rechts- bzw. Nichzulassungsbeschwerde endgültig. Außerdem können Truppendienstrichter und die Truppendienstgerichte dem Bundesverwaltungsgericht nach § 40 Abs. 6 WDO im Arrestzustimmungsverfahren sowie die Truppendienstgerichte in jedem Beschwerdeverfahren, das bei Gericht anhängig ist, gemäß § 18 Abs. 4 WBO Rechtsfragen von grundsätzlicher Bedeutung zur Entscheidung vorlegen.

b) Verfahren nach der Wehrdisziplinarordnung. – aa) Gerichtliches Disziplinarverfahren. Nach § 108 Abs. 1 WDO kann ein Urteil im gerichtlichen Disziplinarverfahren nur auf eine Disziplinarmaßnahme, auf Freispruch oder auf Einstellung des Verfahrens lauten. Der angeschuldigte Soldat ist freizusprechen, wenn ein Dienstvergehen nicht vorliegt oder nicht erwiesen ist. Das Verfahren ist einzustellen, wenn ein Verfahrenshindernis besteht, eine Disziplinarmaßnahme nicht zulässig ist oder nach § 16 WDO nicht verhängt werden darf.[682] Das Wehrdienstgericht kann das Verfahren mit Zustimmung des Wehrdisziplinaranwalts einstellen, wenn es ein

681 Anzumerken ist insoweit, dass bei Beschwerden von Soldaten nach § 82 Abs. 1 SG i. V. m. § 17 Abs. 1 und 2 WBO bei sog. Verwaltungsbeschwerden nicht die Truppendienstgerichte, sondern die allgemeinen Verwaltungsgerichte zuständig sind. Zum Rechtsweg in Antragsverfahren nach der WBO siehe unten I. 2. c) sowie ausführlich: Kapitel 20 – Wehrbeschwerderecht.

682 Letztere Norm betrifft das Verhältnis der Disziplinarmaßnahmen zu Strafen und Ordnungsmaßnahmen. Ist durch ein Gericht oder eine Behörde unanfechtbar eine Strafe oder Ordnungsmaßnahme verhängt worden oder wurde das Strafverfahren nach § 153a StPO eingestellt, dürfen einfache Disziplinarmaßnahmen mit Ausnahme des Arrestes nicht mehr bzw. Disziplinararrest, eine Kürzung der Dienstbezüge oder des Ruhegehalts nur noch

Dienstvergehen zwar für erwiesen, eine Disziplinarmaßnahme aber nicht für angebracht hält.

Wird im Urteil auf eine Disziplinarmaßnahme erkannt, kann das Wehrdienstgericht entweder eine gerichtliche Disziplinarmaßnahme nach § 58 Abs. 1 WDO[683] oder gemäß § 58 Abs. 6 WDO eine einfache Disziplinarmaßnahme verhängen.[684] Bei der Bemessung dieser Disziplinarmaßnahme ist von der von Verfassungs wegen allein zulässigen Zwecksetzung des Wehrdisziplinarrechts auszugehen. Diese besteht ausschließlich darin, dazu beizutragen, einen ordnungsgemäßen Dienstbetrieb wiederherzustellen und/oder aufrechtzuerhalten („Wiederherstellung und Sicherung der Integrität, des Ansehens und der Disziplin in der Bundeswehr").[685] Bei Art und Maß der Disziplinarmaßnahme sind nach § 58 Abs. 7 i.V.m. § 38 Abs. 1 WDO Eigenart und Schwere des Dienstvergehens und seine Auswirkungen, das Maß der Schuld, die Persönlichkeit, die bisherige Führung und die Beweggründe des Soldaten zu berücksichtigen. Nach ständiger Rechtsprechung des Bundesverwaltungsgerichts wird die angemessene disziplinare Reaktion auf ein Dienstvergehen anhand eines zweistufigen Prüfungsschemas festgelegt.[686] Auf der ersten Stufe wird im Hinblick auf das Gebot der Gleichbehandlung vergleichbarer Fälle sowie im Interesse der rechtsstaatlich gebotenen Rechtssicherheit und Voraussehbarkeit der Disziplinarmaßnahme eine Regelmaßnahme für die in Rede stehende Fallgruppe als „Ausgangspunkt der Zumessungserwägungen" bestimmt. Dies ist beispielsweise bei Verletzung der politischen Treuepflicht aus § 8 SG die Entfernung aus dem Dienstverhältnis,[687] bei sexuellen Belästigungen von Untergebenen durch Vorgesetzte im Dienst regelmäßig eine Herabsetzung im Dienstgrad,[688] bei der Einflussnahme auf das Aussageverhalten Untergebener ein Beförderungsverbot[689] oder bei der unberechtigten Nutzung von Material und Personal des Dienstherrn eine Kürzung der Dienstbezüge.[690] Auf der zweiten Stufe ist zu prüfen, ob im Einzelfall im Hinblick auf die in § 38 Abs. 1 WDO normierten Bemessungskriterien und die Zwecksetzung des Wehrdisziplinarrechts Umstände vorliegen, die die Möglichkeit einer Milderung oder die Notwendigkeit einer Verschärfung gegenüber der auf der ersten Stufe in Ansatz gebrachten Regelmaßnahme eröffnen. Liegt kein mittlerer,

---

dann verhängt werden, wenn dies zusätzlich erforderlich ist, um die militärische Ordnung aufrechtzuerhalten oder wenn durch das Fehlverhalten das Ansehen der Bundeswehr ernsthaft beeinträchtigt würde. Im Falle eines Freispruchs darf die Tat nur noch dann als Dienstvergehen verfolgt werden, wenn ein sog. disziplinarer Überhang gegeben ist (vgl. dazu ausführlich: Weiß, in: GKÖD, Lieferung 14/12, Yt § 16 Rn. 54).

683 Dieser Maßnahmenkatalog wird für nach § 58 Abs. 2 und 3 WDO bestimmte Personengruppen wie Soldaten im Ruhestand oder Reservisten eingeschränkt.

684 Siehe hierzu ausführlich: Kapitel 21 – Wehrdisziplinarrecht.

685 BVerwG, Urt. v. 11.6.2008 – 2 WD 11.07 m. w. N.

686 Zuletzt: BVerwG, Urt. v. 7.5.2020 – 2 WD 13.19 und v. 23.4.2020 – 2 WD 4.19.

687 BVerwG, Urt. v. 23.3.2017 – 2 WD 16.16.

688 BVerwG, Urt. v. 7.5.2020 – 2 WD 13.19.

689 BVerwG, Urt. v. 16.6.2016 – 2 WD 2.16.

690 BVerwG, Urt. v. 17.5.2018 – 2 WD 2.18.

sondern ein höherer bzw. niedrigerer Schweregrad vor, ist gegenüber dem Ausgangspunkt der Zumessungserwägungen die zu verhängende Disziplinarmaßnahme nach „oben“ bzw. nach „unten“ zu modifizieren.[691]

bb) Gerichtliche Antragsverfahren. Nach § 112 WDO sind die Wehrdienstgerichte weiterhin in den Fällen zuständig, in denen die WDO das Rechtsschutzmittel eines Antrags auf gerichtliche Entscheidung vorsieht. Dabei sind folgende Fälle besonders praxisrelevant:

Sieht die Einleitungsbehörde nach § 92 Abs. 3 WDO von der Einleitung eines gerichtlichen Disziplinarverfahrens ab und stellt die Vorermittlungen unter Feststellung eines Dienstvergehens ggf. verbunden mit einer missbilligenden Äußerung ein, kann der Soldat nach § 92 Abs. 4 WDO gegen diese Feststellung die Entscheidung des Truppendienstgerichts beantragen. Dieses entscheidet nach § 92 Abs. 4 Satz 4 WDO endgültig.[692]

Nach § 101 Satz 1 WDO kann der Soldat ohne Fristmaßgabe die Entscheidung des Truppendienstgerichts beantragen, wenn ihm nicht innerhalb von sechs Monaten nach Einleitung des gerichtlichen Disziplinarverfahrens die Anschuldigungsschrift zugestellt worden ist. Diese Vorschrift dient dazu, dass der in § 17 Abs. 1 WDO niedergelegte Beschleunigungsgrundsatz auch im gerichtlichen Disziplinarverfahren eingehalten bzw. effektiv durchgesetzt werden kann. Stellt das Truppendienstgericht eine unangemessene Verzögerung fest, bestimmt es eine Frist, in der entweder die Anschuldigungsschrift vorzulegen oder das Verfahren einzustellen ist. Andernfalls ist der Antrag zurückzuweisen. Die Entscheidung des Truppendienstgerichts ist nach § 101 Abs. 2 Satz 4 WDO ebenfalls endgültig.

Lehnt die Einleitungsbehörde es ab, eine vorläufige Dienstenthebung oder ein Uniformtrageverbot nach § 126 Abs. 1 WDO bzw. die Einbehaltung von Dienstbezügen aufzuheben, kann der Soldat nach § 126 Abs. 6 Satz 3 WDO die Entscheidung des Truppendienstgerichts beantragen.[693] Dieses prüft in einem summarischen Verfahren, ob der Soldat hinreichend verdächtig ist, das vorgeworfene Dienstvergehen begangen zu haben. Ist dies der Fall, genügt für die Anordnung der vorläufigen Dienstenthebung und eines Uniformtrageverbotes, wenn voraussichtlich eine Dienstgradherabsetzung den Ausgangspunkt der Zumessungserwägungen bildet und der Dienstbetrieb bei einem Verbleib des Soldaten im Dienst empfindlich gestört oder in besonderem Maße gefährdet würde.[694] Die gleichzeitige Kürzung der Dienstbezüge

---

691 Beispielsweise kann auch bei einer Dienstgradherabsetzung als Ausgangspunkt der Zumessungserwägungen nach Abwägung aller für und gegen den Soldaten sprechenden Umstände ein Beförderungsverbot verhängt werden.

692 Nach § 92 Abs. 4 Satz 2 WDO kann auch das Bundesverwaltungsgericht zuständiges Antragsgericht sein.

693 Ist das Verfahren hingegen bereits bei dem Bundesverwaltungsgericht anhängig, tritt dieses nach § 126 Abs. 6 Satz 4 WDO an die Stelle des Truppendienstgerichts.

694 BVerwG, Beschl. v. 31.3.2020 – 2 WDB 2.20 und BVerwG, Beschl. v. 9.10.2019 – 2 WDB 3.19.

– um höchstens die Hälfte – setzt hingegen nach § 126 Abs. 2 Satz 1 WDO voraus, dass mit der Entfernung des Soldaten aus dem Dienst zu rechnen ist.

cc) **Entscheidungen in sonstigen Verfahren nach der WDO.** Die Truppendienstgerichte entscheiden zudem in bestimmten Verfahren, die in erster Linie im Zusammenhang mit dem einfachen Disziplinarverfahren stehen. Von besonderer Bedeutung ist dabei die Mitwirkung eines Richters bei Durchsuchungen und Beschlagnahmen sowie im Arrestzustimmungsverfahren vorgesehen.

Nach § 20 Abs. 1 Satz 1 WDO dürfen Disziplinarvorgesetzte Durchsuchungen und Beschlagnahmen zur Aufklärung von Dienstvergehen nur auf Anordnung des Richters des zuständigen, notfalls des nächsterreichbaren Truppendienstgerichtes vornehmen.[695] Mit dem Richtervorbehalt wird dem Umstand Rechnung getragen, dass Durchsuchungen und Beschlagnahmen schwerwiegende Eingriffe in die Freiheitssphäre des Einzelnen sind.[696] Durch die Mitwirkung des Richters soll sichergestellt werden, dass Tatbestandsvoraussetzungen von § 20 Abs. 1 WDO beachtet werden und insbesondere der Grundsatz der Verhältnismäßigkeit gewahrt wird.

Auch ein Disziplinararrest nach § 40 WDO darf erst verhängt werden, wenn der Richter des zuständigen, notfalls des nächsterreichbaren Truppendienstgerichts diesem zuvor zugestimmt hat. Damit wird dem Richtervorbehalt nach Art. 104 Abs. 2 Satz 1 GG Rechnung getragen, wonach über die Zulässigkeit und die Fortdauer einer Freiheitsentziehung nur der Richter zu entscheiden hat.[697] § 40 Abs. 1 Satz 4 WDO sieht zudem vor, dass der Richter die sofortige Vollstreckbarkeit anordnen kann, wenn dies zur Aufrechterhaltung der militärischen Ordnung geboten ist.

Schließlich entscheiden die Truppendienstgerichte gemäß § 42 WDO auch noch über Beschwerden gegen vom Disziplinarvorgesetzten verhängten Disziplinararrest sowie auf weitere Beschwerden gegen von Disziplinarvorgesetzten verhängte sonstige einfache Disziplinarmaßnahmen, auf Beschwerde gegen die Rücknahme von förmlichen Anerkennungen und gegen Durchsuchungen bzw. Beschlagnahmen sowie auf weitere Beschwerden gegen andere Maßnahmen der Disziplinarvorgesetzten nach der WDO, u. a. auf Beschwerden gegen vorläufige Festnahmen nach § 21 WDO.

c) **Verfahren nach der Wehrbeschwerdeordnung.** Die Truppendienstgerichte entscheiden auch in gerichtlichen Antragsverfahren nach der Wehr-

---

695 Soweit nach § 20 Abs. 2 Satz 1 WDO Disziplinarvorgesetzte eine Durchsuchung und Beschlagnahme bei Gefahr im Verzug auch ohne richterliche Anordnung vornehmen können, ist diese Möglichkeit praktisch bedeutungslos geworden, nachdem die Truppendienstgerichte einen sog. richterlichen Bereitschaftsdienst eingeführt haben und nunmehr „rund-um-die-Uhr" ein Richter erreichbar ist.

696 Dau/Schütz, WDO, 7. Aufl. 2017, § 20 Rn. 7; Metzger, NZWehrr 2014, 189 (191).

697 § 40 WDO ist insoweit ein Ausführungsgesetz zu Art. 104 Abs. 2 Satz 2 WDO, vgl. Lingens, in: GKÖD, Lieferung 9/04, Yt § 40 Rn. 1.

beschwerdeordnung.[698] Damit wird die Rechtsweggarantie des Art. 19 Abs. 4 GG verwirklicht, indem nach Erschöpfung des innerdienstlichen Beschwerdewegs eine Überprüfung durch unabhängige Gerichte sichergestellt ist. Nach § 17 Abs. 1 WBO kann der Beschwerdeführer die Entscheidung des Truppendienstgerichts beantragen, wenn seine bis dahin erfolglose Beschwerde eine Verletzung seiner subjektiven Rechte oder die Verletzung von Pflichten eines Vorgesetzten zum Gegenstand hat. Der Antrag kann nach § 17 Abs. 1 Satz 2 WBO auch gestellt werden, wenn über eine weitere Beschwerde nicht innerhalb eines Monats entschieden worden ist. Anders als die militärischen Vorgesetzten, die im Rahmen einer Beschwerde auch Zweckmäßigkeitserwägungen zu überprüfen haben, sind die Truppendienstgerichte auf eine Prüfung der Rechtsmäßigkeit beschränkt.[699] Gegen den Beschluss des Truppendienstgerichts steht dem Beschwerdeführer oder dem Bundesministerium der Verteidigung die Rechtsbeschwerde zu, wenn diese vom Truppendienstgericht zugelassen worden ist. Nach § 22a Abs. 2 WBO ist die Rechtsbeschwerde indes nur zuzulassen, wenn die Beschwerdesache grundsätzliche Bedeutung hat, der angefochtene Beschluss von einer Entscheidung eines Wehrdienstgerichts abweicht und die Entscheidung auf dieser Abweichung beruht oder ein Verfahrensmangel geltend gemacht wird und vorliegt, auf dem die Entscheidung beruhen kann. Lässt das Truppendienstgericht die Rechtsbeschwerde nicht zu, kann nach § 22b WBO Nichtzulassungsbeschwerde zum Bundesverwaltungsgericht erhoben werden.

3. Der Bundeswehrdisziplinaranwalt beim Bundesverwaltungsgericht

Der Bundeswehrdisziplinaranwalt leitet die dem Bundesministerium der Verteidigung unmittelbar nachgeordnete Behörde „Der Bundeswehrdisziplinaranwalt beim Bundesverwaltungsgericht“. Diese ist organisationsrechtlich eine Bundesoberbehörde und funktional eine Justizbehörde.[700] Nach § 81 Abs. 3 Satz 2 WDO ist der Bundeswehrdisziplinaranwalt nur an Weisungen des Bundesministers der Verteidigung gebunden. Dem Bundeswehrdisziplinaranwalt unterstehen die Wehrdisziplinaranwälte bei den einzelnen Wehrdisziplinaranwaltschaften. Insoweit wirkt der Bundeswehrdisziplinaranwalt auf eine angemessene und einheitliche Ausübung der Disziplinarbefugnisse hin. Die Behörde begleitet alle gegen Soldaten geführte gerichtliche Disziplinarverfahren, angefangen bei den Vorermittlungen bis zum rechtskräftigen Abschluss

698 Für Beschwerden gegen Entscheidung Maßnahmen des Bundesministers für Verteidigung sowie des Generalinspekteurs der Bundeswehr besteht hingegen ein privilegium fori des Bundesverwaltungsgerichts nach §§ 21, 22 WBO.

699 Es sind also Konstellationen denkbar, in denen sich ein Soldat zwar zulässiger Weise beschweren kann, ein Antrag auf Entscheidung des Truppendienstgerichts gleichwohl bereits unzulässig ist. Damit soll u. a. auch einer Ausuferung des gerichtlichen Rechtsschutzes vorgebeugt werden.

700 Sie ist, obgleich im Bereich der Exekutive angesiedelt, der dritten Gewalt zuzuordnen.

und der Vollstreckung. Außerdem führt der Bundeswehrdisziplinaranwalt die Aufsicht über die Wehrdisziplinaranwaltschaften, soweit diese in ihrer Eigenschaft als Gnadenstelle tätig werden.

Der Bundeswehrdisziplinaranwalt bzw. einer seiner hauptamtlichen Mitarbeiter des höheren Dienstes vertritt den Bundesminister der Verteidigung und die anderen Einleitungsbehörden in gerichtlichen Disziplinarverfahren oder den Bundesminister der Verteidigung oder den Generalinspekteur der Bundeswehr in Antragsverfahren nach der Wehrbeschwerdeordnung vor den Wehrdienstsenaten des Bundesverwaltungsgerichts. Schließlich nimmt der Bundeswehrdisziplinaranwalt zu Richtervorlagen gegenüber dem Bundesverwaltungsgericht Stellung, soweit ein Truppendienstgericht dem Bundesverwaltungsgericht Rechtsfragen von grundsätzlicher Bedeutung zur Entscheidung vorlegt, um die Fortbildung des Rechts oder die Sicherung einer einheitlichen Rechtsprechung zu gewährleisten.

4. Wehrdisziplinaranwälte

Neben den Truppendienstgerichten und dem Bundeswehrdisziplinaranwalt zählen auch die Wehrdisziplinaranwälte zur Rechtspflege im organisatorischen Sinn. Sie sind hauptamtlich Rechtsberater und üben die Tätigkeit als Wehrdisziplinaranwalt im Nebenamt aus. Während sie als Rechtsberater ihrer Kommandobehörde in allgemein-dienstlicher Hinsicht unterstellt sind, gehören sie als Wehrdisziplinaranwalt einer eigenen Dienststelle an, der sog Wehrdisziplinaranwaltschaft.

Nach 81 Abs. 1 WDO werden Wehrdisziplinaranwälte bei den Truppendienstgerichten bestellt. Dort vertreten sie nach § 81 Abs. 2 WDO die Einleitungsbehörde. Ungeachtet etwaiger Ersuchen der Einleitungsbehörde kann der Wehrdisziplinaranwalt gemäß § 92 Abs. 1 Satz 2 WDO selbstständig Vorermittlungen aufnehmen. Nach § 97 WDO führt er die Ermittlungen, fertigt die Anschuldigungsschrift[701] und nimmt die Hauptverhandlung vor dem Truppendienstgericht, einschließlich Schlussvortrag und Antragstellung wahr. Soweit er keine Berufung einlegt, leitet er nach § 81 Abs. 2 Satz 4 WDO die Vollstreckung der im gerichtlichen Disziplinarverfahren verhängten Maßnahme ein. Schließlich führt er im Falle eines Gnadengesuchs die Gnadenermittlungen durch und legt dem Bundesminister der Verteidigung seinen abschließenden Gnadenbericht einschließlich aller Unterlagen über den Bundeswehrdisziplinaranwalt vor.

II. Die Rechtspflege im funktionalen Sinn

Die Rechtspflege im funktionalen Sinn ist nur in Grundzügen gesetzlich geregelt. Maßgeblich sind einerseits die Verpflichtungen aus dem Zusatzprotokoll zu den Genfer Abkommen vom 12. August 1977 über den Schutz

701 Will die Einleitungsbehörde das gerichtlichen Disziplinarverfahren nach § 98 WDO einstellen, entwirft der Wehrdisziplinaranwalt die Einstellungsverfügung.

der Opfer internationaler bewaffneter Konflikte[702] und andererseits die Vorgaben, die sich aus der Bindung der Streitkräfte als Teil der vollziehenden Gewalt an Recht und Gesetz nach Art. 20 Abs. 3 GG ergeben.

Nach Art. 82 ZP I haben die Hohen Vertragsparteien jederzeit dafür Sorge zu tragen, dass Rechtsberater bei Bedarf verfügbar sind, um die militärischen Kommandanten der zuständigen Befehlsebenen hinsichtlich der Anwendung der (Genfer) Abkommen und des ZP I sowie der geeigneten Unterweisungen zu beraten, die den Streitkräften auf diesem Gebiet zu erteilen sind. Nach Art. 83 Abs. 1 ZP I verpflichten sich die Hohen Vertragsparteien weiter, in Friedenszeiten wie in Zeiten eines bewaffneten Konflikts die Abkommen und das ZP I in ihren Ländern so weit wie möglich zu verbreiten, insbesondere ihr Studium in die militärischen Ausbildungsprogramme aufzunehmen. Diese Verpflichtung wird in § 33 Abs. 2 SG aufgegriffen, wonach Soldaten über ihre staatsbürgerlichen und völkerrechtlichen Pflichten und Rechte im Frieden und im Krieg zu unterrichten sind, um Vorgesetzte in die Lage zu versetzen, Befehle nach § 10 Abs. 4 SG unter Beachtung des Völkerrechts zu geben, und Untergebene zu befähigen, die Strafbarkeit eines völkerrechtswidrigen Befehls zu erkennen und einen solchen gemäß § 11 Abs. 2 Satz 1 SG nicht auszuführen.[703]

Aufgrund der Bindung der Exekutive an Recht und Gesetz sind die rechtlichen Vorgaben stets und auf allen Ebenen militärischen Führens und Handelns zu beachten. Vorgesetzte und Untergebene müssen daher die maßgeblichen rechtlichen Grundlagen kennen. Die Angehörigen der Rechtspflege im funktionalen Sinne übernehmen dabei die Aufgabe, militärische Vorgesetzte in rechtlichen Angelegenheiten[704], insbesondere des Wehrrechts zu beraten und zu unterrichten. Zum Wehrrecht zählen dabei insbesondere die Rechtsvorschriften über die Stellung und den Einsatz der Streitkräfte, das Humanitäre Völkerrecht, das Einsatzrecht, die Rechte und Pflichten der Soldaten, das Wehrbeschwerde- und Wehrdisziplinarrecht, das (Wehr-)Strafrecht sowie das Soldatenstatusrecht.

Zur Rechtspflege im funktionalen Sinne zählen im Wesentlichen die Rechtsberatung im Inland sowie im Rahmen von Auslandseinsätzen und die Rechtslehre in den Streitkräften.[705] Die Organisation obliegt dabei den militärischen Organisationsbereichen, die dem Bundesministerium der Verteidigung gegenüber für eine sach- und fachgerechte Ausplanung verantwortlich sind. Die Aufgaben in der Rechtsberatung und Rechtslehre

702 Im Folgenden: ZP I.

703 Walz, in: Walz/Eichen/Sohm, SG, 3. Aufl. 2016, § 33 Rn. 8; Scherer/Alff/Poretschkin/Lucks, SG, 10. Aufl. 2018, § 33 Rn. 2; Sanne/Weniger, SG, 2. Aufl. 2014, § 33 Rn. 4.

704 Eine Ausnahme gilt für die Rechtsgebiete, die in den Zuständigkeitsbereich der Bundeswehrverwaltung fallen.

705 Die maßgebliche Dienstvorschrift (Fn. 1) zählt außerdem noch den Beauftragten für die Rechtsausbildung in den Streitkräften sowie den in der wissenschaftlichen Grundlagenarbeit für die Rechtspflege Tätigen zur Rechtspflege im funktionalen Sinn.

werden von Beamten des höheren nichttechnischen Verwaltungsdienstes mit der Befähigung zum Richteramt wahrgenommen.

Rechtsberatung erfolgt regelmäßig in den höheren Kommandobehörden und Ämtern der Streitkräfte sowie im Bundesamt für das Personalmanagement der Bundeswehr für die nichtmilitärischen Organisationsbereiche im Geschäftsbereich des Bundesministeriums der Verteidigung, in denen Soldaten Dienst leisten. Dort sind die Rechtsberater (organisatorisch) den Dienststellenleitern zugeordnet und beraten und unterstützen die Dienststellenleiter, Angehörige des jeweiligen Stabes und die übrigen, nachgeordneten Disziplinarvorgesetzten. Zu den wesentlichen Aufgaben gehören die Bearbeitung bzw. Mitprüfung von Wehrdisziplinar- und Wehrbeschwerdeangelegenheiten, von Befehlen und Weisungen, von Stellungnahmen gegenüber dem Wehrbeauftragten des Deutschen Bundestages, die Prüfung von einfachen Disziplinarmaßnahmen, Förmlichen Anerkennungen und sonstigen meldepflichtigen Ereignissen, die Teilnahme an militärischen Übungen (in der Regel im Soldatenstatus) sowie vorbereitenden Aus- und Weiterbildungen sowie die Durchführung von dienstbegleitenden Rechtsunterrichten einschließlich der einsatzbezogenen (Rechts-)Ausbildung. Zudem können sich aus den spezifischen Aufgaben der jeweiligen militärischen Dienststelle besondere Aufgaben für den Rechtsberater ergeben, beispielsweise die Auswertung von Flugunfalluntersuchungsberichten, die Mitwirkung beim Entzug von dienstrechtlichen Erlaubnissen oder die rechtliche Prüfung von Amtshilfeersuchen.

Rechtsberatung spielt indes nicht nur im Inland eine wichtige Rolle. Militärische Truppenführer müssen gerade auch in Auslandseinsätzen der Bundeswehr die rechtlichen Rahmenbedingungen zum wesentlichen Bestandteil ihrer Entscheidungsfindung machen.[706] Die Rechtspflege der Bundeswehr berät daher auch in Einsätzen deutsche und internationale Kommandeure in allen Fragen des einsatzrelevanten Verfassungsrechts, des internationalen und nationalen Einsatzrechts sowie des übrigen Wehrrechts. Dazu zählen insbesondere die Regelungen des Humanitären Völkerrechts in internationalen und nichtinternationalen bewaffneten Konflikten, untergesetzliche nationale und internationale Vorgaben zur Anwendung militärischer Gewalt wie beispielsweise die sog. Rules of Engagement oder Übereinkommen mit dem Gast- oder Aufnahmestaat. Ebenfalls fällt es in die Zuständigkeit der Rechtsberater im Auslandseinsatz, Ermittlungen in Disziplinar- und Beschwerdeangelegenheiten zu führen. Anders als im Inland dürfen Rechtsberater in Auslandseinsätzen zudem auch Kontingentangehörige im Rahmen einer ersten Hilfestellung in privaten Rechtsangelegenheiten beraten. An Auslandseinsätzen nehmen Angehörige der Rechtspflege grundsätzlich als Rechtsberater-Stabsoffizier im Soldatenstatus teil, da sie einerseits als Angehörige des Einsatzverbandes erkennbar sein müssen und

---

706 Im operativen Bereich wird dies als „Einheit von Operationsführung und Recht“ bezeichnet.

dies andererseits regelmäßig ihre Akzeptanz im nationalen und internationalen Umfeld steigert.

Die (lehrgangsgebundene) Rechtsausbildung in den Streitkräften dient der sach- und fachgerechten Qualifizierung der Soldaten, damit diese ihre jeweiligen militärischen Aufgaben handlungssicher wahrnehmen und Rechtsfragen des militärischen Dienstes auch unter schwierigen Bedingungen im Inland sowie unter Einsatzbedingungen im Rahmen der Rechtsordnung bewerten und entsprechend entscheiden können.[707] Dazu vermitteln Rechtslehrer den Soldaten an den Ausbildungs- und Lehreinrichtungen der Streitkräfte die notwendigen Rechtskenntnisse. Der Schwerpunkt liegt dabei in der Unterrichtung in den Laufbahn- und Verwendungslehrgängen der Offiziere und Unteroffiziere in den Rechtsgebieten Verfassungsrecht einschließlich des Einsatzes der Bundeswehr im Inneren, soldatische Pflichten, Befehlsrecht, Wehrdisziplinar- und Wehrbeschwerderecht, (Wehr-)Strafrecht, humanitäres Völkerrecht in bewaffneten Konflikten einschließlich des operativen Rechts der Auslandseinsätze. Auch werden die rechtlichen Grundlagen der Anwendung unmittelbaren Zwangs nach dem UZwGBw sowie bestimmter „Sonderrechtsgebiete" vermittelt.[708] Umfang und Tiefe der Ausbildung richten sich dabei nach dem Qualifizierungsbedarf der jeweiligen Laufbahn und späteren Verwendung.

707 Zentrale Dienstvorschrift A-221/2 – „Die Rechtsausbildung der Soldaten und Soldatinnen", Nr. 301.

708 Z. B. Straßenverkehrsrecht für Fahrlehrer, Medizinrecht für medizinisches Personal oder Besonderheiten des See- und Luftrechts für Angehörige der Marine bzw. Luftwaffe.

Kapitel 13 Sicherheitsüberprüfungsrecht

Thomas Engelien-Schulz

Eine zwangsläufige Begleiterscheinung vor der Ausübung einer sicherheitsempfindlichen Tätigkeit ist die Sicherheitsüberprüfung. Sie dient der Risikoabschätzung, wenn der Dienstherr beabsichtigt, Zugang zu oder Umgang mit Verschlusssachen oder den Zutritt zu sensitiven Bereichen zu gewähren. Der Dienstherr möchte im Vorfeld wissen, ob von dieser Person Gefahren für seine Interessen ausgehen. Bei der Sicherheitsüberprüfung kommt es zu einem Blick in die Vergangenheit der jeweiligen Person verbunden mit einer Prognose über deren zukünftiges Verhalten. Dieser kann auch einmal mit der Feststellung eines Sicherheitsrisikos enden.

I. Zum Hintergrund und Zweck der Sicherheitsüberprüfung

Was für Firmen etwa fertigungsbezogene, geldwerte oder ansehensbezogene Geschäftsgeheimnisse sind, sind für den Staat und seine Funktionsfähigkeit Amtsgeheimnisse, Verschlusssachen[709] sowie sabotageschutzrelevante Bereiche und Einrichtungen. Diese als solche zu erkennen, zu bestimmen und zu behandeln, liegt dienstpflichtartig in der Verantwortung eines jeden Angehörigen des BMVg und seines nachgeordneten Geschäftsbereichs.[710]

Derart sensitive Informationen, Einrichtungen[711] und Geräte bedingen materielle und personelle Maßnahmen zu ihrem Schutz. Letzterem dient die Sicherheitsüberprüfung. Mit dieser wird ermittelt, ob bei der betroffenen Person sicherheitserhebliche Erkenntnisse bestehen, die der Ausübung einer solchen sicherheitsempfindlichen Tätigkeit entgegenstehen. Es geht hier also um Gefahrenerkennung und Risikominimierung.

Da bei einer solchen Überprüfung mit personenbezogenen Daten umgegangen wird, regelt das Gesetz über die Voraussetzungen und das Verfahren von Sicherheitsüberprüfungen des Bundes (SÜG) die Einzelheiten für das dafür erforderliche Sicherheitsüberprüfungsverfahren.

---

709 Engelien-Schulz, UBWV 2010, 19.
710 Engelien-Schulz, UBWV 2011, 99.
711 Zum Vergleich mit dem LuftSiG siehe Engelien-Schulz, UBWV 2011, 361.

1. Zur sicherheitsempfindlichen Tätigkeit

Die Ausübung einer derart sensitiven Tätigkeit in der Bundeswehr – konkret der Zugang zu/Umgang mit Verschlusssachen höher als VS – Nur für den Dienstgebrauch oder der Zugang zu Bereichen, die den Bestimmungen des Sabotageschutzes unterliegen – wird als sicherheitsempfindliche Tätigkeit bezeichnet. Derartige Tätigkeiten finden sich auch in anderen Bereichen, wie etwa dem Atom- und Luftsicherheitsrecht.

Wer eine solche Tätigkeit zukünftig oder weiterhin ausüben soll, benötigt hierfür einen entsprechenden Sicherheitsüberprüfungsstatus. Die Notwendigkeit von Aktualisierungen und Wiederholungsüberprüfungen bestimmt § 17 SÜG.

Differenziert wird beim Verschlusssachenschutz zwischen einer

- einfachen (Ü1),
- erweiterten (Ü2) und
- erweiterten Sicherheitsüberprüfung mit Sicherheitsermittlungen (Ü3).

Bei der Ü2 und Ü3 wird auf der Grundlage des § 2 Abs. 2 SÜG auch die mitbetroffene Person – etwa die Ehefrau – in die Sicherheitsüberprüfung einbezogen.

Bei Sabotageschutz bedarf es ohne Einbeziehung der mitbetroffenen Person einheitlich einer Ü2.

2. Zur Ausbildung an Kriegswaffen

Mit der Einführung des § 37 Abs. 3 SG reagierte der Gesetzgeber auf Risiken, die aus dem Missbrauch des Wissens beim Umgang mit Kriegswaffen resultieren.[712] Die erforderliche sog. Soldateneinstellungsüberprüfung umfasst eine Ü1. Die Einstellung[713] erfolgt unter dem Vorbehalt eines positiven Abschlusses. Wegen der zur Verfügung stehenden Zeit ist dieses meist eingeschränkt vorläufig. Wer bereits in der Vergangenheit dieses Wissen erlangt hat, benötigt keine Sicherheitsüberprüfung im Kontext des § 37 Abs. 3 SG.

II. Zum Sicherheitsüberprüfungsverfahren

Das Sicherheitsüberprüfungsverfahren ist ein verwaltungsinternes Verfahren[714] und im Hinblick auf Sicherheitsbedenken eine vorbeugende Maßnahme.

Nach § 14 Abs. 5 Satz 2 SÜG darf mit einer sicherheitsempfindlichen Tätigkeit ohne eine abgeschlossene Sicherheitsüberprüfung, die zum Er-

---

712 Siems, BWV 2020, 73; Engelien-Schulz, BWV 2017, 147.

713 BVerwG, Beschl. v. 26.10.2017 – 1 WB 20.17, Rn. 22. Alle zitierten Entscheidungen finden sich bei juris.

714 Engelien-Schulz, BWV 2018, 25 u. 49.

gebnis hat, dass kein Sicherheitsrisiko vorliegt, keine Person betraut werden. Die Verantwortung hierfür trägt die Leitung der Dienststelle.

Das Ergebnis der Sicherheitsüberprüfung stellt keinen Verwaltungsakt dar.[715] Dies resultiert auch aus dem Umstand, dass niemand einen Anspruch auf eine Sicherheitsüberprüfung hat.[716]

1. Einleitung durch den Sicherheitsbeauftragten

Eingeleitet wird das Verfahren mit der Feststellung des Sicherheitsbeauftragten, dass ein Dienstposten mit einer sicherheitsempfindlichen Tätigkeit verbunden ist.[717]

Die so betroffene Person wird aktenkundig aufgefordert, zeitnah eine Sicherheitserklärung nach § 13 SÜG auszufüllen.

Kommt diese dem nicht nach, erwächst hieraus ein Verfahrenshindernis. Das Verfahren wird durch die zuständige Stelle ohne Entscheidung in der Sache eingestellt. Die sicherheitsempfindliche Tätigkeit darf nicht ausgeübt werden.[718]

Losgelöst von einer sicherheitsempfindlichen Tätigkeit kann nicht die Einleitung einer Sicherheitsüberprüfung verfolgt werden.[719]

2. Durchführung durch die mitwirkende Behörde

Auf der Grundlage der Sicherheitserklärung führt der MAD[720] als sog. mitwirkende Behörde (§ 1 Abs. 3 Satz 1 Nr. 1 MADG) die nach § 12 SÜG jeweils vorgegebenen Maßnahmen durch. Neben Abfragen bei anderen Sicherheitsbehörden und der Beiziehung von Akten bilden hier Befragungen verschiedenster Personen den Schwerpunkt. Auch hier besteht die Pflicht zu wahrheitsgemäßen Angaben nach § 13 Abs. 1 SG.[721]

Ergeben sich hierbei keine sicherheitserheblichen Erkenntnisse, teilt dies der MAD dem Sicherheitsbeauftragten direkt mit. Der positive Sicherheitsüberprüfungsstatus ist erwachsen.

In Eilfällen kann die mitwirkende Behörde auf der Grundlage des § 15 SÜG ein vorläufiges Ergebnis erteilen. Dieses richtet sich nicht an die betroffene Person, sondern den Sicherheitsbeauftragten.[722]

Können im Rahmen eines Sicherheitsüberprüfungsverfahrens die vom Gesetzgeber vorgegebenen Aufklärungsziele nicht erreicht werden, sei es, weil der Betroffene nicht mitwirkt oder etwa Angaben seiner Ehefrau/Le-

---

715 BVerwG, Beschl. v. 20.6.2018 – 6 A 6.18, Rn. 3; VG Köln, Urt. v. 18.1.2006 – 3 K 1168/04, Rn. 19.

716 BVerwG, Beschl. v. 21.7.2016 –1 WB 35.15, Rn. 25.

717 A.M. Riegel, JZ 1993, 442 (443).

718 Zur Frage einer Mitwirkungspflicht BVerwG, Urt. v. 26.6.2014 – 2 A 1.12, Rn. 20 u. 40.

719 BVerwG, Beschl. v. 26.10.2017 – 1 WB 20.17, Rn. 22, u. VG Berlin, Urt. v. 10.1.2017 – 4 K 214.14, Rn. 15.

720 Siehe hierzu oben Iglesias Appuhn, Kapitel 9.

721 Zur Wahrheitspflicht bei der Befragung BVerwG, Beschl. v. 20.11.2012 – 1 WB 21.12 u. 1 WB 22.12, Rn. 58; Engelien-Schulz, NZWehrr 2016, 221.

722 BVerwG, Beschl. v. 26.10.2017 – 1 WB 20.17, Rn. 20.

benspartnerin nicht überprüft werden können,[723] ist das Verfahren nach § 14 Abs. 5 Satz 1 SÜG ohne Entscheidung in der Sache wegen eines Verfahrenshindernisses einzustellen.[724]

3. Entscheidung durch die zuständige Stelle

Aufgekommene sicherheitserhebliche Erkenntnisse übermittelt der MAD verbunden mit einem Votum an den zuständigen Geheimschutzbeauftragten.[725] Dieser ist als zuständige Stelle „Herr des Verfahrens“[726].

Vor der Feststellung eines Sicherheitsrisikos wird nach § 6 SÜG die Möglichkeit zur persönlichen Anhörung eingeräumt.[727] Hier kann auch ein Rechtsanwalt hinzugezogen werden.[728] Es besteht für den Geheimschutzbeauftragten keine „Beweislast“.[729]

Da es sich bei der Sicherheitsüberprüfung um keine zusätzliche Ebene der repressiven Reaktion auf ein Fehlverhalten[730], sondern um eine Maßnahme der vorbeugenden Gefahrenabwehr handelt, äußert sich der Geheimschutzbeauftragte „nur“ prognostisch[731] zur künftigen Entwicklung der Persönlichkeit der betroffenen Person und ihrer Verhältnisse.[732]

Ergibt sich für den Geheimschutzbeauftragten ein Verfahrenshindernis, müssen die Gründe mitgeteilt werden.[733] Wenn sie nicht durch die betroffene Person beseitigt werden können, steht das Verfahrenshindernis dem Sicherheitsüberprüfungsstatus und damit nach § 14 Abs. 5 Satz 2 SÜG der Ausübung einer sicherheitsempfindlichen Tätigkeit entgegen.

4. Später aufkommende sicherheitserhebliche Erkenntnisse

Kommen nach der Entscheidung der mitwirkenden Behörde oder der zuständigen Stelle sicherheitserhebliche Erkenntnisse auf, sind diese von der jeweiligen Dienststelle zeitnah dem MAD zu übermitteln.

Dort wird dann ein Verfahren nach § 16 Abs. 2 SÜG durchgeführt. Diese Erkenntnisse sind dann Anlass für Recherchemaßnahmen und eine Neubewertung.

Explizit weist § 15a SÜG der personalbearbeitenden Stelle eine solche Pflicht zur unverzüglichen Unterrichtung zu.

---

723 VG Berlin, Urt. v. 10.1.2017 – 4 K 214.14, Rn. 19.

724 BVerwG, Beschl. v. 21.3.2013 – 1 WB 67.11, Rn. 35; Beschl. v. 26.6.2007 – 1 WB 37.06, Rn. 41; Engelien-Schulz, UBWV 2011, 271.

725 Engelien-Schulz, BWV 2016, 51.

726 Riegel, JZ 1993, 442 (443), ders., RDV 1993, 208 (212).

727 BVerwG, Beschl. v. 26.11.2013 – 1 WB 57.12, Rn. 62; noch anders BVerwG, Beschl. v. 21.10.2010 – 1 WB 16.10, Rn. 44.

728 BVerwG, Beschl. v. 21.10.2010 – 1 WB 16.10, Rn. 44.

729 BVerwG, Beschl. v. 18.12.2019 – 1 WB 6.19, Rn. 31.

730 BVerwG, Beschl. v. 21.7.2016 – 1 WB 35.15, Rn. 43.

731 BVerwG, Beschl. v. 17.4.2019 – 1 WB 3.19, Rn. 32.

732 BVerwG, Beschl. v. 17.4.2019 – 1 WB 3.19, Rn. 33.

733 BVerwG, Beschl. v. 21.3.2013 – 1 WB 67.11, Rn. 34.

Das Unterlassen einer solchen Übermittlung durch die Dienststelle stellt für sich eine sicherheitserhebliche Erkenntnis dar, kann also die Feststellung eines Sicherheitsrisikos rechtfertigen.

III. Zur Bewertung sicherheitserheblicher Erkenntnisse

Aus der Sicherheitserklärung, den Recherchemaßnahmen des MAD oder der Meldung des Sicherheitsbeauftragten resultierende sicherheitserhebliche Erkenntnisse sind im Hinblick auf die Zielsetzung des SÜG zu bewerten.[734]

Die Tatsache, dass ein Sachverhalt bereits Gegenstand eines Straf- oder Disziplinarverfahrens gewesen ist, steht dessen Würdigung im Kontext einer Sicherheitsüberprüfung nicht entgegen.[735]

Dienstliche oder außerdienstliche Leistungen kompensieren oder relativieren in diesem Kontext kein außerdienstliches Fehlverhalten.[736]

1. Prüfparameter

Bei der Beurteilung stehen nach § 5 Abs. 1 SÜG

- die Zuverlässigkeit,
- die besondere Gefährdung im Hinblick auf die Anbahnung oder Werbung durch einen fremden Nachrichtendienst, eine Vereinigung i. S. d. §§ 129 bis 129d StGB oder eine extremistische Organisation oder
- Zweifel am Bekenntnis zur freiheitlichen demokratischen Grundordnung (§ 4 Abs. 2 BVerfSchG)

im Fokus. Dabei können auch mehrere Punkte gleichzeitig vorliegen. Zentral sind damit folgende Fragen:[737]

- Ist die Person zuverlässig im Hinblick auf die spezifischen Anforderungen beim Verschlusssachen- oder Sabotageschutz?
- Liegen in der Person Umstände – etwa menschliche Schwächen –, die sie einer gesteigerten Gefährdung im Hinblick auf die „Vereinnahmung“ durch Dritte aussetzen?
- Bekennt sich die Person zur freiheitlichen demokratischen Grundordnung? Tritt sie für diese ein?

Beachtlich ist, dass es bei dieser Prüfung nicht auf eine Schuldform ankommt.[738] Auch dies unterscheidet dieses Verfahren von Disziplinar- oder Strafverfahren.

Nach § 14 Abs. 3 Satz 2 SÜG erfolgt die Bewertung sicherheitserheblicher Erkenntnisse auf Grund einer am Zweck der Sicherheitsüberprüfung

---

734 BVerwG, Beschl. v. 20.12.2016 – 1 WB 21.16, Rn. 43.
735 BVerwG, Beschl. v. 21.7.2016 – 1 WB 35.15, Rn. 43.
736 BVerwG, Urt. v. 6.7.1993 – 2 WD 22.93, Rn. 3 und Urt. v. 1.7.1997 – 2 WD 11.97, Rn. 5.
737 Engelien-Schulz, UBWV 2015, 375; ders., UBWV 2016, 23; ders., UBWV 2016, 38; ders., UBWV 2016, 73.
738 Engelien-Schulz, DÖD 2016, 217.

orientierten Gesamtwürdigung des Einzelfalls. Dabei ist die jeweils vorgesehene sicherheitsempfindliche Tätigkeit einzubeziehen.

2. Risikominimierende Auflagen

Der Grundsatz der Verhältnismäßigkeit rechtfertigt es, nicht auf jede sicherheitserhebliche Erkenntnis mit der Feststellung eines Sicherheitsrisikos zu reagieren.[739] Ein Minus hierzu ist die Aussprache risikominimierender Auflagen durch die zuständige Stelle.[740] Diese enthalten für ihre Empfänger (betroffene Person, Sicherheitsbeauftragter, Dienststellenleiter, personalbearbeitende Stelle) bindende Verhaltensvorgaben.

Der zugewiesene Sicherheitsüberprüfungsstatus wird dann mit Nebenbestimmungen verbunden.

Die Nichtbeachtung oder unzureichende Befolgung einer Auflage bildet die Grundlage zur Feststellung eines Sicherheitsrisikos.[741]

3. Feststellung eines Sicherheitsrisikos

Kann wegen der Ausprägung der Risikolage nicht auf Auflagen zurückgegriffen werden, bleibt nur die Feststellung eines Sicherheitsrisikos.

Wegen der vorbeugenden Funktion der Sicherheitsüberprüfung und wegen des hohen Rangs der zu schützenden Rechtsgüter liegt ein Sicherheitsrisiko bereits dann vor, wenn tatsächliche Anhaltspunkte für einen der Tatbestände des § 5 Abs. 1 Satz 1 SÜG bestehen.[742] Der Blick in die Rechtsprechung zeigt hier ein facettenreiches Bild.

Einen Schwerpunkt bilden Straftaten als Ausdruck eines gestörten Verhältnisses zur Rechtsordnung.[743] Dabei muss die Straftat keine Bezüge zum Verschlusssachen- oder Sabotageschutz haben.[744]

Als vorbeugende Maßnahme setzt die Feststellung eines Sicherheitsrisikos keine rechtskräftige strafgerichtliche Verurteilung voraus.[745] Wird ein Verfahren z. B. nach § 153a Abs. 2 StPO eingestellt, entlässt dies die mitwirkende Behörde oder die zuständige Stelle nicht von der Feststellung des tatsächlich zugrundeliegenden Sachverhalts.[746]

An die Feststellung des Bestehens eines Sicherheitsrisikos sind rechtlich deutlich geringere Anforderungen[747] zu stellen als an die des Vorliegens eines Dienstvergehens.[748]

---

739 Engelien-Schulz, NZWehrr 2015, 57.
740 BVerwG, Beschl. v. 27.2.2003 – 1 WB 51.02, Rn. 9.
741 BVerwG, Beschl. v. 27.2.2003 – 1 WB 51.02, Rn. 9.
742 BVerwG, Beschl. v. 18.12.2019 – 1 WB 6.19, Rn. 31.
743 BVerwG, Beschl. v. 28.9.2017 – 1 WB 26.16, Rn. 36.
744 BVerwG, Beschl. v. 21.7.2011 – 1 WB 12.11, Rn. 40.
745 BVerwG, Beschl. v. 20.8.2003 – 1 WB 15.03, Rn. 4 und Beschl. v. 18.10.2001 – 1 WB 54.01, Rn. 10.
746 BVerwG, Beschl. v. 26.6.2007 – 1 WB 59.06, Rn. 27, vgl. BVerwG, Beschl. v. 20.8.2003 – 1 WB 15.03, LS. 2.
747 BVerwG, Beschl. v. 21.2.2002 – 1 WB 77.01, Rn. 3.
748 BVerwG, Beschl. v. 24.9.2015 – 1 WB 55.14, Rn. 44.

Unrichtige Angaben[749] in der Sicherheitserklärung können ebenso die Feststellung eines Sicherheitsrisikos rechtfertigen.[750]

Zahlungsunfähigkeit, Überschuldung[751] oder Insolvenz[752] werfen Fragen zur Zuverlässigkeit und zum Vorliegen einer besonderen Gefährdungslage auf.

Auch Beziehungen zu verfassungsfeindlichen Organisationen können ein Sicherheitsrisiko begründen.[753]

Schließlich kann auch eine Beziehung zu einer Person in oder aus[754] einem Staat mit besonderen Sicherheitsrisiken ein Sicherheitsrisiko begründen.[755] Die Liste dieser Staaten veröffentlicht das BMI in seiner Funktion als Nationale Sicherheitsbehörde mit bindender Wirkung für alle Dienststellen.[756]

Beachtlich ist, dass sich nach § 5 Abs. 1 Satz 2 SÜG ein Sicherheitsrisiko auch aus tatsächlichen Anhaltspunkten bei der mitbetroffenen Person (§ 2 Abs. 2 SÜG) ergeben kann.[757]

Die Feststellung eines Sicherheitsrisikos wirkt in der Regel fünf Jahre. Unter Verhältnismäßigkeitserwägungen kann die zuständige Stelle ein erneutes Sicherheitsüberprüfungsverfahren auch früher zulassen.

4. Grenzfälle

Im Mittelpunkt des Sicherheitsüberprüfungsverfahrens steht eine vorbeugende Risikoeinschätzung.[758] Nach § 14 Abs. 3 Satz 3 SÜG ist vom Geheimschutzbeauftragten im Zweifel dem Sicherheitsinteresse des Staates vor anderen Belangen der Vorrang einzuräumen – in dubio pro securitate. Auch an dieser Stelle zeigt sich, wie sich das Sicherheitsüberprüfungsverfahren etwa vom Strafverfahren mit dem Grundsatz des in dubio pro reo unterscheidet.[759]

IV. Zur Bindungswirkung der Entscheidung der zuständigen Stelle

Die Zuweisung oder Beibehaltung einer sicherheitsempfindlichen Tätigkeit für eine Person, bei der ein Sicherheitsrisiko festgestellt worden ist, ist rechtswidrig (§ 14 Abs. 5 Satz 2 SÜG) und begründet für sich als Missach-

749 Engelien-Schulz, NZWehrr 2016, 221.
750 BVerwG, Beschl. v. 31.1.2018 – 1 WB 24.17, Rn. 29.
751 BVerwG, Beschl. v. 30.1.2001 – 1 WB 119.00, Rn. 8.
752 Engelien-Schulz, DÖD 2016, 67.
753 BVerwG, Beschl. v. 20.8.2003 – 1 WB 3.03, Rn. 5.
754 VG Berlin, Urt. v. 10.1.2017 – 4 K 214.14, Rn. 20.
755 BVerwG, Beschl. v. 31.1.2018 – 1 WB 24.17, Rn. 29.
756 BVerwG, Beschl. v. 24.1.2006 – 1 WB 15.05, Rn. 19.
757 BVerwG, Beschl. v. 16.9.2004 – 1 WB 41.04, Rn. 11; Beschl. v. 31.7.2002 – 1 WB 21.02, Rn. 4.
758 BVerwG, Beschl. v. 20.12.2016 – 1 WB 21.16, Rn. 39.
759 Engelien-Schulz, UBWV 2019, 193.

tung der Rechtsordnung eine sicherheitserhebliche Erkenntnis, die bei den Verantwortlichen zur Feststellung eines Sicherheitsrisikos führen kann. Die Entscheidung des Geheimschutzbeauftragten bindet die Dienststellenleitung, den Sicherheitsbeauftragten und die personalbearbeitende Stelle[760], ihm steht die „Letztentscheidungskompetenz"[761] zu.

Negative Folgen der Feststellung eines Sicherheitsrisikos für den militärischen Werdegang muss der Betroffene als notwendige Folge höherrangiger allgemeiner Interessen hinnehmen.[762]

V. Zur Überprüfung der Entscheidung der zuständigen Stelle

Die negative Entscheidung des Geheimschutzbeauftragten kann im Fall einer Ü1 und Ü2 mit einer Wehrbeschwerde überprüft werden. Im Nachgang zum Beschwerdebescheid und bei einer Ü3 kann ein Antrag auf gerichtliche Entscheidung gestellt werden.[763] Hierüber entscheidet direkt das BVerwG.

Beachtlich ist, dass bei der Entscheidung über das Vorliegen eines Sicherheitsrisikos der zuständigen Stelle ein gerichtlich nur eingeschränkt überprüfbarer Beurteilungsspielraum zusteht.[764]

760 Engelien-Schulz, BWV 2016, 51.

761 Kugele, Anm. zu. BVerwG, Beschl. v. 21.7.2011 – 1 WB 12.11.

762 BVerwG, Beschl. v. 12.6.1996 – 1 WB 41.95, Rn. 28.

763 Siehe zum vorläufigen Rechtsschutz BVerwG, Beschl. v. 28.3.2019 – 1 WDS-VR 3.19, Rn. 13.

764 BVerwG, Beschl. v. 17.9.2015 – 2 A 9.14, Rn. 21, und Kugele, Anm. zu BVerwG, Beschl. v. 21.7.2011 – 1 WB 12.11.

Kapitel 14 **Soldatenbeteiligungsrecht**

Theodor Höges

I. Die Idee der Teilhabe der Soldaten am militärischen Führungs- und Entscheidungsprozess

Die Vorstellung, dass Soldaten nicht mehr nur ausschließlich Empfänger von Befehlen und Weisungen von militärischen Vorgesetzten zu sein haben, sondern am militärischen Führungsprozess teilhaben, hat in Deutschland sicherlich seine wesentliche Initiale im Kieler Matrosenaufstand von 1918.[765] In den Schlusstagen des ersten Weltkrieges war es insbesondere die empfundene Sinnlosigkeit einer möglichen Aufopferung in der verlorenen militärischen Auseinandersetzung in einer letzten großen Seeschlacht, die vom einfachen Matrosen bis zum Offizier die Frage hervorbrachte, ob im aussichtslos gewordenen Krieg die Pflicht zum Gehorsam gegenüber Vorgesetztem und Kaiser noch als legitimer Ausdruck der Staatsräson sein könne. Der Bindung an den soldatischen Eid stand die empfundene Sinnlosigkeit militärischen Handelns gegenüber.[766]

Die Frage war im radikaler werdenden politischen Diskurs im Jahre 1918 und in Kenntnis der revolutionären Aktivität in Russland politisch aufgeladen, konnte sie doch auch als die Übertragung Marxscher Ideen über die Entfremdung des Arbeiters vom Produktionsprozess und seiner Ausbeutung in die Welt des Militärs gedeutet werden. Soldaten waren in einem unerbittlichen System von Hierarchie und Sanktion zu jedem Tun gezwungen, ohne je ernsthaft den geforderten persönlichen Einsatz bis zum Äußersten, auf seine militärische Zweckmäßigkeit, seine ethische Vertretbarkeit und die Auswirkung auf das eigene Schicksal mit dem Anspruch auf Einbeziehung in die Entscheidung reflektieren zu können. Die Erfahrungen aus der gewerkschaftlichen Selbstorganisation der Arbeiterschaft und das in der breiten Bevölkerung im Vordringen befindliche sozialistische Werteideal taten ihr Übriges, aus den widerspruchslos Geführten fordernde Akteure zu machen. Einigkeit macht stark!

---

765 So auch Gronimus, Die Beteiligungsrechte der Vertrauenspersonen in der Bundeswehr, 8. Aufl. 2018, Einf. zum SBG Rn. 1.

766 Vgl. zur Historie und ihrer nationalen Bedeutung: https://wikipedia.org/wiki/Kieler_Matrosenaufstand.

So war es nur konsequent, dass die Matrosen der kaiserlichen Flotte dem voraussehbaren eigenen Untergang und Tod ohne jeden militärischen Zweck das Begehren entgegensetzten, über das eigene Schicksal mitentscheiden zu wollen, und dabei als Mittel den konzertierten militärischen Ungehorsam einsetzten. Pointiert ausgedrückt war damit die früheste Beteiligung der Soldaten daher der kollektive Ungehorsam, denn dieser zwang die militärischen Entscheidungsträger, die Forderungen und Meinungen der sich bildenden Soldatenräte einzubeziehen. Diese Verweigerung schaffte erstmals ein Mittel zur Teilhabe am militärischen Führungsprozess und ist letztlich der Ausgangspunkt der heute bestehenden Beteiligungsgesetze.[767] Eine erste förmliche Anerkennung dieser eigentlich ungesetzlichen Organe erfuhr die Figur des Vertrauensmannes in dem Befehl Nummer 1 des Generalmajors Georg Maercker vom 18. Dezember 1918.[768] Allerdings war Maercker nur für ein Freikorps zuständig und damit nicht offizieller Repräsentant der neuen Staatlichkeit der Weimarer Republik.[769]

II. Die Entwicklung der Beteiligungsrechte in den Streitkräften

Nach den Erfahrungen im ausgehenden Kaiserreich mit gesetzlich nicht vorgesehenen Soldatenräten wurde eine erste einheitliche Legitimationsgrundlage in der neuen Republik mit dem Erlass der Reichsregierung über die vorläufige Regelung der Kommandogewalt und die Stellung der Soldatenräte im Friedensheer vom 19. Januar 1919 vorgenommen. Allerdings beschränkte der Erlass die Kompetenzen von Soldatenräten und in kleineren Truppenteilen von Vertrauensleuten deutlich auf soziale und Fürsorgeangelegenheiten. Eine Durchbrechung des Grundsatzes von Befehl und Gehorsam durch Teilhaberechte war nicht vorgesehen. Eine Absetzung von Offizieren war ihnen nicht erlaubt, ebenso wenig die Erteilung von Befehlen.[770]

Eine endgültige gesetzliche Verankerung der Idee der Partizipation an militärischen Führungsentscheidungen brachte das Wehrgesetz vom 23. September 1921 der Weimarer Republik.[771] In § 9 des Gesetzes war die Wahl von Vertrauensleuten in allen Kommandobehörden und Truppenteilen vorgeschrieben. Zwar durften Soldaten keiner politischen Partei oder Gewerkschaft beitreten, jedoch wurde dem Rätegedanken noch insofern Rechnung getragen, als dass die Soldaten berechtigt waren, sich nach vor-

767 Siehe auch Stauf, Wehrrecht I, 2002, SBG, Einleitung Rn. 3; auch Demandt, NZWehrr 1989, 145 ff. (146); vgl. Eichen, in: Walz/Eichen/Sohm, SG, 3. Aufl. 2016, § 35 Rn. 4.

768 Stauf, Wehrrecht I, 2002, SBG, Einleitung Rn. 3.

769 Vgl. Niemeyer/Maercker, in: Neue Deutsche Biographie 15 (1987), 638 (online-version; URL: https//www.deutsche-biographie.de/pnd117518506.html#ndbcontent); Gronimus, Die Betiligungsrechte der Vertrauenspersonen in der Bundeswehr, 8. Aufl. 2018, Einf. zum SBG Rn. 3.

770 So Dietz, Das Primat der Politik in kaiserlicher Armee, Reichswehr, Wehrmacht und Bundeswehr, 2011, 179.

771 Vgl. Wehrgesetz (23.3.1921), in: documentArchiv.de [Hrsg.], http://www.document-Archiv.de/wr/1921/wehrgesetz.html.

heriger Anzeige an den zuständigen Vorgesetzten im Dienst zu versammeln und zu vereinigen. Die Bildung von Soldatenräten sah das Gesetz allerdings nicht vor.[772] Außerdem konnte eine Zusammenkunft untersagt werden. Hiergegen stand den Soldaten dann jedoch immerhin der Beschwerdeweg offen (§ 37 Abs. 4 des Wehrgesetzes 1921).

In der Zeit des Nationalsozialismus wurde mit der Neufassung des Wehrgesetzes vom 21. Mai 1935 die Institution der Vertrauensleute ersatzlos ad acta gelegt.[773] Die Bildung einer Vereinigung innerhalb oder außerhalb der Wehrmacht war unter Erlaubnisvorbehalt des militärischen Vorgesetzten gestellt (§ 26 Abs. 3 des Wehrgesetzes 1935).

Nach dem katastrophalen Ende des Zweiten Weltkrieges für Deutschland und dem Untergang des nationalsozialistischen Regimes erfolgte in der Bundesrepublik Deutschland mit der Aufstellung der Bundeswehr eine Wiederbelebung der Idee der Vertrauensleute aus der Zeit der Reichswehr der Weimarer Republik. Mit dem Vertrauensmännerwahlgesetz vom 26. Juli 1957 wurde für die Bundeswehr eine neue Rechtsgrundlage der Beteiligung an militärischen Führungsentscheidungen über gewählte Vertrauensmänner geschaffen.[774] Die Bildung von Versammlungen dieser Vertrauensmänner in Fortführung des Gedankens der Soldatenräte findet sich allerdings in diesem Gesetz nicht.

Das Vertrauensmännerwahlgesetz kannte durchgängig in allen Einheiten und Kommandobehörden die Wahl von Vertrauensmännern als Vertretung der Wählergruppen der Offiziere, Unteroffiziere und Mannschaften. Ein System der Repräsentation, das bis heute dem Beteiligungsrecht der Soldatinnen und Soldaten in der Bundeswehr zu eigen ist. Die materiellen Rechte der Vertrauensmänner waren in § 35 Abs. 2 des Soldatengesetzes (SG) in der Fassung vom 19. März 1956 niedergelegt und beschränkten sich auf Vorschläge zu Fragen des Dienstbetriebes, der Fürsorge, der Berufsförderung und des außerdienstlichen Gemeinschaftslebens.[775]

Die Vorschrift sah in ihrem Absatz 4 bereits das aktive und passive Wahlrecht nach dem Bundespersonalvertretungsgesetz in Personalräte für diejenigen Soldaten vor, die außerhalb von militärischen Einheiten, Verbänden und Schulen eingesetzt waren. Das System des für den allgemeinen öffentlichen Dienst konzipierten Beteiligungsrechts war von Anbeginn der Bundeswehr an in der Wehrverwaltung präsent und galt auch in den Streitkräften für das dort eingesetzte zivile Personal. Soldaten waren vor allem in höheren und obersten Kommandobehörden ebenfalls einbezogen. Damit

---

772 Vgl. auch Dietz, Das Primat der Politik in kaiserlicher Armee, Reichswehr, Wehrmacht und Bundeswehr, 2011, S. 206.

773 Vgl. Wehrgesetz (21.5.1935), in: documentArchiv.de [Hrsg.], http://www.document-Archiv.de/ns/1935/wehrgesetz.html.

774 BGBl. 1957 I S. 1052 ff.; vgl. auch Stauf, Wehrrecht I, 2002, SBG, Einleitung Rn. 2.

775 Vgl. BGBl. 1956 I S. 114 ff. (119). Siehe dazu auch mit einem Abdruck der Vorschrift: Eichen, in: Walz/Eichen/Sohm, 3. Aufl. 2016, SG, § 35 Rn. 2 ff.

war die beteiligungsrechtliche Doppelgleisigkeit in Fragen der Beteiligung in der Bundeswehr eingeführt und damit letztlich die Konkurrenz beider Beteiligungssysteme etabliert. Eine Lösung, die bis heute das Beteiligungsrecht der Soldaten stark politisiert, vor allem aus Sicht der Gewerkschaften und Interessenverbände.

In den folgenden Jahrzehnten wurde das beteiligungsrechtliche System vor allem in § 35a und § 35b SG mehr und mehr vor allem im Hinblick auf die materiellen Beteiligungsrechte ausgeformt.[776] Mit dem Soldatenbeteiligungsgesetz (SG) 1991 wurde eine Konzeption auf den Weg gebracht, die zusammen mit der Verordnung über die Wahl, Organisation und Aufgabengebiete des Gesamtvertrauenspersonenausschussses (GVPA) beim BMVg und die Rechtsstellung seiner Mitglieder,[777] einer eigenen Wahlverordnung zum Soldatenbeteiligungsgesetz (SBGWV) und einer neugefassten ergänzenden Dienstvorschrift (ZDv 10/2) eine umfassende Neuregelung des beteiligungsrechtlichen Systems bedeutete. Die Neukonzeption schaffte den begrifflichen Übergang vom Vertrauensmann zur Vertrauensperson.[778]

Kern der Neuregelungen im SBG 1991 war die Einführung neuer Formen der Beteiligung. Neben das Vorschlagsrecht trat das Anhörungs- und das Mitbestimmungsrecht mit eigenen Verfahrensregeln, die Ausweitung der Beteiligungsrechte und vor allem auch die Schaffung der Versammlungen der Vertrauenspersonen auf Kasernen-, Verbands- und Standortebene.[779]

Mit der Novelle zum SBG vom 20. Februar 1997 wurden Beteiligungsrechte weiter ausgebaut und das Gremium des Gesamtvertrauenspersonenausschusses in das SBG integriert und nunmehr auch mit Mitbestimmungsrechten ausgestattet.[780]

Schließlich ist mit Artikel 1 des Gesetzes zur Änderung soldatenbeteiligungs- und personalvertretungsrechtlicher Vorschriften vom 29. August 2016 mit Inkraftsetzung zum 2. September 2016 in der Dimension der Beteiligungsrechte ein neues Kapitel aufgeschlagen worden.[781] Durch Neufassung der Regelung über die Vertretung von Soldaten durch Personalräte ist die Vertrauenspersonenlösung des Soldatenbeteiligungsrechts jetzt nur noch in Einheiten und beweglichen Verbänden mit einem Kampfauftrag

---

776 Vgl. dazu auch Gronimus, Die Beteiligungsrechte der Vertrauenspersonen in der Bundeswehr, 8. Aufl. 2018, Einf. zum SBG Rn. 5 ff.

777 GVPAV (Rechtsverordnung) vom 28.11.1991 in Kraft gesetzt zum 13.12.1991, BGBl. I S. 2148.

778 Näher zur Entstehungsgeschichte des SBG Tetzlaff, Das Soldatenrecht der Bundesrepublik Deutschland im Lichte neuerer Grundrechtsstrukturen, Dissertation 2000, 213 ff.

779 Vgl. dazu auch Gronimus, Die Beteiligungsrechte der Vertrauenspersonen in der Bundeswehr, 8. Aufl. 2018, Einf. zum SBG Rn. 11.

780 Siehe Altvater, in Altvater/Baden/Berg/Kröll/Noll/Seulen, BPersVG und ergänzende Vorschriften, 9. Aufl. 2016, Anhang V A (Soldatengesetz), § 35 Rn. 4 f.

781 Vgl. BGBl. 2016 I S. 2065.

zuzüglich einiger besonderer Wahlbereiche in einer abschließenden Aufzählung vorgesehen. An allen anderen Dienststellen und militärischen Formationen ist die Integration der Soldaten in das System der Personalräte erfolgt. Eine rechtspolitische Entscheidung, die sicherlich der ergangenen Rechtsprechung des Bundesverwaltungsgerichts Raum gegeben hat,[782] aber auch langjährigen Forderungen aus dem Bereich der soldatischen Interessenverbände entgegengekommen ist.[783]

Nicht zuletzt enthält nunmehr das SBG in § 2 Abs. 1[784] einen Verweis in das Bundespersonalvertretungsgesetz, womit eine gesetzliche Verankerung des Zutrittsrechts der Gewerkschaften und Interessenverbände zu den militärischen Dienststellen geschaffen ist. Eine rechtliche Entwicklung, die im Sinne der Annäherung der Bundeswehr an die Standards des sonstigen öffentlichen Dienstes begrüßt werden mag, die bei Licht besehen aber der Gefahr einer institutionell gewährleisteten politischen Einflussnahme in den militärischen Bereich hinein Vorschub leistet. Ob eine stärkere Politisierung bei einer erkannten notwendigen Wiederausrichtung der Streitkräfte auf Szenarien der Bündnis- und Landesverteidigung sinnvoll erscheint, darf bezweifelt werden.

Als wesentliche Neuerung darf auch die Einführung der Vertrauenspersonenausschüsse auf der Ebene der Inspekteure der Teilstreitkräfte und Organisationsbereiche gewertet werden, der ersten Kommandobehördenebene unterhalb des Ministeriums. Diese Gremien sollen beteiligungsrechtliche Lücken schließen, die durch die Herauslösung der Inspekteure als Abteilungsleiter aus dem Ministerium zum 1. April 2012 entstanden waren und für die fortan der Gesamtvertrauenspersonenausschuss beim BMVg daher keine allgemeine Zuständigkeit mehr besitzen konnte. Die seit dem Jahre 2012[785] bereits im Erlasswege eingeführten Ausschüsse der Vertrauenspersonen erhielten dadurch endlich gesetzliche Legitimation. Die Einführung im Erlasswege genügte offenkundig nicht dem demokratiestaatlichen Gesetzesvorbehalt zur Einführung von Gremien, die Teilhabe an militärischen Entscheidungsprozessen haben sollten.[786]

Mit der Novellierung des SBG ging auch eine Überarbeitung der Wahlverordnung zum SBG vom 31. Mai 2017 (Inkraftsetzung zum 14. Juni

---

782 Vgl. BVerwG, Beschl. v. 8.10.2007 – 6 P 2.07, juris, Rn. 31. Zur Tendenz der Rechtsprechung, Personalratsfähigkeit für Soldaten anzunehmen auch instruktiv: OVG NRW, Beschl. v. 27.3.2014 – 20 A 959/13.PVB, juris, Rn. 33 ff.

783 Mit einer Einordnung der Gesetzesnovelle aus Sicht der soldatischen Interessenverbände: Gronimus, Die Beteiligungsrechte der Vertrauenspersonen in der Bundeswehr, 8. Aufl. 2018, Einf. zum SBG Rn. 22 ff.

784 Paragrafen ohne Gesetzesangabe sind solche des SBG.

785 Ab 10.2.2014 Bereichserlass D-1472/2. Instruktiv auch BVerwG, Beschl. v. 24.4.2013 – 1 WDS-VR 5.13, juris, Rn. 19 ff.

786 Vgl. ausführlich Altvater, in: Altvater/Baden/Berg/Kröll/Noll/Seulen, BPersVG und ergänzende Vorschriften, 9. Aufl. 2016, Anhang V B (Soldatenbeteiligungsgesetz), § 37 SBG Rn. 2a.; vgl. auch Gronimus, Die Beteiligungsrechte der Vertrauenspersonen in der Bundeswehr, 8. Aufl. 2018, § 37 Rn. 5 ff.

2017)[787] und die Neufassung der Verwaltungsvorschrift als ZDv A-1472/1 im Januar 2019 einher.

III. Die Funktion der Vertrauensperson und deren Rechtsstellung

Es wäre vor allem unter Berücksichtigung der skizzierten historischen Entwicklung der Teilhabe an Führungsentscheidungen in den Streitkräften zu kurz gesprungen, wenn sich die Analyse ausschließlich der Relativierung des Prinzips des militärischen Über-/Unterordnungsverhältnisses zuwenden würde. Sicherlich ist die Teilhabefunktion wesentlich, um einem Gefühl unbedingter Unterworfenheit entgegenzuwirken. Sie ist Ausdruck des Verständnisses des Staatsbürgers in Uniform nach dem Konzept der Inneren Führung, die dem Soldaten politische Mündigkeit, rechtliche Grundgarantien und insbesondere den Respekt vor seiner Menschenwürde garantiert. Jedoch hat das Rechtsinstitut der Vertrauensperson auch noch eine zweite Bedeutung, die in der heutigen Wahrnehmung der Funktion des Vertretungsorgans der Soldaten allerdings zunehmend zurücktritt.

Diese zweite Funktion ist die des Vermittlers zwischen den Angehörigen des Wahlbereichs und dem zuständigen militärischen Vorgesetzten, der im System des Beteiligungsrechts der Soldaten in der Regel ein Disziplinarvorgesetzter ist. Dies ist ein Offizier, der insbesondere für die Aufrechterhaltung der militärischen Ordnung mit den Mitteln des Disziplinarrechts zuständig ist. An diese Dienststellung knüpfen weitere zentrale Zuständigkeiten an, wie etwa die Urlaubsgewährung, das Aufenthaltsbestimmungsrecht über erkrankte Soldaten oder die Entscheidung über die Organisation des Dienstbetriebes in seiner Einheit.

Demzufolge ist auch die Zusammenarbeitsbeziehung zwischen Vertrauensperson und Disziplinarvorgesetzten in besonderer Weise von der Verantwortung für die Auftragserfüllung und dem Funktionieren der militärischen Gemeinschaft im Sinne der Kameradschaft ausgelegt (§ 19 Abs. 1 SBG).[788] Eine militärische Gemeinschaft von Soldaten, die Verständnis für die Belange der Führung, aber auch der Geführten zulässt, hält im Idealfall stärker zusammen und vermag aus Einsicht zu handeln, und nicht nur aus dem Gebot des militärischen Gehorsams heraus.

Allerdings hat der Gesetzgeber mit der Novelle des SBG 2016 dieser auf gegenseitiges Verständnis ausgelegten Rolle der Vertrauensperson nun weniger Gewicht beigemessen. Mit der expliziten Einführung allgemeiner Kontrollaufgaben (§ 19 Abs. 3 SBG), etwa die Einhaltung und Durchsetzung von Vorschriften und Gesetzen für die Soldaten zu überwachen oder die Entgegennahme von Beanstandungen und deren Erörterung mit dem

---

787 BGBl. 2017 I S. 1506 ff.

788 Altvater, in: Altvater/Baden/Berg/Kröll/Noll/Seulen, Basiskommentar zum BPersVG und ergänzenden Vorschriften, 8. Aufl. 2017, § 19 SBG Rn. 2; vgl. auch Stauf, Wehrrecht I, 2002, SBG, § 18 Rn. 2 bis 4.

Disziplinarvorgesetzten, positioniert sich die Vertrauensperson jetzt eher als Antagonist denn als Partner. Eine Entwicklung, die vor allem der von den Interessenverbänden der Soldatinnen und Soldaten geforderten Annäherung des Beteiligungsmodells der Vertrauensperson an das der Personalräte entspricht, weniger jedoch der ursprünglichen Sinngebung der Rechtsfigur.[789]

Die Kodifikation des Beteiligungsrechts seit der Einführung des Soldatenbeteiligungsgesetzes hat auch eine Reihe von Vorschriften hervorgebracht, die die Rechtsstellung der Vertrauensperson schützen, konkretisieren und festigen sollen.

Elementare Bestandteile sind dabei die Ausübung des Ehrenamtes im Dienst (§ 8 Abs. 1 und 2), die Abhaltung von Sprechstunden im Dienst (§ 8 Abs. 3), der Schutz vor Benachteiligung aufgrund der Amtstätigkeit (§ 15 Abs. 1), ein Versetzungs- und Kommandierungsschutz (§ 16), der versorgungsrechtliche Schutz bei der Ausübung von Aufgaben nach dem SBG (§ 2 Abs. 3), die Kostentragungspflicht der Dienststelle für die Geschäftsführung des Amtes (§ 2 Abs. 4), ein Beurteilungsprivileg (§ 9) und ein Privileg, nur durch eine höhere Disziplinarvorgesetztenebene disziplinar bemaßnahmt werden zu können (§ 15 Abs. 2). Außerdem findet sich ein Beschwerderecht der Vertrauensperson (§ 17), sich wegen der Verletzung der Rechte aus dem SBG an höhere Vorgesetzte wenden zu können.[790]

Nicht zuletzt garantiert das SBG der (mindestens zur Hälfte ihrer Arbeitszeit von der Ausübung des Dienstes) freigestellten Vertrauensperson eine Aufwendungsentschädigung (§ 8 Abs. 5) und gewährt ihr einen Anspruch auf Aus- und Fortbildung zu Themen des Beteiligungsrechts (§ 20 Abs. 5).

Mit der Festlegung einer Aufwendungsentschädigung ist zugleich indirekt zum Ausdruck gebracht, dass die Vertrauensperson wegen ihres Amtes eine teilweise oder auch eine vollständige Freistellung von ihrem militärischen Funktionsdienst erlangen kann. Hierbei ist oftmals streitig, ob darauf für die einzelne Vertrauensperson ein Rechtsanspruch bestehen kann oder dies eine Ermessensentscheidung des zuständigen Vorgesetzten ist.

Unter dem Aspekt der Ämterkumulation kann die einzelne Vertrauensperson – ohne Rücksicht auf irgendwelche Gremienbeschlüsse – ihre Freistellung beantragen. So kann es vorkommen, dass Vertrauenspersonen nicht nur Versammlungen auf Kasernen-, Standort- und Verbandsebene angehören, sondern auch noch im Vertrauenspersonenausschuss ihres Inspekteurs ein Mandat besitzen, im Gesamtvertrauenspersonenausschuss beim BMVg Mitglied sind und darüber zugleich im Hauptpersonalrat beim BMVg und dazu noch Vertreter der schwerbehinderten Menschen sind. Ein Anspruch auf Freistellung besteht auch hier nicht, aber ein Anspruch auf

789 Vgl. dazu auch Gronimus, Die Beteiligungsrechte der Vertrauenspersonen in der Bundeswehr, 8. Aufl. 2018, § 19 Rn. 9 ff. und 21 ff.

790 Dau/Scheuren, WBO, 7. Aufl. 2020, § 1 Rn. 51 und Rn. 201 ff.

ermessensfehlerfreie Entscheidung über einen Antrag.[791] Diejenigen Vorgesetzen sind zuständig, auf deren Ebene in der Hierarchie der Dienststellen das höchste Mandat wahrgenommen wird.

Ein gesetzlicher Anspruch auf Freistellung ist dem Gesetz für die Sprecher der Vertrauenspersonenausschüsse auf der Ebene der Inspekteure und des Gesamtvertrauenspersonenauschusses zu entnehmen (§ 43 Abs. 4); im Bedarfsfalle können weitere Freistellungen erfolgen. Ein Rechtsanspruch auf weitere Freistellungen besteht daher nicht, sondern muss nachvollziehbar durch das Gremium dargelegt sein und durch den zuständigen Vorgesetzten unter pflichtgemäßer Ausübung seines Ermessens entschieden werden.[792]

Im § 5 Abs. 2 Satz 2 findet sich die Klarstellung, dass zum Zwecke der Freistellung für die Geschäftsführung eines Gremiums der Vertrauenspersonen kommandierte Mandatsträger in ihrem alten Wahlbereich wahlberechtigt bleiben. Dies legt nahe, dass die Sprecher der Versammlungen der Vertrauenspersonen wohl unter Darlegung ihrer Belastung durch die Geschäftsführung des Gremiums in den Genuss einer kompletten Freistellung gelangen können. Freilich bleibt auch hier eine Darlegungslast bei dem beantragenden Gremium. Im Ergebnis kann das Gremium zwar keine Freistellung erzwingen, jedoch kann die Geschäftsführungstätigkeit eine de facto Abwesenheit vom militärischen Dienstposten bedeuten, deren Auswirkungen zuständige Vorgesetzte durch geeignete personelle oder organisatorische Maßnahmen abfedern müssen. Eine Freistellungsentscheidung bedeutet nicht, dass der militärische Dienstposten durch die zentrale Personalführung auch nachbesetzt werden müsste. Das Risiko einer Vakanz auf dem Dienstposten trägt die Vorgesetztenebene, die die Freistellung verfügt hat.

Abgerundet wird dieses differenzierte System von Rechten und Schutzmechanismen der Vertrauenspersonen durch einen umfangreichen Mandatsschutz, der mit der Wahl für eine Amtszeit von vier Jahren (§ 10 Abs. 1) beginnt und der eine Abberufung aus dem Amt (§ 12) oder die Anordnung des Ruhens des Amtes (§ 13) an ein formales Verfahren knüpft und unter dem Vorbehalt einer Entscheidung des Truppendienstgerichts steht.

IV. Versammlungen und Ausschüsse der Vertrauenspersonen

1. Versammlungen der Vertrauenspersonen

Mit der Schaffung des SBG 1991 wurden Versammlungen der Vertrauenspersonen ins Leben gerufen, die eine Reihe von Beteiligungslücken schließen sollte, wenn Maßnahmen höherer Vorgesetztenebenen in die Wahlbereiche der Vertrauenspersonen hineinwirken.[793] Auch diese Beteiligung ist

791 BVerwG, Beschl. v. 27.11.2008 – 1 WB 7.08, juris, Rn. 45 f.

792 Dierßen, in: Altvater/Baden/Baunack/Berg/Dierßen/Herget/Kröll/Lenders/Noll, BPersVG mit ergänzenden Vorschriften, 10. Aufl. 2019, § 43 SBG Rn. 4.

793 Stauf, Wehrrecht I, 2002, SBG, § 32 Rn. 1

eine Beteiligung auf der Ortsebene und nicht etwa mit einer Stufenbeteiligung eines Bezirkspersonalrates im Bundespersonalvertretungsgesetz auf der Mittelbehördenebene zu vergleichen. Im Gegensatz zum Behördenaufbau der Zivilverwaltung, die in der Regel von drei Strukturebenen ausgeht – oberste Bundesbehörde, Oberbehörde/Mittelbehörde und Ortsbehörde –, kennt das militärische Hierarchiesystem bis zu sieben Stufen vom Ministerium abwärts bis zur Kompanie bzw. einen selbstständig geführten Zug als unterste Form einer militärisch selbstständigen Dienststelle.

Die Versammlungen der Vertrauenspersonen auf der Ortsebene wurden für den Bereich einer Kaserne, eines Standorts mit mindestens zwei Kasernen und der Verbandsebene eingeführt. Als Vertreter der Dienstseite sitzt diesen Versammlungen der Kasernenkommandant, der Standortälteste und der Verbandskommandeur gegenüber.

Mit der Novelle des SBG 2016 ist zusätzlich noch die Versammlung der Vertrauensperson auf der Ebene eines Großverbandes (ab Brigade aufwärts) eingeführt worden.[794] Alle diese Gremien haben vor allem Aufgaben im Bereich der Beteiligung zum Dienstbetrieb und in Fürsorgeangelegenheiten, etwa wenn es um Übungen eines Verbandes oder um die Festlegung des Angebotes eines Heimbetriebes oder dessen Schließung geht.

Personelle Einzelmaßnahmen, insbesondere Disziplinarmaßnahmen gegen Soldaten, sind dagegen in diesen Beteiligungsgremien nicht beteiligungsfähig.[795] Grundsätzlich sind in diesen Angelegenheiten nur die jeweils zuständigen (einzelnen) Vertrauenspersonen zu beteiligen oder der zuständige Soldatenvertreter in den für Soldaten personalratsfähigen Dienststellen.

Die Handlungsfähigkeit der Versammlungen wird über einen aus der Mitte der Mitglieder gewählten Sprecher der Versammlung hergestellt, der für die Organisation der Sitzungen und die Tagesordnung zuständig ist, aber auch die Versammlung bei der Bekanntgabe gefasster Beschlüsse und bei der Annahme von Erklärungen der Dienstseite nach außen vertritt (§ 35).

2. Vertrauenspersonenausschüsse und der Gesamtvertrauenspersonenausschuss beim Bundesministerium der Verteidigung

Die Vertrauenspersonenausschüsse auf der Ebene der Inspekteure und der Gesamtvertrauenspersonenausschuss bei dem BMVg sind beteiligungsrechtlich von der Ortsebene und damit auch den dortigen Versammlungen der Vertrauenspersonen abgekoppelte Rechtsinstitute, die einen jeweils eigenständigen Aufgabenbereich gesetzlich zugewiesen bekommen haben.

794 Gronimus, Die Beteiligungsrechte der Vertrauenspersonen in der Bundeswehr, 8. Aufl. 2018, vor §§ 33 bis 52 Rn. 10b.

795 Gronimus, Die Beteiligungsrechte der Vertrauenspersonen in der Bundeswehr, 8. Aufl. 2018, vor §§ 33 bis 52 Rn. 8a.

Ausgangspunkt der beteiligungsrechtlichen Zuständigkeit ist die auf den höheren militärischen Entscheidungsebenen vorzunehmende Entscheidung in Grundsatzangelegenheiten der Soldaten in personeller, organisatorischer und sozialer Hinsicht (vgl. § 38 Abs. 3 und § 39 Abs. 2). Hier besteht grundsätzlich die Pflicht zur Anhörung des Ausschusses. Darüber hinaus werden qualifizierte Beteiligungsrechte (Vorschlag und Mitbestimmung) eingeräumt, wenn diese auch auf der Ortsebene den Vertrauenspersonen zustünden. Ausgeschlossen von der Beteiligung bleiben auch hier Einzelpersonalentscheidungen.

Oftmals ergeben sich in der Praxis freilich Differenzen zwischen Dienstseite und Ausschuss darüber, was eine Grundsatzangelegenheit sein soll. So steht dem Verständnis einer Grundsatzangelegenheit sicher entgegen, wenn es sich um die Umsetzung einer auf ein einmaliges Vorhaben gerichteten Maßnahme handelt, etwa die Anordnung einer militärischen Übung.[796] Auch wenn eine solche Anordnung als Rahmenbefehl getroffen ist, macht dies aus dem Befehl zur Anordnung der Übung keine Grundsatzangelegenheit. Etwas anderes wäre allenfalls dann anzunehmen, wenn auf der Ebene eines Inspekteurs einheitliche, generelle Festlegungen etwa zu Übungen in einem bestimmten Übungsgebiet seiner Teilstreitkraft getroffen würden. Auch Verwaltungsvorschriften, die lediglich gesetzliche Vorgaben wiedergeben, eröffnen nicht die Beteiligung im Wege einer Grundsatzangelegenheit.[797]

Durch Verweisung auf die für die Vertrauenspersonen geschaffenen Vorschriften wird vor allem der persönliche Schutz und die Rechtsstellung der Mitglieder von Versammlungen der Vertrauenspersonen, der Mitglieder der Vertrauenspersonenausschüsse auf der Inspekteurebene wie auch den Mitgliedern des Gesamtvertrauenspersonenausschusses bei dem BMVg geregelt (vgl. § 33 Abs. 7, § 37 Abs. 2). Notwendigerweise sind die Regelungen über die Abberufung der Mitglieder aus den Ausschüssen der Vertrauenspersonen zum Teil abweichend von denen der Versammlung bestimmt (§ 40), weil die Mitglieder dieser Ausschüsse auf der Grundlage einer eigenen wahlrechtlichen Legitimation ihr Ehrenamt ausüben und keine Delegiertenversammlungen sind.

Bei Nichteinigung über Maßnahmen zwischen Ausschuss und Dienstseite greift je nach der Qualität des betroffenen Beteiligungsrechts das Letztentscheidungsrecht der Dienstseite (§ 38 Abs. 4 und § 39 Abs. 3). Im Falle der Mitbestimmung ist allerdings ein Schlichtungsverfahren vorgesehen, das mit einer Empfehlung abschließt. Auf der Grundlage der Empfehlung ist die Dienstseite jedoch frei, eine von der Empfehlung abweichende Entscheidung zu treffen.[798]

---

796 Altvater, in: Altvater/Baden/Berg/Kröll/Noll/Seulen, Basiskommentar zum BPersVG und ergänzenden Vorschriften, 8. Aufl. 2017, § 38 SBG Rn. 4.

797 Vgl. BVerwG, Beschl. v. 30.4.2020 – 1 WB 55.19, juris, Rn. 27 ff.

798 Vgl. Dierßen, in: Altvater/Baden/Baunack/Berg/Dierßen/Herget/Kröll/Lenders/Noll, BPersVG mit ergänzenden Vorschriften, 10. Aufl. 2019, § 39 SBG Rn. 4.

V. Die Beteiligungsformen im Soldatenbeteiligungsrecht

Sah das ursprüngliche Recht der Vertrauensleute ein lediglich formloses Vorschlagsrecht vor, hat die Entwicklung des Beteiligungsrechts der Soldaten mit dem SBG 1991 eine deutliche Formalisierung erfahren. Das Beteiligungsrecht der Soldaten kennt nunmehr als schwächste Form der Partizipation das Recht zur Anhörung, das sich in einem dreistufigen Verfahren vollzieht. Zunächst hat die Dienstseite der Vertrauensperson die notwendige Information zu der beabsichtigten Maßnahme zu gewähren. Die Information muss die Mitteilung sämtlicher Aspekte erfassen, die im Hinblick auf die Aufgaben und Befugnisse der anzuhörenden Stelle innerhalb ihres Zuständigkeitsbereichs für eine sachgerechte Beurteilung der beteiligungspflichtigen Maßnahme und des dieser zugrunde liegenden Sachverhalts von Bedeutung sind.[799]

Im Anschluss erhält die Vertrauensperson die Gelegenheit zur Stellungnahme, was im Umkehrschluss bedeutet, dass diese keine Stellungnahme abgeben muss. Da das SBG im Gegensatz zum Personalvertretungsrecht keine Frist für die Abgabe einer Stellungnahme kennt, wird die dort vorgegebene Frist von zehn Arbeitstagen entsprechend anzuwenden sein. Ein Verstreichen der Frist aus Gründen, die in der Sphäre der Vertrauensperson liegen, beendet daher das Beteiligungsverfahren, ohne dass ein Rechtsfehler der daraufhin getroffenen Maßnahme vorliegen würde.

Äußert sich die Vertrauensperson schriftlich oder mündlich, so ist ihre geäußerte Auffassung mit ihr zu erörtern. Die Erörterung ist zwingend. Ihr Fehlen führt zu einem Verfahrensfehler und ist ausnahmsweise unschädlich, wenn die Vertrauensperson auf die Anhörung verzichtet oder etwa auf dem dienstlich vorgesehenen Formular für die Anhörung erklärt, dass die Stellungnahme auch die Erörterung enthält. Ausnahmsweise ist ein Fehlen der Erörterung unschädlich, wenn sie nach den Umständen keinen Sinn ergibt, etwa bei einer zustimmenden Stellungnahme zur beabsichtigten Maßnahme.[800]

Beim Vorschlagsrecht ist die Anhörung aufgewertet mit der Möglichkeit, initiativ eine Maßnahme herbeizuführen und die Dienstseite zu befassen. Dies löst zwingend die Erörterung des Sachverhalts zwischen Dienstseite und Vertrauensperson aus. Möchte die Dienstseite nach Erörterung dem Vorschlag der Vertrauensperson nicht folgen, hat sie dies der Vertrauensperson mitzuteilen. Zuständige Disziplinarvorgesetzte dürfen vorläufige Maßnahmen treffen, wenn diese keinen Aufschub dulden. Der Vertrauensperson steht dann die Möglichkeit offen, der nächsthöheren Disziplinarvorgesetztenebene in der Angelegenheit vorzutragen. Diese kann zu einer

---

799 Vgl. die grundlegende Entscheidung des BVerwG, Beschl. v. 20.6.2004 – 1 WB 60.04, juris, Rn. 8 = PersR 2005, 458 ff.; vgl. auch Altvater, in: Altvater/Baden/Berg/Kröll/Noll/Seulen, Basiskommentar zum BPersVG und ergänzenden Vorschriften, 8. Aufl. 2017, § 21 SBG Rn. 3.

800 Vgl. BVerwG, Beschl. v. 17.2.2009 – 1 WB 37.08, juris, Rn. 27 = PersV 2009, 296 ff.

Maßnahme, die dem Vorschlagsrecht unterliegt, vorläufige Maßnahmen treffen oder getroffene Maßnahmen aussetzen (§ 22).

Im Falle der Mitbestimmung besteht ebenfalls die Möglichkeit zum initiativen Anstoß des Beteiligungsverfahrens, wie wohl auch die Dienstseite selbstverständlich im Falle einer Maßnahme, die der Mitbestimmung unterliegt, die Vertrauensperson rechtzeitig mit ausreichender Information einbeziehen muss. Eine endgültige Entscheidung in der Sache darf noch nicht getroffen sein, und eine Möglichkeit zur Stellungnahme mit anschließender Erörterung ist zu gewähren. Das Mitbestimmungsrecht als stärkstes Beteiligungsrecht umschließt auch das Recht zum Vorschlag zu der beabsichtigten Maßnahme (§ 23 Abs. 1). Kommt eine Einigung nicht zustande, ist der Sachverhalt der nächsthöheren Vorgesetztenebene zuzuleiten und eine erneute Einigung zu versuchen (§ 23 Abs. 2 Satz 1). Scheitert diese erneut, ist der Schlichtungsausschuss einzuberufen, der vom für den Bezirk der militärischen Dienstelle zuständigen Kammervorsitzenden des Truppendienstgerichts als Vorsitzender geleitet wird (§ 23 Abs. 2 Satz 2 bis 4). Er beruft jeweils zwei Mitglieder der Dienstseite und von der Seite der Vertrauenspersonen in den Ausschuss. In der Regel ist der mit der Mehrheit der Stimmen im Ausschuss getroffene Spruch in der Schlichtung bindend,[801] allerdings gibt es hier gesetzliche Ausnahmen (§ 23 Abs. 3). Duldet eine Maßnahme keinen Aufschub, können durch die zuständigen Vorgesetzten vorläufige Maßnahmen getroffen werden (§ 23 Abs. 4). Hier ist abzuwägen. Wird damit die Entscheidung über die Maßnahme praktisch vorweggenommen, dann wird eine vorläufige Maßnahme nur in wirklich dringenden Notfällen erlaubt sein. Im Übrigen gilt, dass eine unter Missachtung des Mitbestimmungsrechts getroffene Maßnahme nicht endgültig wirksam werden kann und grundsätzlich rechtswidrig ist.[802] Sie ist auf Beschwerde der Vertrauensperson regelmäßig aufzuheben.

Sowohl den von der Maßnahme betroffenen Soldaten als auch der Vertrauensperson stehen bei einem unterlassenen oder fehlerhaften Beteiligungsverfahren gleich welcher Qualität das Beschwerderecht nach der Wehrbeschwerdeordnung zu.[803] Insoweit verweist auch das für die Vertrauensperson ausdrücklich im SBG normierte Recht zum Rechtsbehelf nur in das allgemeine Beschwerderecht der Wehrbescherdeordnung. und schafft kein eigenständiges Rechtsinstitut.

801 Vgl. Stauf, Wehrrecht I, 2002, SBG, § 23 Rn. 6.

802 Einen Überblick über die Folgen fehlerhafter Mitbestimmungsverfahren oder deren Unterlassung gibt Gronimus, Die Beteiligungsrechte der Vertrauenspersonen in der Bundeswehr, 8. Aufl. 2018, § 23 Rn. 60; vgl. auch Altvater, in: Altvater/Baden/Berg/Kröll/Noll/Seulen, Basiskommentar zum BPersVG und ergänzenden Vorschriften, 8. Aufl. 2017, § 23 SBG Rn. 7.

803 Vgl. Dierßen, in: Altvater/Baden/Baunack/Berg/Dierßen/Herget/Kröll/Lenders/Noll, BPersVG mit ergänzenden Vorschriften, 10. Aufl. 2019, § 17 SBG Rn. 1 ff.

VI. Die Beteiligungsrechte der Vertrauenspersonen

Die Beteiligungsrechte der Vertrauensperson sind heutzutage in vielfältiger Form gesetzlich ausdifferenziert und unterliegen nicht zuletzt gesellschaftspolitischen Einflüssen. Im Gegensatz zum Personalvertretungsrecht kennt das SBG in § 25 Abs. 2 ein Anhörungs- und Vorschlagsrecht zum „Dienstbetrieb". Dieses Beteiligungsrecht eröffnet der Vertrauensperson in der Organisation der täglichen dienstlichen Abläufe ein nahezu generalklauselartiges Mitspracherecht, bei allen Anordnungen, die auf den Art oder den Umfang des Dienstes einwirken.[804] Im Zweifel ist daher für die Vertrauensperson vieles mehr beteiligungsfähig als für Personalräte, allerdings muss sie Einbußen in der Qualität der Beteiligung hinnehmen. Ein Mitbestimmungsrecht ist im Hinblick auf den Dienstbetrieb ausgeschlossen. In § 25 finden sich einer Vielzahl weiterer konkreter Beteiligungsrechte, die im weiteren Sinne mit der Gestaltung des Dienstes zusammenhängen (Ausbildungspläne, Rahmendienstpläne, Freistellung vom Dienst, dienstfreie Werktage, Anordnung von Mehrarbeit, Teilnahme an Fortbildung etc.). In vielen Fällen haben diese Beteiligungsrechte Entsprechungen in den Beteiligungstatbeständen der §§ 75 und 76 BPersVG.

Als neues zentrales Beteiligungsrecht ist nun in § 25 Abs. 3 Nr. 1 ein Mitbestimmungsrecht zum Beginn und Ende der regelmäßigen täglichen Arbeitszeit eingeführt worden. Lange war umstritten, ob dies mit dem Wesen des soldatischen Dienstes vereinbar ist. Mit der Schaffung des § 30c SG mit einer festen Dienstzeit von 41 Wochenstunden sowie der Soldatenarbeitszeitverordnung ist hier eine Annäherung an die Verhältnisse der zivilen Beschäftigten bewirkt worden.[805]

In den meisten Personalangelegenheiten der Soldaten (§ 24) soll die Vertrauensperson die Möglichkeit haben, ihren Einfluss im Wege der Anhörung geltend zu machen. Dies bedeutet, das Beteiligungsverfahren ist die Regel, es zu unterlassen kann nur ausnahmsweise in Betracht kommen. So unterfallen beispielsweise die Versetzung oder Kommandierung über drei Monate oder auch die Entlassung aus dem Dienstverhältnis ihrem Beteiligungsrecht. Neueren Entstehungsdatums ist die Beteiligung bei der Einrichtung etwa der ortsunabhängigen Arbeit (2016) oder der Teilzeit (2004). Die Beteiligung in allgemeinen Personalangelegenheiten kann allerdings ausdrücklich vom betroffenen Soldaten abgelehnt werden; dann unterbleibt jede Unterrichtung der Vertrauensperson über die Maßnahme.

Die Beteiligung über die Beförderung eines Soldaten in einer Einheit (§ 24 Abs. 4) erscheint zwar vordergründig ein wichtiges Instrument der Beteiligung zu sein, war aber in seiner gesetzlichen Ausformung verfehlt, weil die Beteiligung an ein Auswahlermessen des Disziplinarvorgesetzten in dem betroffenen

804 Vgl. Dierßen, in: Altvater/Baden/Baunack/Berg/Dierßen/Herget/Kröll/Lenders/Noll, BPersVG mit ergänzenden Vorschriften, 10. Aufl. 2019, § 25 SBG Rn. 3.

805 Vgl. Gronimus, Die Beteiligungsrechte der Vertrauenspersonen in der Bundeswehr, 8. Aufl. 2018, § 25 Rn. 52.

Wahlbereich geknüpft worden war. Zu Zeiten der Wehrpflicht mögen hier Entscheidungsspielräume denkbar gewesen sein, in der Realität einer Berufsarmee entscheidet die zentrale personalbearbeitende Stelle. Dem ist durch eine entsprechende Änderung des Wortlauts 2016 Rechnung getragen worden.

Seit der Novelle des SBG 2016 ist auch die Entscheidung über die Aufhebung der Kommandierung in die besondere Auslandsverwendung, gemeinhin Auslandseinsatz genannt, auf Antrag des betroffenen Soldaten oder der Soldatin beteiligungspflichtig (§ 56).[806]

In der Praxis häufig ist die Beteiligung der Vertrauensperson in den Disziplinarangelegenheiten der Soldaten (§ 28). Hier ist die Anhörung vor der Verhängung von einfachen Disziplinarmaßnahmen von der bei der Einleitung des gerichtlichen Disziplinarverfahrens zu unterscheiden. Nur im ersteren Verfahren kann die Vertrauensperson im Rahmen der Anhörung auch eine Erörterung zum Disziplinarmaß erreichen, also ob etwa von einer Maßregelung ganz abgesehen werden oder beispielsweise eine Disziplinarbuße reduziert werden soll. Bei der Anhörung der Vertrauensperson zur Einleitung des gerichtlichen Disziplinarverfahrens kann sie sich zwar auch zur Frage der Einleitungswürdigkeit äußern; vom Anhörungsrecht ist dieser Aspekt jedoch nicht erfasst. Erörtert werden können nur Erkenntnisse zur Person des zu disziplinierenden Soldaten und der Sachverhalt als solches.

Im Zusammenhang vor allem mit der Anhörung der Vertrauensperson in Disziplinarangelegenheiten stellt sich die Frage nach der Schweigeverpflichtung des Mandatsträgers. In § 2 Abs. 2 wird der Vertrauensperson eine auf das Ehrenamt bezogene Pflicht zur Verschwiegenheit auferlegt. Fraglich ist, ob diese Pflicht zur Verschwiegenheit der gesetzlichen Pflicht zur Aussage als Zeuge in einer Ermittlung wegen des Verdachtes eines Dienstvergehens entgegengehalten werden kann. Für das gerichtliche Disziplinarverfahren besteht allerdings eine Aussageverpflichtung, weil die Vertrauensperson nicht zu dem durch § 53 StPO geschützten Personenkreis gehört, dem ein gesetzliches Zeugnisverweigerungsrecht zugestanden wird, wie etwa einem Arzt oder dem Pfarrer.[807]

Nichts anderes kann für das einfache Disziplinarverfahren gelten. Auch wenn dies ein reines Verwaltungsermittlungsverfahren ist, finden dort auch vereinzelt Grundsätze der Strafprozessordnung wie das Zeugnisverweigerungsrecht und das Aussageverweigerungsrecht Anwendung. Da § 2 Abs. 2 eine materielle Pflichtenanforderung an die Vertrauensperson ist, die sie verpflichtet über ihre Kenntnisse Dritten gegenüber Stillschweigen zu bewahren und keine Verfahrensvorschrift formuliert,[808] kann sie einem ge-

---

806 Vgl. Gronimus, Die Beteiligungsrechte der Vertrauenspersonen in der Bundeswehr, 8. Aufl. 2018, § 56 Rn. 4 ff. mit einer rechtlich zweifelhaften Bewertung der Entstehungsgeschichte der Vorschrift.

807 Vgl. BVerwG, Urt. v. 28.6.2012 – 2 WD 34.10, juris, Rn. 52 am Ende = NZWehrr 2013, 82 ff.

808 So explizit BVerwG, Urt. v. 28.6.2012 – 2 WD 34.10, juris, Rn. 37 und 52 = NZWehrr 2013, 82 ff.

setzlichen Ermittlungsanspruch nach § 32 WDO einem ermittelnden Disziplinarvorgesetzten nicht entgegen gehalten werden.[809]

Schließlich finden sich starke Beteiligungsrechte der Mitbestimmung im Bereich der Fürsorge, wann etwa eine Sozialeinrichtung (Mannschaftsheim) zu öffnen hat oder eine dienstliche Veranstaltung geselliger Art stattfinden kann (§ 26).

Weniger bedeutsam ist die Beteiligung bei positiven Disziplinarmaßnahmen wie der förmlichen Anerkennung oder deren Aufhebung und der Verleihung von Bestpreisen (§ 29), bei Maßnahmen der Berufsförderung (§ 27) oder bei Entscheidungen über Bestandteile der leistungsbezogenen Besoldung (§ 30). Ein Beteiligungsrecht, das erst mit der Novelle 2016 geschaffen worden ist.

Eine beteiligungsrechtliche Besonderheit bei den Soldaten ist die Anhörung der Vertrauensperson in Beschwerdeangelegenheiten der Soldaten. Fühlt sich ein Soldat durch einen anderen respektlos behandelt, kann er dies etwa in einer Kameradenbeschwerde vortragen; meint er, dass bei einer Personalmaßnahme, etwa seiner Versetzung, seine persönlichen oder sozialen Belange nicht ausreichend gewürdigt worden sind, dann kann gegen die Maßnahme der Rechtsbehelf nach der WBO eingelegt werden. Das kann dazu führen, dass die Vertrauensperson sowohl bei der Entscheidung über die Maßnahme als auch im Beschwerdeverfahren über die Maßnahme beteiligt wird.[810]

VII. Die Einbindung des Beteiligungsrechts der Soldaten in das Personalvertretungsrecht

Zumindest eine kurze Erwähnung in dieser kurzen Darstellung des Beteiligungsrechts der Soldaten soll deren Integration in das System des Personalvertretungsrechts finden.

In der Bundeswehr findet sich durch die Aufgabenwahrnehmung der Bundeswehrverwaltung gemäß Art. 87b GG immer schon ein nicht unerheblicher Anteil an Zivilbeschäftigten, die in allen Bereichen der Wehrverwaltung, vor allem der Ausrüstung, der Personalwirtschaft aber auch auf dem Feld der militärischen Infrastruktur, des Umweltschutzes und der Dienstleistungen im System der Personalräte nach dem BPersVG organisiert sind. Auch in den Streitkräften gab es immer schon für den zivilen Anteil darin Personalräte. In den letzten Jahren war es der Entwicklung vor allem der Rechtsprechung geschuldet, dass immer mehr Soldaten über Personalräte repräsentiert wurden.[811]

---

809 So auch Dau/Schütz, WDO, 7. Aufl. 2017, § 4 Rn. 28 und § 32 Rn. 12.

810 Stauf, Wehrrecht I, 2002, SBG, § 30 Rn. 9.

811 Vgl. BVerwG, Beschl. v. 21.1.2008 – 6 P 16.07, juris, Rn. 25 ff. = PersV 2008, 185 ff.; BVerwG, Beschl. v. 8.10.2007 – 6 P 2.07, juris, Rn. 30 ff. und insb. 39 ff. = PersR 2008, 165 ff.

In der Novelle zum Soldatenbeteiligungsgesetz 2016 hat der Gesetzgeber durch eine Neufassung der Vorschrift über die Einbindung der Soldaten in Personalräte (§ 60) nunmehr die Anwendungsbereiche des Vertrauenspersonenmodells auf die Wahlbereiche beschränkt, die enumerativ in § 4 Abs. 1 aufgezählt sind.[812] In allen anderen Dienststellen und Kommandos wählen Soldaten zum Personalrat und bilden im Gremium eine dritte Gruppe neben der der Beamten und der Arbeitnehmer. Die Integration beginnt mit der Wahlberechtigung und Wählbarkeit zum Personalrat. Die Soldatenvertreter im Personalrat haben die gleiche Rechtsstellung wie die Personalratsmitglieder mit zivilem Status, sodass insbesondere der umfassende Schutz vor einer Versetzung gegen den Willen des betroffenen Soldaten greift. Dazu kommen noch speziellere Garantien, etwa die Höherverlagerung der Zuständigkeit für eine disziplinare Maßregelung eines Soldatenvertreters (§ 62 Abs. 3).

Die praktische Beteiligung bindet die Soldaten in drei Kategorien ein:

- In nichtgruppengebundenen Beteiligungsangelegenheiten, etwa Gestaltung der Arbeitsplätze, findet das Beteiligungsrecht aus dem Bundespersonalvertretungsrecht auch für die Soldaten im Plenum des Gremiums Anwendung, wenn nicht ein Beteiligungstatbestand nach dem Soldatenbeteiligungsrecht vorhanden ist. Es kann daher bei einer nicht gruppengebundenen Maßnahme zu zwei parallelen Beteiligungsverfahren in der Dienststelle nach dem Bundespersonalvertretungsrecht und dem Soldatenbeteiligungsrecht kommen, wenn es beispielweise um Maßnahmen zur Verhütung von Arbeitsunfällen geht.
- Bei einer gruppengebundenen Angelegenheit der Soldaten, etwa der Versetzung eines Soldaten aus der Dienststelle an einen anderen Standort, wird das Beteiligungsrecht nach dem SBG mit dem entsprechenden Beteiligungsverfahren durch die Gruppe der Soldatinnen und Soldaten im Personalrat nach dem sog. Gruppenprinzip wahrgenommen, das heißt die Maßnahme wird im Gremium des Personalrats diskutiert, die Beschlussfassung zur Maßnahme obliegt allerdings nur den Soldatenvertretern im Personalrat.
- Soll ein Soldat aus der für Soldaten personalratsfähigen Dienststelle disziplinar gemaßregelt werden oder liegt eine Beteiligung im Beschwerdeverfahren vor, so wird nur ein einzelner Soldatenvertreter aus dem Personalrat, der der Laufbahngruppe der betroffenen Soldaten angehören soll, für die Beteiligung zuständig. Weder das Gremium des Personalrats noch die gesamte Gruppe der Soldaten im Personalrat sind in diesem Falle einbezogen. Im Gegensatz zu dem im Übrigen im Personalvertretungsrecht geltenden Dienststellenleiterprivileg des Personalrats, wird seit der Novelle des SBG 2016 wieder der nach dem SBG zuständige Disziplinarvorge-

812 Vgl. Gronimus, Die Beteiligungsrechte der Vertrauenspersonen in der Bundeswehr, 8. Aufl. 2018, § 60 Rn. 7 und 11 ff.

setzte für die Durchführung der Beteiligung in dieser Konstellation zuständig. Systematisch ist dieser Fall der Beteiligung eine Rückverweisung in das System des Soldatenbeteiligungsrechts.

Im Hinblick auf den Rechtsschutz der Gruppe der Soldaten in ihren Gruppenangelegenheiten ist das Bundesverwaltungsgericht der Auffassung, dass hier der Personalrat als Gremium, vertreten durch seinen Vorsitzenden und einen Vertreter der betroffenen Gruppe zur Einlegung eines Rechtsbehelfs etwa der Beschwerdeeinlegung berechtigt ist und nicht die Gruppe der Soldaten als gesetzlich verselbstständigtes Teilorgan des Personalrats. Obgleich hierzu eine gesetzgeberische Klarstellung in der Novelle des SBG in § 63 Abs. 3 dies offenkundig wollte und die Gesetzesmotive hierzu eindeutig sind, bleibt das Gericht seiner nach altem Recht schon zweifelhaften Auffassung treu, dass weiterhin auch in diesen Fällen nur der Personalrat als Ganzes nach den allgemeinen Vertretungsregeln des § 32 BPersVG zur Einlegung des Rechtsbehelfs in einer Soldatenangelegenheit berechtigt ist.[813]

VIII. Beteiligung in der besonderen Auslandsverwendung der Soldaten

Seit den 1990er Jahren ist die Entsendung deutscher Soldaten in besondere Auslandsverwendungen ständige Realität geworden.[814] Auch das Beteiligungsrecht der Soldaten musste daher Antworten auf die Herausforderung dauerhafter Präsenz im Ausland unter den Umständen eines Einsatzes finden. Bereits 1995 brachte der Gesetzgeber mit dem 16. Änderungsgesetz wehrpflichtrechtlicher, soldatenrechtlicher, beamtenrechtlicher und anderer Vorschriften eine Regelung auf den Weg, die die Wahl von Vertrauenspersonen in den für den Einsatz zusammengestellten Einheiten erlaubte.[815] Nunmehr ist klargestellt, dass mit dieser Zuordnung zu einem neuen Wahlbereich die Wählbarkeit und das Wahlrecht zum Heimatwahlbereich nicht verloren gehen (§ 55).

Mit der Novelle des SBG 2016 hat das Gesetz in Kapitel 4 (§§ 53–58) einen eigenen Regelungsort erhalten, der eingangs (§ 53) festlegt, dass in der besonderen Auslandsverwendung alle Beteiligung unter dem Vorrang der Auftragserfüllung und der Sicherheit der Soldaten steht. Diese Vorgabe ist auslegungsleitend und kann eine gesetzliche Einschränkung der Ausübung von Beteiligungsrechten im Einzelfall vor Ort rechtfertigen.

Durch die gesetzliche Klarstellung in § 58 ist inzwischen geklärt, dass auch Versammlungen der Vertrauenspersonen, insbesondere in den Feldlagern mit deutscher Belegung, gebildet werden können. In der Vergangenheit war die Frage, ob ein Feldlager auch dem Begriff der Kaserne in § 33

813 Vgl. BVerwG, Beschl. v. 24.7.2019 – 1 WB 23.18, juris, Rn. 17.
814 Zum Begriff der Auslandsverwendung siehe die Legaldefinition in § 62 SG; näher auch Scherer/Alff/Poretschkin/Lucks, SG, 10. Aufl. 2018, § 62 Rn. 2.
815 Vgl. Stauf, Wehrrecht I, 2002, § 3 SBG Rn. 16.

unterfällt, streitig gewesen und musste durch das Bundesverwaltungsgericht geklärt werden mit dem Ergebnis, dass eine beteiligungsfreundliche Auslegung des Begriffs des „Kasernenbereichs“ erfolgte und für den nicht im Sinne der territorialen Verteidigung vorgeprägten Begriff des Feldlagers geöffnet wurde.[816]

Schließlich ist in der besonderen Auslandsverwendung die Beteiligung zu Fragen des Dienstbetriebs eingeschränkt bei Anordnungen, durch die Einsätze in Ausführung eines Beschlusses des Deutschen Bundestages geregelt werden (§ 57). Dies sind Anordnungen, die aufgrund einer Entscheidung nach dem Parlamentsbeteiligungsgesetz zum Kernbereich der hoheitlichen staatlichen Tätigkeit gehören und daher einer Teilhabe durch demokratiestaatlich nicht legitimierter Beteiligungsorgane entzogen bleiben müssen.[817]

IX. Ausblick

Die Welt des Beteiligungsrechts ist in den letzten Jahrzehnten und insbesondere seit der Novelle zum Soldatenbeteiligungsrecht 2016 immer komplexer und komplizierter geworden. Die Rechtsfigur der Vertrauensperson wird dabei zunehmend durch eine Integration der Soldaten in das System der Personalräte zurückgedrängt. Dies weiter voranzutreiben, ist das erklärte Ziel der Interessenverbände; ob damit jedoch wirklich vor Ort ein beachtlicher Mehrwert an Berücksichtigung ihrer Interessen entstanden ist, bleibt offen.

Auf der anderen Seite ist besonders durch die Schaffung von Versammlungen der Vertrauenspersonen auf der Großverbandsebene und der Ausschüsse von Vertrauenspersonen auf der Ebene der Inspekteure eine aufwendige und teure Beteiligungsarchitektur entstanden, die auch bei den Bemühungen um eine Entbürokratisierung der Bundeswehr in der kritischen Beleuchtung ihres Erfolgswertes nicht tabu sein sollte. Ein mehr an Beteiligungsgremien ist keine Garantie für besser funktionierende Streitkräfte, gerade in Zeiten der Rückbesinnung auf die Landes- und Bündnisverteidigung.

816 So BVerwG, Beschl. v. 22.7.2009 – 1 WB 15.08, juris, Rn. 49 ff.; zur früheren Diskussion auch Höges, NZWehrr 2006, 221 (225 ff.).

817 Vgl. Dierßen, in: Altvater/Baden/Baunack/Berg/Dierßen/Herget/Kröll/Lenders/Noll, BPersVG mit ergänzenden Vorschriften, 10. Aufl. 2019, § 57 SBG Rn. 1.

Kapitel 15 **Soldatenlaufbahnrecht**

Frederik Just

Das Soldatenlaufbahnrecht umfasst die Gesamtheit der Vorschriften, welche den Eintritt in die Streitkräfte und den beruflichen Werdegang, insbesondere den beruflichen Aufstieg innerhalb der Streitkräfte regeln. Neben entsprechenden Vorschriften im Gesetz über die Rechtsstellung der Soldaten (Soldatengesetz – SG)[818] und der aufgrund § 27 Abs. 1 SG erlassenen Verordnung über die Laufbahnen der Soldatinnen und Soldaten (Soldatenlaufbahnverordnung – SLV)[819] zählen zum Soldatenlaufbahnrecht im so verstandenen (weiteren) Sinne auch die durch § 1 Nrn. 2, 3, 5 SLV in Bezug genommenen Normen des Wehrpflichtgesetztes (WPflG)[820] sowie das Gesetz über die Rechtsstellung der Reservisten (Reservistengesetz – ResG),[821] auf welches § 1 Nr. 2a SLV verweist. Dabei gestaltet das Laufbahnrecht der Soldaten zugleich Berufsbilder und verwirklicht das Gebot aus Art. 33 Abs. 2 GG, demzufolge der Zugang zu Ämtern des öffentlichen Dienstes sich nach Eignung, Leistung und Befähigung richtet und bei gleichen Voraussetzungen allen Deutschen offensteht. Damit ist das Soldatenlaufbahnrecht Bestandteil des öffentlichen Dienstrechts im weiteren Sinne, wegen grundlegender Unterschiede zwischen Beamten und Soldaten lassen sich Parallelen zwischen Soldatenlaufbahnrecht und Beamtenrecht jedoch nur bedingt bilden.[822] Zuletzt wurde die Soldatenlaufbahnverordnung 2002 von Grund auf neu gefasst[823] und löste gem. § 49 SLV 2002 die Soldatenlaufbahnverordnung in der Fassung der Neubekanntmachung von 1998[824] ab. Streitkräfte

---

818 Soldatengesetz in der Fassung der Bekanntmachung vom 30.5.2005 (BGBl. I S. 1482), das zuletzt durch Art. 188 der Verordnung vom 19.6.2020 (BGBl. I S. 1328) geändert worden ist.

819 Soldatenlaufbahnverordnung in der Fassung der Bekanntmachung vom 19.8.2011 (BGBl. I S. 1813), die zuletzt durch Art. 7 des Gesetzes vom 4.8.2019 (BGBl. I S. 1147) geändert worden ist.

820 Wehrpflichtgesetz in der Fassung der Bekanntmachung vom 15.8.2011 (BGBl. I S. 1730), das zuletzt durch Art. 187 der Verordnung vom 19.6.2020 (BGBl. I S. 1328) geändert worden ist.

821 Reservistengesetz vom 21.7.2012 (BGBl. I S. 1583, 1588), das zuletzt durch Art. 189 der Verordnung vom 19.6.2020 (BGBl. I S. 1328) geändert worden ist.

822 Dolpp/Weniger, Soldatenlaufbahnverordnung, 7. Aufl. 2010, Einführung Rn. 016.

823 Soldatenlaufbahnverordnung in der Fassung der Bekanntmachung vom 19.3.2002 (BGBl. I S. 1111) – SLV 2002.

824 Soldatenlaufbahnverordnung in der Fassung der Bekanntmachung vom 28.1.1998 (BGBl. I S. 326), zuletzt geändert durch Art. 4 des Gesetzes vom 19.12.2000 (BGBl. I S. 1815) – SLV 1998.

stellen eine zentrale Säule der Souveränität eines Staates dar, weshalb es Sache der Mitgliedstaaten der Europäischen Union ist, wie sie ihre Streitkräfte organisieren,[825] wozu auch Fragen der Rekrutierung, Ausbildung und personellen Entwicklung der Soldaten gehören. Dieser weitgehende Entscheidungsspielraum entbindet sie jedoch nicht gänzlich von der Anwendung des Unionsrechts.[826] Mithin hat auch das deutsche Wehrrecht, geprägt durch höchstrichterliche Rechtsprechung auf europäischer Ebene,[827] Änderungen betreffend den Zugang zu den Streitkräften erfahren[828] und dürfte auch in Zukunft von Änderungen betroffen sein, wenn der Normgeber für sich einen entsprechenden Gestaltungsbedarf erkennen oder durch neuerliche Rechtsprechungsentwicklungen erneut zum Handeln gezwungen werden sollte.[829]

I. Vorgaben des Soldatengesetzes

Wesentliche Eckpunkte für den Weg eines Soldaten in die Streitkräfte hinein und den anschließenden militärischen Werdegang bestimmt das Soldatengesetz. Hierzu zählen etwa die Voraussetzungen für die Berufung in ein Dienstverhältnis (§ 1 Abs. 2 SG), die Begründung eines Wehrdienstverhältnisses (§ 2 Abs. 1 SG), die Ernennungs- und Verwendungsgrundsätze (§ 3 SG) sowie Regelungen zur Ernennung an sich (§ 4 Abs. 1 SG) und zur Umwandlung eines Dienstverhältnisses eines Soldaten auf Zeit in das Dienstverhältnis eines Berufssoldaten (§ 39 SG). Die weiteren Rahmenbedingungen, welche durch die Soldatenlaufbahnverordnung zu regeln sind, werden durch § 27 Abs. 2 bis 6 des Soldatengesetzes skizziert. Überlagert und ergänzt werden diese Anforderungen durch das Gleichstellungsrecht, namentlich das in § 1 Abs. 2 Satz 1 i. V. m. § 1 Abs. 3 Satz 2 des Gesetzes über die Gleichbehandlung der Soldatinnen und Soldaten (Soldatinnen- und Soldaten-Gleichbehandlungsgesetz – SoldGG),[830] formulierte Ziel, ge-

825 Angela Maria Sirdar gegen The Army Board und Secretary of State for Defence, EuGH, Urt. v. 26.10.1999 – C-273/97, juris, Rn. 15.

826 Angela Maria Sirdar gegen The Army Board und Secretary of State for Defence, Urt. v. 26.10.1999 – C-273/97, juris, Rn. 15.

827 Tanja Kreil gegen Bundesrepublik Deutschland, EuGH, Urt. v. 11.1.2000 – C-285/98, juris, Rn. 31.

828 Mit Wirkung vom 23.12.2000 wurde Art. 12a Abs. 4 Satz. 2 GG dahingehend geändert, dass Frauen „auf keinen Fall zum Dienst mit der Waffe verpflichtet werden" dürfen (Gesetz vom 19.12.2000, BGBl. I S. 1755). Zuvor war Frauen mit Bezug auf die Verteidigung der Dienst mit der Waffe gänzlich verboten gewesen.

829 Eine trotz der zwischenzeitlichen Erledigung vieler Aspekte immer noch lesenswerte systematische Darstellung, inwiefern nationale Regelungen durch das Recht der (heutigen) Europäische Union sowie die Europäische Menschenrechtskonvention und weitere internationale Vereinbarungen betroffen sind und welche Auswirkungen dies auf Regelungen bezogen auf den Geschäftsbereich des Bundesministeriums der Verteidigung haben (können), findet sich in Flemming, NZWehrr 2002, 64–75.

830 Soldatinnen- und Soldaten-Gleichbehandlungsgesetz vom 14.8.2006 (BGBl. I S. 1897, 1904), das zuletzt durch Art. 4 des Gesetzes vom 31.7.2008 (BGBl. I S. 1629) geändert worden ist.

schlechterspezifischer Nachteile im Soldatenberuf zu vermeiden. Der in Art. 3 Abs. 2 Satz 2 GG enthaltene Förderungsauftrag des Staates, die tatsächliche Gleistellung von Männern und Frauen durchzusetzen, wird laufbahnrechtlich durch § 8 SoldGG dahingehend konkretisiert, dass bei allen förderlichen Auswahlentscheidungen unter gleich Geeigneten ein intendiertes Ermessen zugunsten weiblicher Bewerberinnen vorgegeben ist.[831] Als problematisch erscheint die Vorgabe aus § 27 Abs. 4 Satz 1 SG, die für Beförderungen Mindestdienstzeiten vorsieht, da reine Wartezeiten im Widerspruch stehen zum Gebot, unter Gewährleistung des individuellen Rechts der Bewerber aus Art. 3 Abs. 1 GG auf Chancengleichheit[832] Auswahlentscheidungen anhand von Eignung, Leistung und Befähigung zu treffen, wie es § 3 Abs. 1 SG verlangt.[833] Neben der Soldatenlaufbahnverordnung sollte es gem. § 27 Abs. 7 SG eine Rechtsverordnung geben, welche nähere Regelungen zur Ausgestaltung der Unteroffizierprüfungen und Offizierprüfungen trifft. Obwohl diese Verordnungsermächtigung bereits seit der Neufassung des Soldatengesetzes vom 30. Mai 2005 in § 27 Abs. 6 SG enthalten ist,[834] wurde bislang von ihr noch kein Gebrauch gemacht.

II. Laufbahngruppen

In den Laufbahngruppen drückt sich die vertikale Gliederung der Streitkräfte als einem hierarchisch aufgebauten Machtapparat aus. So kann das für Streitkräfte prägende Strukturprinzip von Befehl und Gehorsam[835] nur funktionieren, wenn von oben nach unten verlaufende Befehlsketten bestehen. Was einerseits für die organisatorische Gliederung der militärischen Organisationsbereiche, das Verhältnis zwischen höheren Kommandobehörden, Kommandobehörden und nachgeordneten Dienststellen gilt, die ebenfalls in einem Über-/Unterordnungsverhältnis stehen, gilt auch innerhalb des Personalkörpers der Streitkräfte, der eine ähnliche vertikale Gliederung kennt. Das streng hierarchische Verhältnis der Laufbahngruppen drückt sich in der Befehlsbefugnis aufgrund des Dienstgrades[836] aus. Aus § 4 Abs. 1 Satz 1 Nr. 1

831 Dolpp/Weniger, SLV, 7. Aufl. 2010, Einführung Rn. 010b.

832 BVerwG, Beschluss v. 20.9.2011 – 1 WB 38.10, setzt sich mit dem Anspruch auf Chancengleichheit im Auswahlverfahren auseinander, NZWehrr 2012, 119–122.

833 VG Karlsruhe, Urt. v. 9.12.2009 – 4 K 1542/08, setzt sich mit der Altersgrenze für Umwandlung eines Dienstverhältnisses eines Soldaten auf Zeit in das Dienstverhältnis eines Berufssoldaten auseinander im Lichte der Rechtsprechung des BVerwG, Urt. v. 19.2.2009 – 2 C 18.07, und betrachtet die bundeswehrinternen Richtlinien hierzu, NZWehrr 2011, 78–81. Dieses Urteil wird eingehend besprochen in Finger, NZWehrr 2011, 163–167.

834 Soldatengesetz in der Fassung der Bekanntmachung vom 30.5.2005 (BGBl. I S. 1482).

835 Dieses Prinzip ist verankert in der Pflicht zur Erteilung rechtmäßiger Befehle gem. § 10 Abs. 4 SG, mit der die Pflicht zur Befolgung verbindlicher Befehle gem. § 11 Abs. 1, 2 SG korrespondiert.

836 Vorgesetztenverhältnisse auf Grund des Dienstgrades regelt ausweislich der Zwischenüberschrift „Vorgesetztenverhältnis aufgrund des Dienstgrads“ § 4 Vorgesetztenverordnung (VorgV).

bis 3 der Verordnung über die Regelung des militärischen Vorgesetztenverhältnisses (Vorgesetztenverordnung – VorgV)[837] geht hervor, dass Offiziere an der Spitze dieser Kette stehen, gefolgt von Unteroffizieren mit Portepee,[838] sodann Unteroffizieren ohne Portepee[839] und dann Mannschaften. Während bei Unteroffizieren mit Portepee, Unteroffizieren ohne Portepee und Mannschaften Laufbahngruppe und Dienstgradgruppe im Sinne des § 4 Abs. 3 VorgV gleichbedeutend sind, ergibt sich aus § 4 Abs. 3 VorgV für Offiziere eine weitergehende Differenzierung nach Generalen, Stabsoffizieren, Hauptleuten und Leutnanten,[840] welche zusammen die Laufbahngruppe der Offiziere bilden. Aufgrund dieser Binnenstruktur des Personalkörpers wird mitunter die Metapher verwendet, Offiziere seien der Kopf, Unteroffiziere das Rückgrat und Mannschaften die Hände des Personalkörpers. Bildeten Mannschaften und Unteroffiziere bei Gründung der Bundeswehr noch eine gemeinsame Laufbahngruppe,[841] gehören sie heute jeweils einer eigenen Laufbahngruppe an. Soweit das Laufbahnrecht Höchstaltersgrenzen vorsieht für die Einstellung von Anwärtern für die Laufbahnen der Fachunteroffiziere (§ 11 Abs. 1 Nr. 1 SLV) und Feldwebel (§ 15 Abs. 1 Nr. 1 SLV) sowie der Offiziere des Truppendienstes (§ 23 Abs. 1 Nr. 1 SLV), Sanitätsdienstes (§ 30 Abs. 1 Nr. 1 SLV) und Militärmusikdienstes (§ 34 Abs. 1 Nr. 1 SLV), konnte dies bis zur Änderung des § 40 Abs. 1 Satz 1 SG[842] noch mit dem Bedarf an jungen Soldaten gerechtfertigt werden, die aufgrund ihrer körperlichen Leistungsfähigkeit und Belastbarkeit eine entscheidende Säule der Einsatzbereitschaft der Streitkräfte darstellen sollten.[843] Betrachtet man die Öffnung des Dienstrechts für lebensältere Soldaten im Kontext der gestiegenen Herausforderungen[844] bei der Gewinnung und Bindung geeigneten Personals im erfor-

---

837 Vorgesetztenverordnung in der im Bundesgesetzblatt Teil III, Gliederungsnummer 51-1-1, veröffentlichten bereinigten Fassung, die zuletzt durch Art. 1 Nr. 2 der Verordnung vom 7.10.1981 (BGBl. I S. 1129) geändert worden ist.

838 Als „Unteroffiziere mit Portepee" bzw. „Portepeeunteroffiziere" werden Unteroffiziere vom Feldwebel aufwärts bezeichnet.

839 Als „Unteroffizier ohne Portepee" bzw. „Portepeeunteroffiziere" werden Fachunteroffiziere (Unteroffizier, Stabsunteroffizier) bezeichnet.

840 Dienstgradgruppen im Sinne des § 4 Abs. 3 VorgV von unten nach oben: Mannschaften, Unteroffiziere ohne Portepee, Unteroffiziere mit Portepee, Leutnante, Hauptleute, Stabsoffiziere, Generale und Admirale.

841 Verordnung über die Laufbahnen der Soldaten (Soldatenlaufbahnverordnung – SLV-1958) vom 21.3.1958, §§ 2 Abs. 1 Satz 1, 7 Abs. 1, SLV-1958.

842 § 40 Abs. 1 SG wurde durch Art. 6 Nr. 3 Buchst. a des Gesetzes vom 15.3.2012 (BGBl. I 462) mit Wirkung vom 22.3.2012 dahingehend geändert, dass die Höchstaltersgrenze von 40 Jahren für Soldaten auf Zeit entfiel und die längst mögliche Verpflichtungsdauer von 20 auf 25 Jahre angehoben wurde.

843 Dolpp/Weniger, SLV, 7. Aufl. 2010, § 4 Rn. 413.

844 Erstmals nach der Aussetzung der Wehrpflicht in aller Deutlichkeit im Rahmen der jährlichen Berichterstattung angesprochen wird der Personalmangel insbesondere bei Mannschaften in der Unterrichtung durch den Wehrbeauftragten, Jahresbericht 2013 (55. Bericht) vom 28.1.2014, BT-Drs. 18/300, S. 25 f. Auf S. 44 erfolgt auch ein deutlicher Hinweis auf die infolge der Aussetzung der Wehrpflicht gestiegenen Herausforderungen bei der Personalgewinnung.

derlichen Umfange,[845] kann diese Öffnung als eine Reaktion, wenn nicht als eine Kompensations- oder indirekte Korrekturmaßnahme zur Entscheidung verstanden werden, die in Art. 12a Abs. 1 GG verankerte Wehrpflicht nicht mehr durchzusetzen.[846] Naheliegend erscheint es nunmehr, dass Einstellungshöchstaltersgrenzen im Lichte der Rechtsprechung des Bundesverfassungsgerichts[847] sowie des Europäischen Gerichtshofs zu Altersgrenzen für die Einstellung im öffentlichen Dienst zu gegebener Zeit in verfassungs- und europarechtskonformer Weise überarbeitet werden.

1. Mannschaften

Die Mehrzahl der Soldaten der Bundeswehr zählt zur Laufbahngruppe der Mannschaften. Ihnen kommt die Rolle der Geführten zu, da sie nur in Bezug auf konkrete Aufgabenstellungen und stets nur vorübergehend mit Vorgesetztenbefugnissen ausgestattet werden,[848] die in keinem Falle an ihrem Dienstgrad anknüpfen. Dementsprechend gestalten sich die Einstiegsvoraussetzungen in die Laufbahngruppe der Mannschaften niedriger als bei Unteroffizieren und bei Offizieren. So werden an Soldaten, die nicht als Soldat auf Zeit eingestellt werden, durch die Soldatenlaufbahnverordnung keine besonderen Qualifikationsanforderungen gestellt, die Einstellung, d.h. Begründung eines Wehrdienstverhältnisses (§ 4 Abs. 1 SLV) erfolgt gem. § 4 Abs. 2 Satz 1 SLV in den niedrigsten Mannschaftsdienstgrad. Zwar müssen Soldaten auf Zeit in der Laufbahngruppe der Mannschaften die Vollzeitschulpflicht erfüllt haben (§ 8 Abs. 1 Nr. 1 SLV). Da dies jedoch nicht den erfolgreichen Schulbesuch umfasst, welcher zu einem Bildungsabschluss geführt hat, verbleibt es für die Laufbahngruppe der Mannschaften bei einer einzigen fachlichen Einstellungsvoraussetzung für die Laufbahn der Mannschaften des Militärmusikdienstes, hier wird gem. § 8 Abs. 2 die Beherrschung eines Orchesterinstruments verlangt. Des Weiteren sieht die Soldatenlaufbahnverordnung keine Laufbahnprüfung entsprechend den Unteroffizierprüfungen[849] oder Offizierprüfungen[850] vor, Beförderungen sind gem. § 9 Abs. 1 SLV nur an Dienstzeiterfordernisse gebunden.

845 Zur aktuell (immer noch) angespannten Personalsituation in den Streitkräften siehe Unterrichtung durch den Wehrbeauftragten, Jahresbericht 2019 (61. Bericht) vom 28.1.2020, BT-Drs. 19/16500, S. 23 ff.

846 Mit Art. 2 Nr. 2 des Gesetzes zur Änderung wehrrechtlicher Vorschriften 2011 (Wehrrechtsänderungsgesetz 2011 – WehrRÄndG 2011) wurde die Geltung der §§ 3 bis 53 WehrPflG auf den Spannungs- und Verteidigungsfall eingeschränkt. Das Gesetz und das Gesetzgebungsverfahren werden kritisch beleuchtet von Walz, NZWehrr 2011, 133–144. Mit besonders deutlicher Kritik an der Aussetzung der Wehrpflicht wird die am 28.5.2020 ins Amt gelangte Wehrbeauftragte des Bundestages Eva Högl in der Tagespresse vom 4.7.2020 zitiert, neben weiteren Beiträgen in der Tagespresse siehe https://www.faz.net/-gpg-a1203, abgerufen am 26.7.2020.

847 BVerfG, Beschluss v. 21.4.2015 – 2 BvR 1322/12 und 2 BvR 1989/12, Rn. 65.

848 So sind Mannschaftsdienstgrade z.B. als Angehörige der militärischen Wache gem. § 3 VorgV sowie im Rahmen einer vorübergehenden Unterstellung gem. § 5 VorgV Vorgesetzte.

849 § 12 Abs. 2 Satz 1 SLV (Fachunteroffizierprüfung), § 16 Abs. 2 Satz 1 SLV (Feldwebelprüfung).

850 § 24 Abs. 2 Satz 1 SLV (Offizierprüfung).

Angesichts des hohen Spezialisierungsgrades einer modernen Armee erscheint die Schlussfolgerung, Mannschaftssoldaten stünden dem Dienstherrn wegen des Verzichts auf Laufbahnlehrgänge und -prüfungen „schon von Anfang an voll und ganz zur Verfügung“[851] als sehr optimistisch, dies umso mehr, wenn neben militärisch Verwendungslehrgängen noch allgemein bildende Förderungsmaßnahmen etwa zur Nachholung eines Schulabschlusses[852] hinzutreten sollten.

2. Unteroffiziere

Innerhalb der Laufbahngruppe der Unteroffiziere wird zwischen den Laufbahnen der Fachunteroffiziere und den Laufbahnen der Feldwebel unterschieden. Diese Unterscheidung korrespondiert auch mit unterschiedlichen Vorgesetztenverhältnissen, da es sich um unterschiedliche Ranggruppen im Sinne des § 4 Abs. 1 Satz 1 VorgV sowie um unterschiedliche Dienstgradgruppen im Sinne des § 4 Abs. 3 VorgV handelt. Somit sind Soldaten ab dem Dienstgrad Feldwebel gem. §§ 4 Abs. 1 Satz 1 Nr. 2, 4 Abs. 3 VorgV Fachunteroffizieren vorgesetzt.

a) **Fachunteroffiziere.** Fachunteroffiziere bewegen sich entsprechend den Bildungsanforderungen, welche an sie gestellt werden, nach erfolgter Ausbildung auf dem Qualifikationsniveau beruflich ausgebildeter Fachkräfte mit bestandener Berufsabschlussprüfung. Dafür spricht, dass bereits im Dienstgrad Unteroffizier eingestellt werden kann, wer einen Hauptschulabschluss bzw. einen vergleichbaren Bildungsabschluss erworben (§ 13 Abs. 1 Nr. 1a SLV) und eine Berufsausbildung abgeschlossen hat – vorausgesetzt, dieser ist für die angestrebte Verwendung verwertbar (§ 13 Abs. 1 Nr. 1b SLV). In Abhängigkeit von der Dauer der jeweiligen Berufsausbildung entspricht dies Stufe 3 bzw. 4 des Deutschen Qualifikationsrahmens (DQR)[853].[854]

Zwar enthält die Soldatenlaufbahnverordnung im Unterschied zu den Laufbahnen der Feldwebel (§ 21 SLV) und der Laufbahngruppe der Offiziere (§ 28 SLV) keine Regelungen zur Umwandlung des Dienstverhältnisses von Fachunteroffizieren in das Dienstverhältnis eines Berufssoldaten. Mit dem Gesetz zur nachhaltigen Stärkung der personellen Einsatzbereitschaft der Bundes-

---

851 Dolpp/Weniger, SLV, 7. Aufl. 2010, § 4 Rn. 413.

852 Siehe hierzu unten Punkt II.2.a.

853 Mit dem Deutschen Qualifikationsrahmen wird die Empfehlung des Europäischen Parlaments und des Rates vom 23.4.2008 zur Einrichtung des Europäischen Qualifikationsrahmens für lebenslanges Lernen (ABl. C 111 vom 6.5.2008, S. 1–7) umgesetzt, welcher mit der Empfehlung des Rates vom 22.5.2017 über den Europäischen Qualifikationsrahmen für lebenslanges Lernen und zur Aufhebung der Empfehlung des Europäischen Parlaments und des Rates vom 23.4.2008 zur Einrichtung des Europäischen Qualifikationsrahmens für lebenslanges Lernen (ABl. C 189 vom 17.6.2017, S. 15–19) überarbeitet worden ist.

854 Bund-Länder-Koordinierungsstelle für den Deutschen Qualifikationsrahmen für lebenslanges Lernen (DQR), Liste der zugeordneten Qualifikationen, Stand 1.8.2019, Bearbeitungsstand 17.7.2019, abrufbar unter https://www.dqr.de/media/content/2019_DQR_Liste_der_zugeordneten_Qualifikationen_01082019.pdf; abgerufen am 26.7.2020, S. 3.

wehr (Bundeswehr-Einsatzbereitschaftsstärkungsgesetz – BwEinsatzBerStG)[855] wurde jedoch § 39 Nr. 1 SG ausgeweitet auf Unteroffiziere. Hierbei wurde auf die Festlegung eines Mindestalters verzichtet. Im Lichte der Kritik an gesetzlich geregelten Altersgrenzen und Wartezeiten sowie der hierzu ergangenen Rechtsprechung[856] erscheint dies konsequent und legt die Möglichkeit nahe, dass sukzessive auch weitere Altersgrenzen wie z. B. das Mindestalter von 24 Jahren für die Umwandlung des Dienstverhältnisses eines Soldaten auf Zeit in das einer Berufssoldatin oder eines Berufssoldaten (§ 21 SLV) entfallen werden.[857] Indem § 14 Abs. 1 SLV für Mannschaften die Zulassung zu einer Laufbahn der Fachunteroffiziere ermöglicht, wenn sie mindestens zum Gefreiten befördert worden sind und die Bildungsvoraussetzung für eine Einstellung als Anwärter für die Laufbahnen der Fachunteroffiziere gem. § 11 Abs. 1 Nr. 2 SLV erreicht haben, ermöglicht die SLV den Aufstieg aus der Laufbahngruppe der Mannschaften auch für Personen, die beim Eintritt in die Bundeswehr ggf. weder einen Hauptschulabschluss noch einen als gleichwertig anerkannten Bildungsabschluss hatten vorweisen können. Diese laufbahnrechtliche Öffnung in Verbindung mit dem bestehenden Personalbedarf der Streitkräfte in den Laufbahnen der Fachunteroffiziere[858] rechtfertigt entsprechende dienstzeitbegleitende Angebote der Bundeswehrfachschulen im Bereich der Allgemeinbildung für Soldaten auf Zeit gem. §§ 3 Abs. 2 Nr. 2, 5 Abs. 1 Satz 1, 5 Abs. 2 des Gesetzes über die Versorgung für die ehemaligen Soldaten der Bundeswehr und ihre Hinterbliebenen (Soldatenversorgungsgesetz – SVG).[859] In seiner Sitzung vom 7. Juli 2020 hat der Bundesrat einer entsprechenden Ergänzung der Verordnung über die Abschlussprüfungen an Bundeswehrfachschulen (Bundeswehrfachschulprüfungsverordnung – BWFSPrV)[860] zugestimmt, damit an den Bundeswehrfachschulen künftig auch der Hauptschulabschluss erworben werden kann.[861]

b) Feldwebel. Die Kombination aus einem Hauptschulabschluss oder vergleichbarem Bildungsabschluss mit einer förderlichen Berufsausbildung er-

---

855 Bundeswehr-Einsatzbereitschaftsstärkungsgesetz in der Fassung der Bekanntmachung vom 8.8.2019 (BGBl. I S. 1147).

856 Siehe oben Punkt I.

857 Zwar verweisen Dolpp/Weniger in § 21 Rn. 2102 darauf, dass es keine formelle gesetzliche Grundlage für diese Altersgrenze gibt, sie aber weitgehend akzeptiert sei, sie begründen dies jedoch nicht weiter. Ob diese Mindestaltersgrenze angesichts des Wertungswiderspruchs im Verhältnis zu ihrerseits begründungsbedürftigen Höchstaltersgrenzen und insbesondere im Lichte des Art. 33 Abs. 2 GG einer verfassungsgerichtlichen Überprüfung oder vor dem Europäischen Gerichtshof standhalten wird, darf bezweifelt werden.

858 Unterrichtung durch den Wehrbeauftragten, Jahresbericht 2019 (61. Bericht) vom 28.1.2020, BT-Drs. 19/16500, S. 26.

859 Soldatenversorgungsgesetz in der Fassung der Bekanntmachung vom 16.9.2009 (BGBl. I S. 3054), das zuletzt durch Art. 7 des Gesetzes vom 25.5.2020 (BGBl. I S. 1063) geändert worden ist.

860 Bundeswehrfachschulprüfungsverordnung vom 23.4.2015 (BGBl. I S. 663).

861 Beschluss des Bundesrates vom 3.7.2020, Verordnung zur Änderung der Bundeswehrfachschulprüfungsverordnung, BR-Drs. 275/20 (Beschluss).

möglicht die Einstellung als Feldwebelanwärter (§ 15 Abs. 1 Nr. 2a SLV), bei vorliegendem mittlerem Bildungsabschluss ist eine abgeschlossene Berufsausbildung entbehrlich (§ 15 Abs. 1 Nr. 2b SLV). Ist der Berufsabschluss nicht nur förderlich, sondern sogar (konkret) verwertbar für die vorgesehene Verwendung, können Feldwebelanwärter mit dem Dienstgrad Unteroffizier eingestellt werden (§ 17 Abs. 1 Nr. 1b SLV). Unteroffiziere in der Feldwebellaufbahn waren bis zur Reform des Soldatenlaufbahnrechts durch das BwEinsatzBerStG neben Offizieren die einzigen Soldaten, die in das Dienstverhältnis einer Berufssoldatin bzw. eines Berufssoldaten berufen werden konnten.[862] Aufgrund typischerweise längerer Verwendungsdauern auf einzelnen Schlüsseldienstposten wie etwa in der Funktion als Kompaniefeldwebel bzw. in vergleichbarer Dienststellung stellen Angehörige der Laufbahngruppe der Feldwebel oft noch stärker als Offiziere eine personelle Konstante dar und tragen hierdurch eine besondere Verantwortung für die Weitergabe praktischen Erfahrungswissens in ihren Truppenteilen. Wie die Laufbahnprüfung der Fachunteroffiziere (§ 12 Abs. 2 Satz 1 SLV) ist auch die Feldwebelprüfung zweigeteilt in einen allgemeinmilitärischen und einen militärfachlichen Teil (§ 16 Abs. 2 Satz 1 SLV), letzterer kann in beiden Laufbahngruppen ersetzt werden durch einen verwertbaren Berufsabschluss (§ 12 Abs. 2 Satz 4 SLV bzw. § 16 Abs. 2 Satz 4 SLV). Indem § 17 Abs. 2 Nr. 1a SLV einen Berufsabschluss auf dem Niveau einer Meisterprüfung für die Berufung in ein Dienstverhältnis als Soldatin bzw. Soldat auf Zeit im Dienstgrad Feldwebel verlangt, ordnet die SLV die Laufbahnen der Feldwebel auf einem Bildungsniveau ein, das mit auf Stufe 6 des DQR[863] korrespondiert. Anstelle einer Meisterprüfung genügt gem. § 17 Abs. 2 Nr. 1b SLV auch ein Vorbereitungsdienst für eine Laufbahn des mittleren Dienstes. Da dieses Qualifikationsniveau der Stufe 4 des Deutschen Qualifikationsrahmens zuzuordnen ist,[864] lässt sich die Laufbahngruppe der Feldwebel somit als mindestens mit Stufe 4 und nicht höher als Stufe 6 des DQR stehend einordnen.

3. Offiziere

Da alle Offiziere zu derselben Ranggruppe im Sinne des § 4 Abs. 1 Satz 1 Nr. 1 VorgV gehören, können aufgrund dieser Vorschrift innerhalb des Offizierkorps keine Vorgesetztenverhältnisse begründet werden, womit nur durch § 4

862 Dies wurde möglich durch Art. 6 Nr. 13 Buchstabe a BwEinsatzBerStG.

863 Mit dem Deutschen Qualifikationsrahmen wird die Empfehlung des Europäischen Parlaments und des Rates vom 23.4.2008 zur Einrichtung des Europäischen Qualifikationsrahmens für lebenslanges Lernen (2008/C 111/01, ABl. vom 6.5.2008, C 111/1-C111/7) umgesetzt. Bund-Länder-Koordinierungsstelle für den Deutschen Qualifikationsrahmen für lebenslanges Lernen (DQR), Liste der zugeordneten Qualifikationen, Stand 1.8.2019, Bearbeitungsstand 17.7.2019, abrufbar unter https://www.dqr.de/media/content/2019_DQR_Liste_der_zugeordneten_Qualifikationen_01082019.pdf; abgerufen am 26.7.2020, S. 3.

864 Bund-Länder-Koordinierungsstelle für den Deutschen Qualifikationsrahmen für lebenslanges Lernen (DQR), Liste der zugeordneten Qualifikationen, Stand 1.8.2019, Bearbeitungsstand 17.7.2019, abrufbar unter https://www.dqr.de/media/content/2019_DQR_Liste_der_zugeordneten_Qualifikationen_01082019.pdf; abgerufen am 26.7.2020, S. 75.

Abs. 3 VorgV eine Binnendifferenzierung anhand der Dienstgradgruppen der Offiziere erfolgt. Der besonderen Bedeutung der Dienstgradgruppen der Offiziere trägt § 25 Abs. 2 SLV dadurch Rechnung, dass die Beförderung zum Major neben einer Dienstzeit von neun Jahren seit der Ernennung zum Leutnant[865] die erfolgreiche Teilnahme an einem Stabsoffizierlehrgang erfordert. Hiervon wird in einzelnen Laufbahnen[866] bzw. bei Einstellung mit einem höheren Dienstgrad für militärfachliche Verwendungen, die eine Hochschulausbildung erfordern,[867] abgewichen. Das Laufbahnrecht definiert indes eine Trennlinie zwischen den Offizieren des militärfachlichen Dienstes und den weiteren Offizieren, da Offiziere des militärfachlichen Dienstes gem. § 42 Abs. 2 Satz 1 SLV regelmäßig nur bis maximal zum Stabshauptmann befördert und somit keine Stabsoffiziere werden können. Als Truppendienstoffiziere können gem. § 27 Abs. 2 SLV Inhaber von Luftfahrzeugführerlizenzen, Fluglotsenlizenzen und schifffahrtsrechtlichen Befähigungszeugnissen im Sinne des § 27 Abs. 1 Nr. 1 bis 7 SLV mit höherem Dienstgrad eingestellt werden, während § 26 Abs. 4 Satz 1 SLV für anderweitige Verwendungen im Truppendienst ein Hochschulstudium verlangt. Die zentrale Rolle akademischer Abschlüsse für die Einstellung der Offiziere bringt zum Ausdruck, dass die SLV – mit Ausnahme von Aufsteigern aus den Laufbahnen der Feldwebel gem. § 29 Abs. 1 SLV – Akademiker als Leitbild für den Truppendienstoffizier erachtet, wodurch eine Verortung auf Stufe 6 bis 7 des DQR nahegelegt wird.[868]

III. Laufbahnen

In Verbindung mit der vertikalen Gliederung der Streitkräfte nach Ebenen, die sich in Laufbahngruppen – bestehend aus Laufbahnen derselben Ebene[869] – wiederspiegelt, und der horizontalen Gliederung nach unterschiedlichen Fachlichkeiten[870] ergeben sich in Summe 32 Laufbahnen[871]

865 Siehe oben Punkte I. und II.2.a.

866 Im Geoinformationsdienst erfordert die Beförderung zum Major gem. § 38 Abs. 2 Satz 2 SLV keinen Stabsoffizierlehrgang, wenn die Laufbahnbefähigung in Form eines Masters oder gleichwertigen Abschlusses erworben worden ist. Für den Sanitätsdienst ersetzt § 31 Abs. 3 SLV den Stabsoffizierlehrgang durch entsprechende Approbationen bzw. die staatliche Prüfung als Lebensmittelchemiker.

867 Für Offiziere die mit höherem Dienstgrad eingestellt werden, ergibt sich dies aus § 26 Abs. 3 SLV, der in den dort betroffenen Fällen den Dienstgrad Major als Beginn der Laufbahn definiert.

868 Bund-Länder-Koordinierungsstelle für den Deutschen Qualifikationsrahmen für lebenslanges Lernen (DQR), Liste der zugeordneten Qualifikationen, Stand 1.8.2019, Bearbeitungsstand 17.7.2019, abrufbar unter https://www.dqr.de/media/content/2019_DQR_Liste_der_zugeordneten_Qualifikationen_01082019.pdf; abgerufen am 26.7.2020, S. 3.

869 Dolpp/Weniger, SLV, 7. Aufl. 2010, § 3 Rn. 303.

870 Dolpp/Weniger, SLV, 7. Aufl. 2010, § 3 Rn. 302.

871 Die Ordnung der Laufbahnen ergibt sich gem. § 3 Satz 2 SLV aus einer Anlage zu § 3 SLV „Zuordnung der Laufbahnen der Soldaten zu den Laufbahngruppen der Mannschaften, der Unteroffiziere und der Offiziere“ (BGBl. 2011 I, S. 1829).

als Ausdruck dieser horizontalen und vertikalen Gliederung der Streitkräfte.[872] Während die vertikale Laufbahnunterteilung anhand der Dienstgradgruppen seit Gründung der Bundeswehr nur geringfügig verändert worden ist,[873] hat die fachliche Gliederung der Laufbahnen einen grundlegenden Wandel erfahren. An die Stelle der mit Gründung der Bundeswehr etablierten „Laufbahnen des Truppendienstes des Heeres, der Luftwaffe und der Marine, Laufbahnen des Sanitätsdienstes der Bundeswehr, Laufbahnen des Militärmusikdienstes des Heeres, der Luftwaffe und der Marine sowie Laufbahnen des militärgeographischen Dienstes des Heeres“ sind durch verschiedene Gesetzesänderungen die nunmehr bestehenden „Laufbahnen des Truppendienstes, des Sanitätsdienstes, des Militärmusikdienstes, des Geoinformationsdienstes und des militärfachlichen Dienstes“ getreten.

1. Truppendienst

Prägend für die Laufbahnen des Truppendienstes ist, dass ihr Tätigkeitsschwerpunkt dem Kernbereich des Aufgabenspektrums von Streitkräften zuzuordnen ist. Dies ergibt sich aus der Unterscheidung zwischen militärischen Verwendungen und militärfachlichen Verwendungen. Militärische Verwendungen erfordern gem. § 5 Abs. 3 Satz 1 Nr. 1 SLV Kenntnisse und Fähigkeiten, welche durch eine berufliche Tätigkeit in Streitkräften oder streitkräfteähnlichen Einrichtungen erworben worden sind. Militärfachliche Verwendungen hingegen sind gem. § 5 Abs. 3 Satz 1 Nr. 2 SLV insbesondere solche Verwendungen, die „einem Berufsbild aus dem Bereich des Gesundheits-, Verwaltungs-, Logistik- oder Medienwesens oder einem technischen Beruf“ entsprechen. Laufbahnen des Truppendienstes sind eingerichtet für Mannschaften, Feldwebel sowie Offiziere. Die Eigenart truppendienstlicher Verwendungen, welche von Führungskräften ein hohes Maß an allgemeinmilitärischem Sachverstand erfordern, legt es nahe, dass mit wenigen Ausnahmen[874] auch bei Personen, die nach abgeschlossenem Hochschulstudium mit einem höheren Dienstgrad eingestellt werden, verlangt wird, dass sie eine Offizierprüfung bestehen, § 26 Abs. 4 Satz 1 SLV. Wenn auch die Mehrzahl der Truppendienstoffiziere im Rahmen ihrer Ausbildung in der Bundeswehr oder vor dem Eintritt in ein Dienstverhältnis ein Hochschulstudium absolviert hat, ermöglicht das Laufbahnrecht über § 29 Abs. 1 SLV mit dem Aufstieg von Unteroffizieren aller Laufbahnen, die sich in einem Feldwebeldienstgrad befinden, auch den Wechsel von Nicht-Akademikern in die Laufbahn der Offiziere des Truppendienstes. In

872 Dolpp/Weniger, SLV, 7. Aufl. 2010, § 3 Rn. 301.

873 Bereits die Verordnung über die Laufbahnen der Soldaten (Soldatenlaufbahnverordnung – SLV-1958) vom 21.3.1958 nahm in § 2 Abs. 1 Satz 1 SLV-1958 diese vertikale Gliederung der Streitkräfte in die „Laufbahngruppen der Unteroffiziere und Mannschaften und Offiziere“ vor.

874 Trotz einer Zuordnung zur Laufbahn der Truppendienstoffiziere sind Personen, die über luftfahrt- oder seeverkehrsrechtliche Lizenzen und Erlaubnisse verfügen, gem. § 27 Abs. 1 Nr. 1 bis 7 SLV ausgenommen von dem Erfordernis einer bestandenen Offizierprüfung.

Verbindung mit §§ 19, 20 SLV, welche den Aufstieg aus der Laufbahngruppe der Mannschaften bzw. der Fachunteroffiziere regeln, ist die Durchlässigkeit zwischen allen Hierarchieebenen bei Vorliegen der jeweiligen Bildungsvoraussetzungen gegeben. Eine Vita, die nach erfolglosem Besuch der allgemein bildenden Schule und Eintritt in die Streitkräfte über die Nachholung eines Schulabschlusses und eine Zwischenstation in der Feldwebellaufbahn zum Truppendienstoffizier führt, ist laufbahnrechtlich möglich. Somit ist in Verwirklichung der Vorgabe aus § 27 Abs. 5 Satz 1 SG[875] ein hohes Maß an Laufbahndurchlässigkeit[876] erreicht, was einen wichtigen Beitrag zur Steigerung der Attraktivität soldatischer Berufsbilder leistet.[877] Truppendienstoffiziere können sowohl Soldaten auf Zeit als auch Berufssoldaten sein.

2. Militärfachlicher Dienst

Im Vergleich zur Laufbahn der Offiziere des Truppendienstes steht die Laufbahn der Offiziere des militärfachlichen Dienstes einem kleineren Personenkreis offen. Mit Ausnahme der Verwendungen im Flugsicherungskontrolldienst und im fliegerischen Dienst[878] können nur Personen, die mindestens den Dienstgrad eines Feldwebels erreicht haben, zur Laufbahn der Offiziere des militärfachlichen Dienstes zugelassen werden, § 40 Abs. 1 SLV. Es handelt sich somit um einen speziellen Werdegang für Laufbahnaufsteiger, der für externe Bewerber nicht geöffnet ist.[879] Angehörige dieser Laufbahn sind oder werden Berufssoldaten. Obgleich die Laufbahn der Offiziere des militärfachlichen Dienstes – ebenso wie die Laufbahn der Fachunteroffiziere – ersichtlich in Verbindung steht mit einer spezifischen Fachlichkeit, begründen beide diese Laufbahnen keine Zugehörigkeit zu einem Fachdienst im Sinne des § 2 VorgV. Fachdienste im Sinne des § 2 VorgV sind lediglich die Laufbahnen des Sanitätsdienstes, des Geoinformationsdienstes und der Militärmusik.[880]

3. Sanitätsdienst

Laufbahnen des Sanitätsdienstes gibt es in allen Laufbahngruppen. Bis zur Änderung des Art. 12a GG in Reaktion auf das Urteil des Europäischen Gerichtshofs im Vorabentscheidungsersuchen des Verwaltungsgerichts Hannover in der Rechtssache Tanja Kreil[881] sind die Laufbahnen des Sanitätsdiens-

---

875 § 27 Abs. 5 Satz 1 SG bestimmt, dass der „Aufstieg aus den Laufbahnen der Unteroffiziere in die Laufbahnen der Offiziere auch ohne Erfüllung der Eingangsvoraussetzungen möglich" ist.

876 Zum Begriff Dolpp/Weniger, SLV, 7. Aufl. 2010, Einführung Rn. 024.

877 Dolpp/Weniger, SLV, 7. Aufl. 2010, Einführung Rn. 025.

878 Für diese Verwendungen erlaubt § 40 Abs. 2 Nr. 2 auch die Zulassung von Personen, die mindestens den Dienstgrad Unteroffizier erreicht haben.

879 Dolpp/Weniger § 40, Rn. 4006.

880 Scherer/Alff/Poretschkin/Lucks, SG, 10. Aufl. 2018, § 1 Rn. 76.

881 Tanja Kreil gegen Bundesrepublik Deutschland, EuGH, Urt. v. 11.1.2000 – C-285/98, juris.

tes und der Militärmusik die einzigen gewesen, welche Frauen den Dienst in den Streitkräften erlaubt haben.[882] Da die Universität der Bundeswehr München (UniBw München)[883] und die Helmut-Schmidt-Universität Hamburg (HSU)[884] keine grundständigen Medizinstudiengänge anbieten, können Sanitätsoffizieranwärter gem. § 11 der Verordnung über den Urlaub der Soldatinnen und Soldaten (Soldatinnen- und Soldatenurlaubsverordnung – SUV)[885] „zum Studium der Medizin, Zahnmedizin, Veterinärmedizin oder Pharmazie und Lebensmittelchemie unter Wegfall der Geld- und Sachbezüge beurlaubt werden. Sie erhalten unentgeltliche truppenärztliche Versorgung sowie ein Ausbildungsgeld nach Maßgabe des § 30 Abs. 2 des Soldatengesetzes."

4. Geoinformationsdienst

Nur in der Laufbahngruppe der Offiziere gibt es die Laufbahn des Geoinformationsdienstes. Ursprünglich handelte es sich hierbei um die Laufbahnen der Offiziere[886] und Reserveoffiziere[887] des „militärgeographischen Dienstes des Heeres" (§ 2 Abs. 1 SLV 1958). Neben einer Anpassung der Organisationsstruktur des Geoinformationswesens der Bundeswehr[888] erfuhr auch das Laufbahnrecht dieses Fachdienstes mehrere Reformen. So gab es zwischenzeitlich auch Laufbahnen der Feldwebel des Geoinformationsdienstes der Bundeswehr.[889]

---

882 Auswertung BR-Drs. 710/00(B) vom 1.12.2000 als Beschluss-Drs. zum Gesetz zur Änderung des Grundgesetzes (Art. 12a).

883 Die UniBw München führt Forschungsprojekte und Studien auf dem Gebiet der Medizin durch, z. B. zum Thema Prädiktive Medizin – Analyse patientenindividueller Daten im Bereich der Schizophrenie, siehe https://www.unibw.de/statistik/forschung/praediktive-medizin/praediktive-medizin-analyse-patientenindividueller-daten-im-bereich-der-schizophrenie, abgerufen am 26.7.2020, sowie im Bereich Medizinische Anwendung von Hochfrequenztechnik, https://www.unibw.de/eit5/ihhf-bildergalerie/hochfrequenzschneiden.jpg/view, abgerufen am 26.7.2020, und die Studie SanTrain – Entwicklung eines Lehrmediums für die Ausbildung im medizinischen ABC-Schutz, https://www.unibw.de/santrain/demonstratoren/santrain-medabc, abgerufen am 26.7.2020.

884 An der Helmut-Schmidt-Universität/Universität der Bundeswehr Hamburg wird lediglich der weiterbildende Master-Studiengang Führung in der Medizin mit dem Abschluss Master of Science (M. Sc.) bzw. Master of Arts (M. A.) angeboten, https://www.hsu-hh.de/asv/wp-content/uploads/sites/776/2018/07/SPO_M-FIM.pdf, abgerufen am 26.7.2020.

885 Soldatinnen- und Soldatenurlaubsverordnung in der Fassung der Bekanntmachung vom 14.5.1997 (BGBl. I S. 1134), die zuletzt durch Art. 5 der Verordnung vom 20.8.2013 (BGBl. I S. 3286) geändert worden ist.

886 § 21 Abs. 1 SLV 1958.

887 § 23 Abs. 1 SLV 1958.

888 Hintergründe zum Geoinformationsdienst der Bundeswehr sind zu erfahren in Brunner (Hrsg.), Festschrift zum 10-jährigen Bestehen des Geoinformationsdienstes der Bundeswehr, 2013, sowie Leiter des Geoinformationsdienstes der Bundeswehr (Hrsg.), 25 Jahre Armee der Einheit – Die „Geo-Dienste" im Zuge der Wiedervereinigung: Zeitzeugen berichten, 2015.

889 Verordnung über die Laufbahnen der Soldatinnen und Soldaten in der Gültigkeit vom 1.4.2002 bis 31.12.2004 (Soldatenlaufbahnverordnung – SLV 2002), § 3 Abs. 3 Satz 1 SLV 2002.

5. Militärmusikdienst

Die Laufbahnen des Militärmusikdienstes fallen aus dem Muster der übrigen Laufbahnen dadurch heraus, dass sie insbesondere bei Mannschaften und Feldwebeln ein im Vergleich zur jeweiligen Laufbahngruppe recht hohes Qualifikationsniveau erfordern. Müssen Mannschaften[890] und Feldwebelanwärter[891] ein Orchesterinstrument beherrschen, können Fachunteroffizieranwärter des Militärmusikdienstes auch als Soldaten auf Zeit eingestellt werden, wenn sie stattdessen ein Instrument des Spielmannszuges beherrschen (§ 11 Abs. 2 SLV) – wohlgemerkt zusätzlich zur allgemeinen Bildungsvoraussetzung für die Einstellung als Fachunteroffizieranwärter.[892] Bemerkenswert ist insbesondere, dass gem. § 17 Abs. 2 Satz 1 Nr. 3 SLV in das Dienstverhältnis eines Soldaten auf Zeit im Dienstgrad Feldwebel nur eingestellt werden kann, „wer das Grundstudium an einer Hochschule für Musik mit dem Vordiplom abgeschlossen oder eine gleichwertige Qualifikation erworben hat." Hier wird eine akademische Qualifikation gefordert, was im Übrigen nur bei Offizieren – und selbst dort nicht in allen Fällen – gefordert wird.

IV. Reserve

Zu jeder Laufbahn, in der Soldaten auf Zeit oder Berufssoldaten verwendet werden können, gibt als Pendant eine Laufbahn der Reserve, in der „sonstige Soldaten" gem. § 1 Satz 1 Nrn. 2 bis 7 SLV verwendet werden können. Indem sie neben ihrem zivilen Berufsleben Dienst in den Streitkräften leisten, nehmen Reservisten eine Mittlerfunktion zwischen der Gesellschaft und den Streitkräften wahr, die seit Aussetzung der Wehrpflicht noch an Bedeutung gewonnen hat.[893] Besonders deutlich bringt das neue Instrument der sogenannten Grundbeorderung zum Ausdruck, wie groß daher das Interesse der Bundeswehr an der langfristigen Bindung ausscheidender Soldaten an die Streitkräfte über eine Verwendung in der Reserve ist.[894] Angesichts der bestehenden Herausforderungen im Bereich der Reserve[895] wird es eine zentrale Gelingensbedingung für den Erfolg der neuen Strate-

---

890 Zu den Anforderungen an die Einstellung in das Dienstverhältnis eines Soldaten auf Zeit in der Laufbahngruppe der Mannschaften siehe oben Punkt II.1.

891 § 15 Abs. 2 SLV; zusätzlich müssen sie die allgemeinen Bildungsvoraussetzungen für die Einstellung als Feldwebelanwärter erfüllen, siehe hierzu oben Punkt II.2.b).

892 Zu den Anforderungen an die Einstellung der Anwärter für die Laufbahngruppe der Fachunteroffiziere in das Dienstverhältnis eines Soldaten auf Zeit siehe oben Punkt II.2.

893 Unterrichtung durch den Wehrbeauftragten, Jahresbericht 2011 (53. Bericht) vom 24.1.2012, BT-Drs. 17/8400, S. 26.

894 Bundesministerium der Verteidigung, Fachstrategie K-10/5, Strategie der Reserve, Abschnitt 5.4.1 Grundbeorderung und Aufwuchs, Nrn. 5045–5056.

895 Unterrichtung durch den Wehrbeauftragten, Jahresbericht 2019 (61. Bericht) vom 28.1.2020, BT-Drs. 19/16500, S. 41 ff.

gie der Reserve[896] sein, ein die Belange der Streitkräfte, der Reservisten sowie ihrer zivilen Beschäftigungsstellen gleichermaßen berücksichtigendes zivil-militärisches Lebenslaufbahnkonzept zu entwickeln. Laufbahnrechtlich richten sich Laufbahnen der Reserve weitestgehend nach den Vorgaben, welche für Soldaten auf Zeit bzw. Berufssoldaten gelten, wobei bei Reserveoffizieren gem. § 43 Abs. 5 SLV zusätzlich zu den erforderlichen Zeiträumen seit der jeweiligen Ernennung (§ 43 Abs. 5 S. 1 i. V. m. § 25 bzw. i. V. m. § 26 Abs. 6 oder i. V. m. § 36 SLV) gem. § 43 Abs. 5 Satz 3 SLV noch das Erfordernis tritt, dass „vor jeder Beförderung ein Wehrdienst von mindestens 24 Tagen zu leisten" ist. Die Reserve ist somit fachlich vielseitig aufgestellt, hinzu kommt daneben eine Vielzahl an Ausgestaltungsformen der Dienstverhältnisse[897], weshalb das Gesetz über die Rechtsstellung der Reservisten (Reservistengesetz – ResG)[898] dahingehend kritisiert wird, dass es nur einen Teil des Einsatzspektrums der Reserve umfasst und eine gesetzgeberische Chance zur Schaffung eines übersichtlichen Gesamtegelwerks verpasst worden sei.[899] Reserveoffiziere können gem. § 39 Nr. 4 SG i. V. m. § 43 Abs. 7 Satz 1 SLV in das Dienstverhältnis eines Berufssoldaten berufen werden. Dies zeigt einerseits den hohen Stellenwert der Reserveoffiziere für die Streitkräfte, zugleich wird der privilegierte Zugang zum Dienstverhältnis der Berufssoldaten jedoch dadurch relativiert, dass gem. § 43 Abs. 7 Satz 2 SLV vor Ernennung ein Stabsoffizierlehrgang erfolgreich abzulegen ist, wodurch eine Harmonisierung des Ausbildungsstandes erzielt wird.

896 Bundesministerium der Verteidigung, Fachstrategie K-10/5, Strategie der Reserve.

897 So können Reservisten an „dienstlichen Veranstaltungen" gem. § 81 Abs. 1 SG teilnehmen, Reservisten-Dienstleistungen unterschiedlichster Art gem. § 60 Nr. 1 bis 6 SG erbringen, oder in ein Reservewehrdienstverhältnis gem. § 4 Satz 1 Reservistengesetz (ResG) berufen werden.

898 Reservistengesetz vom 21.7.2012 (BGBl. I S. 1583, 1588), das zuletzt durch Art. 189 der Verordnung vom 19.6.2020 (BGBl. I S. 1328) geändert worden ist.

899 Eine kritische Betrachtung zum ResG erfolgt bei Walz, NZWehrr 2012, 190–197.

Kapitel 16 **Soldatenrecht – Allgemeines**

Ulrich Lucks

I. Historische Grundlagen

Nach dem Zweiten Weltkrieg hatte die Bundesrepublik Deutschland einen Neuanfang auf der Basis einer rechtsstaatlichen Verfassung gemacht. Das Grundgesetz enthielt allerdings bei seinem Inkrafttreten am 24. Mai 1949 noch keine Regelungen über die Aufstellung deutscher Streitkräfte. Für die neugegründete Bundesrepublik waren zunächst keine eigenen Streitkräfte vorgesehen. Auch der erste Deutsche Bundestag hatte sich in seiner ersten außenpolitischen Debatte im November 1949 noch gegen eine nationale Wiederbewaffnung ausgesprochen. Erst später wurde angesichts des sich verstärkenden Ost-West-Konflikts im Zuge der Einbindung der Bundesrepublik in das westliche Verteidigungsbündnis ein eigener deutscher „Wehrbeitrag" diskutiert und trotz heftiger Proteste von Opposition und Teilen der Öffentlichkeit in einer von Bundeskanzler Konrad Adenauer (CDU) geführten Regierungskoalition von CDU/CSU und FDP die Wiederbewaffnung als europäischer Verteidigungsbeitrag beschlossen. Bei der Gründung der Bundeswehr im Jahre 1955 war man sich bewusst, dass eine neue deutsche Armee demokratische Grundwerte und militärische Prinzipien wie Befehl und Gehorsam miteinander in Einklang bringen musste.[900] Entsprechende Grundsätze waren bereits 1950 von einer Expertenrunde in der Himmeroder Denkschrift diskutiert und festgelegt worden.[901] Es galt, eine neue Armee aufzubauen, die einer demokratisch legitimierten Kontrolle unterstehen und in die bereits bestehende Rechtsordnung des GG eingebunden sein sollte mit der Notwendigkeit und zugleich Chance, die Soldaten der Bundeswehr auf ein demokratisches Selbstverständnis zu verpflichten.[902]

---

900 Im Bericht des federführenden Verteidigungssauschusses von 1953 heißt es: „Der Ausschuss hat bei seiner Arbeit ständig berücksichtigt, dass unter den derzeit herrschenden Verhältnissen des Kalten Krieges und der Teilung Deutschlands nur ein Soldat seiner Aufgabe voll gerecht werden kann, der auf dem Boden unserer demokratischen Grundordnung steht und die hohen Werte des Rechts und der Freiheit auch im täglichen Dienst vorlebt", BT-Drs. 2/2140, S. 2.

901 Die Denkschrift wurde nach dem Tagungsort, Kloster Himmerod in der Eifel, benannt; vgl. Dau, BWV 2016, 73.

902 Vgl. U. de Maizière, Was war neu an der Bundeswehr?, in: Bremm/Mack/Rink (Hrsg.), Entschieden für Frieden, 2005, S. 11 ff.

Zur Ausformung dieser Ziele trat mit der 2. Wehrnovelle vom 19. März 1956 (BGBl. I S. 709) am 1. April 1956 das Soldatengesetz (SG) in Kraft. Es bildet noch heute die gesetzliche Grundlage für den mündigen „Staatsbürger in Uniform“, der in einer demokratisch legitimierten und kontrollierten Armee dient, und kann als Geburtsstunde einer neuen deutschen Wehrverfassung gelten.[903]

Die rechtliche Einbindung der Streitkräfte in den demokratischen Staatsaufbau und die rechtliche Ausgestaltung des Soldatenstatus sind eines der wesentlichen Merkmale des Prinzips der „Inneren Führung“. Ein weiteres wesentliches Organisationsprinzip der neuen Wehrverfassung war auch die Trennung der Bundeswehr in den Bereich der Streitkräfte einerseits (Art. 87a GG) und die Bundeswehrverwaltung andererseits (Art. 87b GG).[904] Die Führung der Streitkräfte sollte unter Beachtung des militärischen Grundprinzips von Befehl und Gehorsam erfolgen, während die nicht spezifisch militärischen, sondern eher administrativen Aufgaben durch eine zivile Verwaltung nach verwaltungsrechtlichen Grundsätzen wahrgenommen werden sollten. Eine Mischverwaltung, wie sie in der Wehrmacht mit den sog. Wehrmachtsbeamten bestand, sollte es nicht mehr geben.

II. Soldatengesetz von 1956

1. Allgemeines

Das Soldatengesetz (SG) vom 19. März 1956[905] regelt die rechtliche Stellung der Soldaten der deutschen Bundeswehr. Es bestimmt die Rechte und Pflichten der Soldaten, die Begründung und die Beendigung des Dienstverhältnisses der Berufssoldaten und der Soldaten auf Zeit.[906] Von besonderer Relevanz für den militärischen Alltag sind die „Pflichten und Rechte der Soldaten“, die in den §§ 6–36 festgelegt werden. Insbesondere zu beachten ist dabei die Grundpflicht des Soldaten zum treuen Dienen in § 7 SG.

Das SG gilt im gesamten Bundesgebiet. Die Soldaten der Bundeswehr sind aber auch im Ausland dem deutschen öffentlichen Dienstrecht, also insbesondere dem SG, aber auch dem Disziplinarrecht[907] unterworfen; insoweit trägt der Soldat sein Recht mit sich.[908] Die Geltung des SG im Ausland ist vom Gesetzgeber nicht in den Text des Gesetzes aufgenommen worden, wie es grundsätzlich für eine Auslandsgeltung von nationalen Ge-

903 Vgl. Dau, NZWehrr 2011, 1 (2).

904 Zur Bundeswehrverwaltung siehe Kapitel 4.

905 Gesetz über die Rechtsstellung der Soldaten vom 19.3.1956 (BGBl. I S. 114), Bekanntmachung vom 30.5.2005 (BGBl I. S. 1482) zuletzt geändert durch Verordnung vom 19.6.2020 (BGBl. I S. 1328).

906 Zum Soldatenstatusrecht siehe Kapitel 17.

907 Die Wehrdisziplinarordnung (WDO) gilt nach h. M. auch für die im Ausland eingesetzten Soldaten, vgl. Dau/Schütz, WDO, 7. Aufl. 2017, § 1 Rn. 2; a. A. Dreist, NZWehrr 2012, 1 (4 ff).

908 Vgl. Dau/Schütz, WDO, 7. Aufl. 2017, § 1 Rn. 2 m. w. N.

setzen notwendig ist, jedoch ist sie für das spezielle Soldatenrecht verfassungsrechtlich nicht erforderlich.[909] Dies ergibt sich daraus, dass das GG zum einen davon ausgeht, dass deutsche Soldaten im internationalen Rahmen einzusetzen sind (vgl. Art. 24 Abs. 2 GG) und sie zum anderen immer – also auch im Ausland – der nationalen Befehls- und Kommandogewalt des BMVg (ggf. des Bundeskanzlers) unterliegen (Art. 65a bzw. 115b GG). Das SG geht selbst, wie man aus den §§ 40 Abs. 5, 44 Abs. 1 Satz 6, 62 und 63a herauslesen kann, von seiner Geltung im Ausland aus, und auch die Rechtsprechung hat dies bisher nicht in Frage gestellt.

2. Verfassungsrechtliche Grundlagen

Der Bund hat nach Art. 73 Nr. 1 GG die ausschließliche Gesetzgebungsbefugnis für Angelegenheiten der Verteidigung, zu denen auch das Dienstrecht der Soldaten gehört. Diese Kompetenz ist gegenüber derjenigen für die Rechtsverhältnisse der im Dienste des Bundes stehenden Personen (Art. 73 Nr. 8 GG) die speziellere.[910] Die Regelung der Dienstverhältnisse in den Streitkräften ist ein notwendiger Bestandteil der Wehrverfassung und untrennbar mit ihr verzahnt.[911]

Unter dem Grundgesetz sind die Streitkräfte eindeutig der Exekutive zugeordnet (Art. 1 Abs. 3 GG). Sie sind weder eine „Vierte Gewalt" noch besitzen sie ein Militärverordnungsrecht oder irgendeine Form früherer, insbesondere auf monarchischer Tradition basierender extra-konstitutioneller Befugnisse. Die Grundrechtsbindung aller staatlichen Gewalt nach Art. 1 Abs. 3 GG gilt auch für die Streitkräfte, da diese zur „vollziehenden Gewalt" gehören.[912] Bei der Ausgestaltung des Dienstrechts der Soldaten ist der Gesetzgeber nicht an Art. 33 Abs. 5 GG gebunden, der eine Garantie des Berufsbeamtentums enthält. Das Recht des öffentlichen Dienstes ist danach unter Berücksichtigung der „hergebrachten Grundsätze des Berufsbeamtentums" zu regeln und fortzuentwickeln. Die in Art. 33 Abs. 5 GG genannten hergebrachten Grundsätze des Beamtentums gelten nach der Rechtsprechung des BVerfG für Soldaten nicht.[913] Auch wenn das Recht der Soldaten dem der Beamten in vielem ähnlich ist, besteht keine verfassungsrechtliche Verpflichtung zu einer solchen Angleichung.[914] Der in Art. 87a Abs. 1 GG enthaltene Verfassungsauftrag, Streitkräfte aufzustellen, umfasst auch das Gebot, das innere Gefüge der Streitkräfte so zu gestalten, dass sie ihren militärischen Aufgaben gewachsen, also funktionsfähig

---

909 Poretschkin, in: Scherer/Allff/Poretschkin/Lucks, SG, 10. Aufl. 2018, Vorbem. Rn 28a.
910 BVerfG, Beschl. v. 8.12.1982 – 2 BvL 12/79, BVerwGE 62, 354 (367); Seiler, in Epping/Hillgruber, GG, 3. Aufl. 2020, Art. 73 Rn. 3.1.
911 BVerfG, Beschl. v. 8.12.1982 – 2 BvL 12/79, BVerfGE 62, 354 (367); vgl. auch Foge, DÖD 1984, 279 f.
912 F. Kirchhof, Verteidigung und Bundeswehr, in: Handbuch des Staatsrechts, Bd. IV, 3. Aufl. 2006, § 84 Rn. 7.
913 BVerfG Urt. v. 26.2.1954 – 1 BvR 371/52, BVerfGE 3, 288 (342).
914 BVerfG, Beschl. v. 7.4.2008 – 1 BvR 2325/07.

sind.[915] Damit hat der Gesetzgeber eine ihm von der Verfassung aufgegebene Pflicht, ein Dienstrecht der Soldaten zu schaffen, das unter prinzipieller Wahrung der Grundrechte die für die Funktionsfähigkeit der Streitkräfte unerlässliche personelle Einsatzbereitschaft sicherstellt.

3. Vergleich zum Beamtenrecht

Ein Kern des Beamtenrechts ist die besondere persönliche Verantwortung für die Rechtmäßigkeit des eigenen Handelns; demgegenüber steht die notwendige Verlagerung der Verantwortung für die Rechtmäßigkeit des Handelns militärischer Untergebener auf deren Vorgesetze. In Art. 17a Abs. 1 GG, der zwar als spezieller Gesetzesvorbehalt für Angehörige der Streitkräfte formuliert ist, aber im Umkehrschluss zugleich eine Grundrechtsgarantie für Soldaten enthält, wird das verfassungspolitische Leitbild des „Staatsbürgers in Uniform" sichtbar. Der Alimentationsanspruch des Beamten aus Art. 33 Abs. 5 GG wird allerdings auf Soldaten angewandt, weil das gegenseitige Pflicht- und Treueverhältnis diesem herkömmlichen Grundsatz des Berufsbeamtentums vergleichbar ist; insoweit kommt auch der Gedanke der allgemeinen Fürsorgepflicht des Bundes nach § 31 Abs. 1 SG zum Tragen. Bei aller Ähnlichkeit in vielen Details ist zu beachten, dass der Soldatenstatus im Kern doch ein anderer ist als der des Beamten. Die Pflichten der Soldaten ergeben sich aus dem Soldatenstatus, d. h. zuvörderst aus dem SG. Diese Pflichten durchzusetzen, obliegt militärischen Vorgesetzten, die ihrerseits auch den soldatischen Pflichten unterliegen, die auch für Vorgesetzte deutlich schärfer sind (dies folgt aus § 10 Abs. 1 SG, wonach Vorgesetzte in Haltung und Pflichterfüllung ein Beispiel geben müssen). Diese grundlegenden Unterschiede sind bei jeder entsprechenden Anwendung von beamtenrechtlichen Vorschriften sorgfältig zu beachten. Der wichtigste Unterschied zwischen Soldaten- und Beamtenstatus ist das System von Befehl und Gehorsam. Soldaten wie Beamte sind dem Gesetz unterworfen, die Verantwortung für die Rechtmäßigkeit liegt jedoch einerseits beim ausführenden Beamten selbst und andererseits beim jeweiligen militärischen Vorgesetzten. Während Beamte angehalten sind, vor der Umsetzung von Weisungen ihrer Vorgesetzten ihr eigenes Fachwissen einzubringen und jede Weisung auf ihre Richtigkeit hin zu überprüfen, ist der Soldatenstatus darauf ausgerichtet, die Verantwortung auf Vorgesetzte zu übertragen. Daher müssen Befehle grundsätzlich unverzüglich befolgt worden (§ 11 Abs. 1 SG). Nur dadurch kann ein schnelles und einheitliches Agieren zur effektiven Auftragserfüllung erreicht werden. Befehl und Gehorsam sind letztlich auch heute noch „Grundpfeiler jeder militärischen Organisation", was auch eine Einschränkung von Grundrechten rechtfertigen kann (vgl. § 6 SG).

915 BVerfG, Beschl. v. 18.2.1970 – 2 BvR 531/88, BVerfGE 28, 36 (47), NJW 1970, 1268 = NZWehrr 1970, 177; BVerfG, Beschl. v. 20.12.1960 – 1 BvL 21/60, BVerfGE 12, 45 (48 ff); Dau, NZWehrr 2011, 1 (3 f).

III. Weitere Gesetze, die auf das Dienstrecht der Soldaten Anwendung finden

Das Dienstrecht der Soldaten ist nicht allein im SG geregelt, sondern wird u. a. durch folgende Beschäftigtenschutzgesetze und andere Rechtsmaterien ergänzt:

1. Arbeitsschutzgesetz (ArbSchG)

Das ArbSchG dient dazu, Sicherheit und Gesundheitsschutz der Beschäftigten bei der Arbeit durch Maßnahmen des Arbeitsschutzes zu sichern und zu verbessern (§ 1 Abs. 1 ArbSchG). Es gilt auch für Soldaten (§ 2 Abs. 2 Nr. 6 ArbSchG), wobei allerdings Ausnahmen zugelassen werden können (§ 20 Abs. 2 ArbSchG). Das Jugendarbeitsschutzgesetz (JArbSchG) findet auf (minderjährige) Soldaten hingegen keine Anwendung, da sie keine Arbeitnehmer sind, sondern in einem gesetzlich geregelten Dienstverhältnis stehen, für das das SG keine dem § 79 Abs. 2 BBG entsprechende Verweisung enthält.[916] Für Soldaten unter 18 Jahren hat das BMVg aber vergleichbare Sonderregelungen per Erlass getroffen.

2. Bürgerliches Gesetzbuch (BGB)

Im öffentlichen Dienstrecht ist in zahlreichen Fällen der Rückgriff auf die Bestimmungen des BGB unerlässlich.[917] Insbesondere finden die Bestimmungen der §§ 104 ff. BGB über die Geschäftsfähigkeit Anwendung, weil gem. § 8 Abs. 1 Nr. 1 SLV ein noch Minderjähriger Soldat auf Zeit werden kann und im Übrigen bei Soldaten aller Dienstverhältnisse die Fälle der § 104 Nr. 2 und 3, § 114 BGB eintreten können. Minderjährige können allerdings nur freiwillig und nur im Rahmen der Ausbildung Dienst leisten (§ 8 Abs. 1 Nr. 1 SLV; § 5 Abs. 1a WPflG); sie dürfen nicht für einen Einsatz i. S. von Art. 87a Abs. 2 GG herangezogen werden. Es gelten auch die §§ 116 ff. BGB über die Willenserklärung, z. B. über die Anfechtung von Willenserklärungen, die vom Soldat im Zusammenhang mit der Begründung (z. B. Zustimmung zur Ernennung zum BS), aber auch im Rahmen des Dienstverhältnisses (z. B. Antrag auf Entlassung wegen besonderer Härte – § 55 Abs. 3) abgegeben werden. Unter den Vorschriften über die Willenserklärung kommt § 133 BGB, wonach bei der Auslegung einer Willenserklärung der wirkliche Wille zu erforschen und nicht an dem buchstäblichen Sinne des Ausdrucks zu haften ist, besondere Bedeutung zu. Die Bestimmung findet sowohl auf Erklärungen des Soldaten als auch auf Erklärungen des Dienstherrn oder der Vorgesetzten Anwendung.[918] Ferner gelten die §§ 164 ff. BGB über Stellvertretung und Vollmacht, der Grundsatz von Treu und Glauben (§ 242 BGB) und die §§ 249 ff. BGB, wel-

916 Vgl. auch Rathgeber, NZWehrr 2010, 1, (8); Poretschkin, in: Scherer/Allff/Poretschkin/Lucks, SG, Vorbem. Rn 18.

917 Vgl. Forsthoff, Lehrbuch des Verwaltungsrechts, Bd. I, 10. Aufl. 1973, S. 168 ff., und Sendler, NJW 1964, 2137.

918 BVerwG, Beschl. v. 18.11.1997 – 1 WB 46.97, BVerwGE 113, 158 = NZWehrr 1998, 26.

che den Schadensersatz regeln. In der Praxis kann der Sonderfall der Verwirkung eine nicht unerhebliche Rolle spielen. Eine Verwirkung kann sowohl für das Handeln des Dienstherrn und der Vorgesetzten[919] als auch für das Verhalten der Soldaten[920] in Betracht kommen. Im Übrigen hat der Grundsatz von Treu und Glauben nicht zuletzt wegen der Formstrenge des Statusrechts des Soldaten nur begrenzte Bedeutung. Das BGB trifft außerdem in § 9 eine Sonderregelung für den gesetzlichen Wohnsitz von Soldaten. Danach wird der Standort von volljährigen Berufssoldaten und Soldaten auf Zeit kraft Gesetzes zu ihrem Wohnsitz. Dieser Wohnsitz ist maßgeblich für öffentliche Zustellungen von Willenserklärungen (§ 132 Abs. 2 BGB) und den Gerichtsstand in Zivil- (§§ 13 ff. ZPO) und Strafsachen (§§ 8, 11, 11a StPO).[921]

3. Besoldungsrecht

Berufssoldaten und Soldaten auf Zeit erhalten Besoldung nach dem Bundesbesoldungsgesetz (BBesG).[922] Die Besoldung von Soldaten ähnelt derjenigen von Beamten des Bundes. Die Grundgehälter richten sich nach dem Dienstgrad und werden in verschiedenen Stufen ausgezahlt, in denen zum Beispiel Kriterien wie das Dienstalter und Erfahrungsstufen berücksichtigt werden. Hinzu kommen im Einzelfall Zulagen, beispielsweise für Kompaniefeldwebel, Flugzeugführer oder Kampfschwimmer. Leistungsbezogene Besoldungselemente sind die Leistungsstufe (§ 27 Abs. 6 BBesG), die Leistungsprämie und die Leistungszulage (§ 42a BBesG). Soldaten, die Wehrdienst nach dem Wehrpflichtgesetz (im Spannungs- und Verteidigungsfall), freiwilligen Wehrdienst nach § 58b SG oder eine Wehrübung nach dem Vierten Abschnitt des SG leisten, erhalten demgegenüber Geld- und Sachbezüge nach dem Wehrsoldgesetz (WSG).[923] Besoldungsempfänger haben bei Eintritt oder Versetzung in den Ruhestand grundsätzlich Anspruch auf ein Ruhegehalt. Von praktischer Bedeutung im Zusammenspiel mit dem Disziplinarrecht ist § 9 BBesG. Danach verliert ein Beamter, Richter oder Soldat, der ohne Genehmigung schuldhaft dem Dienst fernbleibt, für die Zeit des Fernbleibens seine Bezüge. Der Verlust der Dienstbezüge ist durch Verwaltungsakt festzustellen (§ 9 Satz 3 BBesG), was bei Soldaten durch den nächsten Disziplinarvorgesetzten erfolgt.[924] Ein Anspruchsverlust tritt allerdings nicht ein, wenn ein rechtfertigender Grund für das Fernbleiben vom Dienst vorliegt, z. B. Beurlaubung, Inhaftierung[925] oder eine die Dienstfähigkeit ausschließende Erkrankung.[926]

---

919 BVerwGE 91, 62 = DVBl 1993, 392.

920 Vgl. Hahnenfeld, NZWehrr 1980, 121 (127).

921 Dazu eingehend Ladiges, NZWehrr 2013, 66.

922 Bundesbesoldungsgesetz in der Fassung der Bekanntmachung vom 19.6.2009 (BGBl. I S. 1434), zuletzt geändert durch Artikel 2 des Gesetzes vom 9. 12.2019 (BGBl. I S. 2053).

923 Wehrsoldgesetz vom 4.8.2019 (BGBl. I S. 1147, 1158).

924 Vgl. Zetzsche, NZWehrr 1989, 153; Dreber, UBWV 2007, 28.

925 Dazu näher Lucks, NZWehrr 2017, 163.

926 Eine krankheitsbedingte Dienstunfähigkeit muss ggf. durch amtsärztliche Gutachten festgestellt werden, die grds. Vorrang gegenüber privatärztlichen Attesten haben, vgl. BVerwG, Urt. v. 11.10.2006 – 1 D 10.05, ZBR 2007, 163.

4. Gleichstellungsrecht

Das Soldatinnen- und Soldaten-Gleichbehandlungsgesetz (SoldGG) [927] hat zum Ziel, Benachteiligungen aus Gründen der Rasse, der ethnischen Herkunft, der Religion, der Weltanschauung oder der sexuellen Identität von Soldaten zu verhindern oder zu beseitigen. Alle Soldaten, insbesondere solche mit Vorgesetzten- und Führungsaufgaben, sind in ihrem Aufgabenbereich aufgefordert, an der Verwirklichung dieser Ziele mitzuwirken. Da das SoldGG Pflichten im Sinne des § 23 SG begründet,[928] sind Verstöße – auch wenn sie sich noch nicht im strafrechtlichen Bereich bewegen – immer auch disziplinarrechtlich relevant, vgl. § 7 Abs. 2 SoldGG.

5. Personalaktenrecht

Nach § 29 Abs. 1 Satz 1 SG ist über jeden Soldaten eine Personalakte zu führen, die vertraulich zu behandeln und vor unbefugter Einsicht zu schützen ist, um den Persönlichkeitsschutz zu wahren. Das Gesetz erklärt in § 29 Abs. 1 Satz 2 die Vorschriften §§ 106 bis 112, 113 Abs. 2 bis 4 und § 114 des BBG für anwendbar, soweit in den §§ 29a bis 29d nichts anderes bestimmt ist; ferner gilt § 8 WDO für die Tilgung von Disziplinarmaßnahmen. Die Bestimmungen des Personalaktenrechts sind eine gesetzliche Ausprägung des in Art. 2 Abs. 1 i. V. m. Art. 1 Abs. 1 GG verankerten allgemeinen Persönlichkeitsrechts, das zugleich Grundlage des Rechts auf informationelle Selbstbestimmung[929] ist. Der Begriff der Personalakte erfasst alle Unterlagen, die Soldaten betreffen, soweit sie mit dem Dienstverhältnis in einem unmittelbaren inneren Zusammenhang stehen (§ 106 Abs. 1 Satz 4 BBG). In den Personalakten werden nur solche Unterlagen und Vorgänge oder in Dateien gespeicherte Inhalte erfasst, die für das konkrete Dienstverhältnis bedeutsam sind, weil sie in einem unmittelbaren inneren Zusammenhang damit stehen, sog. materielles Personalaktenprinzip.[930] Es handelt sich dabei um personenbezogene Daten, also Angaben über persönliche und sachliche Verhältnisse einer bestimmten oder bestimmbaren Person (vgl. Art. 4 Nr. 1 DSGVO, § 46 BDSG), die besonders schutzbedürftig sind.

6. Reservistengesetz (ResG)

Das Gesetz über die Rechtsstellung der Reservistinnen und Reservisten der Bundeswehr[931] wurde als Art. 3 des Gesetzes zur Begleitung der Reform der Bundeswehr (Bundeswehrreform-Begleitgesetz – BwRefBeglG) erlassen und soll für Reservistinnen und Reservisten, die ehrenamtlich Verbindungs- und Führungsfunktionen im Rahmen der zivil-militärischen Zu-

---

927 Gesetz über die Gleichbehandlung der Soldatinnen und Soldaten vom 14.8.2006, BGBl. I S. 1897, 1904, zuletzt geändert durch Gesetz vom 20.11.2019 (BGBl. I S. 1626).

928 BVerwG, Urt. v. 23.6.2011 – 2 WD 21.10- = DÖV 2012, 739; BVerwG, Urt. v. 23.6.2016 – 2 WD 1.15, NZWehrr 2016, 254 (256).

929 BVerfG, Urt. v. 15.12.1983 – 1 BvR 209.83, BVerfGE 65, 1, NJW 1984, 419.

930 Battis/Hoffmann, BBG, 5. Aufl. 2017, § 106 Rn. 5; Engelien-Schulz, UBWV 2014, 270 f.

931 Reservistengesetz – ResG vom 21.7.2012 (BGBl. I S. 1583).

sammenarbeit übernehmen, ein eigenes „Wehrdienstverhältnis" schaffen. Während der erste Abschnitt (§§ 1–3) allgemeine Regelungen enthält, trifft der 2. Abschnitt (§§ 4–13) zusätzliche Regelungen für Reservisten in einem besonderes „Reservewehrdienstverhältnis", die u. a. die Möglichkeit von Auslagenerstattung und Versicherungsschutz auch außerhalb von aktiven Wehrdienstverhältnissen vorsehen. Ob damit tatsächlich ein spezieller Soldatenstatus mit eigenen Rechten und Pflichten geschaffen wurde, ist umstritten. Das ResG enthält auch eine gesetzliche Grundlage, um das freiwillige Engagement von Reservisten auch mit finanziellen Ansprüchen unterlegen zu können.[932] Die Idee eines eigenen Statusrechts für eine Art „Ehrensoldaten" in Anlehnung an „Ehrenbeamte" wurde im ResG nicht aufgegriffen.[933] Genauso wenig wie der „frühere Soldat" rechtlich ein „Soldat" ist, ist das „Reservewehrdienstverhältnis" ein (aktives) „Wehrrechtsverhältnis" im Sinne des § 1 SG.[934]

7. Schwerbehindertenrecht

Gemäß Art. 3 Abs. 3 Satz 2 GG darf niemand wegen seiner Behinderung benachteiligt werden. Nach § 128 Abs. 4 des Neunten Buches Sozialgesetzbuch (SGB IX) gelten für die persönliche Rechtsstellung schwerbehinderter Soldaten besondere Schutznormen. Schwerbehinderte Soldaten dürfen wegen ihrer Behinderung nicht benachteiligt werden, haben jedoch auch keinen Anspruch auf Bevorzugung wegen ihrer Schwerbehinderteneigenschaft.[935] Einzelheiten sind in der Zentralen Dienstvorschrift „Inklusion schwerbehinderter Menschen" (A-1473/3) geregelt.

8. Urlaubsrecht

Nach § 28 SG hat der Soldat Anspruch auf Erholungsurlaub. Die Details aller Urlaubsformen sind in der Soldatenurlaubsverordnung (SUV) und in „Ausführungsbestimmungen zur Soldatenurlaubsverordnung" geregelt. Die SUV verweist ihrerseits auf die Vorschriften für Bundesbeamtinnen und Bundesbeamte. Der Urlaub der Bundesbeamten ist im Bundesbeamtengesetz (BBG) geregelt, nämlich in § 89 [Erholungsurlaub], § 90 [Urlaub aus anderen Anlässen, Mandatsträger] § 95 [Beurlaubung ohne Besoldung] sowie in der Erholungsurlaubsverordnung (EUrlV), der Sonderurlaubsverordnung (SUrlV) und der Heimaturlaubsverordnung (HUrlV) geregelt. Erholungsurlaub darf nach § 28 Abs. 2 SG nur versagt werden, soweit und solange dienstliche Erfordernisse der Urlaubserteilung entgegenstehen. Dienstliche Erfordernisse sind ausschließlich solche Gründe, welche die Dienstleistung des Soldaten erfordern. Urlaub ist die (ggf. auch rückwir-

932 So auch Walz NZWehrr 2012, 190 (196).
933 Walz, NZWehrr 2012, 190 (191).
934 So auch Lingens/Korte, WStG, 5. Aufl. 2012, § 1 Rn. 5ff; Heinen/Bajumi, Rechtsgrundlagen Feldjägerdienst, 11. Aufl. 2018, S. 214; a. A. Zetzsche, NZWehrr 2012, 262 (264).
935 BVerwG, Beschl. v. 15.2.1990 – 1 WB 36.88, BVerfGE 86, 244 = NZWehrr 1990, 252.

kend erteilte) Erlaubnis, dem Dienst für eine bestimmte Zeit fernzubleiben, wobei es der Fürsorgepflicht der Vorgesetzten (§ 10 Abs. 3 SG), entspricht, durch Aufstellung eines Urlaubsplans Hindernisse zu umgehen und dem Untergebenen, dem ein Urlaub aus dienstlichen Gründen abgelehnt werden muss, zu einem Urlaubsantrag zu raten, sobald der Urlaub erteilt werden kann.[936] Im Erholungsurlaub kann der Soldat grundsätzlich und vorbehaltlich allgemeiner Beschränkungen im dienstlichen Interesse (z. B. aus Sicherheitsgründen) seinen Aufenthalt frei wählen. Der Soldat kann aber, wenn zwingende dienstliche Gründe dies erfordern, jederzeit unter Widerruf des Urlaubs wieder zur vollen Dienstleistung herangezogen werden, wobei ihm dann ein Anspruch auf Ersatz der etwaigen Mehraufwendungen für sich oder ggf. Dritte zusteht (§ 1 Satz 1 SUV i. V. m. § 8 Abs. 1 Satz 2 EUrlV). Erholungsurlaub wird nur auf Antrag gewährt und ist innerhalb des zulässigen Zeitraumes zu nehmen; ansonsten verfällt er (Einzelheiten sind in der ZDv A-1420/12 festgelegt). Erholungsurlaub kann nicht von Amts wegen für bestimmte Tage gewährt oder befohlen werden. Wer bereits genehmigten Urlaub zurückgeben möchte, muss dafür einen wichtigen Grund darlegen (die Änderung von Planungen aufgrund von Umständen, die alle Bürger gleichermaßen betreffen – z. B. Reise- und Ausgangsbeschränkung infolge der Corona-Krise 2020 – reichen dafür nicht aus). Liegt ein wichtiger Grund vor, soll dem Anliegen entsprochen werden, sofern dies mit den dienstlichen Erfordernissen vereinbar ist (§ 8 Abs. 2 EUrlV). Der Erholungsurlaub ist zwar für ein bestimmtes Kalenderjahr bestimmt, kann jedoch noch im Folgejahr genommen werden (vgl. die Ausführungsbestimmungen zur SUV).

9. Verwaltungsverfahrensgesetz (VwVfG)

Die Vorschriften des SG werden durch die Regelungen des VwVfG ergänzt, soweit auf der Grundlage des SG Verwaltungsakte erlassen werden und die Bestimmungen des SG gegenüber dem subsidiär geltenden VwVfG nicht Vorrang haben. Dabei ist davon auszugehen, dass die Subsidiaritätsklausel des § 1 Abs. 1 VwVfG auch dann eingreift, wenn dem Sinn und Zweck des SG oder dem Gesamtzusammenhang seiner Vorschriften eine entgegenstehende Regelung zu entnehmen ist.[937]

10. Europäisches Recht

Das nationale Soldatenrecht wird durch das europäische Recht ergänzt, und zwar insbesondere durch unmittelbar geltende Rechtsakte und Verordnungen der Europäischen Union, aber auch durch die Konvention zum Schutz der Menschenrechte und der Grundfreiheiten (EMRK) vom 4. November 1950.[938] Der Europäische Gerichtshof (EuGH) erkennt Besonder-

936 Poretschkin, in: Scherer/Alff/Poretschkin/Lucks, SG, § 28 Rn. 3.
937 Poretschkin, in: Scherer/Alff/Poretschkin/Lucks, SG, Vorbem. Rn. 9.
938 BVerwG, Urt. v. 18.5.2001 – 2 WD 42.00 u. 2 WD 43.00; BVerwGE 114, 258 = NJW 2002, 980.

heiten des Militärs zwar an, aber nimmt dieses keineswegs von den europarechtlichen Regeln aus. Dies wurde besonders deutlich im Urteil des EuGH vom 11. Januar 2000 zum Fall Tanja Kreil,[939] das in Deutschland zur Öffnung aller militärischen Laufbahnen für Frauen geführt hat. Auch das Menschenrecht auf ein faires Verfahren (Art. 6 EMRK) gilt im Soldatenrecht. Die Mitgliedstaaten der EU sind in ihrer Organisationshoheit für ihre Streitkräfte grundsätzlich frei, z. B. in der Frage einer Wehrpflicht nur für Männer. Diese Entscheidungen können jedoch nicht vollständig der Anwendung des Unionsrecht entzogen sein, wenn es z. B. um die Wahrung des Grundsatzes der Gleichbehandlung von Männern und Frauen im Zusammenhang mit dem Zugang zu militärischen Berufen geht. Zunehmenden Einfluss haben schließlich die Diskriminierungsverbote der EU, auch wenn sie für den militärischen Bereich nicht immer unmittelbar passen.

IV. Weitere Entwicklung

Das Soldatengesetz hat seit 1956 eine Vielzahl von Änderungen und Ergänzungen erfahren. Bei Gründung der Bundeswehr erschien eine gesetzliche Arbeitszeit für Soldaten mit der Eigenart des Soldatenberufs schwer vereinbar. Beginn und Ende der Dienstzeit wurden in der Truppe durch Vorgesetzte nach ihrem Ermessen in Dienstplänen festgelegt. Lediglich für Soldaten in zivilen Dienststellen oder im BMVg bestand die Möglichkeit, aufgrund von Dienstvereinbarungen an dem für zivile Mitarbeiter geltenden Arbeitszeitregime teilzunehmen. Darüber hinaus wurden Regelungen für den finanziellen Ausgleich besonderer zeitlicher Belastungen geschaffen (§ 2 Abs. 5 Wehrsoldgesetz). Der 2015 eingefügte § 30c SG regelt eine einheitliche Arbeitszeit der Soldaten in Umsetzung von EG-Recht (Richtlinie EG 2003/88 vom 4. November 2003 über bestimmte Aspekte der Arbeitszeitgestaltung). Diese gilt nach der Rechtsprechung für den gesamten Bereich der Bundeswehr.[940] Für den Kern des Soldatenberufs, namentlich Landes- und Bündnisverteidigung und Auslandseinsätze, sind die Regelungen der SAZV indes nicht geeignet, was der Grund für die vielen Sonderregelungen in § 30c Absatz 1 Satz 1 SG ist. Einzelheiten sind in der Soldatenarbeitszeitverordnung (SAZV) vom 16. November 2015 geregelt, die seit dem 1. Januar 2016 in Kraft ist. Grundsätzlich ist Mehrarbeit durch Freizeit auszugleichen, ist dies nicht möglich, so erfolgt ein finanzieller Ausgleich. In § 30a SG wurde außerdem zur Verbesserung der Vereinbarkeit von Beruf und Familie die Möglichkeit von Teilzeit eingeführt, deren Einzelheiten in der Verordnung über die Teilzeitbeschäftigung von Soldatinnen und Soldaten der Bundeswehr (STzV) vom 9. November 2005 geregelt sind. Ferner sind in der

---

939 EuGH, Rechtssache Kreil/Bundesrepublik Deutschland – C-285/98, NJW 2000, 497 = NZWehrr 2000, 28, vgl. hierzu die Beiträge von: Götz, JZ 2000, 413; Zuck, NJW 2000, 1701; Eichen, NZWehrr 2000, 45, und Hesselhaus/Schmidt-De Caluwe, NJW 2001, 263.

940 BVerwG v. 15.12.2011 – 1 2 C 41.10, ZBR 2012, 262 = NZWehrr 2013, 127 m. Anm. Dreist.

Bundeswehr auch moderne Arbeitsmodelle wie Telearbeit und ortsunabhängiges Arbeiten üblich geworden.

Insgesamt hat sich das SG als Dienstrecht der Soldaten der Bundeswehr bewährt und sich im Zuge einer steten Anpassung an das Dienstrecht der Beamten fortentwickelt. Insoweit ist das Soldatenrecht auch „moderner" geworden. Allerdings sollte dies nicht dazu führen, die bestehenden, aus dem Rechtsstatus und dem Pflichtenkatalog herrührenden Unterschiede des Soldatentums zu vernachlässigen. Schließlich kann die Pflicht zur soldatischen Diensterfüllung ggf. bis zur Aufopferung des eigenen Lebens führen. In der Praxis gewinnt man bisweilen den Eindruck, dass etwa moderne Arbeitszeitmodelle Erwartungshaltungen wecken, die in Situationen, wo die Auftragserfüllung im militärischen (Kampf-) Einsatz im Vordergrund stehen muss, nicht erfüllbar sind, was den Soldaten dann auch vermittelt werden muss. Dieses Spanungsverhältnis ist nicht einfach aufzulösen.

Kapitel 17 Soldatenstatusrecht

Esther Iglesias Appuhn

I. Einführung

Gemäß § 1 Abs. 1 Satz 1 SG ist Soldat, wer aufgrund der Wehrpflicht oder freiwilliger Verpflichtung in einem Wehrdienstverhältnis steht. Das Wehrdienstverhältnis ist ein durch den militärischen Status besonders gekennzeichnetes öffentlich-rechtliches Dienstverhältnis.[941] Es begründet ein Sonderstatusverhältnis (früher als „besonderes Gewaltverhältnis" bezeichnet), das sich durch eine besonders enge Rechts- und Pflichtenbeziehung des Einzelnen zur staatlichen Gewalt kennzeichnet.[942] Auch im Sonderstatus gelten die Grundrechte und das rechtsstaatliche Gebot des Vorbehalts des Gesetzes für Grundrechtseingriffe, sodass das „besondere Gewaltverhältnis" nicht (mehr) als ungeschriebene grundrechtsimmanente Beschränkung herangezogen werden kann.[943]

Dem Sonderstatusverhältnis trägt in Bezug auf Soldaten Art. 17a GG Rechnung,[944] indem zum Schutz der Funktionsfähigkeit der Streitkräfte der Gesetzgeber zu Grundrechtseinschränkungen bestimmter Grundrechte ermächtigt wird. Mittelbar unterstreicht die Norm damit die Grundrechtsträgereigenschaft von Soldaten, die ferner aus Art. 1 Abs. 3 GG folgt.[945] Nur wer rechtsstaatliche Grundsätze im täglichen Dienst erlebt, kann die Bereitschaft entwickeln, sich für diese Grundwerte aktiv einzusetzen.[946] Daraus resultiert zudem das Prinzip des „Staatsbürgers in Uniform" als Leitbild der Inneren Führung der Bundeswehr, wonach jeder Soldat zu politischer Beteiligung sowie zu ethischer und historischer Bildung aufgefordert ist.[947]

---

941 Vgl. Vogelgesang, in: GKÖD I Yk, 6. EL Mai 2020, § 1 Rn. 10.

942 Herdegen, in: Maunz/Dürig, GG, 89. EL Oktober 2019, Art. 1 Rn. 48.

943 BVerfG, Beschl. v. 14.3.1972 – 2 BvR 41/71, BVerfGE 33, 1, 9 ff.; BVerwG, Urt. v. 21.6.2005 – 2 WD 12.04, BVerwGE 127, 302 ff.

944 Siehe zur deklaratorischen oder konstitutiven Bedeutung von Art. 17a GG: Kokott, in: Sachs, GG, 8. Aufl. 2018, Art. 17a Rn. 4 ff. sowie zur Geltung des Zitiergebots nach Art. 19 Abs. 1 Satz 2 GG in diesem Zusammenhang Rn. 12.

945 Vgl. Kokott, in: Sachs, GG, 8. Aufl. 2018, Art. 17a Rn. 2.

946 Die politische Treueplicht ist sowohl als Berufungserfordernis in § 37 Abs. 1 Nr. 2 SG für Berufssoldaten und Soldaten auf Zeit als auch als Dienstpflicht in § 8 SG niedergelegt.

947 Vgl. Schmidt-Radefeldt, in: BeckOK GG, 42. Ed. 1.12.2019, Art. 17a Rn. 1.

Das Wehrdienstverhältnis kann aufgrund freiwilliger Verpflichtung oder aufgrund der Wehrpflicht entstehen. Eine weitere Unterscheidung nach den verschiedenen Wehrdienstverhältnissen trifft § 1 Abs. 1 Satz 1 SG nicht. Zu differenzieren sind als aufgrund freiwilliger Verpflichtung dienende Angehörige der Statusgruppen der Berufssoldaten, Soldaten auf Zeit, freiwillig Wehrdienstleistende, Reservedienstleistende[948] und Eignungsübende sowie aufgrund einer allgemeinen Wehrpflicht Verpflichtete.[949] Allen Wehrdienstverhältnissen ist gemeinsam, dass sie die Bundesrepublik Deutschland zum Dienstherrn haben.[950] Die gegenseitige Treuepflicht zwischen Dienstherrn und Soldaten ist in Art. 33 Abs. 4 GG verfassungsrechtlich niedergelegt und in § 1 Abs. 1 Satz 2 SG einfachgesetzlich ausgestaltet.

II. Gemeinsame Berufungsvoraussetzungen und -hindernisse

In § 37 SG sind die statusrechtlichen Grundvoraussetzungen für die Entscheidung statuiert, ob ein Bewerber in das Dienstverhältnis eines Berufssoldaten oder in das eines Soldaten auf Zeit berufen werden kann. § 37 SG bestimmt nur ein gesetzliches Minimum, von welchem der Dienstherr nicht negativ abweichen darf.[951] Die gesetzlich aufgestellten Berufungsvoraussetzungen sind jedoch nicht abschließend. Durch Rechtsverordnungen,[952] Dienstvorschriften oder Erlasse im Rahmen der allgemeinen gesetzlichen Bestimmungen sind weitere Berufungsvoraussetzungen aufgestellt worden. Über den Verweis in § 58b Abs. 2 SG gelten die Voraussetzungen des § 37 SG auch für Bewerber zum freiwilligen Wehrdienst. Auf Reservisten kommt § 37 SG durch den mittelbaren Verweis in § 5 Abs. 1 Satz 1 ResG zur Anwendung, wonach für die Berufung in ein Reservedienstverhältnis die Vorschriften über die Berufung in das Dienstverhältnis eines Soldaten auf Zeit entsprechend gelten. Das Erfordernis der Einleitung einer einfachen Sicherheitsüberprüfung nach dem Sicherheitsüberprüfungsgesetz (§ 37 Abs. 3 SG) gilt für Reservisten, die zuvor nicht als Berufssoldat oder Soldat auf Zeit gedient haben, unmittelbar nach § 59 Abs. 3 Satz 2 SG.

Mit § 37 Abs. 1 Nr. 1 SG, der die Eigenschaft als Deutscher i. S. d. Art. 116 GG zum Zeitpunkt der Berufung des Bewerbers voraussetzt, ist die Vorschrift strenger gefasst als ihr Pendant im Beamtenrecht, der u. a.

948 Im Spannungs- und Verteidigungsfall sowie zur Übung (§ 61 SG) können ehemalige Berufssoldaten und Soldaten auf Zeit unter den Voraussetzungen des § 59 Abs. 1, 2 SG auch gegen ihren Willen herangezogen werden.

949 Siehe zum faktischen Wehrdienstverhältnis infolge eines rechtswidrigen Heranziehungsbescheides oder einer rechtswidrigen Berufung: Scherer/Alff/Poretschkin/Lucks, SG, 10. Aufl. 2018, § 1 Rn. 18a ff.

950 Hucul, in: Walz/Eichen/Sohm, SG, 3. Aufl. 2016, § 1 Rn. 19.

951 Vgl. Scherer/Alff/Poretschkin/Lucks, SG, 10. Aufl. 2018, § 37 Rn. 1.

952 Die Einstellungsvorschriften werden durch die nach § 27 SG erlassene Soldatenlaufbahnverordnung (SLV) ergänzt.

auch Staatsangehörige eines anderen Mitgliedstaates der Europäischen Union erfasst (vgl. § 7 BBG). Ausländer können gemäß § 37 Abs. 2 SG nur ausnahmsweise bei Vorliegen eines dienstlichen Bedürfnisses berufen werden. Angesichts der Gesetzesentwurfsbegründung zur Vorgängerfassung des § 37 Abs. 1 Nr. 1 SG, wonach dieser der beamtenrechtlichen Regelung nachempfunden wurde,[953] und der aktuellen europäisch-verteidigungspolitischen Bestrebungen kann mit einer künftigen Anpassung des § 37 SG gerechnet werden. In § 37 Abs. 1 Nr. 2 SG wird die Gewähr der Verfassungstreue zur zwingenden Einstellungsvoraussetzung bestimmt.[954] Nach § 8 SG wird diese Eignungsvoraussetzung zugleich zur dauerhaften Dienstpflicht.[955] Die Pflicht zur Verfassungstreue verlangt mehr als nur eine formal korrekte, innerlich distanzierte und im Übrigen uninteressierte und kühle Haltung gegenüber Staat und Verfassung. Vielmehr wird vom Soldaten gefordert, sich eindeutig von Gruppen und Bestrebungen zu distanzieren, die diesen Staat, seine verfassungsmäßigen Organe und die geltende Verfassungsordnung angreifen, bekämpfen und diffamieren. Er muss – auch aktiv – für das Grundgesetz „eintreten".[956] § 37 Abs. 1 Nr. 3 SG setzt außerdem voraus, dass nur charakterlich, geistig und körperlich geeignete Bewerber in das Dienstverhältnis des Soldaten berufen werden.

Mit dem am 1. Juli 2017 in Kraft getretenen § 37 Abs. 3 SG reagierte der Gesetzgeber auf die islamistisch motivierten Attentate in Paris und Kopenhagen im Januar und März 2015 sowie auf die erneuten Attentate in Paris im November 2015 und in Brüssel im März 2016.[957] Nach der neuen Regelung muss für Personen, deren erstmalige Berufung in ein Dienstverhältnis als Berufssoldat oder Soldat auf Zeit beabsichtigt ist, eine einfache Sicherheitsüberprüfung nach dem Sicherheitsüberprüfungsgesetz durchgeführt werden. Der Gesetzesnovelle liegt der Gedanke zugrunde, dass die Bundeswehr im Rahmen ihres Auftrages alle Soldaten in der Handhabung und im Gebrauch von Kriegswaffen ausbildet und dabei die Gefahr des Missbrauchs besteht; etwa wenn nicht erkannte Extremisten ihre bei der Bundeswehr erworbenen Fähigkeiten nutzen, um „gut ausgebildet" Gewalttaten im In- oder Ausland zu verüben.[958]

§ 38 Abs. 1 SG normiert, dass bestimmte strafgerichtliche Verurteilungen des Bewerbers den Ausschluss der Berufung in das Dienstverhältnis eines Berufssoldaten, eines Soldaten auf Zeit und – i. V. m. § 58b Abs. 2 SG

---

953 Vgl. BT-Drs. II/1700, S. 27.

954 Vgl. zur politischen Treuepflicht im Zusammenhang mit einer Parteimitgliedschaft: Iglesias Appuhn/Appuhn BWV 2020, 25 ff.; dies., BWV 2020, 56 ff.

955 Die Aufgabe des Verfassungsschutzes nimmt für den Geschäftsbereich des Bundesministeriums der Verteidigung (BMVg) das Bundesamt für den Militärischen Abschirmdienst (BAMAD) wahr, siehe dazu Iglesias Appuhn, Kapitel 9.

956 Vgl. BVerfG, Beschl. v. 22.5.1975 – 2 BvL 13/73, BVerfGE 39, 334–391 zur Verfassungstreue der Beamten.

957 Vgl. BT-Drs. 18/10009, S. 10 f.

958 Vgl. insgesamt dazu Iglesias Appuhn/Appuhn, BWV 2019, 252 ff.

– eines freiwillig Wehrdienstleistenden zur Folge haben. Nach § 5 Abs. 1 Satz 1 ResG finden die Berufungshindernisse des § 38 Abs. 1 SG auch auf Reservisten Anwendung. In Ausnahmefällen kann von § 38 Abs. 1 SG abgewichen werden (§ 38 Abs. 2 SG). Vor dem Hintergrund, dass die in § 38 Abs. 1 SG genannten Hindernisse auch Zweifel an der charakterlichen Eignung des Bewerbers begründen, ist die Regelung insoweit von geringer praktischer Bedeutung.[959]

III. Berufssoldaten

Das Berufssoldatentum ist Bestandteil der Zweispurigkeit des öffentlichen Dienstes, also der Unterscheidung zwischen den in einem öffentlich-rechtlichen Dienst- und Treueverhältnis stehenden Berufsbeamten, Richter oder Berufssoldaten einerseits und den in einem arbeitsrechtlichen Vertragsverhältnis stehenden (Tarif-)Beschäftigten andererseits.[960]

1. Adressatenkreis

§ 39 SG regelt, wer in das Dienstverhältnis eines Berufssoldaten berufen werden kann. Über die Aufzählung des § 39 SG hinaus können auch Unteroffiziere der Reserve in das Dienstverhältnis eines Berufssoldaten berufen werden (§ 22 Abs. 3 SLV). Dies setzt voraus, dass sie mindestens den Dienstgrad eines Feldwebels erreicht, in ihrem Dienstgrad mindestens vier Monate Wehrdienst geleistet und sich dabei für ihre Berufung in das Dienstverhältnis eines Berufssoldaten als geeignet erwiesen haben. Darüber hinaus können Einsatzgeschädigte unter den Voraussetzungen von § 7 EinsatzWVG in das Dienstverhältnis eines Berufssoldaten berufen werden. Außerdem können nach § 87 Abs. 2 SG sog. Seiteneinsteiger, die sich die militärische Eignung für einen höheren Dienstgrad durch Lebens- und Berufserfahrung außerhalb der Bundeswehr erworben haben, nach erfolgreicher Eignungsübung[961] zum Berufssoldaten ernannt werden. Das Bestehen der Eignungsübung tritt insoweit an die Stelle der in § 39 SG genannten Voraussetzungen. Soldaten der Laufbahnen der Mannschaften und der Unteroffiziere ohne Portepee können hingegen grundsätzlich nicht zum Berufssoldaten ernannt werden.

2. Auswahl zum Berufssoldaten

Die Auswahlentscheidung zur Umwandlung des Dienstverhältnisses im Status eines Soldaten auf Zeit (siehe dazu unter III.) in das eines Berufssoldaten erfolgt im Rahmen von Auswahlkonferenzen, die durch das Bundesamt für das Personalmanagement der Bundeswehr vorbereitet und mindestens einmal im Kalenderjahr (Auswahljahr) durchgeführt werden. Anhand

959 Vgl. Vogelgesang, in: GKÖD I Yk, 6. EL Mai 2020, § 38 Rn. 1.
960 Battis, in: Sachs, GG, 8. Aufl. 2018, Art. 33 Rn. 45.
961 Unter einer Eignungsübung ist eine Art Probezeit zu verstehen.

von festgelegten Auswahlkriterien (letzte dienstliche Beurteilung, Potenzialfeststellung, vorletzte dienstliche Beurteilung, Laufbahnbeurteilung) wird eine Vorsortierung als Grundlage der Betrachtung erstellt. Sowohl die Auswahlkriterien als auch ihre Gewichtung im Auswahlverfahren haben sich im Laufe der Zeit – insbesondere infolge von Rechtsprechung, die vorherige Verfahrensweisen für rechtswidrig erachtet hat – geändert. Anknüpfungspunkte für Kritik waren bzw. sind insbesondere die unzureichende Gewichtung von Beurteilungen sowie die übermäßige Gewichtung einer (nicht hinreichend aktuellen) Potenzialfeststellung.[962]

Bei Vorliegen der Ernennungsvoraussetzungen besteht kein Rechtsanspruch des Bewerbers auf Übernahme; ihm steht aber insoweit ein Anspruch auf ermessensfehlerfreie Entscheidung nach den Grundsätzen von Eignung, Leistung und Befähigung gemäß den Vorgaben von Art. 33 Abs. 2 GG, § 3 SG zu.[963] Gegen die ablehnende Entscheidung kann der Bewerber nach § 23 Abs. 1 WBO Beschwerde einlegen, da die Übernahme in das Dienstverhältnis eines Berufssoldaten keine truppendienstliche Maßnahme nach § 17 Abs. 1 WBO darstellt. Statthafte Klageart gegen den negativen Beschwerdebescheid ist regelmäßig eine Verpflichtungsklage in Form einer Bescheidungsklage. Infolgedessen, dass die Auswahlverfahren zum Berufssoldaten jährlich erfolgen und sich Bewerber für ein bestimmtes Auswahljahr bewerben, beurteilt sich die gerichtliche Prüfung, ob eine Auswahlentscheidung ermessensfehlerhaft war, anhand der Sach- und Rechtslage zum Zeitpunkt der behördlichen Auswahlentscheidung. Insoweit kommt es zu der Abweichung von dem Grundsatz, dass bei Verpflichtungs- und Bescheidungsklagen auf die tatsächlichen oder rechtlichen Umstände zum Zeitpunkt der gerichtlichen Entscheidung abzustellen ist.[964]

Dem Auswahlverfahren liegt keine einzelne, ausgeschriebene Stelle zu Grunde, sondern eine – im Vorhinein festgelegte – Anzahl an Übernahmemöglichkeiten. Daher ist im soldatischen Statusrecht die Bezeichnung der Konkurrentenklage unüblich.[965] Zudem hat die Umwandlung in das Dienstverhältnis eines Berufssoldaten nicht notwendigerweise einen Dienstpostenwechsel oder einer Versetzung zur Folge. Infolgedessen bezieht sich der Rechtsschutz des einzelnen Bewerbers regelmäßig auf die Umstände des Auswahlverfahrens und nicht auf eine konkrete Konkurrenz zu einem anderen Bewerber. Gleichwohl besteht dann ein Konkurrenzverhältnis, wenn mehr Bewerbungen eingegangen sind als es Übernahmemöglichkeiten gibt. Eine entsprechende verwaltungsgerichtliche Klage ist nur zulässig, wenn zum

---

962 Die Potenzialfeststellung ist eine prognostische Eignungsaussage zur Bewährungswahrscheinlichkeit in den von den Bewerbern angestrebten Laufbahnen. Das BVerwG hat die Einbeziehung der Potenzialfeststellung in Auswahlverfahren zwar gebilligt, aber eine hinreichende Aktualität zum Zeitpunkt der Auswahlentscheidung gefordert, vgl. BVerwG, Beschl. v. 19.7.2018 – WB 48.17.

963 Vogelgesang, in: GKÖD I Yk, 6. EL Mai 2020, § 39 Rn. 6.

964 Vgl. Sohm, in: Walz/Eichen/Sohm, SG, 3. Aufl. 2016, § 39 Rn. 26.

965 Sohm, in: Walz/Eichen/Sohm, SG, 3. Aufl. 2016, § 39 Rn. 22.

Zeitpunkt der gerichtlichen Entscheidung noch Bedarf an einer Übernahme des Klägers besteht. Wenn bereits alle Übernahmemöglichkeiten des jeweiligen Auswahlverfahrens ausgeschöpft sind, ist die Klage im Hinblick auf die Ämterstabilität abzuweisen.[966] Der Grundsatz der Ämterstabilität wird aber durchbrochen, wenn der Bewerber keine Möglichkeit hatte, die Ernennung von anderen Mitbewerbern im Rahmen eines einstweiligen Rechtsschutzverfahrens zu unterbinden (§ 123 Abs. 1 Satz 1 VwGO). Dafür sind in der Regel zwei Wochen zwischen Zustellung der ablehnenden Auswahlentscheidung und Antragstellung zuzugestehen.[967] Ein Antrag nach § 123 Abs. 1 Satz 1 VwGO, welcher die Übernahmemöglichkeit des abgelehnten Bewerbers bis zum rechtskräftigen Abschluss des Hauptverfahrens „offenhält", ist mithin regelmäßig Voraussetzung für ein erfolgreiches Verpflichtungsbegehren. Denn allein die Erhebung einer Verpflichtungsklage hat keine aufschiebende Wirkung und verhindert eine endgültige Stellenbesetzung bzw. Umwandlung von Zeitsoldaten- in Berufssoldatenverhältnisse nicht. Eine rückwirkende Umwandlung in das Dienstverhältnis eines Berufssoldaten nach § 41 Abs. 2 SG ist rechtlich unmöglich. Der mit der Klage im Nachgang geltend gemachte Bewerbungsverfahrensanspruch ist mit Ernennung der ausgewählten Bewerber erloschen,[968] sodass dann nur eine Fortsetzungsfeststellungsklage entsprechend § 113 Abs. 1 Satz 4 VwGO statthaft ist.

3. Beendigung des Dienstverhältnisses durch Entlassung

Neben dem Tod als Beendigungsgrund und dessen Gleichstellung nach § 9 VerschG werden in § 43 SG die Gründe für die Beendigung des Dienstverhältnisses eines Berufssoldaten aufgezählt. Von besonderer Relevanz in der Praxis ist die Beendigung des Dienstverhältnisses durch Entlassung. § 43 Abs. 2 Nr. 2 SG erfasst alle Entlassungstatbestände, ungeachtet der Tatsache, ob es sich um eine Entlassung kraft Gesetztes (§ 46 Abs. 1, 3a), um eine gebundene Entlassungsentscheidung (§ 46 Abs. 2), um eine Entlassung aufgrund einer Ermessensentscheidung (§ 46 Abs. 8) oder um eine Entlassung auf eigenen Antrag (§ 46 Abs. 3, 6) handelt. Die Folgen der Entlassung und des Verlustes der Rechtsstellung eines Berufssoldaten regelt § 49 SG.

Obwohl § 46 SG einige Parallelen zu den Regelungen im Beamtenrecht aufweist, die zu einer Beendigung des Dienstverhältnisses führen (vgl. §§ 14, 31–33 BBG), trägt § 46 SG den soldatenrechtlichen Besonderheiten Rechnung. Nichtigkeits- und Rücknahmegründe sind im SG für Berufssoldaten nicht vorgesehen (vgl. § 14 BBG zu § 46 Abs. 2 Satz 1 Nr. 2 und 3 SG). Der zu Entlassende bleibt damit anders als bei der grundsätzlich rückwirkend erfolgenden Rücknahme der beamtenrechtlichen Ernennung bis

966 Vgl. BVerfG, Stattgebender Kammerbeschl. v. 28.4.2005 – 1 BvR 2231/02, NJW-RR 2005, 998 ff.

967 Vgl. BVerfG, Nichtannahmebeschl. v. 2.5.2016 – 2 BvR 120/16; Nichtannahmebeschl. v. 2.12.2010 – 2 BvR 1067/10, m. w. N.

968 Vgl. BVerwG, Urt. v. 13.12.2012 – 2 C 11.11, BVerwGE 145, 237.

zu seiner Entlassung Soldat und ist bis dahin weiterhin den soldatischen Pflichten unterworfen.[969] Auch aus völkerrechtlicher Sicht ist die Soldateneigenschaft von Bedeutung, wenn etwa im humanitären Völkerrecht[970] daran bestimmte Rechte geknüpft sind. Einer Regelung entsprechend zu der in § 15 Satz 3 BBG bedarf es im SG daher nicht.[971] Gegen die Entlassungsverfügung – ein Verwaltungsakt, der gemäß § 82 Abs. 1 SG vor dem Verwaltungsgericht angegriffen werden kann – ist die Anfechtungsklage nach § 42 Abs. 1 Alt. 1 VwGO grundsätzlich die statthafte Klageart.

IV. Soldaten auf Zeit

Die Berufung in das Dienstverhältnis eines Soldaten auf Zeit stellt in den Streitkräften den Regelfall dar. Insoweit unterscheidet sich das Soldatenrecht vom Beamtenrecht, wo die befristete Berufung in das Dienstverhältnis nur in Ausnahmefällen vorgesehen ist (vgl. § 6 Abs. 1 Satz 2 BBG).[972]

1. Berufung in das Dienstverhältnis und Dienstzeitfestsetzung

Die statusrechtlichen Berufungsvoraussetzungen und -hindernisse der §§ 37, 38 SG werden für die Begründung des Dienstverhältnisses eines Soldaten auf Zeit durch § 40 SG ergänzt. Die zeitliche Höchstgrenze der Dauer des Dienstverhältnisses eines Soldaten auf Zeit von derzeit fünfundzwanzig Jahren (§ 40 Abs. 1 Satz 1 SG) und die damit einhergehende Dienstzeitfestsetzung sind von der Berufung in das Dienstverhältnis zu unterscheiden.

Die Berufung ist ein mitwirkungsbedürftiger und bedingungsfeindlicher Verwaltungsakt in Form der Ernennung, die durch Aushändigung einer Urkunde wirksam werden kann (§§ 4 Abs. 1 Nr. 1, 41 Abs. 1 Satz 1 Nr. 1 SG). Die Dienstzeitfestsetzung erfolgt in der Regel von der Ernennung getrennt in einem weiteren Verwaltungsakt. Häufig erfolgt die Dienstzeitfestsetzung stufenweise. Der Soldat wird dann trotz seiner Verpflichtung auf mehrere Jahre zunächst auf eine Bewährungsdienstzeit von sechs Monaten festgesetzt oder die Festsetzung auf die volle Dienstzeit wird von der erfolgreichen Teilnahme an bestimmten Ausbildungsabschnitten abhängig gemacht.[973]

Durch die stufenweise Dienstzeitfestsetzung wird die Dienstzeit eines Soldaten im Vergleich zu der Dienstzeit, die er in seiner Verpflichtungserklärung angegeben hat und an die er gebunden ist, einseitig und unter

969 Sohm, in: Walz/Eichen/Sohm, SG, 3. Aufl. 2016, § 46 Rn. 2.
970 Siehe hierzu Koch, Kapitel 8.
971 Vgl. BT-Drs. II/1700, 31.
972 Sohm, in: Walz/Eichen/Sohm, SG, 3. Aufl. 2016, § 40 Rn. 1; Vogelgesang, in: GKÖD I Yk, 6. EL Mai 2020, § 40 Rn. 2.
973 Nach der Zentralen Dienstvorschrift A-1420/13 Nr. 404 ist die Bewährungsdienstzeit bei Ungedienten, bei freiwillig Wehrdienstleistenden nach § 58b SG und bei früheren Soldaten vorgesehen.

alleiniger Berücksichtigung der Interessen des Dienstherrn verkürzt. Der damit faktisch geschaffene administrative Entlassungstatbestand ist mit dem rechtstaatlichen Grundsatz des Vorbehalts des Gesetzes indes unvereinbar.[974]

2. Beendigung des Dienstverhältnisses durch Entlassung

Die Gründe für die Beendigung des Dienstverhältnisses eines Soldaten auf Zeit sind in § 54 SG geregelt.[975] Die reguläre Beendigung des Dienstverhältnisses tritt mit dem Ablauf der Zeit ein, für die ein Soldat auf Zeit in das Dienstverhältnis berufen worden ist (§ 54 Abs. 1 Satz 1 SG). Insoweit hat § 54 SG im Vergleich zur reinen Aufzählungsnorm des § 43 SG einen eigenständigen Regelungsgehalt.[976] Die Voraussetzungen der vorzeitigen Beendigung des Dienstverhältnisses, der Entlassung, sind in § 55 SG geregelt. Für die Entlassung nach § 55 SG gelten im Wesentlichen die gleichen Grundsätze wie bei den Berufssoldaten. Aus diesem Grund sind die Vorschriften für die Entlassung von Berufssoldaten unter Berücksichtigung der Besonderheiten ihres Status entsprechend anzuwenden. Von besonderes praktischer Bedeutung ist die fristlose Entlassung nach § 55 Abs. 5 SG, die eine gegenüber den Berufssoldaten erleichterte Beendigung des Dienstverhältnisses bei schwerwiegenden Verfehlungen in den ersten vier Dienstjahren ermöglicht.[977]

V. Freiwillig Wehrdienstleistende

Der freiwillige Dienst besteht aus einer sechsmonatigen Probezeit und bis zu 17 Monaten anschließendem Wehrdienst (§ 58b Abs. 1 Satz 2 SG), zu dem sich der Bewerber schriftlich verpflichten muss (§ 58e Abs. 1 Satz 1 SG). Die ersten sechs Monate dienen der Ausbildung und Einarbeitung und sollen dem Grundwehrdienst nach § 5 Abs. 2 Satz 1 WPflG entsprechen.[978] Nach Annahme dieser Verpflichtung durch die zuständige Stelle der Bundeswehr (Karrierecenter) erfolgt die Aufforderung zum Dienstantritt (§ 58g Abs. 1 Satz 1 SG).

Der freiwillige Wehrdienst soll nach Wortlaut und Zielrichtung des Gesetzes ein besonderes staatsbürgerliches Engagement darstellen. Mit ihm

974 Vgl. Sohm, in: Walz/Eichen/Sohm, SG, 3. Aufl. 2016, § 40 Rn. 21.

975 Ebenso wie für den Berufssoldaten fehlt die Beendigung des Dienstverhältnisses durch Tod und dessen Gleichstellung nach § 9 VerschG.

976 Sohm, in: Walz/Eichen/Sohm, SG, 3. Aufl. 2016, § 54 Rn. 1.

977 Angesichts der langen Dauer von truppendienstgerichtlichen Verfahren über die Entfernung aus dem Dienstverhältnis wegen einer schuldhaften Dienstpflichtverletzung nach §§ 58 Abs. 1 Nr. 5, 63 Abs. 1 WDO wird eine Gesetzesänderung zur Ausweitung der Verwaltungsentlassung über die vier Dienstjahre hinaus auf acht Jahre in Erwägung gezogen, s. dazu BMVg, BT-Drs. 19/22862.

978 BT-Drs. 17/4821, S. 15, 17. Seit dem 1.7.2011 ist die Wehrpflicht ausgesetzt. Die zwangsweise Heranziehung zum Wehrdienst ist derzeit auf den Spannungs- und Verteidigungsfall begrenzt, vgl. § 2 WPflG.

soll für den militärischen Bereich ein Angebot unterbreitet werden, staatsbürgerliche Verantwortung zu übernehmen und sich ein persönliches Bild von der Bundeswehr zu machen, ohne sich als Soldat auf Zeit zu verpflichten. Er soll ebenso wie andere freiwillige Dienste, wie THW oder Bundesfreiwilligendienst, nach dem Prinzip der Freiwilligkeit ein Dienst für die Gesellschaft sein.[979] Neben den angestrebten sozialen und gesellschaftsrelevanten Zielen soll mit diesem Dienst auch ein personelles Reservoir geschaffen werden, aus dem der Nachwuchs für Zeit- oder Berufssoldaten gewonnen werden kann. Der freiwillige Wehrdienst ist dem in § 6b WPflG geregelten freiwilligen zusätzlichen Wehrdienst im Anschluss an den Grundwehrdienst nachgebildet.[980]

Aus systematischer Sicht betrachtet ist das Bedürfnis für die Schaffung der Statusgruppe der freiwillig Wehrdienstleistenden nicht nachvollziehbar. Die oben aufgezeigten Ziele wären ebenso mit der Berufung in das Dienstverhältnis eines Soldaten auf Zeit nach § 1 Abs. 1 Satz 2 SG erreicht worden, sodass auch der Unterabschnitt 3 des III. Abschnitts des SG und die Problemstellungen bei der Auslegung der §§ 58b SG ff. hätten verhindert werden können.[981] Vor dem Hintergrund der für alle Soldaten geltenden Inneren Führung und dem Leitbild vom „Staatsbürger in Uniform" überzeugt die Hervorhebung des freiwilligen Wehrdienstes als „besonderes staatsbürgerliches Engagement" (§ 1 Abs. 2 Satz 3 SG) im Vergleich zu anderen Soldaten nicht.[982]

Das freiwillige Wehrdienstverhältnis beginnt mit dem tatsächlichen Dienstantritt (§§ 58g Abs. 1 Satz 1, 2 Abs. 1 Nr. 3 SG). Bei der entsprechenden Aufforderung des Karrierecenters der Bundeswehr handelt es sich nur um eine Einladung und keinen Verwaltungsakt;[983] dem Gedanken der Freiwilligkeit des Wehrdienstverhältnisses wird insoweit Rechnung getragen.[984] Das freiwillige Wehrdienstverhältnis endet durch Entlassung entsprechend § 75 SG oder durch Ausschluss entsprechend § 76 SG (§ 58h Abs. 1 SG). Darüber hinaus kann ein freiwillig Wehrdienstleistender im Fall seiner Entpflichtung von der Teilnahme an einer besonderen Auslandsverwendung nach § 58e Abs. 3 SG entlassen werden, wenn seine anderweitige Verwendung nicht möglich ist (§ 58h Abs. 3 SG). Während der Probezeit kann der freiwillig Wehrdienstleistende auf seinen schriftlichen Antrag jederzeit verlangen, entlassen zu werden (§ 58h Abs. 2 Satz 3 SG). Die Fristen, die der Dienstherr für die Entlassung während der Probezeit des freiwillig Wehrdienstleistenden zu beachten hat, sind in § 58h Abs. 2 Sätze 1 und 2 SG geregelt.

---

979 Vgl. BT-Drs. 17/4821, S. 17.
980 BT-Drs. 17/4821, S. 16.
981 Eichen, in: Walz/Eichen/Sohm, SG, 3. Aufl. 2016, § 58b Rn. 9.
982 Eichen, in: Walz/Eichen/Sohm, SG, 3. Aufl. 2016, § 58b Rn. 10.
983 Eichen, in: Walz/Eichen/Sohm, SG, 3. Aufl. 2016, § 58g Rn. 6.
984 Vogelgesang, in: GKÖD I Yk, 6. EL Mai 2020, § 58g Rn. 2.

VI. Reservedienstleistende

Das Dienstverhältnis der Reservedienstleistenden ist in §§ 58a, 59 Abs. 1–3 SG i. V. m. dem ResG geregelt. § 1 ResG bestimmt, wer Reservist ist. Reservisten sind weder der Statusgruppe der Berufssoldaten noch der der Soldaten auf Zeit oder der Grundwehrdienstleistenden zuzuordnen, sondern begründen eine eigene Statusgruppe, die neben der der Soldaten auf Zeit, Berufssoldaten und Grundwehrdienstleistenden steht.[985] Das Reservewehrdienstverhältnis beginnt mit dem Zeitpunkt, der im Heranziehungsbescheid für den Dienstantritt festgesetzt wird (§ 2 Abs. 1 Nr. 1 SG). Unbeachtlich für die Geltung der Dienstpflichten des Reservisten ist, ob er tatsächlich den Dienst angetreten hat.[986] Das Reservedienstverhältnis endet – außer durch Tod – durch Entlassung (§ 75 SG), durch Zeitablauf oder durch Ausschluss (vgl. § 74 SG).

Reservisten können nach § 60 SG zu verschiedenen Zwecken zur Dienstleistung herangezogen werden. Diese umfassen neben dem Wehrdienst im Spannungs- und Verteidigungsfall die regelmäßige Übung des Reservisten (§ 61 SG), die besondere Auslandsverwendung (§ 62 SG), die Hilfeleistung im Inneren (§ 63 SG) und im Ausland (§ 63a SG) sowie zur temporären Verbesserung der personellen Einsatzbereitschaft (§ 63b SG). Gegen seinen Willen kann ein Reservist nur zur Übung sowie im Spannungs- und Verteidigungsfall herangezogen werden (§ 59 Abs. 1 Satz 2, Abs. 2 Satz 2 SG). Die Heranziehung von Ungedienten bedarf nach § 59 Abs. 3 Satz 1 SG in jeden Fall einer freiwilligen Erklärung.

VIII. Eignungsübende

Grundsätzlich werden Soldaten für alle Laufbahnen im untersten Mannschaftsdienstgrad eingestellt, sofern in der SLV nichts anderes geregelt ist (§ 4 Abs. 2 Satz 1 SLV). § 87 SG lässt eine Ausnahme für „andere Bewerber" zu, die die für einen höheren Dienstgrad erforderliche militärische Eignung durch Lebens- oder Berufserfahrung außerhalb der Bundeswehr erworben haben. Voraussetzung für die Einstellung in einem höheren Dienstgrad ist, dass sog. andere Bewerber ihre Eignung durch eine Eignungsübung unter Beweis stellen.[987] Für die Dauer der Eignungsübung haben Eignungsübende die Rechtsstellung eines Soldaten auf Zeit (§ 87 Abs. 1 Satz 5 SG). Bei der Heranziehung zu einer Eignungsübung handelt es sich allerdings nicht um eine Ernennung. Das Dienstverhältnis des Eignungsübenden wird vielmehr durch den Dienstantritt begründet (§ 2 Abs. 1 Nr. 3 SG).[988]

---

985 Eichen, in: Walz/Eichen/Sohm, SG, 3. Aufl. 2016, § 59 Rn. 27.

986 Die Berufung in das Reservedienstverhältnis richtet sich entsprechend den Regelungen für Soldaten auf Zeit (vgl. § 58a SG i. V. m. § 5 Abs. 1 Satz 1 ResG), siehe auch unter II.

987 Vogelgesang, in: GKÖD I Yk, 6. EL Mai 2020, § 87 Rn. 1.

988 Sohm, in: Walz/Eichen/Sohm, SG, 3. Aufl. 2016, § 4 Rn. 15.

Das Dienstverhältnis des Eignungsübenden endet durch Entlassung von Amts wegen unter Beachtung der Fristen des § 87 Abs. 1 Satz 2 SG oder durch Entlassung auf eigenen Antrag (§ 87 Abs. 1 Satz 4 SG), durch Zeitablauf (vgl. § 87 Abs. 1 Satz 1 und 2 SG) oder durch Ernennung zum Berufssoldaten oder zum Soldaten auf Zeit (vgl. § 87 Abs. 2 SG). Eine Entlassung während der Eignungsübung richtet sich ausschließlich nach der lex specialis in § 87 Abs. 1 Satz 2 SG; die Anwendung von § 88 Satz 1 SG scheidet ebenso aus wie eine entsprechende Anwendung von § 55 Abs. 5 SG.[989]

989 A. M.: Vogelgesang, in: GKÖD I Yk, 6. EL Mai 2020, SG, § 88 Rn. 4, § 87 Rn. 12, wonach eine Entlassung nach § 55 Abs. 5 SG bei besonders schwerer Verletzung der Dienstpflichten zulässig sein soll.

Kapitel 18 Truppenstationierungsrecht

Christian Raap

Bei Streitkräfteaufenthalten in anderen Staaten besteht ein Spannungsverhältnis: Der Entsendestaat verfolgt dabei politische und militärische Interessen und muss die Disziplin seiner Truppe aufrechterhalten. Der Aufnahmestaat will in seinem Territorium möglichst geringe Beeinträchtigungen durch fremde Hoheitsgewalt hinnehmen.

Das Truppenstationierungsrecht, ein Teilgebiet des Völkerrechts, regelt den Ausgleich der widerstreitenden Interessen. Im Truppenstationierungsrecht unterscheidet man zwischen dem Recht zum Aufenthalt (ius ad praesentia)) und dem Recht des Aufenthalts (ius in praesentia).[990]

I. Recht zum Aufenthalt

Streitkräfte halten sich entweder einvernehmlich mit Zustimmung des Aufenthaltsstaats oder gegen seinen Willen in dessen Hoheitsgebiet auf.[991]

1. Einvernehmlicher Aufenthalt

a) Stationierungsvertrag. In der Regel beruht der einvernehmliche Aufenthalt von Truppen auf einem Stationierungsvertrag. Stationierungen im Rahmen von Verteidigungsbündnissen (insbesondere NATO) sind meist langfristig angelegt (z. B. Vertrag über den Aufenthalt ausländischer Streitkräfte in der Bundesrepublik Deutschland [Aufenthaltsvertrag] vom 23. Oktober 1954[992]). In Berlin, Brandenburg, Mecklenburg-Vorpommern, Sachsen, Sachsen-Anhalt und Thüringen dürfen ausländische Streitkräfte weder stationiert noch dorthin verlegt werden, Art. 5 Abs. 3 Satz 3 Zwei-Plus-Vier-Vertrag vom 12. September 1990.[993]

Verträge über gemeinsame militärische Übungen verschiedener Staaten oder im Rahmen multinationaler Friedensmissionen der Vereinten Nationen

990 Desch, Military Forces Abroad, in: Wolfrum (Hrsg.), Max Planck Encyclopedia of Public International Law, Bd. 7, 2012, S. 183 ff.
991 Siehe den Überblick bei Raap, AVR 29 (1991), 53 ff. (54 ff.).
992 BGBl. 1955 II S. 253.
993 Vertrag über die abschließende Regelung in Bezug auf Deutschland, BGBl. 1990 II S. 1318; siehe Blumenwitz, NJW 1990, 3041 ff. (3046).

bzw. von ihnen mandatierten Missionen lassen nur vorübergehende Aufenthalte von Truppen auf fremdem Hoheitsgebiet zu. In der deutschen Staatspraxis stimmt die Bundesregierung vorübergehenden Streitkräfteaufenthalten zum Zwecke gemeinsamer Übungen mit der Bundeswehr einseitig zu.

Eine Sonderform des Vertrages stellt die Vereinbarung von Stationierungsrechten in Form einer sog. Briefwechselvereinbarung zwischen Staaten oder einem Staat und einer Internationalen Organisation dar (z. B. deutsch-senegalesische Vereinbarung über den Lufttransport von 2013).

Verträge gestatten die Präsenz entweder im gesamten Hoheitsgebiet oder beschränken sie auf bestimmte Teile (z. B. Stützpunkte). Bisweilen vereinbaren beide Staaten eine Höchststärke von Soldaten und Bewaffnung (z. B. Vertrag über die Bedingungen des befristeten Aufenthalts und die Modalitäten des planmäßigen Abzugs der sowjetischen Truppen aus dem Gebiet der Bundesrepublik Deutschland [Abzugsvertrag] vom 12. Oktober 1990[994]).

Die Regierung des Aufenthaltsstaats kann den vorübergehenden Aufenthalt einzelner Soldaten durch einseitige Erklärung gegenüber dem Entsendestaat gestatten.

b) **Durchmarschrecht.** Ein Staat kann einem anderen Staat durch völkerrechtlichen Vertrag ein Durchmarschrecht (Durchzugsrecht; ius passagii) für dessen Truppen (mit Ausrüstung, Bewaffnung und Hoheitszeichen) auf Straßen, in Luftkorridoren oder auf Wasserwegen einräumen. Häufig ist dies die Voraussetzung für den militärischen Wert eines Bündnisvertrags mit einem Drittstaat.

Nach Maßgabe von – bisher nicht geschlossenen – Sonderabkommen müssen die Mitglieder der Vereinten Nationen deren Streitkräften auf Ersuchen des Sicherheitsrats ein Durchmarschrecht gewähren (Art. 43 Abs. 1 VN-Charta[995]).

Für Militärflugzeuge enthält der Vertrag über den Offenen Himmel (Open Skies) vom 24. Juni 1992[996] mit mehr als 30 Vertragsstaaten eine spezielle Überflugregelung (Transitflüge).

Für Kriegsschiffe, wie für andere Schiffe auch, gilt im zum Hoheitsgebiet eines Staates gehörenden Küstenmeer das Recht der friedlichen Durchfahrt nach Art. 17 ff. des Seerechtsübereinkommens der Vereinten Nationen vom 10. Dezember 1982 (SRÜ)[997]. Es gewährt Schiffen auf der Fahrt zwischen zwei Staaten das Recht, das Küstenmeer eines Staates, dessen Häfen sie nicht anlaufen, ohne besondere Genehmigung zu benutzen. Die Schiffe müssen das Küstenmeer zügig und ohne Unterbrechung durchfahren. Sie dürfen den Frieden, die Ordnung oder Sicherheit des Küstenstaats

994 BGBl. 1991 II S. 258.
995 Sartorius II Nr. 1.
996 BGBl. 1993 II S. 2047; siehe Bentzien, ZLW 57 (2008), 508 ff.
997 BGBl. 1994 II S. 1799 = Sartorius II Nr. 350; Einzelheiten bei Heintschel v. Heinegg, in: Ipsen, Völkerrecht, 7. Aufl. 2018, § 40 Rn. 17 ff.

nicht beeinträchtigen (Art. 19 Abs. 2 SRÜ). Unterseeboote haben im Küstengewässer über Wasser zu fahren und ihre Flagge zu zeigen (Art. 20 SRÜ).

2. Besetzung

a) **Kriegerische Besetzung.** Den häufigsten Fall eines Aufenthalts von Truppen ohne Einverständnis des betroffenen Staats bildet die kriegerische Besetzung (occupatio bellica). Die occupatio bellica führt zu einem Aufenthaltsrecht auf dem Staatsgebiet des Gegners. Dieses ius ad praesentiam besteht längstens für die Dauer des Kriegszustands. Nach Kriegsende noch verbleibende Truppen bedürfen für eine fortdauernde Anwesenheit eines in der Regel friedensvölkerrechtlichen vertraglichen ius ad praesentiam. Andernfalls müssen sie abziehen.

b) **Friedliche Besetzung.** Unter friedlicher Besetzung (occupatio pacifica) versteht man die militärische Besetzung fremden Staatsgebiets außerhalb des zeitlichen Geltungsbereichs des Kriegsrechts. Das Völkerrecht differenziert zwischen der – einseitig diktierten – Vertragsbesetzung (z. B. Rheinlandbesetzung aufgrund der Art. 428 ff. des Versailler Vertrages vom 28. Juni 1919[998]) und der Zwangsbesetzung auf der Grundlage einer Entscheidung des Sicherheitsrats nach Kap. VII der UN-Charta.

c) **Waffenstillstandsbesetzung.** Bei der – diktierten – Waffenstillstandsbesetzung (occupatio ex armisticio) handelt es sich um eine Mischform zwischen der occupatio bellica und der occupatio pacifica, weil die Konfliktparteien sie nach Ende der bewaffneten Feindseligkeiten noch während des Kriegszustandes vereinbaren (z. B. [Teil-]Besetzung Frankreichs aufgrund des deutsch-französischen Waffenstillstandsvertrags vom 22. Juni 1940[999]).

II. Recht des Aufenthalts

1. Einvernehmlicher Aufenthalt

Beim einvernehmlichen Aufenthalt regeln Aufenthalts- und Entsendestaat den Status der Truppen (Rechte und Pflichten) vertraglich[1000] entweder zusammen mit dem ius ad praesentiam (z. B. deutsch-sowjetischer Abzugsvertrag vom 12. Oktober 1990) oder gesondert (z. B. Abkommen zwischen den Parteien des Nordatlantikvertrages über die Rechtsstellung ihrer Truppen vom 19. Juni 1951 [NATO-Truppenstatut; NTS][1001]; Zusatzabkommen

---

998 RGBl. S. 688.
999 ZVölkR 24 (1940), 321 ff.
1000 Zu den Statusverträgen siehe die zusammenfassende Darstellung bei Conderman, Status of Armed Forces on Foreign Territory Agreements (SOFA), in: Wolfrum (Hrsg.), Max Planck Encyclopedia of Public International Law, Bd. 9, 2012, S. 586 ff.
1001 BGBl. 1961 II S. 1190 = Sartorius II Nr. 66b.

hinsichtlich der in der Bundesrepublik Deutschland stationierten Truppen vom 3. August 1959 [ZA-NTS][1002]).

a) **Gewohnheitsrechtlich anerkannte Grundsätze.** Soweit die beteiligten Staaten das ius in praesentia nicht oder nur unvollkommen vertraglich festgelegt haben, gelten gewohnheitsrechtliche Regeln. Die gewohnheitsrechtlich anerkannten Grundsätze des ius in praesentia beim einvernehmlichen Aufenthalt stellen sich wie folgt dar:[1003]

aa) **Rechtsstellung im Allgemeinen.** Geschlossene Truppenverbände auf fremdem Staatsgebiet gelten als nationale Organe des Entsendestaats, soweit sie nicht in die militärische Organisation des Aufnahmestaats oder einer Internationalen Organisation[1004] einbezogen sind. Daher erstreckt sich die Immunität[1005] des Entsendestaats auch auf seine Truppen im Ausland. Die ausländischen Truppen haben Immunität vor der Gerichtsbarkeit, der Zwangsvollstreckung und der von Verwaltungsbehörden ausgeübten Hoheitsgewalt des Aufenthaltsstaats. Dies schließt gegenüber ihnen den Erlass hoheitlicher Einzelakte aus. Die Immunität der Truppen gilt nur für ihr hoheitliches Verhalten (acta iure imperii), soweit die beteiligten Staaten nichts anderes vereinbart haben. Zum hoheitlichen Verhalten zählen u. a. die Waffenlagerung zu Verteidigungszwecken[1006] sowie typisch militärische Maßnahmen (wie etwa Schießen auf Truppenübungsplätzen). Für nichthoheitliches Verhalten (acta iure gestionis) besteht keine Immunität. Nicht hoheitlich ist insbesondere die wirtschaftlich-fiskalische Betätigung. Die Truppen dürfen ihre Immunität u. a. nicht durch die Zufluchtsgewährung für verfolgte Personen missbrauchen. Zum Betreten der den Truppen zur ausschließlichen Nutzung überlassenen Liegenschaften, die der Entsendestaat in der Regel baulich umgestalten kann, bedarf es der Erlaubnis des verantwortlichen Offiziers. Dem Entsendestaat steht die Disziplinargewalt über seine Truppen im Ausland und die truppeninterne Verwaltung zu. Das Verhalten der Mitglieder der Truppen im Dienst oder innerhalb ihrer Liegenschaften unterliegt der Gerichtsbarkeit des Entsendestaats, das übrige Verhalten der des Aufenthaltsstaats.

1002 BGBl. 1961 II S. 1218; 1973 II S. 1021; 1994 II S. 2594, 2598 (die aktuelle Fassung ist für Deutschland am 29.3.1998 in Kraft getreten, vgl. BGBl. 1998 II S. 1691) = Sartorius II Nr. 66c. Zur Auslegungskompetenz in Bezug auf NTS und NTS-ZA siehe Lepsius, Deutsches Recht auf NATO-Truppenübungsplätzen, 1995, S. 39 ff. Einen Sonderfall bildet das zum 1.4.2019 in Kraft getretene EU-Truppenstatut vom 17.11.2003 (BGBl. 2005 II S. 18), das den Aufenthalt von der EU abgestellten oder zur Verfügung gestellten Truppen; dieses Truppenstatut ist dem Unionsrecht zuzuordnen.

1003 Siehe Dahm/Delbrück/Wolfrum, Völkerrecht, Bd. I/1, 1989, S. 480 ff.

1004 Hermsdörfer, NZWehrr 1997, 100 ff.

1005 Schöbener, Staatenimmunität, in: ders. (Hrsg.), Völkerrecht. Lexikon zentraler Begriffe und Themen, 2014. S. 404 ff.

1006 BVerfG, Beschl. v. 29.10.1987 – 2 BvR 624/83, 2 BvR 1080/83, 2 BvR 2029/83, BVerfGE 77, 170 (207 f.), Rn. 83.

bb) Rechtsordnung des Aufenthaltsstaats. Die ausländischen Truppen haben grundsätzlich das Recht des Aufenthaltsstaats zu respektieren. Hierzu zählt dessen gesamtes materielles und formelles Recht jeder Rangstufe. Hoheitlich handelnden fremden Truppen gegenüber kann der Aufenthaltsstaat seine Rechtsordnung allerdings nicht mit Einzelakten durchsetzen. Die Truppen genießen im Aufenthaltsstaat Bewegungsfreiheit. Für ihre Land-, Luft- und Wasserfahrzeuge gilt im Aufenthaltsstaat dessen Verkehrsrecht. In mancher Hinsicht sind die Mitglieder der Truppen vom materiellen Recht des Aufenthaltsstaats befreit. Dies gilt vornehmlich für sein Zoll-, Steuer- und Ausländerrecht. Hinsichtlich der Personalvertretung müssen die bei den ausländischen Truppen beschäftigten Ortskräfte Nachteile hinnehmen.[1007]

cc) Selbstschutzrecht und Polizeigewalt. Unmittelbar bedrohte Truppen im Ausland dürfen sich mit Waffengewalt im erforderlichen Maß verteidigen (Selbstschutzrecht). Die Gefahr muss gegenwärtig und nicht anders abwendbar sein. Erforderlich ist eine Selbstschutzmaßnahme dann, wenn der Aufenthaltsstaat den gebotenen Schutz nicht gewähren kann. Innerhalb der ihnen zugewiesenen Liegenschaften haben die Truppen überdies die Polizeigewalt inne. Sie dürfen hierbei ihr eigenes Sicherheitsrecht anwenden, soweit die hieraus folgenden Befugnisse dem Recht des Aufenthaltsstaats entsprechen oder weniger einschränkend sind.

b) NATO-Truppenstatut und Zusatzabkommen. Das NTS, das für alle Staaten der Nordatlantikorganisation gilt, stellt die Grundregeln und Rahmenvorschriften für den Aufenthalt der Streitkräfte dar.[1008] Das NTS wird für die in Deutschland stationierten Streitkräfte der sechs Entsendestaaten (Belgien, Frankreich, Großbritannien, Kanada, Niederlande, USA) im ZA-NTS durch Sonderregelungen u. a. in Bezug auf die Ausnahmen von der deutschen Gerichtsbarkeit, auf die Schadenshaftung und auf abgabenrechtliche Fragen ergänzt.[1009] Den Streitkräften einiger anderer NATO-Staaten (z. B. Dänemark, Italien) hat Deutschland das Recht zum vorübergehenden Aufenthalt im Bundesgebiet eingeräumt; das ius in praesentia dieser Streitkräfte entspricht den Regelungen des ZA-NTS.[1010]

aa) Strafgerichtsbarkeit. Auf dem Gebiet der Strafgerichtsbarkeit[1011] steht den Militärbehörden des Entsendestaats die ausschließliche Strafgerichtsbarkeit zu, wenn das Verhalten der Personen, die dem Militärrecht des Entsendestaats unterstehen, nicht nach dem des Aufnahmestaats strafbar

1007 BVerfG, Beschl. v. 8.10.1996 – 1 BvL 15/91, BVerfGE 95, 39 (46 ff.), Rn. 22 ff.
1008 Grundlegend Lazareff, Status of Military Forces under Current International Law, 1971, S. 63 ff.
1009 Fleck, ZaöRV 56 (1996), 389 ff. (391 ff.).
1010 Reszat, NZWehrr 2010, 133 ff. (137 ff.).
1011 Umfassend Kreicker, Völkerrechtliche Exemtionen. Grundlagen und Grenzen völkerrechtlicher Immunitäten und ihre Wirkungen im Strafrecht, Bd. 2, 2007, S. 1068 ff.

ist (Art. VII Abs. 2 Buchstabe a NTS). Todesurteile werden im Aufnahmestaat nicht vollstreckt, wenn dessen Recht die Todesstrafe nicht kennt (Art. VII Abs. 7 Buchstabe a NTS). Dieses Vollstreckungsverbot wird durch Art. 18 A ZA-NTS dadurch ergänzt, dass bereits die Durchführung eines Strafverfahrens, das zur Verhängung der Todesstrafe in Deutschland führen könnte, nicht gestattet ist. Eine ausschließliche Strafgerichtsbarkeit zugunsten des Aufnahmestaats besteht dann, wenn Mitglieder einer Truppe, eines zivilen Gefolges oder deren Angehörige eine Tat begehen, die nur nach dem Recht des Aufnahmestaats strafbar ist (Art. VII Abs. 2 Buchstabe b NTS).

Eine konkurrierende Strafgerichtsbarkeit ist gegeben, wenn die Tat nach dem Recht des Entsende- und des Aufnahmestaats strafbar ist. Hier ist die Ausübung der Gerichtsbarkeit durch Vorrechte geordnet. Die Militärbehörden des Entsendestaats haben das Vorrecht auf Ausübung der Gerichtsbarkeit über ein Mitglied der Truppe oder eines zivilen Gefolges bei Straftaten in Ausübung des Dienstes und bei solchen Straftaten, die nur gegen das Vermögen oder die Sicherheit des Entsendestaats oder nur gegen die Person oder das Vermögen eines Mitglieds der Truppe oder des zivilen Gefolges dieses Staates oder eines anderen Angehörigen gerichtet sind. Bei allen anderen strafbaren Handlungen haben die Behörden des Aufnahmestaats das Vorrecht. Jede Seite kann auf die Ausübung ihres Vorrechts verzichten oder die andere Seite um einen solchen Verzicht ersuchen. Deutschland verzichtet in Fällen der konkurrierenden Gerichtsbarkeit generell auf das ihm zustehende Vorrecht (Art. 19 Abs. 1 Satz 1 ZA-NTS). Dieser Verzicht gilt jedoch nicht in Fällen drohender Todesstrafe. Da ein im Einzelfall auf Ersuchen des Entsendestaats gewährter Verzicht von einer Zusicherung abhängig gemacht werden kann, dass eine Todesstrafe nicht verhängt wird, kann ein derartiges Verfahren auch nicht gegen den Willen Deutschlands in einen Entsendestaat verlagert werden.

Die Aufteilung der Strafgerichtsbarkeit zwischen Aufnahme- und Entsendestaat erfordert eine enge Zusammenarbeit bei der Verfolgung strafbarer Handlungen. Der Gewahrsam an Mitgliedern der Streitkräfte und den Angehörigen steht grundsätzlich den Behörden der Entsendestaaten ohne Rücksicht darauf zu, wer die Gerichtsbarkeit ausübt (Art. 22 Abs. 1 ZA-NTS). Die deutschen Behörden übergeben daher den von ihnen Festgenommenen den Behörden des Entsendestaats (Art. 22 Abs. 2 ZA-NTS).

bb) Zivilgerichtsbarkeit. Aus Art. VIII Abs. 9 NTS ergibt sich, dass die Mitglieder einer Truppe oder eines zivilen Gefolges der Zivilgerichtsbarkeit des Aufenthaltsstaats in vollem Umfang unterstehen. Der hier verwandte Begriff „Zivilgerichtsbarkeit" ist weit zu verstehen. Er umfasst alle Zweige der Gerichtsbarkeit mit Ausnahme der Strafgerichtsbarkeit. Die Ausübung der Zivilgerichtsbarkeit wird lediglich dadurch beschränkt, dass nach Art. VIII Abs. 5 Buchstabe g NTS ein Mitglied der Truppe oder eines zivilen Gefolges einer Zwangsvollstreckung aus einem Urteil nicht unterworfen werden darf, das in dem Aufnahmestaat in einer aus der Ausübung des Dienstes herrührenden Angelegenheit gegen ihn ergangen ist. Darüber hinaus kann in Bezüge, die von einer Truppe gezahlt werden, nach Art. 35 ZA-NTS nur insoweit vollstreckt werden, wie dies das Recht des Entsendestaats gestattet. Der Zugriff auf die Ansprüche ist immer dann möglich, wenn die Zahlung durch Vermittlung einer deutschen Behörde geleistet wird.

cc) **Soziale Sicherheit.** Nach Art. 13 Abs. 1 Satz 1 ZA-NTS sind zwischenstaatliche Abkommen oder andere im Bundesgebiet geltende Bestimmungen über soziale Sicherheit und Fürsorge auf Mitglieder einer Truppe, eines zivilen Gefolges und deren Angehörige des Entsendestaats grundsätzlich nicht anwendbar.

dd) **Abgabenrecht.** Die abgabenrechtlichen Regelungen des Art. XI NTS und der Art. 65 bis 68 ZA-NTS enthalten u. a. Zollvergünstigungen für Waren, welche die Streitkräfte des Entsendestaats oder ihre Mitglieder aus dem Ausland einführen oder im Inland beziehen. Die Abgabenvergünstigungen hängen davon ab, dass die Waren ausschließlich von den Streitkräften oder ihren Mitgliedern verwendet werden. Nach Art. XI Abs. 6 NTS in Verbindung mit Art. 66 Abs. 1 ZA-NTS können Mitglieder der Truppe oder eines zivilen Gefolges ihre privaten Kraftfahrzeuge für ihren persönlichen Gebrauch oder für den ihrer Angehörigen vorübergehend zollfrei einführen. Die privaten Kraftfahrzeuge sind dann von der Kraftfahrzeugsteuer befreit (arg. Art. X Abs. 1 Satz 2 NTS).

ee) **Fahrerlaubnisse.** Gemäß Art. IV NTS ist der Aufenthaltsstaat verpflichtet, die Fahrerlaubnis des Entsendestaats für ein Mitglied der Truppe oder eines zivilen Gefolges als gültig anzuerkennen. Dies gilt in Deutschland nach Art. 9 Abs. 2 Satz 1 ZA-NTS auch für in einem Entsendestaat erteilte Führerscheine zum Führen privater Kraftfahrzeuge zugunsten der Mitglieder einer Truppe, eines zivilen Gefolges und deren Angehörigen. Bedeutsam ist, das private Kraftfahrzeuge nur zugelassen werden dürfen, wenn eine Haftpflichtversicherung nach Art. 11 ZA-NTS besteht.

ff) **Schadenshaftung.** Art. VIII NTS regelt die Abgeltung der durch ausländische Streitkräfte verursachten Schäden im Verhältnis der beteiligten Vertragsparteien zueinander und im Verhältnis zu geschädigten Dritten;[1012] Sonderschriften enthält Art. 41 ZA-NTS.

Jede Vertragspartei verzichtet weithin auf ihre Ansprüche gegen eine andere Vertragspartei wegen Beschädigung von Vermögenswerten, die ihr gehören und von ihren Streitkräften genutzt werden. Der Verzicht setzt voraus, dass der Schaden in Ausübung einer Dienstobliegenheit verursacht wurde. Weiterhin verzichtet jede Vertragspartei auf alle Ansprüche gegen

---

1012 Siehe Prescott, Claims, in: Fleck, The Handbook of the Law of Visiting Forces, Oxford, 2001, S. 159 ff. (S. 163 ff.).

eine andere Vertragspartei, die darauf beruhen, dass ein Mitglied ihrer Streitkräfte in Ausübung des Dienstes eine Körperverletzung oder den Tod erlitten hat. Für Schäden an anderen als von den Streitkräften genutzten Vermögenswerten einer Vertragspartei wird über die Haftung der anderen Vertragspartei und über die Höhe des Schadens durch einen Schiedsrichter entschieden. Schäden an Vermögensgegenständen sog. politischer Untergliederungen der Vertragsparteien (in Deutschland z. B. Länder und Kommunen) werden demgenüber als sog. Drittschäden behandelt (vgl. Art. I Abs. 2 NTS).

Wird durch Handlungen oder Unterlassungen von Truppenmitgliedern eines NATO-Staats, die in Ausübung des Dienstes begangen wurden, einem Dritten in Deutschland ein Schaden zugefügt, so ist vom Entsendestaat Schadensersatz nach den entsprechenden deutschen Vorschriften zu leisten.[1013] Der Geschädigte muss seine Ansprüche gegen einen Entsendestaat bei den Schadensregulierungsstellen der im Geschäftsbereich des BMF stehenden Bundesanstalt für Immobilienaufgaben (BImA) geltend machen.[1014] Erkennt die Schadensregulierungsstelle den Anspruch ganz oder teilweise an, zahlt sie den Entschädigungsbetrag. Ist der Geschädigte mit der Entscheidung nicht einverstanden, kann er Klage gegen die Bundesrepublik Deutschland erheben, die in Gerichtsverfahren für die ausländischen Streitkräfte in Prozessstandschaft auftritt. Von den Schadensregulierungsstellen gezahlte Entschädigungsbeträge sind – unabhängig davon, ob sie aufgrund einer außergerichtlichen Regelung oder einer gerichtlichen Entscheidung erfolgen – für den Entsendestaat verbindlich. Als Aufnahmestaat ist die Bundesrepublik Deutschland jedoch verpflichtet, einen Anteil in Höhe von 25 Prozent an den Entschädigungsbeträgen mitzutragen. Bei schädigenden Handlungen oder Unterlassungen, die ein Truppenmitglied eines NATO-Staats außerdienstlich begangen hat, besteht keine Verpflichtung des Entsendestaats zum Schadensersatz. Dieser kann jedoch ohne Anerkennung einer Rechtspflicht eine Abfindung leisten. Hierzu stellt der Geschädigte einen Antrag bei den Schadensregulierungsstellen der BImA. Diese prüfen den geltend gemachten Anspruch nach deutschem Recht und legen ihn mit einem Vorschlag über eine angemessene Entschädigung dem Entsendestaat vor. Der Entsendestaat entscheidet dann nach freiem Ermessen, ob und in welcher Höhe er entschädigen will. Ist der Geschädigte mit der Entscheidung des Entsendestaats nicht einverstanden, muss er seine Ansprüche direkt gegen den Schädiger nach deutschem Recht vor deutschen Gerichten durchsetzen.

gg) Verfahrensstandschaft deutscher Behörden. Stationierungsstreitkräfte nehmen als Organe des Entsendestaats an dessen Staatenimmunität

1013 Dumbs/Hartl, VersR 2013, 1095 ff.

1014 Anschriften und Zuständigkeitsbereiche der Schadensregulierungsstellen finden sich unter www.bundesimmobilien.de.

teil. Daher können sie in Deutschland weder Beteiligte eines Verwaltungsverfahrens sein noch können gegenüber ihnen Verwaltungsakte (vgl. § 35 VwVfG) erlassen werden. Soweit deutsches Recht im Zusammenhang mit der Benutzung von Liegenschaften i. S. d. Art. 53 NTS-ZA anwendbar ist und vorschreibt, dass eine besondere Erlaubnis, Zulassung oder sonstige öffentlich-rechtliche Genehmigung einzuholen ist, stellen die deutschen Behörden in Zusammenarbeit und im Benehmen mit den Behörden einer Truppe die erforderlichen Anträge und betreiben die entsprechenden Verwaltungs- und Gerichtsverfahren für die Truppe.[1015] Diese Verfahrensstandschaft kommt insbesondere bei der Errichtung immissionsschutzrechtlich genehmigungsbedürftiger Anlagen auf einem Truppenübungsplatz, der den Stationierungsstreitkräften zur Benutzung überlassen ist (vgl. Art. 48 NTS-ZA), zum Tragen. Verfahrensstandschafterbehörden im Zusammenhang mit Baumaßnahmen sind die staatlichen Hochbauämter.[1016]

c) **PfP-Truppenstatut.** Für Streitkräfte aus Mitgliedstaaten der NATO-Partnerschaft für den Frieden (Partnership for Peace – PfP) gelten nach Art. I des PfP-Truppenstatuts vom 19. Juni 1995[1017] grundsätzlich die Vorschriften des NTS, soweit im PfP-Truppenstatut nicht anderes bestimmt ist.

d) **Streitkräfteaufenthaltsabkommen nach dem Streitkräfteaufenthaltsgesetz.** Ergänzt werden NTS und PfP-Truppenstatut, die auf der Grundlage des Gesetzes über die Rechtsstellung ausländischer Streitkräfte bei vorübergehenden Aufenthalten in der Bundesrepublik Deutschland (Streitkräfteaufenthaltsgesetz)[1018] geschlossen werden. Das Streitkräfteaufenthaltsgesetz erlaubt der Bundesregierung, Vereinbarungen mit ausländischen Staaten über Einreise und vorübergehenden Aufenthalt ihrer Streitkräfte in Deutschland zum Zwecke von Übungen, Durchreise auf dem Landweg und Ausbildung von Einheiten durch Rechtsverordnung in Kraft zu setzen. Es ermöglicht somit Fragen zu regeln, die in NTS bzw. PfP-Truppenstatut nicht hinreichend normiert sind (z. B. Umweltschutz, Telekommunikation, Gesundheitsschutz).

e) **NATO-Hauptquartiere.** Der Rechtsstatus der NATO-Hauptquartiere und ihres Personals in Deutschland beurteilt sich nach dem Protokoll über die Rechtsstellung der aufgrund des Nordatlantikvertrags errichteten Hauptquartiere vom 28. August 1952[1019] sowie dem Ergänzungsabkommen hierzu zwischen der Bundesrepublik Deutschland und dem Obersten Hauptquartier der Alliierten Mächte in Europa (SHAPE) vom 13. März 1967.[1020]

1015 Siehe Berger, Die Verfahrensstandschaft für die Stationierungsstreitkräfte, 1995, S. 160 ff.
1016 Scheibler, NZWehrr 2010, 198 ff. (200 ff.).
1017 BGBl. 1998 II S. 1338; Näheres bei Wagner, BWV 2007, 54 ff. (56 f.).
1018 BGBl. 1995 II S. 554.
1019 BGBl. 1969 II S. 2000.
1020 BGBl. 1969 II S. 2009.

2. Aufenthalt in anderen Fällen

Die gewohnheitsrechtlichen Grundsätze gelten allein für ein einvernehmliches ius ad praesentiam. Auf andere Formen der Truppenpräsenz, insbesondere die occupatio bellica, lassen sie sich also nicht übertragen. In diesen Fällen sind die Truppen zumindest an die Normen des humanitären Völkerrechts über den Schutz der Zivilbevölkerung in bewaffneten Konflikten[1021] gebunden.

1021 Zum Schutz der Bevölkerung besetzter Gebiete siehe Berber, Lehrbuch des Völkerrechts, Bd. II, 2. Aufl. 1969, S. 136 ff.

Kapitel 19 Unmittelbarer Zwang

Danja Blöcher

Damit die Bundeswehr ihrem verfassungsmäßigen Auftrag der Verteidigung aus Art. 87a GG nachkommen kann, muss sie in der Lage sein, sich vor Störungen bei der Durchführung dieses Auftrages zu schützen. Da die Bundeswehr ihren Auftrag der Landesverteidigung vermehrt im multinationalen Rahmen durchführt, muss sie darüber hinaus auch in der Lage sein, Bündnispartner und deren Material zu schützen.[1022] Mit dem Gesetz über die Anwendung unmittelbaren Zwanges und die Ausübung besonderer Befugnisse durch Soldaten der Bundeswehr und verbündete Streitkräfte sowie zivile Wachpersonen (UZwGBw) wurde am 12. August 1965 erstmals eine umfassende Regelung geschaffen, die den Selbstschutz der Bundeswehr regelt.[1023] Praktische Bedeutung hat das UZwGBw hauptsächlich im Wach- und Feldjägerdienst, da es dort die Rechtsgrundlage zum Vorgehen gegen Störer darstellt.

I. Systematische Einordnung

Bei dem Gesetz handelt es sich um ein Sonderpolizeirecht der Bundeswehr[1024] zum Schutz der Rechtsgüter – also von Personal, Bereichen und Material der Bundeswehr. Es dient der Abwehr von Straftaten gegen die Bundeswehr und von sonstigen rechtswidrigen Störungen des Dienstbetriebes sowie der Aufklärungen dieser. Das UZwGBw erweitert die Befugnisse der Bundeswehr auf die Abwehr von Störungen im Inland. Der Bund ist mit seiner Gesetzgebungskompetenz „Verteidigung“ auch dafür zuständig, den Schutz für diesen Sachbereich zu regeln.[1025] Während der Aufgabenbereich der Polizei sich daraus ergibt, Gefahren abzuwehren, durch welche die öffentliche Sicherheit oder Ordnung bedroht wird,[1026] gilt das

1022 Bajumi, GSZ 2019, 238 ff. (239).

1023 Einen geschichtlichen Überblick bieten Jess/Mann, UZwGBw, 2. Aufl. 1981, Anhang II, S. 91, die von der „Magna Charta des Selbstschutzes“ sprechen.

1024 Jess/Mann, UZwGBw, 2. Aufl. 1981, § 12 Rn. 3.

1025 BVerfG, Gutachten v. 16.6.1954 – 1 PBvV 2/52, BVerfGE 3, 407–439; Heinen, NZWehrr 2002, 177 ff.

1026 BVerwG, EuGH-Vorlage v. 24.10.2001 – 6 C 3.01, BVerwGE 115, 189, 195 f.; beispielhaft § 1 PolG NRW.

UZwGBw, soweit der oben genannte Anwendungsbereich eröffnet ist, als lex specialis gegenüber den allgemeinen Polizeigesetzen.[1027] Soweit die Organe der Bundeswehr jedoch nicht alleine in der Lage sind, die Gefahr abzuwehren, sind die entsprechenden Polizeibehörden zum Einschreiten und Hilfeleisten zugunsten der Bundeswehr verpflichtet.[1028]

II. Anwendungsbereich

1. Örtlicher Anwendungsbereich

Das UZwGBw gilt zunächst im gesamten Hoheitsgebiet der Bundesrepublik Deutschland, einschließlich des Luftraumes. Darüber hinaus gilt es nach dem Flaggenstaatsprinzip auch an Bord von Schiffen, die nach entsprechender Registrierung die Bundesflagge führen.[1029]

2. Personeller Anwendungsbereich

Da die der Bundeswehr nach dem UZwGBw zustehenden Befugnisse erhebliche Eingriffe in die Grundrechte der betroffenen Personen ermöglichen, sollen diese nur denjenigen Personen zustehen, die dazu ausdrücklich befähigt und ermächtigt worden sind.[1030] Hier sind zunächst Soldaten zu nennen, denen Wach- oder Sicherheitsaufgaben übertragen worden sind.[1031]

Wachaufgaben werden ortsgebunden, z. B. in Kasernen oder Munitionsdepots ausgeübt. Mit der Erklärung der sogenannten „Vergatterung" werden die Soldaten aus ihrem eigentlichen Dienst herausgelöst und für die Zeit der Wache den Wachvorgesetzten unterstellt.

Sicherheitsaufgaben werden Soldaten übertragen, die im Feldjägerdienst stehen, oder Angehörigen von Transportbegleitkommandos und Zugwachen.[1032] Daneben können sie auch auf Befehl für besondere Zwecke übertragen werden. Im besonderen Fokus stehen diesbezüglich die Feldjäger, die häufig beispielsweise die Absicherung von Gelöbnissen in der Öffentlichkeit oder den Schutz von militärischen Liegenschaften gegen Demonstranten (z. B. Camp gegen das Gefechtsübungszentrum des Heeres[1033]) übernehmen. Zu beachten ist, dass nicht jeder Feldjäger zu jedem Zeitpunkt eine zum UZwGBw berechtigte Person darstellt. Die Angehörige der Feldjägertruppe sind nur dann zum UZwGBw berechtigte Personen, wenn sie sich zum Handlungszeitpunkt im Feldjägerdienst befinden. Welche Personen das sind, ist in der Regel durch Eintrag im Dienstbuch geregelt. Anders als Polizeibeamte haben Feldjäger eben nicht die Möglich-

1027 Heinen/Bajumi, Rechtsgrundlagen Feldjägerdienst, 11. Aufl. 2018, S. 14.
1028 Lingens, Die Polizeibefugnisse der Bundeswehr, 1982, S. 1.
1029 Zu Einzelheiten bzgl. der Gestaltung außerhalb deutscher Hoheitsgewässer vgl. Maaß, NZWehrr 2017, 15 ff.
1030 Lingens, Die Polizeibefugnisse der Bundeswehr, 1982, S. 3.
1031 Vgl. § 1 Abs. 1 UZwGBw.
1032 Ausführungsbestimmungen zum UZwGBw – A-2122/2, Nr. 202.
1033 https://taz.de/Antimilitaristisches-Sommercamp/!5034802/.

keit, sich jederzeit in den Dienst zu versetzen und dann hoheitliche Befugnisse auszuüben. Daneben können auch Soldaten verbündeter Streitkräfte berechtigte Personen sein. Dies steht allerdings unter dem „Vorbehalt verbürgter Gegenseitigkeit".[1034] Derzeit ist dies nur im Fall des Königreiches der Niederlande gegeben. Auch ziviles Wachpersonal, durch welches in vielen Liegenschaften die Aufgaben des Wachdienstes durchgeführt werden, gehört nach entsprechender Ausbildung zum berechtigten Personenkreis.

III. Systematik des UZwGBw

Das UZwGBw gliedert sich in vier Abschnitte. Der erste Abschnitt enthält allgemeine Vorschriften sowie Legaldefinitionen, welche der Konkretisierung der später folgenden Befugnisse dienen. Im zweiten Abschnitt sind die sogenannten Besonderen Befugnisse der Bundeswehr geregelt. Der dritte Abschnitt regelt die Anwendung des unmittelbaren Zwanges. Dieser Abschnitt ist selbst noch einmal in zwei Unterabschnitte gegliedert: einfacher unmittelbarer Zwang und Schusswaffengebrauch. Der letzte Abschnitt regelt die Schlussvorschriften wie Entschädigung und die Befugnis zum Eingriff in Grundrechte; dies wird nicht Inhalt dieses Kapitels sein.

1. Allgemeine Vorschriften

Neben dem schon beschriebenen berechtigten Personenkreis regeln die allgemeinen Vorschriften die Begriffe des militärischen Bereiches und des militärischen Sicherheitsbereiches sowie die Legaldefinition der Straftat gegen die Bundeswehr.

a) **Militärischer Bereich.** Militärische Bereiche sind qua Gesetz Anlagen, Einrichtungen und Schiffe der Bundeswehr und der verbündeten Streitkräfte in der Bundesrepublik. Das Betreten dieser ist nicht verboten, sondern in der Regel sogar gewünscht. Beispiele hierfür stellen Karrierecenter oder Bundeswehrkrankenhäuser dar.

b) **Militärischer Sicherheitsbereich.** Ortsfeste militärische Sicherheitsbereiche sind militärische Bereiche, die zu Sicherheitsbereichen erklärt worden sind. Diese sind als solche gekennzeichnet, und deren Betreten ist verboten. Kasernen und Truppenübungsplätze stellen in der Praxis einen Großteil der militärischen Sicherheitsbereiche dar. Eine entsprechende Bewachung oder eine Umzäunung ist nicht erforderlich. Allerdings führt eine Umzäunung dazu, dass das widerrechtliche Betreten nicht nur eine Ordnungswidrigkeit gemäß § 114 OWiG darstellt, sondern zudem der Straftatbestand des Hausfriedensbruches gemäß § 123 StGB verwirklicht ist.

1034 Ausführungsbestimmungen zum UZwGBw – A-2122/2, Nr. 204.

c) **Straftat gegen die Bundeswehr.** Bestimmte Eingriffsbefugnisse setzen das Vorliegen einer Straftat gegen die Bundeswehr voraus. Im Gegensatz zum Strafrecht ist das Vorliegen von Schuld nicht erforderlich. Dies ergibt sich aus der Schutzrichtung des UZwGBw. Dies dient nicht der Pönalisierung, sondern der Abwehr von Gefahren. Es soll ein schnelles Eingreifen ermöglicht werden, da die handelnde Person im Einzelfall das Vorliegen von Schuld möglicherweise nicht feststellen kann, sie aber trotzdem handlungsfähig bleiben muss.[1035] Nicht jede Straftat ist zugleich eine Straftat gegen die Bundeswehr, sondern sie muss sich zusätzlich gegen die geschützten Rechtsgüter der Bundeswehr richten. Hier sind zunächst das Personal der Bundeswehr zu nennen, soweit es sich im Dienst befindet und der Dienstbetrieb gestört wird (z. B. Festhalten einer Feldjägerstreife bei der Verfolgung eines Verdächtigen) oder es sich innerhalb des militärischen Sicherheitsbereichs aufhält und Opfer eines tätlichen Angriffs wird (z. B. Angriff auf den Wachposten). Bundeswehrangehörige sollen sich in diesen Bereichen sicher fühlen können. Zudem ist nicht die Polizei, sondern die Bundeswehr für Sicherheit und Ordnung innerhalb ihrer Anlagen zuständig.[1036] Weitere geschützte Rechtsgüter sind die militärischen Bereiche oder Gegenstände der Bundeswehr. Als Straftaten gegen diese kommen in der Praxis insbesondere der Hausfriedensbruch, aber auch Sachbeschädigung oder Brandstiftungsdelikte vor. Als letztes Rechtsgut ist die Geheimhaltung aufzuzählen. Als strafbare Handlung könnte hier das sicherheitsgefährdende Abbilden in Betracht kommen. Dabei erfüllt nicht jedes Fotografieren eines Wehrmittels den Straftatbestand. Eine besonders hohe Hürde stellt die weitere Voraussetzung dar, dass durch das Abbilden die Sicherheit der Bundesrepublik Deutschland und die Schlagkraft der Truppe gefährdet sein muss. Dies wird beim Fotografieren der meisten Kasernen kaum erfüllt sein.

2. Besondere Befugnisse

Die Bundeswehr hat das Recht, innerhalb militärischer Sicherheitsbereiche hoheitliche Maßnahmen zur Wahrung der Sicherheit und Ordnung zu treffen. Rechtlich sind diese als Verwaltungsakte gemäß § 35 VwVfG einzuordnen.[1037] In der Praxis sind hier das Fotografie- sowie das Filmverbot und/oder die Anordnung der Regelungen der StVO, wie sie in den meisten Kasernen vorzufinden ist, zu nennen.

Daneben existieren die sogenannten besonderen Befugnisse der Bundeswehr innerhalb des militärischen Sicherheitsbereiches. Diese sind alle unabdingbar an den militärischen Sicherheitsbereich gebunden. Alle Personen, die sich innerhalb eines militärischen Sicherheitsbereiches aufhalten, diesen betreten oder verlassen oder dies auch nur wollen, unterliegen er-

---

1035 Jess/Mann, UZwGBw, 2. Aufl. 1981, § 3 Rn. 4.
1036 Heinen/Bajumi, Rechtsgrundlagen Feldjägerdienst, 11. Aufl. 2018, S. 29.
1037 Jess/Mann, UZwGBw, 2. Aufl. 1981, § 2 Rn. 37.

weiterten Kontrollbefugnissen. Diese ergeben sich aus dem erhöhten Schutzbedürfnis dieser Bereiche. Die besonderen Befugnisse sind nach Eingriffsintensität in den §§ 4 bis 8 UZwGBw gestaffelt. Zunächst wird die Personenüberprüfung thematisiert, die der Identitätsfeststellung sowie der Feststellung einer Aufenthaltsberechtigung dient. Beides ist getrennt voneinander festzustellen, da die zu überprüfende Person zwar der Wache persönlich bekannt sein kann, dies aber nicht zwangsläufig bedeuten muss, dass die betreffende Person auch eine Aufenthaltsberechtigung für den militärischen Sicherheitsbereich hat. Umgekehrt entfällt die Kontrollbefugnis, wenn der kontrollberechtigten Person die Aufenthaltserlaubnis und die Identität der zu überprüfenden Person bekannt ist. Die Angaben, die zu überprüfen sind, entsprechen denen des § 111 OwiG und eine Nicht- oder Falschangabe ist auch unter diesem bußgeldbewehrt. Die Personenkontrolle umfasst nicht nur die Befugnis, die genannten Berechtigungen zu kontrollieren, sondern auch bei deren Fehlen, die Person aus dem militärischen Sicherheitsbereich zu verweisen.[1038] Die darauf im Gesetz folgende weitere Personenüberprüfung sieht die Möglichkeit vor, die betroffene Person in ihrer Freiheit zu beschränken und diese kurzfristig in Gewahrsam zu nehmen. Im Wesentlichen lässt die Befugnis sich mit dem „Sistierungsrecht" der Polizei vergleichen.[1039] § 5 UZwGBw gibt der Bundeswehr die Möglichkeit, in Ruhe die Identität oder Aufenthaltsberechtigung festzustellen. Der Angetroffene wird zum Wachvorgesetzten oder einer entsprechenden zuständigen Stelle gebracht. Dies entlastet auch die Streifen oder Posten von weiteren Entscheidungen.[1040] Da nur eine vorübergehende Freiheitsbeschränkung gerechtfertigt ist, sollte auch nach dem Grundsatz der Verhältnismäßigkeit die Überprüfung zügig durchgeführt werden. Diese sollte in der Regel nicht länger als drei Stunden dauern. Sollte absehbar sein, dass diese Zeit nicht einzuhalten ist, so ist die Entscheidung eines Amtsrichters herbeizuführen.[1041] Die zweite Alternative, die zu einer weiteren Personenüberprüfung berechtigt, ist der Verdacht des Vorliegens einer Straftat gegen die Bundeswehr. In diesem Fall dient die weitere Personenüberprüfung der Vorbereitung der vorläufigen Festnahme. Die vorläufige Festnahme ist mit einer hohen Eingriffsqualität verbunden; geregelt ist sie in § 6 UZwGBw. Neben dem dringenden Tatverdacht einer Straftat gegen die Bundeswehr und dem Vorliegen von Gefahr in Verzug sind zusätzlich die Voraussetzungen des Vorliegens eines Haftbefehls (Fluchtgefahr, Verdunklungsgefahr oder Wiederholungsgefahr) gefordert. Die vorläufige Festnahme nach § 6 UZwGBw erfolgt lediglich mit den Worten: „Sie sind vorläufig festgenommen." Eine besondere Zwangsbefugnis ergibt sich hieraus (noch) nicht. Aufgrund der strengen Voraussetzungen des „Justizgrund-

---

1038 Heinen/Bajumi, Rechtsgrundlagen Feldjägerdienst, 11. Aufl. 2018, S. 36.
1039 Jess/Mann, UZwGBw, 2. Aufl. 1981, § 5 Rn. 1.
1040 Lingens, Die Polizeibefugnisse der Bundeswehr, 1982, S. 33.
1041 Ausführungsbestimmungen zum UZwGBw – A-2122/2, Nr. 249.

rechts“ aus Art 104 Absatz 3 GG ist der Festgenommene spätestens am Ende des Tages nach dem Ergreifen einem Richter vorzuführen. Die Frist beginnt mit dem Ergreifen durch die Bundeswehr. Dies bedeutet, dass eine zügige Zusammenarbeit mit der Polizei erforderlich ist, da bei der Übergabe des Festgenommenen an die Polizei die Frist nicht erneut beginnt, sondern die Zeit weiterläuft.

Zum Auffinden und Sicherstellen von Beweismitteln sind in § 7 UZwGBw die Durchsuchung und Beschlagnahme geregelt. Diese setzt wie alle besonderen Befugnisse den Zusammenhang mit einem militärischen Sicherheitsbereich sowie den Verdacht einer Straftat gegen die Bundeswehr und das Vorliegen von Gefahr im Verzug voraus. Die Durchsuchung und Beschlagnahme sind nicht nur auf die jeweilige Person begrenzt, sondern umfassen auch mitgeführte Gegenstände. Aus Gründen der Sitte und des Anstandes sollte, wenn möglich, die Durchsuchung von einer Person gleichen Geschlechts durchgeführt werden.[1042] Die Beweismittel sind den Strafverfolgungsbehörden zu übergeben, soweit es sich nicht um militärisches Material handelt. Davon zu unterscheiden ist die Durchsuchung durch die Strafverfolgungsbehörde auf militärischem Gelände gemäß § 105 Absatz 3 StPO. Hierzu wird die vorgesetzte Dienststelle der Bundeswehr um ihre Durchführung ersucht. Die Durchsuchung durch die Strafverfolgungsbehörde dient jedoch der Sicherstellung der Strafverfolgung und nicht der Abwehr von Straftaten oder Störungen des Dienstbetriebes der Bundeswehr.

3. Exkurs: Errichten eines vorübergehenden militärischen Sicherheitsbereiches

Zusätzlich zu den Regelungen zu dem ständigen militärischen Sicherheitsbereich eröffnet § 2 Abs. 2 Satz 2 UZwGBw die Möglichkeit, eine sonstige Örtlichkeit zu sperren und diese vorübergehend zum militärischen Sicherheitsbereich zu erklären. Derart wurde beispielsweise mit den Absturzstellen eines Hubschrauberabsturzes bei Bückeburg[1043] sowie nach dem Zusammenstoß zweier Eurofighter bei Malchow (Landkreis Mecklenburgische Seenplatte)[1044] verfahren. Die Erklärung eines Bereiches zu einem militärischen Sicherheitsbereich hat für die Bundeswehr den Vorteil, dass ihr dann innerhalb des betreffenden Bereiches besondere Befugnisse zustehen. Dies bedeutet, dass die Bundeswehr Personen, die sich unberechtigt in den entsprechenden Bereichen aufhalten, aus diesen verweisen kann. Des Weiteren kann die Bundeswehr innerhalb des erklärten militärischen Sicherheitsbereiches Anordnungen erteilen, Personalien überprüfen, vorläufig festnehmen

1042 Ausführungsbestimmungen zum UZwGBw – A-2122/2, Nr. 258.

1043 https://www.spiegel.de/politik/deutschland/helikopter-absturz-bundeswehr-piloten-waren-angehende-fluglehrer-a-1275302.html.

1044 https://www.spiegel.de/wissenschaft/mensch/eurofighter-unglueck-bundeswehr-ermittler-gehen-von-pilotenfehler-aus-a-1274815.html.

und auch durchsuchen. Die letztgenannte Möglichkeit erweist sich als wirksames Mittel gegen Trophäensammler vor Ort. Zudem kann die Bundeswehr für den gesamten Bereich ein Fotografieverbot verhängen. Dies kann in Zeiten von Handykameras und sozialen Medien von Nutzen sein. Die Voraussetzung für die Errichtung eines vorübergehenden militärischen Sicherheitsbereiches ist zunächst, dass eine sonstige Örtlichkeit vorliegt. Dies bedeutet, dass das Gebiet nicht schon der Bundeswehr gehören darf. Zudem muss es sich um ein beschränktes Gebiet handeln.[1045] Die Absperrung einer ganzen Stadt wäre auf dieser Grundlage folglich nicht möglich. Die Sperrung muss zudem erkennbar sein. Möglichkeiten dafür sind Warnschilder oder spanische Reiter. Wird die Sperrung um einen gesamten Bereich durchgeführt (z. B. mit Trassierband) hat dies zur Folge, dass die Örtlichkeit zu einem befriedeten Besitztum wird. Jegliches unbefugte Betreten einer solchen Örtlichkeit zöge dann die Strafbarkeit des Hausfriedensbruches nach sich.[1046] Darüber hinaus muss die Sperrung aus Gründen der militärischen Sicherheit erfolgen. Solche Gründe können der Schutz vor Schaden an Material (z. B. Schutz vor Diebstahl von zu schützenden Flugzeugteilen), dem Leben, der Gesundheit und der Freiheit von Bundeswehrangehörigen (z. B. Bergung eines Piloten) sowie der Schutz vor Störung des Dienstbetriebes (z. B. Schutz der Unfalluntersuchung)[1047] sein. Die Sperrung muss zudem zur Erfüllung dienstlicher Aufgaben unerlässlich sein. Dies bedeutet zunächst, dass es sich um eine hoheitliche Aufgabe der Bundeswehr und nicht der Polizei handeln muss.[1048] Die alleinige Begründung für die Sperrung muss darin bestehen, dass die Bundeswehr ohne Störung ihre Aufgaben erfüllen können muss. Die Sperrung muss außerdem verhältnismäßig sein.[1049] So müssen auf der einen Seite die Belange der Bundeswehr und die Belange anderer betroffener Personen z. B. des Eigentümers oder Nutzers des Grundstückes gegeneinander abgewogen werden.[1050] Dies ist insbesondere bei der Größe des zu sperrenden Gebietes zu beachten. Liegt z. B. eine Absturzstelle vor, kann das geringere Mittel sein, nicht die ganze Fläche zum militärischen Sicherheitsbereich zu erklären, sondern einzelne Trümmerteile und deren Umgebung zu kleineren militärischen Sicherheitsbereichen zu erklären. Der Gesetzestext schränkt die Verhältnismäßigkeit sogar noch weiter ein. Die Sperrung muss unerlässlich sein, d. h., dass kein anderes Mittel zur Verfügung stehen darf.[1051] Hierbei ist ebenfalls darauf abzustellen, ob die Bundeswehr auch handeln könnte, ohne das Gebiet zu einem militärischen Sicherheitsbereich zu erklären, d. h. ohne dass ihr die besonderen Befugnisse als Rechtsgrund-

1045 Jess/Mann, UZwGBw, 2. Aufl. 1981, § 2 Rn. 23.
1046 Lingens, Die Polizeibefugnisse der Bundeswehr, 1982, S. 123.
1047 Zuständig für die Untersuchung ist der General Flugsicherheit.
1048 Jess/Mann, UZwGBw, 2. Aufl. 1981, § 2 Rn. 26.
1049 Heinen/Bajumi, Rechtsgrundlagen Feldjägerdienst, 11. Aufl. 2018, S. 136.
1050 Vgl. auch Ausführungsbestimmungen zum UZwGBw – A-2122/2, Nr. 236.
1051 Jess/Mann, UZwGBw, 2. Aufl. 1981, § 2 Rn. 27.

lage zur Verfügung stehen. Zwar kann die Bundeswehr auch außerhalb eines militärischen Sicherheitsbereiches unmittelbaren Zwang anwenden (dazu unten). Dies kann aber nur als Reaktion auf störendes Verhalten erfolgen. Der Bundeswehr ist dann nicht die Möglichkeit gegeben, bereits im Vorfeld unerwünschtem Verhalten entgegenzutreten.[1052] Dies bietet also die Möglichkeit die besonderen Befugnisse anwenden zu können und so präventiv und nicht reaktiv tätig zu werden und ist damit der große Vorteil der Erklärung eines Gebietes zum militärischen Sicherheitsbereich.

Die Auswirkungen einer Sperrung können insbesondere den Eigentümer treffen. Zwar wird noch keine Enteignung im Sinne des Art. 14 GG vorliegen. Gemäß § 20 UZwGBw kann dem Eigentümer aber eine Entschädigung zustehen. Hierzu ist der Eigentümer an das Bundesamt für Infrastruktur, Umweltschutz und Dienstleistungen der Bundeswehr (BAIUDBw) zu verweisen. In der Regel haben die eingesetzten Kräfte vor Ort die Kontaktinformationen des BAIUDBw dabei, welche sie den Betroffenen aushändigen können. Auch die zuständige Polizeistelle ist umfassend über die Sperrung zu unterrichten.[1053] Mit dieser und anderen Hoheitsträgern sollte ein gutes Einvernehmen angestrebt werden. Andere Hoheitsträger sind ausdrücklich berechtigt, den militärischen Sicherheitsbereich zu betreten. Sollten z. B. bei der Absturzursache Anzeichen für eine Straftat vorliegen, ist die Staatsanwaltschaft berechtigt, die Leichen abzutransportieren und eine Leichenschau vorzunehmen.

Nicht nur im Fall der dargestellten Luftfahrzeugabstürze würde eine vorübergehende Sperrung mit Erklärung des Bereiches zum militärischen Sicherheitsbereich in Betracht gezogen werden. Auch zur Absicherung von Veranstaltungen der Bundeswehr in der Öffentlichkeit kann diese Maßnahme angewandt werden.[1054] Dies geschieht beispielsweise, wenn ein Marktplatz für ein öffentliches Gelöbnis gesperrt wird.[1055] Der Marktplatz als solcher ist eine Örtlichkeit i. S. d. § 2 Abs. 2 Satz 2 UZwGBw. Die Sperrung würde auch aus Gründen der militärischen Sicherheit erfolgen, welche den Schutz des Dienstbetriebes umfasst. Da bei öffentlichen Gelöbnissen in der Regel mit Störungen zu rechnen ist, welche unter Umständen auch gewalttätig sein können, ist dieses Merkmal in der Regel erfüllt. Die Sperrung müsste zudem zur Erfüllung dienstlicher Aufgaben erfolgen. Wie das Bundesverwaltungsgericht in einer Grundsatzentscheidung der sogenannten „Lübeck-Entscheidung“[1056] aufgeführt hat, gehört zu den dienstlichen Aufgaben der Bundeswehr grundsätzlich das gesamte Aufgabenspektrum,[1057]

1052 Heinen/Bajumi, Rechtsgrundlagen Feldjägerdienst, 11. Aufl. 2018, S. 138.

1053 Ausführungsbestimmungen zum UZwGBw – A-2122/2, Nr. 239.

1054 Andere Möglichkeiten zur Absicherung einer solchen Veranstaltung wäre die Einräumung eines notwehrfähigen Sondernutzungsrecht oder bei einem nicht öffentlichen Grundstück die Übertragung des Hausrechts.

1055 Beispielhafte Aufzählung in BT-Drs. 17/715, Anlage 5.

1056 BVerwG, Urt. v. 12.1.1990 – 7 C 88.88, BVerwGE 84, 247–257.

1057 BVerwG, Urt. v. 12.1.1990 – 7 C 88.88, BVerwGE 84, 247, Rn. 17.

somit auch die Öffentlichkeitsarbeit und die Traditionspflege. Der strittige Punkt in dem Fall ist, ob die Sperrung unerlässlich ist. Dies ist dann nicht der Fall, wenn die bestehende Gefahr auf andere Weise mindestens ebenso wirksam hätte abgewendet werden können.[1058] Nicht einbezogen werden darf hier, ob statt der Bundeswehr die Landespolizei die Veranstaltung hätte absichern können. Wie bereits dargestellt, stehen das UZwGBw und die polizeilichen Regelungen nebeneinander, wobei dass UZwGBw in diesem Fall lex specialis ist.[1059] Somit ist eine Rückverweisung an die Polizei nicht vorgesehen. Es könnte eingewendet werden, dass die Unerlässlichkeit aber auch dann nicht gegeben wäre, wenn ein öffentliches Gelöbnis innerhalb der Liegenschaften der Bundeswehr ein anderes Mittel wäre. Der Bundeswehr kommt es bei Veranstaltungen wie Gelöbnissen gerade auf die Öffentlichkeit an und das darf es auch. Deswegen hätte die Veranstaltung, wenn sie statt auf dem Marktplatz auf dem Kasernengelände stattgefunden hätte, ihren Charakter verloren.[1060] Grundsätzlich kann die Bundeswehr demnach eine Sperrung auf der Grundlage von § 2 Abs 2 Satz 2 UZwGBw durchführen. Allerdings gilt in solchen Fällen eine Besonderheit. Dadurch, dass in diesen Fällen ein öffentlicher Platz gesperrt wird, sind die Grundrechte Dritter betroffen. Wenn sich die Bundeswehr bewusst in die Öffentlichkeit und den dort geführten politischen Meinungskampf begibt, muss sie kritische Äußerungen der Zuschauer ertragen.[1061] Die Grenze ist dort erreicht, wo der Ablauf konkret gestört ist oder die Durchführung der Veranstaltung unmöglich gemacht wird.[1062] Dies bedeutet, dass z. B. Gewalttäter oder Zuschauer mit Lärminstrumenten aus dem militärischen Sicherheitsbereich hinausgewiesen werden können, kritisches Publikum aber nicht.[1063]

4. Die Anwendung von Zwang

Unmittelbarer Zwang kann gegen Personen oder Sachen angewandt werden. Eine Ausnahme hierzu bildet der Schusswaffengebrauch, der sich, soweit er sich gegen Personen richtet, nach den weiteren Beschränkungen der §§ 15 ff. UZwGBw richtet. Unmittelbarer Zwang kann angewendet werden, wenn dies den Umständen nach erforderlich ist. Danach ist nicht das objektive Vorliegen aller Voraussetzungen des Eingriffstatbestandes entscheidend, sondern das, was der Eingreifende im Moment des Eingreifens als vernünftige Person annehmen konnte. Auch hier kann wieder auf den Zweck des UZwGBw Bezug genommen werden. Die handelnden Personen haben unter Umständen keine Zeit, um umfangreiche Nachforschungen

1058 BVerwG, Urt. v. 12.1.1990 – 7 C 88.88, BVerwGE 84, 247, Rn. 23.
1059 Heinen/Bajumi, Rechtsgrundlagen Feldjägerdienst, 11. Aufl. 2018, S. 146.
1060 BVerwG, Urt. v. 12.1. 1990 – 7 C 88.88, BVerwGE 84, 247, Rn. 24.
1061 BVerwG, Urt. v. 12.1.1990 – 7 C 88.88, BVerwGE 84, 247, Rn. 30.
1062 BVerwG, Urt. v. 12.1.1990 – 7 C 88.88, BVerwGE 84, 247, Rn. 28.
1063 Etwas anderes gilt für den Kernbereich der Veranstaltung, hier muss die Bundeswehr keine nicht zum Zeremoniell gehörenden Personen dulden, vgl. Heinen/Bajumi, Rechtsgrundlagen Feldjägerdienst, 11. Aufl. 2018, S. 148.

anzustellen. Vielmehr müssen und sollen sie der Gefahrenabwehr dienen. Natürlich muss die handelnde Person eine bestmögliche pflichtgemäße Abwägung treffen.[1064] Jedoch kann in Fällen, in denen die berechtigte Person sich geirrt hat, ihr Handeln trotzdem gerechtfertigt sein.

a) **Einzelmaßnahmen des unmittelbaren Zwanges.** Als Maßnahmen des unmittelbaren Zwanges stehen die körperliche Gewalt, Hilfsmittel der körperlichen Gewalt sowie dienstlich zugelassene Waffen zur Verfügung.[1065] Körperliche Gewalt ist die Anwendung bloßer Körperkraft, z. B. durch Festhalten, Transportgriff, Faustschläge, Entreißen von Sachen oder Wegtragen. Hilfsmittel der körperlichen Gewalt treten an die Stelle der körperlichen Gewalt und unterstützen diese, z. B. durch einen Schlag mit Gegenständen, Dienstfahrzeuge, Diensthunde oder ein Schutzschild. Bei der Anwendung von UZwGBw wird der Handelnde hoheitlich für die Bundeswehr tätig. Daher ist nur der Gebrauch dienstlicher Waffen zugelassen. In Betracht kämen z. B. Hiebwaffen (Rettungs- und Mehrzweckstock), Schusswaffen oder Reizstoffe.

b) **Allgemeine Voraussetzungen für die Anwendung des unmittelbaren Zwanges. – aa) Androhung.** Vor der Anwendung des unmittelbaren Zwanges ist dieser immer anzudrohen. Die Androhung ist in verständlicher Form an den Betroffenen zu richten. Sie soll den Störer als eine Art „letzte Warnung" motivieren, sich freiwillig zu fügen. Und ist somit letztlich ein Ausfluss des Grundsatzes der Verhältnismäßigkeit. Dabei ist die Androhung kein selbständiges Zwangsmittel. Dies bedeutet unter anderem, dass nur das angedroht werden darf, was auch tatsächlich angewandt werden darf. Folglich gilt, dass die Voraussetzungen zum Schusswaffengebrauch bereits vorliegen müssen, wenn die berechtigte Person den Schusswaffengebrauch androht. Die Androhung kann entfallen, wenn die Lage sie nicht mehr zulässt. Dies ist dann der Fall, wenn nur durch sofortiges Handeln der Zweck des unmittelbaren Zwanges erreicht werden kann,[1066] z. B. Herunterziehen eines Flüchtenden vom Kasernenzaun.

bb) Grundsatz der Verhältnismäßigkeit. Als Leitregel allen staatlichen Handelns gilt der Grundsatz der Verhältnismäßigkeit, welcher sich aus dem Rechtsstaatsprinzip ergibt und Verfassungsrang hat.[1067] Der Grundsatz der Verhältnismäßigkeit enthält drei Gebote.

(1.) Unter mehreren möglichen und gesetzlich zugelassenen Maßnahmen ist diejenige zu wählen, die geeignet ist, den mit dem unmittelbaren Zwang erstrebten Zweck zu erreichen (Grundsatz der Geeignetheit). Dies

---

1064 Jess/Mann, UZwGBw, 2. Aufl. 1981, § 9 Rn. 11.
1065 Vgl. § 10 UZwGBw.
1066 Lingens, Die Polizeibefugnisse der Bundeswehr, 1982, S. 90.
1067 BVerfG, Urt. v. 29.7.1959 – 1 BvR 394/58, BVerfGE 10, 117; BVerfG, Beschl. v. 23.5.1957 – 2 BvR 534/62, BVerfGE 22, 21, 26.

ist erfüllt, wenn die Maßnahme grundsätzlich zwecktauglich ist, z. B. Festhalten genügt grundsätzlich dem Zweck, dass der Flüchtende nicht entkommen kann.

(2.) Unter mehreren geeigneten Maßnahmen ist diejenige zu wählen, die den Einzelnen und die Allgemeinheit am wenigsten beeinträchtigt (Grundsatz der Erforderlichkeit). Von mehreren zwecktauglichen Maßnahmen ist die mildeste zu wählen. Es reicht beispielsweise, jemanden festzuhalten. Eine Fesselung ist nicht immer erforderlich.

(3.) Eine geeignete und an sich auch erforderliche Maßnahme darf nicht ausgeführt werden, wenn der durch die Maßnahme zu erwartende Schaden erkennbar außer Verhältnis zu dem angestrebten und erreichbaren Erfolg steht (Grundsatz der Angemessenheit). Es darf kein krasses Missverhältnis zwischen dem Erfolg (Durchführung der Maßnahme) und dem Schaden (Einwirkungen auf die betroffene Person) vorliegen. Dies wird gerne als das „Verbot, mit Kanonen auf Spatzen zu schießen"[1068] bezeichnet. So ist eine Maßnahme beispielsweise dann ungeeignet, wenn sie eine Bedrohung für Leib und Leben darstellt, um nur geringste Sachwerte vor Beeinträchtigung zu bewahren.

cc) **Hilfeleistung für Verletzte.** Das UZwGBw normiert zudem eine besondere Pflicht zur Hilfeleistung.[1069] Sofern die Anwendung des unmittelbaren Zwanges zur körperlichen Verletzung geführt hat und sofern es die Lage zulässt, ist dem Verletzten beizustehen und ärztliche Hilfe zu verschaffen. Ob die Lage es zulässt, hängt einerseits von dem jeweiligen Wach- und Sicherheitsauftrag der berechtigten Person und deren Eigensicherheit ab. Auf der anderen Seite ist dies von der Hilfsbedürftigkeit der verletzten Person abhängig.[1070]

c) **Besondere Voraussetzung für die Anwendung von unmittelbarem Zwang.** § 9 UZwGBw lässt drei Fallvarianten zu, nach denen unmittelbarer Zwang unter den oben genannten Voraussetzungen angewendet werden darf. Zunächst kann unmittelbarer Zwang angewandt werden, um die unmittelbar bevorstehende Ausführung oder die Fortsetzung einer Straftat gegen die Bundeswehr zu verhindern.[1071] Die Situation entspricht in etwa einer Notwehrsituation, auf die sich das staatliche Handeln aber nicht zurückziehen muss. Voraussetzung ist die oben dargestellte Straftat gegen die Bundeswehr, mithin nicht jede Straftat, sondern nur solche, die sich gegen die geschützten Rechtsgüter der Bundeswehr richten. In Betracht kommen hier in der Regel Körperverletzungsdelikte (gegen Personal), Hausfriedensbruch (gegen Bereiche) und Sachbeschädigung (gegen Material). Nicht erfasst sind hingegen Straftaten, die sich allein gegen Privateigentum von

---

1068 Jess/Mann, UZwGBw, 2. Aufl. 1981, § 12, Rn. 6.
1069 Vgl. § 13 UZwGBw.
1070 Jess/Mann, UZwGBw, 2. Aufl. 1981, § 13 Rn. 5.
1071 Vgl. § 9 Nr. 1 UZwGBw.

Bundeswehrangehörigen richten. Dies wäre beispielsweise der Fall, wenn eine Person die Reifen des privaten Kfz eines Bundeswehrangehörigen zersticht. Dies fällt nicht unter den Schutzzweck des UZwGBw. Die Straftat steht unmittelbar bevor, wenn eine erkennbare Bedrohung der Rechtsgüter der Bundeswehr vorliegt, denn es ist unzumutbar, durch Abwarten die Abwehrchancen erheblich zu verschlechtern.[1072] Eine Beispielsituation läge vor, wenn ein Angreifer mit erhobener Eisenstange auf den Wachposten zugeht. Der bevorstehende Angriff kann nach § 9 Nr. 1 UZwGBw, unter den oben dargestellten Gründen, insbesondere der Verhältnismäßigkeit, abgewendet werden.

Eine weitere Möglichkeit zur Anwendung unmittelbaren Zwanges ist die Beseitigung einer sonstigen rechtswidrigen Störung der dienstlichen Tätigkeit der Bundeswehr, wenn diese die Einsatzbereitschaft, Schlagkraft oder Sicherheit der Truppe gefährdet.[1073] Die sonstige Störung stellt im Gegensatz zur eben dargestellten Variante keine Straftat dar.[1074] Und im Gegensatz zu der ersten Variante muss diese Störung des Dienstbetriebes bereits vorliegen. Eine Präventivabwehr ist nicht möglich. In der Praxis sind solche Störungen lärmende Zuschauer bei öffentlichen Gelöbnissen oder Blockaden von Fahrzeugen oder marschierenden Abteilungen. Nicht jede Störung rechtfertigt aber gleichzeitig die Anwendung unmittelbaren Zwanges. Vielmehr muss sie auch die Einsatzbereitschaft, Schlagkraft oder Sicherheit der Truppe gefährden. Die Einsatzbereitschaft stellt darauf ab, ob die Truppe einen konkreten Auftrag erfüllen kann, ob sie also zu einem bestimmten Zeitpunkt an einem bestimmten Ort sein kann. Eine verzögerte Einsatzbereitschaft ist hier gleichzusetzen mit einem vorübergehenden Fehlen der Einsatzbereitschaft.[1075] Ein Beispiel: Mehrere Gefechtsfahrzeuge befinden sich auf dem Marsch im Rahmen einer Gefechtsübung. Durch einen nicht ordnungsgemäß abgestellten Pkw sind sie vorübergehend am Weiterkommen gehindert. Hier könnte der Pkw mit Mitteln des unmittelbaren Zwanges beseitigt werden. Unter Schlagkraft der Truppe ist deren Einsatzfähigkeit zu verstehen, d. h. Material und Personal muss vorhanden sein. Unter Umständen kann die Einsatzfähigkeit eines einzelnen Soldaten die Einsatzbereitschaft verhindern.[1076] Dies ist insbesondere dann der Fall, wenn der Kommandant eines Schiffes am Betreten desselben gehindert wird. Unter Sicherheit ist sowohl die äußere Sicherheit im Sinne von Schutz gegen Zerstörungen als auch die innere Sicherheit also der Schutz von militärischen Geheimnissen zu verstehen.

Der wesentliche Anwendungsbereich dieser Variante liegt in der Praxis bei Vorgehen gegen Störer oder Demonstranten. Hier sind aber neben dem

---

1072 Heinen/Bajumi, Rechtsgrundlagen Feldjägerdienst, 11. Aufl. 2018, S. 65.
1073 Vgl. § 9 Nr. 2 UZwGBw.
1074 Heinen/Bajumi, Rechtsgrundlagen Feldjägerdienst, 11. Aufl. 2018, S. 66.
1075 Jess/Mann, UZwGBw, 2. Aufl. 1981, § 9 Rn. 34.
1076 Ausführungsbestimmungen zum UZwGBw – A-2122/2, Nr. 267.

Grundsatz der Verhältnismäßigkeit die Grundrechte der Störer, insbesondere die Versammlungsfreiheit sowie mediale Implikationen zu beachten.[1077]

Die dritte und letzte Variante sieht die Anwendung unmittelbaren Zwanges entweder zur Durchsetzung einer vorläufigen Festnahme nach § 127 StPO wegen einer Straftat gegen die Bundeswehr vor oder um eine nach UZwGBw zulässige Maßnahme durchzusetzen. Eine solche Maßnahme kann alle besonderen Befugnisse (Personenüberprüfung, weitere Personenüberprüfung, vorläufige Festnahme, Durchsuchung und Beschlagnahme) sowie die Errichtung eines vorübergehenden militärischen Sicherheitsbereiches beinhalten. Da die Maßnahme selbst zulässig sein muss, damit sie auch in rechtmäßiger Weise mit unmittelbarem Zwang durchgesetzt werden kann, muss diese Variante immer im Zusammenhang mit einem militärischen Sicherheitsbereich stehen. Wie dargestellt, sind alle besonderen Befugnisse stets nur im Zusammenhang mit einem militärischen Sicherheitsbereich zulässig. Folglich ist auch die Durchsetzung dieser besonderen Befugnisse an einen solchen militärischen Sicherheitsbereich gebunden, während die ersten beiden Varianten überall im Hoheitsgebiet der Bundesrepublik Deutschland stattfinden können. In der Praxis geht es in der Regel um den Schutz von Liegenschaften vor unberechtigtem Zutritt oder Aufenthalt. Hier kann, bei Weigerung bezüglich der Maßnahme (z. B. die Kaserne zu verlassen oder zum Wachvorgesetzten mitzukommen), diese mit verhältnismäßigem unmittelbarem Zwang durchgesetzt werden. Daneben geht es um den Schutz des vorübergehenden militärischen Sicherheitsbereiches wie z. B. an einer Luftfahrzeugabsturzstelle. Auch hier können dann alle Maßnahmen mit Zwang durchgesetzt werden.

d) Schusswaffengebrauch. Der Schusswaffengebrauch gegen Personen ist aufgrund des möglichen Schadens an besonders hohe Hürden geknüpft. Eine Schusswaffe kann eingesetzt werden, um eine Straftat gegen die Bundeswehr zu verhindern, eine Festnahme wegen einer solchen durchzusetzen oder zum Wiederergreifen einer flüchtigen Person, die einer solchen Straftat verdächtig ist. Wegen des hohen Verletzungsrisikos rechtfertigt aber nicht jede Straftat gegen die Bundeswehr den Schusswaffengebrauch, sondern nur solche, die entweder ein Verbrechen darstellen[1078] oder besonders gefährlich sind. Schusswaffengebrauch ist nur als ultima ratio möglich und erfordert die besonders strenge Anwendung des Verhältnismäßigkeitgrundsatzes.[1079] Darüber hinaus ist der Schusswaffengebrauch nur zulässig, um die andere Person angriffs- oder fluchtunfähig zu machen. Eine gezielte Tötung ist verboten. Auch hat der Schusswaffengebrauch zu unterbleiben, wenn dadurch Unbeteiligte gefährdet werden oder die betroffenen Personen sich dem äußeren Eindruck nach im Kindesalter befinden. Zudem

1077 Bajumi, GSZ 2019, 238, 243.
1078 Das bedeutet eine Mindeststrafandrohung von einem Jahr, § 12 Abs. 1 StGB.
1079 Vgl. § 16 UZwGBw.

sind hohe Anforderungen an die Androhung gestellt. In der Praxis hat diese Vorschrift derzeit kaum Relevanz.

IV. Fazit

Das UZwGBw bietet umfangreiche Befugnisse, die Erfüllung des Auftrages der Bundeswehr sicherzustellen. Insbesondere innerhalb der sensiblen Bereiche, dem ständigen und dem vorübergehenden militärischen Sicherheitsbereich, sind die besonderen Befugnisse weitreichend. Auch hat sich die Errichtung eines vorübergehenden militärischen Sicherheitsbereiches zur Absicherung bestimmter Szenarien in der Praxis bewährt. Aber auch außerhalb ist mit § 9 UZwGBw und dem flankierenden § 15 UZwGBw der Schutz vor Straftaten gegen die geschützten Rechtsgüter und Störungen im Betriebsablauf gegeben. Betrachtet man diese Befugnisse, ist nicht damit zu rechnen, dass das UZwGBw demnächst eine substanzielle Änderung erfahren muss und sollte. Wie mit neuen Bedrohungen z. B. im Cyberraum umzugehen sein wird, bleibt abzuwarten. Dies wird jedoch nicht mit Mitteln des UZwGBw zu bewältigen sein.

Kapitel 20 **Wehrbeschwerderecht**

Christoph M. Scheuren

I. Wehrbeschwerderecht damals und heute

Die Wehrbeschwerde ist keine Erfindung der Moderne. Vielmehr lassen sich Vorläufer dieses Rechtsbehelfs bis in die Mitte des 15. Jahrhunderts zurückverfolgen. Geordnete Verfahren in Fällen der Schlechtbehandlung oder sonstiger vermeintlicher Mängel waren für die Vorgesetzten und Heerführer allemal besser als die durch wachsende Unzufriedenheit steigende Gefahr der Insubordination. Die Wehrbeschwerde in Gestalt der Wehrbeschwerdeordnung vom 29. Dezember 1956 hat diese Entwicklung in der freiheitlich-demokratischen Wertordnung des Grundgesetzes zu einem festen Institut der rechtsstaatlichen inneren Ordnung und Führung der Bundeswehr gemacht. Der Gedanke der inneren Befriedung zur Aufrechterhaltung und Wahrung der Disziplin ist neben der Wahrung der Rechte der Soldaten ein wesentliches telos der Wehrbeschwerdeordnung. Wenn strukturiert geregelt ist, wie und in welchen Fällen, eine behauptete Rechtsverletzung zu einer in den meisten Fällen justiziablen Entscheidung übergeordneter Stellen führt, bleibt kein Raum für sogenannte Truppenlösungen oder gar eine Kultur des Verschweigens und Unterdrückens.

Die Unterrichtung im Wehrbeschwerderecht für neu eingestellte Soldaten erfolgt als eine der ersten theoretischen Unterweisungen im neuen Status als Soldat. Gleichwohl gilt es in manchen Einheiten immer noch als Makel, wenn sich beschwert wird und – fälschlicher Weise – als Leistung, wenn es keine Beschwerden gibt. Letzteres ist erst dann eine Leistung, wenn die Konflikte, die sonst Anlass zu einer Wehrbeschwerde geben würden, tatsächlich durch Gespräche und Veränderungen gelöst und nicht etwa unterdrückt werden. Obwohl die Unterdrückung und Verhinderung einer Beschwerde nach § 35 Abs. 1 WStG sogar eine Wehrstraftat darstellt, die vor einem ordentlichen Gericht anzuklagen ist, und die WBO in § 2 WBO ausdrücklich festlegt, dass der Beschwerdeführer durch seine Beschwerde keinen dienstlichen Nachteil erfahren darf, sind die Schilderungen aus der Truppe reich an Geschichten, die gerade solches zu missbilligende Verhalten beschreiben. Ursachen hierfür sind sicher vielfältig, eine aber kann auch die unzureichende Ausbildung im Beschwerdeverfahren sein.

Zu wissen, wann die Wehrbeschwerde das richtige und erfolgversprechendste Mittel der Konfliktlösung ist und wann vielleicht eher der Weg der Eingabe an des Wehrbeauftragten des Deutschen Bundestags schneller und besser zum Ziel führt, erleichtert allen Beteiligten den Dienstalltag und verhindert vor allem auch Frustration der Petenten, wenn am Ende klar wird, dass der eingeschlagene Weg von vornherein keinen Erfolg haben konnte, wenn ein Soldat z. B. auf allgemeine Missstände der Ausstattung an einem Standort aufmerksam machen will, hierfür aber die Beschwerde statt der Eingabe an den Wehrbeauftragten wählt. In jüngster Zeit, sicher auch durch eine insoweit geänderte politische Entscheidung der Leitung des BMVg, ist die klassische Beschwerde bedauerlicher Weise in den Schatten einer unmittelbaren Eingabe an die Ministerin getreten. Da im Zuge dieser Verfahren fallweise Maßnahmen zu Gunsten der Petenten angeordnet worden sind, erfreut sich dieser Weg in der Truppe immer größerer Beliebtheit.

Perspektivisch wird also darauf zu achten sein, dass sie die etablierte und rechtsstaatlichen Ansprüchen entsprechende Wehrbeschwerde nicht durch den Eindruck einer vermeintlich schnelleren und effektiveren Alternative gleichsam aushöhlt. Hier wird vor allem im Bereich der Ausbildung vermehrt auf die Ziele und Maßgaben der verschiedenen und parallel bestehenden „Rechtsbehelfe", angefangen bei einer militärischen Meldung, oder der Etablierung einer durchhaltefähigen Konfliktlösungskultur zu achten sind.

II. Eckpfeiler der Wehrbeschwerdeordnung

Die WBO ist in Aufbau und Formulierung auf die einfache praktische Anwendung durch Soldaten ausgelegt. Sie regelt vor allem den Ablauf des Verfahrens der Wehrbeschwerde, also Zulässigkeit und Verfahrensgang und ist damit in vielen Bereichen lex specialis zum VwVfG. Die einzige Maßgabe zur Begründetheit einer Beschwerde ist, dass gemäß § 1 Abs. 1 Satz 1 WBO der Beschwerdeführer von „Vorgesetzten oder von Dienststellen der Bundeswehr unrichtig behandelt oder durch pflichtwidriges Verhalten von Kameraden verletzt" worden ist. Damit ergibt sich für inhaltliche Maßstäbe zum Erfolg einer Beschwerde eine über die letzten knapp 70 Jahre entstandene umfängliche Kasuistik aus Entscheidungen der Wehrgerichtsbarkeit.

Zugleich ist die Wehrbeschwerde der Rechtsbehelf gegen einfache Disziplinarmaßnahmen, wobei es hierbei im Wesentlichen wiederum um die Regelung des Verfahrensgangs und nicht um inhaltliche Vorgaben zur Rechtmäßigkeit einer Disziplinarmaßnahme geht. Maßstab hierfür ist die WDO.

Die WBO sieht in Anlehnung an frühere Beschwerdeordnungen zudem eine Vermittlung, gleichsam eine Mediation unter Beteiligung eines Vermittlers, zwischen (designiertem) Beschwerdeführer und (designiertem) Betroffenen, vor. Allerdings ist die Vorschaltung einer Vermittlung freiwillig und keine Zulässigkeitsvoraussetzung einer Kameradenbeschwerde.

Die WBO unterscheidet zunächst die Wehrbeschwerde in truppendienstlichen Angelegenheiten, in Verwaltungsangelegenheiten sowie die Kameradenbeschwerde und letztlich die Disziplinarbeschwerde.

In truppendienstlichen Angelegenheiten sieht die WBO grundsätzlich drei Instanzen vor, um den Beschwerdegegenstand zu überprüfen. Der Beschwerdeführer kann nach erfolglos beschiedener Beschwerde weitere Beschwerde einlegen und sodann Antrag auf gerichtliche Entscheidung stellen, wenn er eine Rechtsverletzung geltend macht (§ 17 WBO). Gegen die Entscheidung des Truppendienstgerichts ist die Rechtsbeschwerde unter den Voraussetzungen des § 22a Abs. 2 WBO zugelassen.

In Verwaltungsangelegenheiten hat der Beschwerdeführer – dem allgemeinen verwaltungsrechtlichen Rechtsschutz entsprechend – nur die Beschwerde; ist sie erfolglos geblieben, kann Klage zum Verwaltungsgericht erhoben werden. Bei einer Beschwerde in Verwaltungsangelegenheiten gilt der allgemeine verwaltungsrechtliche Grundsatz, nämlich dass sie, ebenso wie der Widerspruch (§ 80 Abs. 1 VwGO), aufschiebende Wirkung hat. Ausnahme hiervon sind Beschwerden im Zusammenhang mit der Begründung, Umwandlung oder Beendigung eines Wehrdienstverhältnisses (§ 23 Abs. 6 Satz 2 WBO).

Die Beschwerde entbindet den Beschwerdeführer grundsätzlich nicht davon, einen erteilten Befehl auszuführen. Gleiches gilt auch für den Antrag auf gerichtliche Entscheidung an das Wehrdienstgericht. Indes kann der zuständige Vorgesetzte oder das Gericht im Einzelfall die Ausführung des Befehls zunächst aussetzen. Ist eine einfache Disziplinarmaßnahme noch nicht vollstreckt, hemmt die Beschwerde gegen eine einfache Disziplinarmaßnahme deren Vollstreckung. Die weitere Beschwerde hemmt die Vollstreckung dagegen nicht mehr.

Es ist wichtig zu verstehen, dass die Wehrbeschwerde keine abstrakte Normenkontrolle ist.[1080] Der Soldat ist beschwert, wenn nach seinem Sachvortrag („wenn er glaubt"...) Anlass zu der Annahme besteht, dass militärische Vorgesetzte oder Dienststellen der Bundeswehr ihn unrichtig behandelt oder Kameraden ihn pflichtwidrig verletzt haben.[1081] Der Vortrag des Beschwerdeführers muss also schildern, dass ihn ein als belastend empfundener Sachverhalt selbst betrifft. Die unrechtmäßige Behandlung lediglich eines Dritten kann nicht Gegenstand einer Wehrbeschwerde sein.

Die Untätigkeitsbeschwerde (§ 1 Abs. 2 WBO) schließlich vervollständigt den Kanon der wehrbeschwerderechtlichen Rechtsbehelfe. Hier liegt eine Rechtsverletzung allein darin, dass der Beschwerdeführer innerhalb eines Monats keinen Bescheid auf einen gestellten Antrag erhalten hat. Ebenso wie bei der weiteren Beschwerde wegen Untätigkeit ist auch bei

1080 Dau/Scheuren, WBO, 7. Aufl. 2020, § 1 Rn. 92.
1081 Dau/Scheuren, WBO, 7. Aufl. 2020, § 1 Rn. 94.

der originären Untätigkeitsbeschwerde nach § 1 Abs. 2 WBO der Grund der Säumnis nicht Gegenstand der Entscheidung, vielmehr wird nur die nächsthöhere Instanz für die Entscheidung des bis dato unbeschiedenen Antrags zuständig.

III. Art, Bedeutung und Reichweite des Beschwerderechts

1. Grundsatz und Rechtsschutz

Die WBO garantiert den Soldaten in gesetzlich geregelter Form das Recht, sich gegen jede Beeinträchtigung ihrer Rechtsposition zu beschweren und nach Ausschöpfung eines innerdienstlichen Beschwerdeweges ein unabhängiges Gericht, um eine Entscheidung anzurufen. Die WBO hat den Rang eines formellen Gesetzes und ist damit in der Wehrrechtsgeschichte einzigartig, denn bisher handelte es sich bei den Beschwerdeordnungen höchstens um eine Rechtsverordnung der Exekutive.

Das Prinzip der Inneren Führung der Bundeswehr als Führungskultur und Selbstverständnis folgt dem Leitbild des „Staatsbürgers in Uniform“, das mit der historisch belasteten Gegensätzlichkeit zwischen Bürger und Soldat gebrochen hat und den Soldaten in der Entfaltung seiner persönlichen Rechte keiner Parallelkultur der Armee mehr unterwirft. Soldaten sind heute Teil des Staates, besitzen aber die gleichen staatsbürgerlichen Rechte wie jeder andere Staatsbürger (§ 6 SG), die nur nach Maßgabe der Erfordernisse des militärischen Dienstes und nur durch seine gesetzlich begründeten Pflichten beschränkt werden können.

Der Gedanke des Rechtsstaates bei der Geltung der Grundrechte auch im militärischen Bereich (Art. 1 Abs. 3 GG) und der verfassungsrechtlichen Generalklausel des Art. 19 Abs. 4 GG ist für Soldaten vor allem dadurch verwirklicht, dass sie gegen jede Beeinträchtigung einer Rechtsposition letztlich die Entscheidung eines unabhängigen Gerichts herbeiführen können.[1082] Das in Art. 19 Abs. 4 GG garantierte Grundrecht auf umfassenden Rechtsschutz gegen Maßnahmen der vollziehenden Gewalt und gleichzeitig Gewaltenkontrolle durch unabhängige Gerichte sind damit auch für die in den Streitkräften Dienenden verschiedene Aspekte der gleichen verfassungsrechtlichen Grundentscheidung, nämlich die Rechte des Einzelnen gegen Eingriffe durch die öffentliche Gewalt zu sichern.

Auch im militärischen Bereich umfasst die verfassungsrechtliche Anerkennung der Rechtsweggarantie begrifflich zunächst nur den Rechtsschutz der Soldaten im Sinne des allgemeinen Gerichtsschutzes. Diesem liegt nach Art. 19 Abs. 4 GG die Zusicherung zugrunde, dass die endgültige Entscheidung über die Rechtmäßigkeit einer hoheitlichen Maßnahme der rechtsprechenden Gewalt vorbehalten ist. Schon die vollziehende Gewalt übt der gerichtlichen Kontrolle vorgeschaltet eine ständige Selbstkontrolle im

1082 BVerwG, Beschl. v. 6.2.1979 – 1 WB 44.78, BVerwGE 63, 189 = NZWehrr 1979, 179.

Wege der Dienstaufsicht aus. Veranlasst durch Gegenvorstellungen, förmliche Rechtsmittel oder aufgrund eigenen Ermessens wird dieser dadurch die Gelegenheit gegeben, ihre Maßnahme nochmals auf ihre Recht- und Zweckmäßigkeit zu überprüfen. Die Eigenkontrolle der Exekutive wird erst dann durch die Fremdkontrolle der Gerichte ersetzt, wenn die innerdienstlichen Kontrollmöglichkeiten erschöpft sind.

2. Die beschwerderechtliche Generalklausel und Verfahrensgrundsätze

Die sehr weit gefasste beschwerderechtliche Generalklausel (§ 1 Abs. 1 Satz 1 WBO) vermittelt den Soldaten einen umfassenden individuellen Rechts- und Interessenschutzanspruch innerhalb seines Wehrdienstverhältnisses. Dieser Anspruch beschränkt sich nicht nur auf die Überprüfung der Rechtmäßigkeit einer Maßnahme, sondern erfasst darüber hinaus auch die Möglichkeit, die Zweckmäßigkeit einer dienstlichen Maßnahme, ja sogar militärischer Befehle, in Zweifel zu ziehen.

Das Beschwerdeverfahren ist kein Parteiverfahren. Es stehen sich also nicht Beschwerdeführer und Beschwerdegegner als streitige Verfahrensbeteiligte gegenüber. Die WBO hat daher auch den Begriff des „Beschwerdegegners" vermieden, denn derjenige, gegen den sich die Beschwerde richtet – dies kann auch eine Dienststelle der Bundeswehr sein[1083] – ist nicht Partei des Verfahrens, ihn bezeichnet das Gesetz (§ 4 Abs. 3 Satz 3 WBO) als „Betroffenen". Beteiligte des Beschwerdeverfahrens im verwaltungsverfahrensrechtlichen Sinne sind, ebenso wie im eventuell folgenden gerichtlichen Verfahren, daher nur der Beschwerdeführer, der sich gegen eine Beeinträchtigung seiner Rechte durch die öffentliche Gewalt zur Wehr setzen will und die Bundesrepublik Deutschland, vertreten durch den Bundesminister der Verteidigung, dieser wiederum vertreten durch den die Beschwerde entscheidenden Disziplinarvorgesetzten.

Der Beschwerdeführer kann die Beschwerde zur Bereinigung von persönlichen Gegensätzen aus Meinungsverschiedenheiten, unverständlicher, vorschriftswidriger, ungerechter oder unwürdiger Behandlung, zur Abwehr persönlicher oder dienstlicher Beeinträchtigung durch Befehle, Erlasse, Vorschriften und Anordnungen sowie zur Rechtmäßigkeitsüberprüfung von Beschwerdeentscheidungen nutzen.[1084] Darüber hinaus kann er sich gegen eine unrichtige Behandlung durch Vorgesetzte oder Dienststellen der Bundeswehr wenden. Dann richtet sich die Beschwerde nicht gegen das persönliche Verhalten eines einzelnen Vorgesetzten, sondern gegen die durch ihn verkörperte öffentliche Gewalt und die somit letztlich von ihr erlassene Maßnahme.

Mit der Beschwerde wegen eines pflichtwidrigen Verhaltens eines Kameraden wendet sich der Beschwerdeführer gegen ein aus dem Verhältnis

1083 Dau/Scheuren, WBO, 7. Aufl. 2020, § 4 Rn. 18.
1084 Vgl. auch BVerwG, Beschl. v. 18.12.1973 – 1 WB 186.72, BVerwGE 46, 209.

der Gleichordnung herrührendes Verhalten, durch das der Beschwerdeführer in seinen Rechten verletzt zu sein glaubt.[1085] Damit ist die Kameradenbeschwerde auch die Anzeige eines Dienstvergehens, durch die die Vorgesetzten dazu angehalten sind, den gestörten Zusammenhalt in der Truppe wieder herzustellen[1086] und damit gleichsam Anstoß des Beschwerdeführers zur Ausübung der Disziplinargewalt gegenüber dem Kameraden.[1087] Weil aber die gerügte Pflichtverletzung eines Kameraden aus einer Beziehung der Gleichordnung herrührt und sich nicht Untergebener und Vorgesetzter oder Dienststelle als Vertreter staatlicher Gewalt, deren rechtmäßiges Handeln es zu kontrollieren gilt, gegenüberstehen, ist eine Rechtsmäßigkeitskontrolle durch die Wehrdienstgerichte im Fall der Kameradenbeschwerde ausgeschlossen.

Das eigene Beschwerderecht für die Vertrauensperson (§ 1 Abs. 1 Satz 2 WBO i. V. m. § 16 SBG) erweitert das Beschwerderecht um eine neue Rechtsschutzgarantie. Es handelt sich um eine Funktionsbeschwerde, die dem Beschwerdeführer ausschließlich zum Schutz seiner Beteiligungsrechte als gewählte Vertrauensperson eingeräumt worden ist, und nimmt insoweit eine Sonderstellung in der WBO ein, die ansonsten den Individualrechtsschutz des Soldaten im Fokus hat.[1088]

3. Beschwerdearten und Besonderheiten

Nach dem Gegenstand der Beschwerde sind folgende Beschwerdearten zu unterscheiden:

- Beschwerde in truppendienstlichen Angelegenheiten (truppendienstliche Beschwerde);
- Beschwerde in Verwaltungsangelegenheiten (Verwaltungsbeschwerde);
- Disziplinarbeschwerde.

Zentrales Problem des Beschwerderechts ist die rechtliche Zuordnung einer Beschwerde zu einer der drei Beschwerdearten, da dies nicht nur daüber entscheidet, wer als entscheidungsbefugte Beschwerdestelle den Gegenstand der Beschwerde zu beurteilen hat (§ 9 Abs. 1 WBO), sondern vor allem bestimmt, auf welchen Rechtsweg der Soldat verwiesen werden muss, wenn seine Beschwerde erfolglos geblieben ist. Schwierigkeiten ergeben sich vor allem dann, wenn zu unterscheiden ist, ob eine Beschwerde als truppendienstliche Beschwerde oder als Verwaltungsbeschwerde anzusehen ist und in welchen Rechtsweg mithin das Beschwerdeverfahren einmündet.[1089] Während der Grundtatbestand des § 1 Abs. 1 Satz 1 WBO alle denkbaren Beschwerdearten enthält, bestimmt § 82 Abs. 1 SG, dass für Klagen aus dem Wehrdienstverhältnis der Verwaltungsrechtsweg gegeben ist, soweit nicht das Gesetz einen

1085 Dau/Scheuren, WBO, 7. Aufl. 2020, Einf. Rn. 36.
1086 BVerwG, Beschl. v. 6.2.1979 – 1 WB 44.78, BVerwGE 63, 189 = NZWehrr 1979, 179.
1087 BVerwG, Beschl. v. 27.3.1979 – 1 WB 76.77, BVerwGE 63, 204.
1088 Dau/Scheuren, WBO, 7. Aufl. 2020, Einf. Rn. 39.
1089 Dau/Scheuren, WBO, 7. Aufl. 2020, Einf. Rn. 51.

anderen Rechtsweg vorschreibt. Diesen anderen Rechtsweg sieht § 17 Abs. 1 und 3 WBO vor, wenn ein Antrag auf gerichtliche Entscheidung auf Rechts- oder Pflichtverletzungen von Vorgesetzten dem Soldaten gegenüber gestützt wird, die in bestimmten Vorschriften des Soldatengesetzes begründet sind (§ 17 Abs. 1 Satz 1 WBO).

Die truppendienstliche Beschwerde ist der Hauptanwendungsfall des militärischen Beschwerderechts. Sie richtet sich gegen jede unmittelbare dienstliche Beeinträchtigung durch Vorgesetzte oder Dienststellen der Bundeswehr und hat keine aufschiebende Wirkung (§ 3 Abs. 1 Satz 1 WBO). Der Soldat muss also den ihn beschwerenden, möglicher Weise sogar rechtswidrigen, Befehl ausführen, sofern dieser verbindlich ist.[1090] Beschwerdegegenstand sind Befehle oder sonstige Maßnahmen im militärischen Sonderrechtsverhältnis, ihre Unterlassung oder Duldung, unabhängig davon, ob der Befehl oder die Maßnahme schon ausgeführt worden ist oder nicht. Mit der truppendienstlichen Beschwerde sind auch alle den Beschwerdeführer beeinträchtigenden tatsächlichen Handlungen (z. B. schikanöse Behandlung durch einen Vorgesetzten) anfechtbar.[1091] Zu den beschwerdefähigen Maßnahmen truppendienstlichen Charakters zählen Versetzungen,[1092] Kommandierungen, Planstelleneinweisungen, Dienstpostenwechsel, Zulassung zu bestimmten Laufbahnen oder Ausbildungsgängen, Lehrgangs- und Prüfungsergebnisse, Beurteilungen, aber auch Rügen und Missbilligungen.[1093]

Auch pflichtwidriges Verhalten eines Kameraden kann Gegenstand der truppendienstlichen Beschwerde in Form der Kameradenbeschwerde sein. Sie führt nach erfolglos beschrittenem Beschwerdeweg indes nicht zu einer gerichtlichen Nachprüfung.

Von einer Wehrbeschwerde unberührt bleiben Strafverfolgungsmaßnahmen nach StGB und WStG. Die Beschwerde der Vertrauensperson ist ein Sonderfall der truppendienstlichen Beschwerde; ebenso die Untätigkeitsbeschwerde (§ 1 Abs. 2 WBO); sie kann eingelegt werden, wenn der Soldat auf einen Antrag innerhalb eines Monats keinen Bescheid erhalten hat. Wird eine Beschwerde in truppendienstlichen Angelegenheiten abschlägig beschieden, kann der Beschwerdeführer weitere Beschwerde einlegen (§ 16 WBO). Bleibt auch diese erfolglos, hat er das Recht, Antrag auf Entscheidung des Wehrdienstgerichts zu stellen, wenn er eine Rechtsverletzung geltend macht (§§ 17, 21 WBO).

Die Beschwerde in Verwaltungsangelegenheiten ersetzt dem Soldaten das vor Beschreiten des Verwaltungsrechtsweges vorgeschriebene Widerspruchs-

---

1090 Lingens/Dolpp/Gronimus, in: Disziplinarvorgesetzter und Beschwerdeführer, 7. Aufl. 2017, Rn. 801.

1091 Dau/Scheuren, WBO, 7. Aufl. 2020, Einf. Rn. 53.

1092 A. A. mit durchaus überzeugenden Argumenten Scherer/Alff/Poretschkin/Lucks, SG, 10. Aufl. 2018, § 13a Rn. 13a.

1093 Vgl. auch Barth, NZWehrr 1965, 97 ff.

verfahren (§ 23 Abs. 1 WBO). Eine weitere Beschwerde ist im Gegensatz zu den truppendienstlichen Angelegenheiten in Verwaltungsangelegenheiten nicht möglich. Während den truppendienstlichen Angelegenheiten Rechte und Pflichten zugrunde liegen, die auf dem besonderen militärischen Sonderstatusverhältnis beruhen, handelt es sich bei den Verwaltungsangelegenheiten um Sachverhalte, die das Verhältnis des Soldaten zum Staat betreffen, ohne dass das Sonderstatusverhältnis System aus Befehl und Gehorsam hierbei prägend sind.[1094] Zu den Verwaltungsangelegenheiten zählen daher auch Fragen der Dienst- und Versorgungsbezüge, Beschädigtenversorgung nach den Vorschriften des SVG, Geld- und Sachbezüge nach dem Wehrsoldgesetz, Zulagen, Aufwands- und Wegstreckenentschädigung, Beihilfen, Unterstützungen, Vorschüsse, Hausratsdarlehen, Wohnungsfürsorge, Wohnungs- und Heizkostenzuschüsse, Mietbeihilfen, Reise- und Umzugskostenvergütung sowie Leistungs- und Aufrechnungsbescheide.[1095]

Die WDO regelt die Beschwerde gegen einfache Disziplinarmaßnahmen, sonstige disziplinare Maßnahmen und Entscheidungen des Disziplinarvorgesetzten und eine vorläufige Festnahme. Hierbei verweist sie jedoch auf die Bestimmungen der WBO (§ 42 WDO).[1096]

IV. Formale Voraussetzungen und Ablauf eines Beschwerdeverfahrens

Auch wenn die Wehrbeschwerde ein äußerst niederschwelliger Rechtsbehelf sein soll, bleiben doch einige wenige Formalien und Fristbestimmungen zu beachten. Die Beschwerde kann schriftlich oder mündlich (§ 6 Abs. 2 WBO) eingelegt werden. Wird sie mündlich eingelegt, muss eine Niederschrift aufgenommen werden. Die elektronische Form, wie sie auch das VwVfG vorsieht, ist zwar noch nicht gesetzlich geregelt, dürfte aber bei systematischer Auslegung der Vorschrift über die Form unter Berücksichtigung der ergänzenden Bestimmungen des VwVfG ebenfalls zulässig sein. Die entsprechenden technischen Voraussetzungen bei der Bundeswehr zum Empfang von Beschwerden in elektronischer Form sind allerdings derzeit noch nicht vorhanden.[1097] Anonyme Beschwerden sind ebensowenig zulässig wie gemeinschaftliche Beschwerden. Eine Begründung muss der Beschwerdeführer nicht vorbringen. Die Prüfung des behaupteten Sachverhalts erfolgt von Amts wegen.

Besonderheit der Wehrbeschwerde ist, dass sie sowohl gleichsam eine Mindest- als auch eine Höchstfrist hat, da nämlich die Beschwerde frühes-

1094 Vgl. auch BVerwG, Beschl. v. 12.3.1975 – 1 WB 151.74, BVerwGE 53, 8 f.

1095 Scherer/Alff/Poretschkin/Lucks, SG, 10. Aufl. 2018, § 82 Rn. 16; Walz in Walz/Eichen/Sohm, SG, 3. Aufl. 2016, § 82 Rn. 27.

1096 Vgl. Dau/Schütz, WDO, 7. Aufl. 2017, § 42 Rn. 10 ff.; auch Bachmann, NZWehrr 2001, 177, 186; 2002, 221.

1097 Dau/Scheuren, WBO, 7. Aufl. 2020, § 6 Rn. 34.

tens nach Ablauf einer Nacht nach dem die Beschwerde begründenden Ereignis, spätestens jedoch einen Monat danach eingelegt werden darf (§ 6 Abs. 1 WBO).

Ebenso herausragend gegenüber anderen Verwaltungsverfahren ist, dass das Wehrbeschwerdeverfahren ein immanentes Beschleunigungsmittel hat, die weitere Beschwerde wegen Untätigkeit (nicht: weitere Untätigkeitsbeschwerde!). Hierbei wird der Sachverhalt zur Entscheidung sogleich dem nächsthöheren Disziplinarvorgesetzten zur Entscheidung übertragen. Dieser entscheidet hierbei nicht über die Gründe der Verzögerung auf der unteren Ebene, sondern über den Gegenstand der Beschwerde. Der zu Beginn zuständige nächste Disziplinarvorgesetzte des Beschwerdeführers ist nicht mehr zuständig. Allerdings wird durch die weitere Beschwerde wegen Untätigkeit der Instanzenzug nicht erweitert, d. h. nach Entscheidung des nunmehr zuständigen nächsthöheren Disziplinarvorgesetzten ist nur noch – soweit es sich nicht um eine Kameradenbeschwerde handelt – der Rechtsweg zu den Wehrdienstgerichten eröffnet. Hier gilt es also bei Einlegung der weiteren Beschwerde wegen Untätigkeit abzuwägen, ob der faktische Verlust einer der Abhilfe fähigen Instanz die Beschleunigung der Entscheidung wert ist.

Da die Wehrbeschwerde auch der Selbstkontrolle der Streitkräfte dient, muss sie von jemandem entschieden werden, der bei dem Beschwerdegegenstand auch tatsächlich für Abhilfe sorgen kann (§ 9 Abs. 1 WBO). So ist z. B. eine Kameradenbeschwerde nach der Versetzung des Betroffenen, also der Person, gegen die sich die Beschwerde richtet, von dessen neuem Disziplinarvorgesetzten zu entscheiden, da nur dieser in der Lage ist, das eventuell pflichtwidrige Verhalten zu sanktionieren und dieses dem Beschwerdeführer mitzuteilen.

Wird eine Entscheidung oder Maßnahme eines Vorgesetzten oder einer Dienststelle der Bundeswehr mit einem Antrag auf gerichtliche Entscheidung angefochten, sind die Truppendienstgerichte zuständig. Das gerichtliche Antragsverfahren nach erfolgloser weiterer Beschwerde beschränkt sich auf die Prüfung einer Rechtsverletzung. Die Zweckmäßigkeit ist also nicht mehr Gegenstand des Verfahrens, wie noch zuvor im Verfahren der weiteren Beschwerde. Das Gericht ermittelt den Sachverhalt von Amts wegen, somit gilt der Untersuchungsgrundsatz wie im verwaltungsgerichtlichen Verfahren.[1098] Es entscheidet durch Beschluss über die Rechtswidrigkeit einer Maßnahme und kann hierbei z. B. einen rechtswidrigen Befehl aufheben (§ 19 Abs. 1 Satz 1 WBO) oder – soweit dieser bereits ausgeführt worden ist – dessen Rechtswidrigkeit feststellen (§ 19 Abs. 1 Satz 2 WBO). Die gerichtlichen Entscheidungen über die Beschwerden in truppendienstlichen Angelegenheiten sind den Truppendienstgerichten und den Wehrdienstsenaten des Bundesverwaltungsgerichts, gemeinsam den Wehrdienstgerichten, übertragen.

1098 Dau/Scheuren, WBO, 7. Aufl. 2020, § 18 Rn. 19.

Ein Wehrdienstsenat des BVerwG entscheidet über Maßnahmen und Entscheidungen des BMVg sowie über Entscheidungen des Generalinspekteurs der Bundeswehr über weitere Beschwerden. Gegen die Beschlüsse der Wehrdienstgerichte in Beschwerdeangelegenheiten können die Beteiligten des gerichtlichen Antragsverfahrens Rechtsbeschwerde und Nichtzulassungsbeschwerde (§§ 22a, 22b WBO) einlegen. Um darüber hinaus eine einheitliche Rechtsprechung der Wehrdienstgerichte zu gewährleisten, können die Truppendienstgerichte rechtliche Grundsatzfragen dem BVerwG zur Entscheidung vorlegen (§ 18 Abs. 4 WBO).

V. Wehrbeschwerde und andere Möglichkeiten

Stellen Soldaten einen Mangel fest, ist die Wehrbeschwerde nur ein Weg, andere, insbesondere Entscheider, darauf aufmerksam zu machen. Neben dem – nicht formalisierten – persönlichen Gespräch mit Vorgesetzten kann durch eine Meldung ein Sachverhalt einem Vorgesetzten zur Kenntnis gegeben werden. Dieser hat den Vorgang zu bewerten und hieraus folgende Maßnahmen zu ergreifen. Nachteil für den Meldenden ist, dass er keinen Anspruch darauf hat, über das Schicksal seiner Meldung informiert zu werden. Diese Lücke schließt die Wehrbeschwerde, da sie in jedem Fall beschieden werden muss und sogar mit Hilfe der weiteren Beschwerde wegen Untätigkeit ein Instrument zur Beschleunigung der Entscheidung in die Hände des Beschwerdeführers legt. Zudem gewährt sie dem Beschwerdeführer die Möglichkeit, außer bei einer Kameradenbeschwerde, das Ergebnis des Beschwerdeverfahrens gerichtlich überprüfen zu lassen. Am Beginn all dessen steht jedoch eine – selbst erfahrene – unrichtige Behandlung des potenziellen Beschwerdeführers. Geht es eher um allgemeine Beobachtungen von Missständen, so handelt es sich nicht per se um eine unrichtige Behandlung, so dass eine Wehrbeschwerde zwar den Sachverhalt anderen zur Kenntnis gibt, jedoch ansonsten keinen Erfolg haben kann. Dies wiederum vermittelt dem Beschwerdeführer den Eindruck, er sei nicht gehört worden, selbst wenn sich im weiteren Verlauf tatsächlich etwas ändert.

In solchen Fällen, wäre es eher angezeigt, das Hilfsorgan der Legislative für die Aufsicht über die Bundeswehr, den Wehrbeauftragten des Deutschen Bundestags (Art. 45b GG) durch eine Eingabe nach § 7 WBeauftrG auf den vermeintlichen Missstand aufmerksam zu machen. Dessen Aufgabe ist einerseits der Schutz der Grundrechte der Soldaten und andererseits die Unterstützung des Parlaments bei der Ausübung der parlamentarischen Kontrolle.[1099] Letztlich kann im Wege der parlamentarischen Kontrolle am Ende auch eine Änderung der angezeigten Verhältnisse eintreten, wenn auch vielleicht nicht unmittelbar und sicher erst nach einiger Zeit. Es ist mittlerweile gute Übung, dass ein Petent auch eine Rückmeldung durch

1099 Magiera, in: Sachs, GG, 8. Aufl. 2018, Art. 45b Rn. 4.

das Büro des Wehrbeauftragen des Deutschen Bundestags erhält; einen Anspruch hierauf hat er jedoch nicht, wiederum ein Unterschied zur Wehrbeschwerde. Darüber hinaus kann der Wehrbeauftragte auch keine Abhilfe schaffen, wie es die Disziplinarvorgesetzten im Rahmen einer Beschwerde tun können, da er nicht einmal Teil der Exekutive ist und über keinerlei Weisungs- oder Befehlsbefugnis verfügt. Daher erübrigen sich auch Ausführungen über die Justiziabilität, da der Wehrbeauftragte keinerlei Entscheidungen mit Außenwirkung trifft.

Von durchaus anderer Qualität sind direkte Eingaben an die Leitung des BMVg. Hier besteht sehr wohl die Möglichkeit, dass die Eingabe zu einer unmittelbaren Handlung zum Vorteil des Petenten führen kann. Diese in der jüngeren Vergangenheit praktizierte Möglichkeit des „direkten Zugangs zur Chefin“ hat, wie es zuweilen auch Unternehmen praktizieren oder zumindest zu praktizieren vorgeben, der hierarchischen Struktur der Bundeswehr eher geschadet, da im Rahmen der Bearbeitung die Disziplinarvorgesetzten allzu oft unter Generalverdacht gestellt wurden und der Gedanke der Unschuldsvermutung wenig ausgeprägt war. Aus der Sicht des Petenten ist jedoch zu beachten, dass eine wie auch immer geartete Entscheidung auf seine Eingabe nicht justiziabel ist, wenn sie nicht das gewünschte Ergebnis bringt. Allzu oft ist dann eine Wehrbeschwerde an geeigneter Stelle bereits verfristet.

Die Petition im klassischen Sinne an das Parlament gemäß Art. 17, 2. Fall GG bleibt unberührt. Hier ist die Eingabe an den Wehrbeauftragten als Hilfsorgan des Parlaments die für Soldaten besser zugängliche Variante, letztlich also eine Sonderform der Petition, wenn sie auch die „allgemeine“ Petition nicht verdrängt.

Letztlich ist auch die Dienstaufsichtsbeschwerde zu nennen, die anders als die Wehrbeschwerde, auch Beamten der Bundeswehr bei wahrgenommenem Fehlverhalten ziviler und militärischer Vorgesetzter zur Verfügung steht. Auch sie ist für Soldaten in Fällen, in denen auch eine Wehrbeschwerde statthaft wäre, letztlich ein Malus, da weder Verfahrensgang noch gerichtliche Überprüfbarkeit geregelt sind oder bestehen. Ist eine Wehrbeschwerde als unzulässig zurückgewiesen worden, so ist der Sachverhalt im Wege der Dienstaufsicht dennoch zu untersuchen.[1100]

1100 Dau/Scheuren, WBO, 7. Aufl. 2020, § 12 Rn. 56.

Kapitel 21 Wehrdisziplinarrecht

Christine Dechmann

Das Wehrdisziplinarrecht ist in der Wehrdisziplinarordnung (WDO) geregelt und hat den Zweck, gute Leistungen zu würdigen und Dienstvergehen zu ahnden. Dabei soll der Soldat an seine Pflichten erinnert und zu zukünftig pflichtgemäßem Verhalten erzogen werden. Sinn des Wehrdisziplinarrechts ist es nicht, zu bestrafen, sondern zu erziehen. Insofern besteht ein wesentlicher Unterschied zum Strafrecht.

I. Würdigung guter Leistungen

Die Würdigung guter Leistungen erfolgt durch die förmliche Anerkennung. Bei der förmlichen Anerkennung handelt es sich um eine schriftliche Belobigung. Die förmliche Anerkennung ist in § 11 WDO geregelt.

Voraussetzungen für die Erteilung einer förmlichen Anerkennung hierfür sind entweder eine vorbildliche Pflichterfüllung durch den Soldaten (wenn dieser z. B. einen Sonderauftrag besonders gut ausgeführt hat) oder eine hervorragende Einzeltat (wenn der Soldat z. B. bei einem Verkehrsunfall durch das Leisten von Erster Hilfe das Leben einer anderen Person gerettet hat). Förmliche Anerkennungen sind bekannt zu geben, was z. B. im Kompaniebefehl oder im Tagesbefehl geschehen kann.

Förmliche Anerkennungen können gem. § 12 WDO mit Sonderurlaub bis zu 14 Tagen verbunden werden. Hierbei kann der Kompaniechef bis zu fünf Tagen, der Bataillonskommandeur bis zu sieben Tagen und der Regimentskommandeur bis zu vierzehn Tagen Sonderurlaub gewähren. Den Zeitpunkt des Sonderurlaubs bestimmt dabei der Vorgesetzte, der für die Bewilligung des Erholungsurlaubs zuständig ist.

Bei der Entscheidung, ob eine förmliche Anerkennung erteilt werden soll, ist gem. § 13 Abs. 1 Satz 1 WDO ein strenger Maßstab anzulegen. Damit soll verhindert werden, dass bereits die normale Dienstausübung belohnt wird.[1101] Der Soldat soll seiner Persönlichkeit nach einer förmlichen Anerkennung würdig sein und sie soll auch seinen Kameraden gegenüber gerechtfertigt erscheinen. Dabei ist sein gesamtes Verhalten zu würdigen.

1101 Vgl. Dau/Schütz, WDO, 7. Aufl. 2017, § 13 Rn. 3.

Wenn der Soldat bereits ein schwerwiegendes Dienstvergehen begangen hat, dessentwegen die Einleitung eines gerichtlichen Disziplinarverfahrens kurz bevorsteht, ist der Soldat einer förmlichen Anerkennung nicht würdig.[1102] Im Zweifel ist die förmliche Anerkennung nicht zu erteilen.

Eine förmliche Anerkennung kann gem. § 14 Abs. 1 WDO auch zurückgenommen werden, wenn sich nachträglich herausstellt, dass die Voraussetzungen, unter denen sie erteilt wurde, nicht vorlagen. Dies kommt z. B. dann in Betracht, wenn sich herausstellt, dass die hervorragende Einzeltat wie die Lebensrettung einer anderen Person erfunden war. Über die Rücknahme entscheidet dann nicht mehr der nächste Disziplinarvorgesetzte, sondern die zuständige Einleitungsbehörde.

Neben der Erteilung einer förmlichen Anerkennung können besondere Leistungen auch durch andere Maßnahmen gewürdigt werden, wie z. B. mit Dankurkunden, Preisen für Bestleistungen, Orden und Ehrenzeichen oder Leistungszulagen.

II. Ahndung von Dienstvergehen

Die Wehrdisziplinarordnung regelt nicht nur die Würdigung guter Leistungen, sondern auch die Ahndung von Dienstvergehen. Ein Dienstvergehen begeht der Soldat dann, wenn er schuldhaft seine ihm obliegenden Pflichten[1103] verletzt.

Wenn der Soldat ein Dienstvergehen begangen hat, kann dies, je nach Schwere, entweder mit einer einfachen oder einer gerichtlichen Disziplinarmaßnahme in einem gesetzlich geregelten, also rechtsförmlichen Bestimmungen unterliegenden, Verfahren geahndet.

1. Einfaches Disziplinarverfahren

Für die Durchführung des einfachen Disziplinarverfahrens ist nach § 27 Abs. 1 WDO der Disziplinarvorgesetzte des Soldaten zuständig. Das gerichtliche Disziplinarverfahren erfolgt in erster Instanz vor den Truppendienstgerichten (§ 69 ff. WDO) und in zweiter Instanz vor dem Bundesverwaltungsgericht – 2. Wehrdienstsenat – in Leipzig (§ 80 WDO).

a) Einfache Disziplinarmaßnahmen. Als einfache Disziplinarmaßnahmen, die durch den Disziplinarvorgesetzten verhängt werden dürfen, sind gem. § 22 Abs. 1 WDO möglich:

- Verweis,
- strenger Verweis,
- Disziplinarbuße,
- Ausgangsbeschränkung und
- Disziplinararrest.

1102 TDG Süd, Beschl. v. 14.1.2015 – S 2 BLC 04/14, NZWehrr 2015, 87.
1103 Zu den Pflichten der Soldaten siehe Kapitel 12.

Der Verweis ist gem. § 23 Abs. 1 WDO ein förmlicher Tadel, bei dem die Missbilligung des Fehlverhaltens des Soldaten diesem gegenüber durch den Disziplinarvorgesetzten schriftlich, durch die sogenannte Disziplinarverfügung (§ 37 WDO), mitgeteilt wird. Er ist also die schriftliche Rüge eines Dienstvergehens und zugleich die mildeste einfache Disziplinarmaßnahme. Nach § 50 Abs. 1 WDO wird der Verweis bereits mit dem Verhängen, also mit der dienstlichen Bekanntgabe an den Soldaten, vollstreckt.

Bei einem strengen Verweis nach § 23 Abs. 2 WDO wird die ausgesprochene Missbilligung vor der Truppe bekannt gemacht. Dabei sind außer dem zu maßregelnden Soldaten nach § 50 Abs. 2 WDO die Soldaten der gleichen Einheit oder des gleichen Truppenteils anwesend, die den gleichen oder einen höheren Dienstgrad haben wie der Soldat. Außer dem gemaßregelten Soldaten müssen noch mindestens drei weitere Soldaten mit seinem oder einem höheren Dienstgrad anwesend sein, um den Zweck der Bekanntmachung vor der Truppe erfüllen zu können.[1104] Ist dies nicht möglich, ist die Bekanntmachung vor den entsprechenden Dienstgraden des nächsthöheren Truppenteils vorzunehmen.[1105] Bekanntgegeben wird dabei nur, dass ein strenger Verweis verhängt wurde, jedoch nicht, aus welchem Grund dies geschah.

Die nächsthöhere Maßnahme ist die Disziplinarbuße nach § 24 WDO. Bei der Disziplinarbuße wird ein Geldbetrag festgesetzt, den der Soldat zahlen muss. Dieser darf nicht höher sein als die Dienstbezüge eines Monats, wobei bei der Festsetzung des Betrages nach § 24 Abs. 2 WDO die persönlichen und wirtschaftlichen Verhältnisse des Soldaten zu berücksichtigen sind. In die Disziplinarbuße rechnen auch die dem Soldaten zustehenden Zulagen wie z. B. die Stellenzulage und auch der Auslandszuschlag und der Auslandsverwendungszuschlag mit ein. Dem Soldaten dürfen bei der Vollstreckung aber auch schon beim Verhängen der Disziplinarbuße nach § 51 Abs. 2 WDO Teilzahlungen bewilligt werden. Trotz Verhängung einer Disziplinarbuße kann der Soldat, wenn er z. B. Material des Dienstherrn beschädigt hat, gem. § 24 Soldatengesetz zum Schadenersatz herangezogen werden.

Gegen Soldaten, die gem. § 18 Soldatengesetz verpflichtet sind, in einer Gemeinschaftsunterkunft zu wohnen, kann gem. § 25 Abs. 1 WDO eine Ausgangsbeschränkung verhängt werden. Diese bedeutet das Verbot, die dienstlichen Unterkünfte ohne Erlaubnis zu verlassen. Mit dienstlichen Unterkünften ist nicht der durch Wachen gesicherte Unterkunftsbereich, mithin die militärische Liegenschaft, in der der Soldat sich aufhält, gemeint. Bei der Marine ist dies nicht die schwimmende Einheit, sondern regelmäßig der gesamte Stützpunktbereich.[1106] Etwas anderes gilt, wenn sich der Liegeplatz außerhalb einer militärischen Anlage befindet, etwa in einer

1104 Dau/Schütz, WDO, 7. Aufl. 2017, § 50 Rn. 5.
1105 Dau/Schütz, WDO, 7. Aufl. 2017, § 50 Rn. 5.
1106 Dau/Schütz, WDO, 7. Aufl. 2017, § 25 Rn. 2.

Werft. Dann ist die Beschränkung das Schiff oder Boot.[1107] Die Ausgangsbeschränkung umfasst nach § 25 Abs. 2 WDO mindestens einen Tag und maximal drei Wochen. Die Ausgangsbeschränkung kann auch verschärft werden, indem das Verbot ausgesprochen wird, Gemeinschaftsräume zu betreten und/oder Besuch zu empfangen (sogenannte verschärfte Ausgangsbeschränkung).

Die schwerste einfache Disziplinarmaßnahme ist der Disziplinararrest nach § 26 WDO. Er besteht in einer einfachen Freiheitsentziehung und dauert mindestens drei Tage und höchstens drei Wochen. Grundsätzlich sollen die Soldaten dabei gem. § 53 Abs. 2 Satz 1 WDO am Tagesdienst teilnehmen. Voraussetzung für die Verhängung des Arrests ist, da dieser eine freiheitsentziehende Maßnahme im Sinne des Art. 104 Abs. 2 GG darstellt, gem. § 40 Abs. 1 Satz 1 WDO die Zustimmung des zuständigen Truppendienstrichters. In seinem Antrag muss der Disziplinarvorgesetzte dem Richter die beabsichtigte Dauer mitteilen (§ 40 Abs. 2 Satz 1 WDO). Der Truppendienstrichter stimmt dem Disziplinararrest zu, wenn er ihn für zulässig und angebracht hält. Seine Entscheidung bedarf gem. § 40 Abs. 1 Satz 3 WDO keiner Begründung. Neben der Zustimmung und der Ablehnung kommt auch in Betracht, dass der Richter einem kürzeren Disziplinararrest zustimmt oder die Entscheidung der Einleitungsbehörde herbeiführt, wenn er ein gerichtliches Disziplinarverfahren für erforderlich hält. Der Vollzug des Disziplinararrests ist in einer eigenen Vollzugsordnung geregelt, die u. a. bestimmt, was der Soldat mit in die Arrestzelle nehmen darf.

Nach § 23 Abs. 2 WDO können bestimmte einfache Disziplinarmaßnahmen auch miteinander verbunden werden. Es ist nach § 23 Abs. 2 Nr. 1 WDO zulässig, einen Disziplinararrest und eine Ausgangsbeschränkung miteinander zu verbinden (bei allen schweren Dienstvergehen). Nach § 23 Abs. 2 Nr. 2 WDO ist es zulässig, eine Ausgangsbeschränkung mit einer Disziplinarbuße oder einen Arrest mit einer Disziplinarbuße zu verbinden. Die letzten beiden Alternativen sind nach § 23 Abs. 2 Nr. 2 WO nur erlaubt, wenn der Soldat mehr als einen Tag lang unerlaubt abwesend war.

b) **Bemessung der Disziplinarmaßnahme.** Der Maßstab für den Disziplinarvorgesetzten bei der Bemessung der einfachen Disziplinarmaßnahme liegt in seinem eigenen Ermessen. Nach § 33 Abs. 1 Satz 1 WDO prüft der Disziplinarvorgesetzte, wenn er ein Dienstvergehen festgestellt hat, ob er dies mit der Verhängung einer Disziplinarmaßnahme würdigt. Er hat, wenn ein Dienstvergehen zwar vorliegt, es nach Art und Schwere aber noch nicht die Verhängung einer einfachen Disziplinarmaßnahme gebietet, die Möglichkeit, eine erzieherische Maßnahme auszusprechen. Die erzieherischen Maßnahmen sind im gleichnamigen Erlass geregelt. Als erzieherische Maßnahme kommt z. B. die Belehrung des Soldaten in Betracht. Wenn der

1107 Dau/Schütz, WDO, 7. Aufl. 2017, § 25 Rn. 2.

Disziplinarvorgesetzte feststellt, dass eine einfache Disziplinarmaßnahme nicht mehr angebracht ist, sondern ein gerichtliches Disziplinarverfahren geboten erscheint, gibt er den Sachverhalt nach § 41 WDO an die Einleitungsbehörde ab.

Es gibt keinen Katalog mit vorgeschriebenen Maßnahmen bei bestimmten Dienstvergehen. In der Regel wird, wenn der Soldat zum ersten Mal disziplinar auffällig geworden ist, mit einer milden Maßnahme wie dem Verweis begonnen.

Kriterien für den Disziplinarvorgesetzten sind hierbei nach § 38 Abs. 1 WDO

- die Eigenart und Schwere des Dienstvergehens und
- dessen Auswirkungen,
- das Maß der Schuld,
- die Persönlichkeit,
- die bisherige Führung und
- die Beweggründe des Soldaten.

c) **Mittel der Sachverhaltsaufklärung.** Die Aufklärung des Sachverhaltes erfolgt grundsätzlich durch den nächsten Disziplinarvorgesetzten des Soldaten. Der Disziplinarvorgesetzte hat dabei gem. § 32 Abs. 1 WDO eine gesetzlich normierte Pflicht zu ermitteln, wenn ihm Tatsachen bekannt werden, die den Verdacht eines Dienstvergehens rechtfertigen. Wenn er trotz des Verdachts nicht ermittelt, begeht er selbst ein Dienstvergehen. Die Ermittlungspflicht besteht auch dann, wenn aufgrund von Zeitablauf die Verhängung einer einfachen Disziplinarmaßnahme nicht mehr möglich ist. Nach § 17 Abs. 1 WDO darf, wenn seit einem Dienstvergehen mehr als sechs Monate verstrichen sind, eine einfache Disziplinarmaßnahme nicht mehr verhängt werden. Die Frist beginnt dabei mit der Beendigung des Dienstvergehens.[1108]

Der Disziplinarvorgesetzte kann die Durchführung der Ermittlungen auch auf einen Offizier oder den Kompaniefeldwebel oder einen Unteroffizier in vergleichbarer Dienststellung übertragen, wenn ein Fall von geringerer Bedeutung vorliegt (bei Ermittlungen gegen einen Offizier ist das nicht der Fall), wenn es sich um Zeugenvernehmungen handelt und die Zeugen Mannschaftsdienstgrade oder Unteroffiziere ohne Portepee sind (§ 32 Abs. 2 WDO). Der Disziplinarvorgesetzte ermittelt neutral, er hat gem. § 32 Abs. 3 WDO sowohl die belastenden als auch die entlastenden Umstände zu ermitteln.

Als Mittel zur Aufklärung stehen ihm zur Verfügung:

- die Vernehmung des Soldaten (§ 32 Abs. 4 WDO),
- die Vernehmung von Zeugen (§ 32 Abs. 1 WDO),
- die Anhörung von Sachverständigen,

1108 BVerwG, Urt. v. 16.10.1968 – II D 17.68, BVerwGE 33, 193.

- die Inaugenscheinnahme,
- der Urkundsbeweis,
- ein rechtskräftiges Urteil in einem sachgleichen Straf- oder Bußgeldverfahren (an den dort festgestellten Sachverhalt ist er gebunden – § 34 WDO),
- die Durchsuchung und Beschlagnahme (§ 20 WDO),
- das Einschalten der Polizei bei schweren Straftaten und wenn eine Blutprobe notwendig wird.

Unter den strengen Voraussetzungen des § 20 WDO darf der Disziplinarvorgesetzte auch eine Durchsuchung zur Sachverhaltsaufklärung durchführen. Liegen die Voraussetzungen des § 20 WDO nicht vor, darf eine Durchsuchung nicht durchgeführt werden und insbesondere auch nicht dadurch umgangen werden, dass sich der Disziplinarvorgesetzte darauf beruft, eine Spindkontrolle durchzuführen. Voraussetzung für eine Durchsuchung nach § 20 WDO ist zunächst, dass der Verdacht eines Dienstvergehens besteht. Eine Durchsuchung ist nicht erforderlich, wenn der Soldat dem Disziplinarvorgesetzten freiwillig die Durchsicht gestattet. Er ist daher vor der Durchführung einer Durchsuchung zu befragen, ob er freiwillig zustimmt. Nicht unter den § 20 WDO fällt die Privatwohnung des Soldaten. Aufgrund des hohen Eingriffscharakters in die Freiheitsrechte des Soldaten muss die Durchsuchung gem. § 20 Abs. 1 Satz 1 WDO vom Richter des zuständigen, notfalls des nächsterreichbaren, Truppendienstgerichts durch Beschluss angeordnet werden. Nur bei Gefahr im Verzug kann die Anordnung des Richters gem. § 20 Abs. 2 WDO nachgeholt werden. Gefahr im Verzug liegt dann vor, wenn die ohne sofortiges Tätigwerden des Disziplinarvorgesetzten die Gefahr bestünde, dass die Beweismittel verloren gehen. Durchsucht werden dürfen die Sachen und die Person des Soldaten. Die Durchsuchung der Person des Soldaten darf gem. § 20 Abs. 3 Satz 2 WDO nur durch eine Person des gleichen Geschlechts oder durch einen Arzt, der nicht der Truppenarzt des Soldaten ist, erfolgen. Diese Einschränkung gilt jedoch gem. § 20 Abs. 3 Satz 3 WDO nicht, wenn die sofortige Durchsuchung zum Schutz vor einer Gefahr für Leib oder Leben erforderlich ist. Dies bezieht sich nicht nur auf eine Gefahr für andere, sondern auch auf eine Gefahr für Leib oder Leben des betroffenen Soldaten, etwa bei Suizidgefahr.[1109] Die Durchsuchung kann durch den Disziplinarvorgesetzten durchgeführt oder gem. § 20 Abs. 3 Satz 1 WDO i. V. m. § 32 Abs. 2 WDO auf einen beauftragten Offizier oder den Kompaniefeldwebel oder einem Unteroffizier in vergleichbarer Dienststellung übertragen werden, wenn es ein Fall von geringerer Bedeutung ist. Wenn bei der Durchsuchung Beweismittel aufgefunden werden, so können diese gem. § 20 Abs. 1 WDO, ebenfalls auf richterliche Anordnung, beschlagnahmt werden.

d) **Stufen der Disziplinarbefugnis.** Welche Disziplinarmaßnahme ein Disziplinarvorgesetzter verhängen kann, hängt von der Stufe seiner Diszipli-

1109 Dau/Schütz, WDO, 7. Aufl. 2017, § 20 Rn. 33.

narbefugnis ab, die ihm durch die WDO oder das Bundesministerium der Verteidigung übertragen wurden. Die Disziplinarbefugnis richtet sich nach der Dienststellung des Disziplinarvorgesetzten und ist nach § 28 Abs. 1 Satz 1 WDO wie folgt gestuft.
Verhängen kann:

- Ein Kompaniechef gegen Offiziere nur den Verweis, gegen Unteroffiziere und Mannschaften alle einfachen Disziplinarmaßnahmen, jedoch den Arrest nur bis zu sieben Tagen (§ 28 Abs. 1 Satz 2 Nr. 1 a und b WDO),
- Ein Bataillonskommandeur gegen Offiziere die einfachen Maßnahmen bis einschließlich der Ausgangsbeschränkung und gegen Unteroffiziere und Mannschaften alle einfachen Disziplinarmaßnahmen (§ 28 Abs. 1 Satz 2 Nr. 2 WDO),
- Disziplinarvorgesetzte ab Regimentskommandeur aufwärts alle einfachen Disziplinarmaßnahmen ohne Einschränkungen (§ 28 Abs. 1 Satz 2 Nr. 3 WDO).

Eine Besonderheit des einfachen Disziplinarverfahrens besteht darin, dass der Disziplinarvorgesetzte vor der Verhängung einer Disziplinarmaßnahme verpflichtet ist, die Vertrauensperson des Soldaten zur Person des beschuldigten Soldaten, zum Sachverhalt und zum Disziplinarmaß anzuhören, falls der Soldat dem nicht ausdrücklich widerspricht (§ 27 Abs. 1 Soldatenbeteiligungsgesetz – SBG). Dasselbe gilt vor Erteilung (§ 28 Abs. 2 SBG) und auch vor der Rücknahme (§ 28 Abs. 3 SBG) einer förmlichen Anerkennung. Die Vertrauensperson genießt besonderen Schutz vor Versetzung und Kommandierung über drei Monaten hinaus (§ 15 SBG).

Der Verfahrensablauf im einfachen Disziplinarverfahren stellt sich wie folgt dar:

- Zunächst besteht der Verdacht eines Dienstvergehens (§ 32 Abs. 1 WDO),
- dann folgen die Aufklärung des Sachverhalts (§ 32 Abs. 1–4 WDO) und
- die Anhörung der Vertrauensperson (§ 27 Abs. 1 SBG);
- der Soldat ist dann noch einmal abschließend zu den Vorwürfen anzuhören (§ 32 Abs. 5 WDO);
- der Disziplinarvorgesetzte muss nach dieser Anhörung eine Nacht verstreichen lassen (Ausnahme: Entlassungstag – § 37 Abs. 1 Satz 1 und 2 WDO);
- die Maßnahme wird verhängt (§ 37 Abs. 2 WDO), wobei eine Verhängung nicht mehr möglich ist, wenn zwischen dem Dienstvergehen und der Verhängung sechs Monate vergangen sind (§ 17 Abs. 2 WDO).

e) **Die Vollstreckung der Disziplinarmaßnahme.** Die Vollstreckung der Maßnahme kann auch zur Bewährung ausgesetzt werden (§ 49 Abs. 1 Satz 1 WDO). Dies muss bei der Verhängung ausgesprochen werden und kann nicht nachträglich geschehen. Die Bewährungszeit beträgt immer fünf Monate. Sie ist bei allen einfachen Disziplinarmaßnahmen außer dem

Verweis möglich (§ 50 Abs. 1 WDO), der mit der Verhängung bereits vollstreckt ist. Die Aussetzung zur Bewährung kommt vor allem in Betracht, wenn gegen den Soldaten bisher keine oder nur geringfügige Disziplinarmaßnahmen verhängt wurden und ein günstiger erzieherischer Erfolg zu erwarten ist (§ 49 Abs. 1 Satz 2 WDO). Für die Vollstreckung ist immer der nächste Disziplinarvorgesetzte zuständig (§ 48 Abs. 1 Satz 1 WDO). Sie beginnt erst dann, wenn der Soldat an dem auf die Verhängung folgenden Tag genügend Zeit hatte, eine Beschwerde gegen die Disziplinarmaßnahme einzulegen, wobei in der Regel die Zeit bis Mittag, ca. 13 Uhr ausreicht (§ 47 Abs. 1 WDO). Wenn der Soldat vor der Vollstreckung eine Beschwerde einlegt, dann ist die Vollstreckung bis zur Entscheidung über die Beschwerde gehemmt (§ 42 Nr. 2 WDO).

Die Vollstreckung erfolgt zu dem vorher in der Disziplinarverfügung festgelegten Zeitpunkt und ist sechs Monate nach Unanfechtbarkeit der Disziplinarmaßnahme verjährt (§ 57 WDO).

Es kann auch eine sofortige Vollstreckbarkeit angeordnet werden.

Beim Verweis ist sie ohnehin gegeben, weil der direkt mit dem Verhängen, dem Ausspruch des Tadels auch vollstreckt wird.

Ein Disziplinararrest kann sofort vollstreckt werden, und zwar in den Fällen, in denen eine sofortige Vollstreckung notwendig ist zur Aufrechterhaltung der militärischen Ordnung (§ 40 Abs. 1 Satz 4 WDO) oder wenn der Soldat unmittelbar vor seiner Entlassung steht (§ 56 Abs. 2 WDO). Dazu muss ein Truppendienstrichter zustimmen. Der Entlassungstag verschiebt sich dann entsprechend nach hinten (§ 56 Abs. 2 Satz 3 WDO) und eine Beschwerde des Soldaten hemmt die Vollstreckbarkeit nicht (§ 42 Nr. 2 Satz 3 WDO).

2. Gerichtliche Disziplinarmaßnahmen

Bei schwerwiegenden Dienstvergehen, bei denen eine einfache Disziplinarmaßnahme nicht mehr zur Ahndung ausreicht, kommt es nach der Einleitung eines gerichtlichen Disziplinarverfahrens durch die Einleitungsbehörde (§ 93 Abs. 1 WDO), Ermittlungen der zuständigen Wehrdisziplinaranwaltschaft (§ 97 WDO) und Vorlage der Anschuldigungsschrift beim zuständigen Truppendienstgericht (§ 99 Abs. 1 Satz 1 WDO) letztlich zur Hauptverhandlung vor dem Truppendienstgericht.[1110]

Als gerichtliche Disziplinarmaßnahmen für aktive Berufssoldaten und Soldaten auf Zeit (§ 58 Abs. 1 WDO) kennt die Wehrdisziplinarordnung

- die Kürzung der Dienstbezüge (§ 59 WDO),
- das Beförderungsverbot (§ 60 WDO),
- die Herabsetzung in der Besoldungsgruppe (§ 61 WDO),
- die Dienstgradherabsetzung (§ 62 WDO),
- die Entfernung aus dem Dienstverhältnis (§ 63 WDO).

1110 Siehe Kapitel 12.

Bei der Kürzung der Dienstbezüge erfolgt gem. § 59 WDO eine bruchteilsmäßige Verminderung der jeweiligen Dienstbezüge um mindestens ein Zwanzigstel und höchstens ein Fünftel für die Dauer von sechs Monaten bis zu fünf Jahren. Das Beförderungsverbot gem. § 60 WDO bedeutet für den betroffenen Soldaten, dass ihm während dessen Dauer kein höherer Dienstgrad verliehen werden darf. Die Dauer des Beförderungsverbots beträgt gem. § 60 Abs. 2 WDO mindestens ein Jahr und höchstens vier Jahre und ist in vollen Monaten zu bemessen. Die Herabsetzung in der Besoldungsgruppe nach § 61 WDO kommt für Soldaten in Betracht, deren Dienstgrad in zwei Besoldungsgruppen aufgeführt ist. Dies ist z. B. beim Stabsunteroffizier der Fall, der nach Besoldungsgruppe A 6 oder A 7 besoldet werden kann, oder der Hauptmann, bei dem eine Besoldung nach A 11 oder A 12 in Betracht kommt. Die Dienstgradherabsetzung nach § 62 WDO nennt man auch „Degradierung". Sie ist um einen oder mehrere Dienstgrade möglich. Der Soldat verliert durch die Dienstgradherabsetzung alle Rechte aus dem bisherigen Dienstgrad. Dies betrifft insbesondere auch die Besoldung des Soldaten, die dann aus dem niedrigeren Dienstgrad erfolgt. Verbunden mit der Dienstgradherabsetzung ist das Verbot der Wiederbeförderung nach § 62 Abs. 3 WDO, das verhindert, dass der Soldat sofort wieder in den nächsthöheren Dienstgrad befördert werden kann. Nach § 62 Abs. 3 WDO ist eine Wiederbeförderung vor Ablauf von drei Jahren nach Rechtskraft des Urteils nicht möglich. Die schwerste gerichtliche Disziplinarmaßnahme ist die Entfernung aus dem Dienstverhältnis nach § 63 Abs. 1 WDO. Mit der Entfernung ist nicht nur das Dienstverhältnis beendet, es entfällt auch der Anspruch auf Dienstzeitversorgung. Für die Dauer seiner Dienstzeit wird der frühere Soldat in der gesetzlichen Rentenversicherung nachversichert. Er verliert zudem seinen Dienstgrad.

Als gerichtliche Disziplinarmaßnahmen gegen Soldaten im Ruhestand und frühere Soldaten, die als Soldaten im Ruhestand gelten (§ 58 Abs. 2 WDO – letztere sind solche, die keinen Anspruch auf Ruhegehalt haben, aber einen sonstigen Anspruch auf Dienstzeitversorgung wie z. B. Unterhaltsbeitrag oder Übergangsgeld – § 1 Abs. 3 WDO) kennt die Wehrdisziplinarordnung

- die Kürzung des Ruhegehalts (§ 64 WDO),
- die Aberkennung des Ruhegehalts (§ 65 WDO) und
- die Aberkennung des Dienstgrads (§ 66 WDO).

Die Kürzung des Ruhegehaltes entspricht der Kürzung der Dienstbezüge beim aktiven Soldaten. Die Aberkennung des Ruhegehaltes ist die schwerste gerichtliche Disziplinarmaßnahme gegen Soldaten im Ruhestand und entspricht der Entfernung aus dem Dienst für aktive Soldaten. Auch hier verliert der Soldat regelmäßig den Dienstgrad. Er wird, wie bei er Entfernung aus dem Dienstverhältnis, in der gesetzlichen Rentenversicherung nachversichert. Die Aberkennung des Dienstgrades betrifft Soldaten in einem Wehrdienstverhältnis nach dem Reservistinnen- und Reservistengesetz sowie Angehörige der Reserve oder nicht wehrpflichtige frühere Soldaten, die noch zu Dienstleistungen herangezogen werden können.

Gerichtliche Disziplinarmaßnahmen können nur gegen Soldaten auf Zeit und Berufssoldaten, nicht aber gegen freiwillig länger dienende Wehrdienstleistende (FWDL) verhängt werden. Seit der Aussetzung der Wehrpflicht zum 1. Juli 2011 verfügt die Bundeswehr nicht länger über Grundwehrdienstleistende, gegen die gerichtliche Disziplinarmaßnahmen ebenfalls nicht in Betracht kamen.

Kapitel 22 Wehrstrafrecht

Timo Walter

I. Idee und Aufgabe des Wehrstrafrechts

Für Soldaten gilt, wie für alle Bürger, das allgemeine Strafrecht. Hinzu kommen die Tatbestände des Wehrstrafrechts. Diese tragen den besonderen militärischen Erfordernissen Rechnung. Einzelne militärische Dienstpflichten sind so bedeutend, dass bei Verstößen die Mittel des Disziplinarrechts nicht ausreichen, um Ordnung und Disziplin, und damit die Funktionsfähigkeit der Streitkräfte, zu gewährleisten.

In jeder Armee sind hernach Taten wie Dienstentziehung, Selbstverstümmelung, Meuterei oder der Missbrauch der militärischen Befehlsgewalt mit Strafe bedroht.[1111] Die Bundesrepublik Deutschland hat solche Straftatbestände im Wehrstrafgesetz (WStG)[1112] geschaffen. Die Bilanz der aktuellen Anwendungspraxis fällt allerdings eher ernüchternd aus. Zu oft meinen die Strafverfolgungsbehörden, das öffentliche Interesse an einer Verfolgung von Wehrstraftaten falle gering aus und dem Unrechtsgehalt werde durch eine bundeswehrinterne, disziplinarische Ahndung ausreichend entsprochen. Diese Lesart läuft allerdings der Idee des Gesetzgebers zuwider.

II. (Wehr)Strafrecht und Disziplinarrecht (Abgrenzung)

Straf- und Disziplinarrecht unterscheiden sich nach Rechtsgrund und Zweck. Strafrechtliche Sanktion und disziplinare Maßnahme können grundsätzlich nebeneinander verhängt werden. Ein Verstoß gegen das Verbot der Doppelbestrafung (ne bis in idem) nach Art. 103 Abs. 3 GG liegt nicht vor.[1113] Auch der Umstand, dass sich einige der möglichen Reaktionen ähneln – etwa die Geldstrafe einerseits, die Disziplinarbuße anderer-

---

1111 Und zwar überwiegend in Sondergesetzen und nicht im allgemeinen Strafgesetz, vgl. BT-Drs. II/3040, S. 12 f.

1112 Zur Gesetzesbegründung s. ausführlich BT-Drs. II/3040, S. 12 ff. Verbotsnormen etwa im Wehrpflichtgesetz, oder im Unterhaltssicherungsgesetz zählen im weiteren Sinne ebenfalls zum Wehrstrafrecht, werden aber in diesem Beitrag nicht behandelt; Normzitate ohne Gesetzesnennung sind im Folgenden solche des WStG.

1113 BVerfG, Beschl. v. 2.5.1967 – 2 BvR 391/64 u. 2 BvL 1/66.

seits –, ändert daran nichts. Neben dem unterschiedlichen Anwendungsbereich – in früherer Diktion: besonderes und allgemeines Gewaltverhältnis – liegt der unterschiedliche Zweck darin, dass dem Disziplinarrecht ein präventiver Charakter eignet, es also die Wiederherstellung bzw. Aufrechterhaltung der militärischen Disziplin und Ordnung anstrebt, während die Kriminalstrafe repressiven Charakter hat. Dies zeigt sich deutlich etwa beim Vergleich von Disziplinararrest und Freiheitsstrafe[1114]: der Arrest ist unverändert gesetzlich vorgesehen, damit Disziplinarvorgesetzte die Möglichkeit haben, durch schnelles und wirksames Einschreiten den militärischen Dienstbetrieb von Störungen freizuhalten. Die (Freiheits-)Strafe dagegen dient neben der Abschreckung der Schuldvergeltung. Sie bemisst sich nach dem normativen Wert des verletzten Rechtsgutes und der Schuld des Täters.[1115]

III. Allgemeine Bestimmungen zum Wehrstrafrecht

1. Allgemeines

Das WStG enthält zu Beginn (§§ 1–14a) Bestimmungen, die für alle militärischen Straftaten gelten und vom allgemeinen Teil[1116] des StGB abweichen. Zuvorderst wird klargestellt, dass Täter einer Straftat nach dem WStG nur ein Soldat der Bundeswehr sein kann. Ausnahmen von diesem Grundsatz sieht das Gesetz für militärische Vorgesetzte, die nicht Soldaten sind (vor allem gemäß Art. 65a GG also der Bundesminister der Verteidigung), in besonderen Fällen für frühere Soldaten und für Teilnehmer vor.[1117] Neben diesem persönlichen Geltungsbereich ist der räumliche geregelt.[1118] Im Bereich der Schuld sollen weder Furcht vor persönlicher Gefahr[1119] noch selbstverschuldete Trunkenheit oder andere Rauschzustände[1120] relevant sein. Letzteres findet seine Ursache nicht zuletzt im dienstlichen Umgang mit Waffen und dem Einsatz in gefährlichen Lagen, weshalb die vermeintliche Schlechterstellung von Soldaten mit dem Gleichheitsgrundsatz vereinbar ist. Inzwischen hat die Rechtsprechung klargestellt, dass bereits das selbstverantwortliche Sich-Betrinken eines jeden Straftäters vor der Tat sogar einen schulderhöhenden Umstand darstellt.[1121]

Als zusätzliche Sanktion kennt das WStG den Strafarrest als kurzzeitige Freiheitsentziehung und „Besinnungsstrafe“.[1122] Der Vollzug des Arrests er-

1114 Hinsichtlich der Einschränkungen und Anrechnungsgebote sei auf § 16 WDO verwiesen.
1115 § 46 StGB; zu Reformerwägungen ausführlich Kaspar, Gutachten C zum 72. Deutschen Juristentag, 2018.
1116 Dieser bleibt allerdings subsidiär anwendbar, § 3 Abs. 1.
1117 § 1 Abs. 2, Abs. 3, Abs. 4.
1118 § 1a, siehe aber auch bereits § 4 StGB für Straftaten an Bord deutscher Schiffe.
1119 § 6 greift insofern § 7, 2. HS. SG auf.
1120 § 7.
1121 BGH, Beschl. v. 24.7.2017 – GSSt 3/17, Rn. 43 ff.
1122 Nicht zu verwechseln mit dem Disziplinararrest der WDO.

folgt bei aktiven Soldaten durch Behörden der Bundeswehr innerhalb militärischer Anlagen in der Regel bei Teilnahme des Soldaten am Tagesdienst in einer militärischen Einheit oder Dienststelle.[1123] Praktische Relevanz hat der Strafarrest in der Rechtsprechung kaum.

2. Der Befehl

Bedeutung erlangt das WStG auch, indem es die für das gesamte Wehrrecht gültige Legaldefinition des Befehls bereithält. § 2 Nr. 2 WStG regelt, dass ein Befehl eine Anweisung zu einem bestimmten Verhalten ist, die ein militärischer Vorgesetzter einem Untergebenen mit dem Anspruch auf Gehorsam erteilt. Der Begriff findet Verwendung als objektives Tatbestandsmerkmal sowie beim Handeln auf Befehl[1124] im Bereich der Schuld und der Strafzumessung.

3. Strafverfolgung

Wehrstraftaten unterliegen wie jede andere Straftat der zivilen Strafverfolgung durch die Staatsanwaltschaften und werden vor den Strafgerichten der ordentlichen Gerichtsbarkeit verhandelt. Im Falle des Verdachts einer Wehrstraftat haben Disziplinarvorgesetzte die Staatsanwaltschaft zu informieren.[1125] Von der in der Verfassung vorgesehenen Möglichkeit (Art. 96 Abs. 2 GG), Wehrstrafgerichte für den Verteidigungsfall einzurichten, hat der Gesetzgeber keinen Gebrauch gemacht.

Soldaten unterliegen auch bei besonderen Auslandsverwendungen dem deutschen Strafrecht, § 1a Abs. 2. Begeht ein Soldat im Auslandseinsatz eine Straftat, so ist für die Verfolgung die Staatsanwaltschaft bei dem Landgericht Kempten zuständig. Diese Bestimmung[1126] enthält das deutsche Strafverfahrensrecht seit 2013. Sie trägt dem Umstand Rechnung, dass neben Kenntnis der militärischen Abläufe und Strukturen auch spezielle Erfahrung bei Ermittlungen mit Einsatzbezug – etwa hinsichtlich der tatsächlichen und rechtlichen Rahmenbedingungen vor Ort – wichtig für eine effiziente Strafverfolgung ist. Weitere Schwerpunktstaatsanwaltschaften behufs Spezialisierung und Bündelung von Expertise sind denkbar. So hat das Land Mecklenburg-Vorpommern mit Beginn des Jahres 2020 eine Schwerpunktstaatsanwaltschaft für Wehrstrafsachen eingerichtet. Dort werden sämtliche Verfahren des Bundeslandes geführt, die sich gegen Angehörige der Bundeswehr wegen Straftaten nach dem WStG sowie wegen in Zusammenhang mit der Dienstausübung begangener Straftaten nach dem StGB richten oder gegen Mitglieder ausländischer Streitkräfte, wenn die Verfahren Straftaten zum Nachteil von Einrichtungen der Bundeswehr oder ausländischer Streitkräfte oder von

---

1123 § 3 Bundeswehrvollzugsordnung.

1124 § 5 beantwortet in bewusster Abkehr von vorkonstitutionellem Militärstrafrecht eine „Schicksalsfrage des Soldatentums überhaupt" (BT-Plenarprotokoll II/190 vom 6.2.1957, 10851).

1125 § 33 Abs. 3 Satz 1 WDO i. V. m. ZDv A-2160/6 Nr. 1147 f.

1126 § 11a StPO.

Angehörigen der Bundeswehr[1127] zum Gegenstand haben. Ob dieses löbliche Beispiel Schule macht, bleibt abzuwarten.

Strafverfolgungsbehörde für alle Straftaten nach dem Völkerstrafgesetzbuch (VStGB) ist ausschließlich die Generalbundesanwaltschaft.[1128]

IV. Wehrstraftaten

1. Dienstentziehungsdelikte

Einsatzbereitschaft und Schlagkraft der Truppe durch Erhalt der Personalpräsenz werden durch die Dienstentziehungsdelikte geschützt. Daran hat auch die Aussetzung der Wehrpflicht[1129] nichts geändert. Die Bundeswehr kann die ihr obliegenden Aufgaben nur dann hinreichend erfüllen, wenn nicht nur das innere Gefüge der Streitkräfte so gestaltet ist, dass sie ihren militärischen Aufgaben gewachsen ist, sondern auch ihre Angehörigen im erforderlichen Maße jederzeit präsent und einsatzbereit sind. Ein Soldat, der sich der Pflicht zur militärischen Dienstleistung entzieht, gefährdet nicht nur die Verwirklichung des Verfassungsauftrages der Bundeswehr, sondern erschüttert die Grundlagen des Dienstverhältnisses selbst.[1130] Daher besteht in solchen Fällen ein über bloße Erziehung hinausgehendes Strafbedürfnis. Zu diesem Zwecke normiert das WStG die Delikte der Fahnenflucht, der eigenmächtigen Abwesenheit, der Selbstverstümmelung und der Dienstentziehung durch Täuschung (§§ 15–18). All diesen Straftaten gegen die Pflicht zur militärischen Dienstleistung ist gemein, dass der Soldat seine Arbeitskraft vorenthält.

Die eigenmächtige Abwesenheit (§ 15) stellt dabei gleichsam den Standardfall dar. Sie ist objektiv gegeben, wenn ein Soldat mehr als drei volle Kalendertage ohne Genehmigung abwesend ist. Ist diese zeitliche Vorgabe nicht erfüllt, liegt nur ein disziplinar zu ahndendes Dienstvergehen vor, das der Gesetzgeber noch nicht als strafwürdig angesehen hat. Berechnet werden nur volle Kalendertage (also von 0 bis 24 Uhr), so dass der erste Abwesenheitstag nicht mitzuzählen ist.[1131] Diese drei Tage müssen ununterbrochen aufeinander folgen, wobei auch dienstfreie Tage (Wochenenden) jedenfalls dann einzubeziehen sind, wenn sowohl vorher als auch nachher vorwerfbare Abwesenheitszeiten liegen.[1132]

Die Fahnenflucht (§ 16) ist dem äußeren Tatbild nach davon nicht zu unterscheiden. Die Differenzierung ergibt sich aus der Absicht des Täters, nicht mehr zum Dienst zurückkehren, nicht mehr Soldat sein zu wollen.[1133] Diese

---

1127 Bzw. deren Angehörige, soweit ein Zusammenhang mit der Dienstausübung besteht.
1128 § 120 Abs. 1 Nr. 8 i. V. m. § 142a Abs. 1 GVG.
1129 Art. 1 Nr. 2 Wehrrechtsänderungsgesetz 2011.
1130 BVerwG, Urt. v. 25.10.2018 – 2 WD 8.18, Rn. 20.
1131 Außer in dem ungewöhnlichen Fall, dass der Soldat laut Dienstplan genau um 0.00 Uhr seinen Dienst anzutreten hätte.
1132 Zum diesbezüglichen Streitstand siehe Lingens/Korte, WStG, 5. Aufl. 2012, § 15 Rn. 17.
1133 Lingens/Korte, WStG, 5. Aufl. 2012, § 15 Rn. 3.

innere Tatseite führt regelmäßig zu Beweisschwierigkeiten. Auf die tatsächliche Dauer der Abwesenheit kommt es für die Fahnenflucht nicht an. Strafbar ist darüber hinaus, wenn sich der Soldat zwar nicht dauerhaft, aber für die Zeit eines bewaffneten Einsatzes, also in einer besonders kritischen Phase, dem Dienst vollständig entzieht oder durch sein Fernbleiben die Beendigung seines Wehrdienstverhältnisses erreichen möchte.[1134]

Auch die Strafbarkeit einer Selbstverstümmelung (§ 17) soll die personelle Einsatzbereitschaft gewährleisten. Sie will verhindern, dass sich Soldaten entziehen, indem sie die physische oder psychische Dienstunfähigkeit herbeiführen. Vorgelagerten Schutz bietet § 109 Abs. 1 StGB, wodurch die Strafbarkeit auf Personen, die (noch) nicht Soldat sind, ausgeweitet wird.[1135]

Erschleicht sich ein Soldat durch Täuschung eine Befreiung vom Dienst oder zumindest von einzelnen Verrichtungen, kommt der Tatbestand der Dienstentziehung durch Täuschung (§ 18) in Betracht. Beispiele für Tathandlungen wären das Vortäuschen von Krankheiten oder das wahrheitswidrige Behaupten von Umständen, die einen Sonderurlaub rechtfertigen würden.[1136] Auch hier bietet das StGB mit § 109a eine Parallelvorschrift für Nichtsoldaten. Die einfache Lüge soll nach dem Gesetzesentwurf nicht genügen, weshalb das Gesetz von „arglistigen Machenschaften“ spricht. Ein Soldat handelt demnach strafbar, wenn er der unwahren Behauptung durch schriftliche Belege, andere Täuschungsmittel oder ein System von Lügen den Anschein der Wahrheit gibt.[1137] Auch die Anwendung dieses Tatbestandes begegnet in der Praxis mannigfaltigen Problemen.[1138]

2. Straftaten gegen die Pflichten der Untergebenen

Militärischer Dienst muss im Ernstfall schnell und unbürokratisch erfolgen. Im besten Fall folgen Untergebene ihren Vorgesetzten, weil sie ihnen vertrauen. Sicherheitshalber ist die Loyalität der Untergebenen allerdings an verschiedenen Stellen gesetzlich festgeschrieben. So hat jeder Soldat die dienstliche Stellung des Vorgesetzten in seiner Person im und außer Dienst zu achten.[1139] Wer Vorgesetzter ist,[1140] darf Befehle erteilen. Noch heute ist dieses klassische Führungsmittel idiosynkratisch für den militärischen Dienst. § 11 SG verpflichtet Soldaten daher nach wie vor zum Gehorsam. Der Untergebene steht mit in der Verantwortung, ihm bürdet das Gesetz eine Nachprüfung der Verbindlichkeit von Befehlen, nicht jedoch der Rechtmäßigkeit auf. Als strafwürdig sieht das WStG das Nichtbefolgen eines verbindlichen Befehls allerdings nur an, wenn zu der bloßen Dienst-

1134 § 16 Abs. 1 Var. 2, 3.
1135 Täter des § 109 StGB kann gleichwohl auch ein Soldat sein, wenn er einen anderen zur Erfüllung der Wehrpflicht untauglich macht.
1136 So schon die Gesetzesbegründung, BT-Drs. II/3040, S. 28.
1137 BT-Drs. II/3040, S. 29.
1138 Dazu jüngst Lucks, NZWehrr 2020, 102–109.
1139 § 17 Abs. 1 SG.
1140 Dies bestimmt auf Grundlage von § 1 Abs. 3 SG die Vorgesetztenverordnung (VorgV).

pflichtverletzung ein zusätzlicher, das Unrecht der Tat erhöhender Umstand hinzutritt.

Im Falle des Ungehorsams (§ 19) ist dieser Umstand gegeben, wenn der Untergebene durch das vorsätzliche[1141] Nichtbefolgen eines Befehls eine schwerwiegende Folge gemäß § 2 Nr. 3 verursacht. Als solche kommt eine Gefahr für die Sicherheit der Bundesrepublik Deutschland, die Schlagkraft der Truppe, Leib oder Leben eines Menschen oder fremde Sachen von bedeutendem Wert in Betracht. Die ersten beiden Varianten zeigen deutlich die Nähe zu den Dienstentziehungsdelikten in Bezug auf das geschützte Rechtsgut.

Die Gehorsamsverweigerung (§ 20) betrifft ein nicht wegen der Folgen, sondern wegen besonderer Tatumstände strafwürdiges Nichtbefolgen eines Befehls. Wer sich gegen einen Befehl aktiv, das heißt mit Wort oder Tat auflehnt oder auch nach Wiederholung des Befehls darauf beharrt, diesen nicht zu befolgen, stellt die Autorität des Vorgesetzten demonstrativ in Frage und gefährdet damit die Disziplin in der Einheit erheblich.[1142]

Nach den §§ 23 bis 25 ist strafbar, wer einen Vorgesetzten bedroht, nötigt oder körperlich angreift. Geschützt wird in allen drei Fällen die Integrität des Vorgesetzten, in dessen Person sich zum einen Ordnung und Disziplin in der Truppe, zum anderen staatliche Autorität verkörpern.[1143]

Eine Meuterei (auch: Unbotmäßigkeit) liegt vor (§ 27), wenn Soldaten gemeinsam eine Gehorsamsverweigerung, eine Bedrohung, eine Nötigung oder einen tätlichen Angriff auf einen Vorgesetzten begehen. Diese Taten stellen, wenn gemeinschaftlich begangen, sogar eine existenzielle Bedrohung militärischer Ordnungsstrukturen dar.[1144] Ein besonders schwerer Fall liegt für den Rädelsführer vor sowie dann, wenn eine besonders schwere Folge[1145] tatsächlich eintritt. Die besondere Gefahr für die geschützten Rechtsgüter kommt auch dadurch zum Ausdruck, dass § 28 bereits die Verabredung – also eine bloße Vorbereitungshandlung – unter Strafe stellt.

Die Taten nach §§ 23 bis 28 sind auch dann strafbar, wenn das Opfer zum Tatzeitpunkt nicht Vorgesetzter nach Vorgesetztenverordnung (VorgV), aber Offizier und Unteroffizier in einem höheren Dienstgrad als der Täter ist oder im Dienst Vorgesetzter ist, solange der Täter im Dienst ist oder sich die Tat auf eine Diensthandlung bezieht.[1146]

3. Straftaten gegen die Pflichten der Vorgesetzten

In den §§ 30 ff. wird deutlich, welchen Wert das WStG auf die „gesteigerte Verantwortung der Vorgesetzten" [1147] legt. Alle Vorgesetzten haben entsprechend

1141 Fälle grober Fahrlässigkeit werden von § 21 erfasst.
1142 MüKoStGB/Dau, WStG, 3. Aufl. 2018, § 20 Rn. 1.
1143 MüKoStGB/Dau, WStG, 3. Aufl. 2018, § 25 Rn. 1.
1144 MüKoStGB/Dau, WStG, 3. Aufl. 2018, § 27 Rn. 1.
1145 Siehe erneut § 2 Nr. 3.
1146 § 29 Abs. 1.
1147 So der damalige Bundesjustizminister Dr. Hans Joachim v. Merkatz in der ersten Beratung, BT-Plenarprotokoll II/190 vom 6.2.1957, S. 10851.

den Wertungen des SG darauf zu achten, dass die staatsbürgerlichen Rechte der Soldaten gewahrt bleiben, soweit nicht der militärische Dienst zwingend Einschränkungen erfordert. Selbstverständlich darf der militärische Dienst seiner Natur nach immer noch hohe körperliche Anforderungen an den Soldaten stellen.[1148] Im Ergebnis bewegt sich der Vorgesetzte stets in einem Spannungsverhältnis zwischen der Erfüllung seines militärischen Auftrags einerseits und den Grundrechten seiner Untergebenen andererseits. Die folgenden Tatbestände[1149] des WStG verleihen dieser Herausforderung strafrechtlichen Nachdruck, mögen dadurch aber auch die Handlungssicherheit steigern.

Der objektive Tatbestand der Misshandlung (§ 30) entspricht dem der Körperverletzung. Zusätzliche Voraussetzung für die Strafbarkeit ist nur, dass sich die körperliche Misshandlung oder die Gesundheitsschädigung gegen einen Untergebenen richtet. Dessen Einwilligung in die Tathandlung hat keine rechtfertigende Wirkung, da die mitgeschützten Rechtsgüter, nämlich die Wahrung des allgemeinen Ansehens des Vorgesetzten sowie Disziplin und Ordnung der Truppe insgesamt, nicht zur Disposition des Untergebenen stehen.[1150]

Vor seelischer Misshandlung soll der Untergebene durch das Verbot der entwürdigenden Behandlung (§ 31) geschützt werden. Diese liegt vor, wenn ein Verhalten des Vorgesetzten Achtung und Würde eines Untergebenen in erheblicher Weise beeinträchtigt oder dessen Dienst böswillig erschwert.[1151] Auf das persönliche Empfinden des Untergebenen kommt es nicht an;[1152] ebenso wenig lässt auch hier dessen Einwilligung die Rechtswidrigkeit entfallen.[1153]

Die Strafandrohung für den Missbrauch der Befehlsbefugnis zu unzulässigen Zwecken (§ 32) soll Untergebene vor einer Inanspruchnahme zu Tätigkeiten schützen, die nicht mit deren militärischen Pflichten in Einklang stehen oder dienstlichen Zwecken sogar zuwiderlaufen. Dabei ist nicht jeder rechtswidrige Befehl auch dienstwidrig.[1154] Der Missbrauch ist vollendet (und nicht etwa noch im Versuchsstadium), wenn der Vorgesetzte in pflichtwidriger Weise Einfluss genommen und bestimmend auf den Willen eines Untergebenen eingewirkt hat; insoweit kommt es auf die Kenntnis des Untergebenen, nicht auf dessen Schlussfolgerung oder Handlung an.[1155] Die Strafbarkeit scheidet aus, wenn ein Untergebener sogar zu einer Straftat verleitet wird oder verleitet werden soll; dann greifen die §§ 33, 34.

1148 BGH, Urt. v. 3.5.1960 – 1 StR 131/60, Nr. 3; BGH, Urt. v. 14.1.2009 – 1 StR 158/08, Rn. 40.
1149 Zur Erweiterung des möglichen Täterkreises siehe § 36 Abs. 1.
1150 Lingens/Korte, WStG, 5. Aufl. 2012, § 30 Rn. 18.
1151 Ausführlich siehe MüKoStGB/Dau, WStG, 3. Aufl. 2018, § 31 Rn. 3; lehrreich auch die Beispiele aus der Rspr des BVerwG unter ebda, Rn. 4.
1152 MüKoStGB/Dau, WStG, 3. Aufl. 2018, § 31 Rn. 3; i. E. auch Lingens/Korte, WStG, 5. Aufl. 2012, § 31 Rn. 4.
1153 Lingens/Korte, WStG, 5. Aufl. 2012, § 31 Rn. 12.
1154 Str., s. Lingens/Korte, WStG, 5. Aufl. 2012, § 32 Rn. 6.
1155 Lingens/Korte, WStG, 5. Aufl. 2012, § 32 Rn. 9; auch arg. ex § 34.

Jeder Soldat hat das Recht auf ein förmliches Verfahren, wenn er sich über das Verhalten von Vorgesetzten und Kameraden beschwert.[1156] Strafrechtlichen Schutz erfahren die Beschwerde und andere Formen[1157], auf Missstände hinzuweisen, durch das Verbot der Unterdrückung von Beschwerden (§ 35). Die Tathandlung kann einerseits darin bestehen, den Untergebenen abzuhalten (Abs. 1), andererseits darin, eine bereits eingelegte Beschwerde zu unterdrücken, d. h. der Entscheidung zu entziehen (Abs. 2). Wer Täter des Absatzes 2 sein kann, ist umstritten: entweder jeder Soldat, der dienstlich verpflichtet ist, die Beschwerde zu prüfen oder auch nur weiterzugeben, oder – wie auch bei Absatz 1 – nur Vorgesetzte. Wortlaut der Norm und Systematik des WStG stehen sich hier nicht widerspruchsfrei gegenüber.[1158]

Einen Sonderfall des Missbrauchs der Befehlsbefugnis oder Dienststellung sieht das Gesetz vor, wenn Einfluss auf Soldaten genommen werden soll, die als Organ der Rechtspflege tätig sind (§ 37). In Betracht kommen hier insbesondere solche Soldaten, die zu ehrenamtlichen Richtern bei einem Wehrdienstgericht berufen sind.[1159] Deren Unabhängigkeit ist somit strafrechtlich abgesichert.

Einen weiteren Fall des Missbrauchs der Befehlsbefugnis normiert § 38, indem er Vorgesetzten Strafe androht, die ihre Befugnisse überschreiten (speziell für den Fall der Disziplinarbefugnis siehe jedoch § 39); ebenso wird bestraft, wer sich Befehlsbefugnisse anmaßt, ohne Vorgesetzter nach der VorgV zu sein.

Die unterlassene Mitwirkung bei Strafverfahren (§ 40) ist im Zusammenhang mit der Strafvereitelung im Amt (§ 258a StGB) – die auf Soldaten keine Anwendung findet – und § 33 Abs. 3 WDO zu sehen. Geschütztes Rechtsgut ist allerdings nicht der staatliche Strafanspruch, da Vorgesetzte gerade nicht zur Strafverfolgung befugt sind.[1160] Sie haben lediglich die gesetzliche Pflicht zur Abgabe an die Strafverfolgungsbehörden. Vorgesetzte gefährden das innere Gefüge, wenn sie dieser Pflicht nicht nachkommen, erwecken sie damit doch den Eindruck, aus falsch verstandener Kameradschaft oder Stolz Straftaten zu vertuschen. Ein Disziplinarvorgesetzter darf sich seiner Pflicht zur Abgabe auch nicht entziehen, indem er es unterlässt, dem Verdacht, dass ein Untergebener eine strafbare Handlung begangen hat, mit Ermittlungen nachzugehen.[1161]

Schließlich droht das Gesetz dem Vorgesetzten Strafe wegen mangelhafter Dienstaufsicht (§ 41) an, wenn eine schwerwiegende Folge (§ 2 Nr. 3)

1156 § 1 ff. WBO.

1157 Erfasst ist ausdrücklich auch der Wehrbeauftragte des Deutschen Bundestages, was zu gewissen Schwierigkeiten im Gesetzgebungsverfahren führte, da das WStG vor dem Gesetz zu Art. 45b GG (Wehrbeauftragtengesetz) in Kraft trat, vgl. BT-Plenarprotokoll II/190 vom 20.3.1957, S. 11305.

1158 H. L. wohl Lingens/Korte, WStG, 5. Aufl. 2012, § 35 Rn. 13, die auf den Wortlaut abstellen.

1159 Lingens/Korte, WStG, 5. Aufl. 2012, § 37 Rn. 3.

1160 Lingens/Korte, WStG, 5. Aufl. 2012, § 40 Rn. 1a.

1161 BT-Drs. II/3040, S. 43.

eintritt, weil er versäumt, Untergebene zu beaufsichtigen oder beaufsichtigen zu lassen. Auch hier wird deutlich, dass nicht jeder Dienstpflichtverstoß strafwürdig ist. Eine Strafbarkeit ist nur vorgesehen, wenn zu der Verletzung der Pflicht aus § 10 Abs. 2 SG ein besonders zu missbilligender, die Funktionsfähigkeit der Streitkräfte betreffender Umstand hinzutritt. Die Vorschrift ist im Zusammenhang mit dem (auf Soldaten nicht anwendbaren) § 357 Abs. 2 StGB zu sehen.

4. Sonstige

Soldaten stehen in einem Dienst- und Treueverhältnis mit personaler Bindung an den Staat, obschon sie generell keine Amtsträger im strafrechtlichen Sinne sind.[1162] Daher sind, unabhängig von Dienstgrad oder -stellung, auch weitere Verhalten mit Strafe bedroht (§§ 42–48). Die unwahre dienstliche Meldung (§ 42) ist das strafrechtliche Äquivalent zu § 13 SG, wiederum mit dem zusätzlichen Erfordernis des Eintritts einer schwerwiegenden Folge.

Die unterlassene Meldung (§ 43) einer Meuterei oder Sabotage ist strafbar, wenn deren tatbestandlicher Erfolg noch hätte abgewendet werden können. Für Soldaten wird somit der Katalog des § 138 StGB (Nichtanzeige geplanter Straftaten) um zwei weitere Taten ergänzt.

Mit der Wachverfehlung (§ 44) werden Verhalten sanktioniert, die die militärische Sicherheit gefährden. Täter kann nur ein Soldat sein, der sich im Wachdienst befindet. In Zeiten ziviler Sicherheitsunternehmen hat die Norm daher an praktischer Relevanz verloren. Überflüssig ist sie aber mitnichten; Wachvorgesetzte haben schließlich auch zivile Wachen gewissenhaft zu beaufsichtigen und machen sich im Unterlassungsfall strafbar (§ 44 Abs. 1 Nr. 1). Konstitutiv für den Wachdienst ist, dass der Wachvorgesetzte die Soldaten auf deren erhöhte Verantwortung, gerade auch die drohenden strafrechtlichen Folgen, hingewiesen hat.[1163] Die Rechtsprechung hat klargestellt, dass der Begriff des Wachdienstes förmlich zu verstehen ist.[1164] Voraussetzung ist, dass im Rahmen einer Wachbelehrung i. S. d. Wachvorschrift[1165] auf das besondere Strafbarkeitsrisiko des § 44 hingewiesen wurde. Deswegen kann ein Soldat, der („nur") nach dem „Konzept zum Schutz von Kräften und Einrichtungen" Schutzaufgaben im Auslandseinsatz wahrnimmt, nicht wegen einer Wachverfehlung verfolgt werden.[1166]

Strafbar ist ferner rechtswidriger Waffengebrauch (§ 46). Das Gesetz tritt damit der Gefahr entgegen, dass Soldaten, denen von Berufs wegen Waffen anvertraut werden, von diesen anderen als den bestimmungsgemäßen Gebrauch machen.[1167] Im außerdienstlichen Bereich ist der Gebrauch

---

1162 Systematischer Kommentar zum StGB, 9. Aufl. 2017, § 11 Rn. 43, 44 m. w. N.
1163 Zum Streitstand s. Lingens/Korte, WStG, 5. Aufl. 2012, § 44 Rn. 5 m. w. N.
1164 BayObLG, Urt. v. 25.7.1978 – 4 St 56/78, Gründe 1b).
1165 ZDv A-1130/21, die nur innerhalb Deutschlands gilt.
1166 Der vermeintliche Wertungswiderspruch ist hinzunehmen; eine Strafbarkeit könnte etwa unter den Voraussetzungen des § 19 gegeben sein.
1167 BT-Drs. II/3040, S. 47.

militärischer Waffen stets strafbar. Etwas anderes ergibt sich auch nicht aus § 55 Abs. 1 Nr. 2 Waffengesetz (WaffG), der Soldaten nur von den Vorschriften des WaffG befreit, soweit sie dienstlich tätig werden.

§ 48 zählt abschließend die Amtsdelikte des StGB auf, die auch für Offiziere und Unteroffiziere gelten sollen. Die Straftaten der Gefangenenbefreiung, Vorteilsannahme, Bestechlichkeit, Falschbeurkundung im Amt und Verletzung des Dienstgeheimnisses können sogar von Mannschaften in entsprechender Funktion begangen werden. Nur in diesen Fällen sind Soldaten den Amtsträgern[1168] gleichgestellt.[1169]

5. Exkurs: Das Völkerstrafgesetzbuch

Als verhältnismäßig neue nationale Rechtsmaterie existiert seit 2002 das VStGB. Es ist damit, wie auch die Schaffung des Internationalen Strafgerichtshofs (IStGH), Ergebnis einer rasanten Entwicklung.[1170] Erst seit 2017 ist auch das Verbrechen der Aggression im VStGB verankert; gleichzeitig wurden die Tatbestände der Vorbereitung bzw. Aufstachelung zu einem Angriffskrieg (§§ 80, 80a StGB) aufgehoben. Begrifflich übereinstimmend mit Art. 26 GG bleibt der „Angriffskrieg“ als Ausprägung der Angriffshandlung aufrechterhalten. Strafbar ist das Vorbereiten und nunmehr auch das Führen eines Angriffskrieges oder einer sonstigen Angriffshandlung, die offenkundig gegen das Gewaltverbot der UN-Charta verstößt. Der Straftatbestand ist als absolutes Sonderdelikt ausgestaltet. Eine Begehung ist nur durch bestimmte Personen möglich, die tatsächlich in der Lage sind, das politische oder militärische Handeln eines Staates zu kontrollieren oder zu lenken und eine Kriegsgefahr herbeizuführen (§ 13 Abs. 4 VStGB[1171]); in Betracht kommen etwa Mitglieder der Bundesregierung, Staatssekretäre bzw. hochrangige militärische Führer.[1172]

Ganz allgemein soll das VStGB spezifisches Unrecht der Verbrechen gegen das Völkerrecht erfassen und somit Lücken im deutschen Strafrecht schließen. Das StGB wies Defizite auf, um Völkerrechtsverbrechen angemessen aburteilen zu können; Handlungen waren zwar regelmäßig auch strafbar, aber in den allgemeinen Normen kam der besondere Unrechtsgehalt von „schwersten Verbrechen, welche die internationale Gemeinschaft als Ganzes berühren“,[1173] nicht zur Geltung. Die Zusammenfassung der völkerstrafrechtlichen Regelungen in einem Gesetzbuch fördert Rechtsklar-

---

1168 § 11 Abs. 1 Nr. 2 StGB.

1169 Überholt, gleichwohl unterhaltsam hierzu Rittau, WStG, 1958, § 48, Anm. 1, der durch diese Regelung „das sich durch das ganze SG hindurchziehende Bemühen, Soldaten und Beamte einander möglichst unterschiedslos gleichzustellen, letzten Endes doch zum Scheitern verurteilt“ sieht.

1170 Ausführlich zur Entstehungsgeschichte: MüKoStGB, VStGB, 3. Aufl. 2018, Rn. 4 ff.

1171 Normzitate ohne Gesetzesnennung sind im Folgenden solche des VStGB.

1172 Zur Rechtslage vor Inkrafttreten des § 13 siehe Werle/Jeßberger, Völkerstrafrecht, 4. Aufl. 2016, Rn. 1495 (1555); zur aktuellen Rechtslage nun 5. Aufl. 2020, Rn. 1624 ff.

1173 Vgl. Art. 5 IStGH-Statut.

heit und Handhabung in der Praxis. Zudem wird durch die nationale Aufmerksamkeit Wissen über das Humanitäre Völkerrecht verbreitet.[1174]

Deutschland ist damit in der Lage, in die Zuständigkeit des IStGH fallende Verbrechen selbst zu verfolgen. Der Grundsatz internationaler arbeitsteiliger Strafrechtspflege (Komplementaritätsprinzip) besagt, dass die nationale Gerichtsbarkeit durch den IStGH nur ergänzt werden soll,[1175] nicht ersetzt. Vor diesem Hintergrund kommt dem Weltrechtspflegeprinzip eine außerordentliche Bedeutung zu. Ein Inlandsbezug ist bei Völkerrechtsverbrechen gemäß § 1 nicht nötig. Deutsches Strafrecht ist dann stets anwendbar, egal wo, von wem oder gegen wen die Tat begangen wurde. Eine Überlastung der Strafjustiz durch Fälle, die keinen Bezug zu Deutschland aufweisen und bei denen die Aufnahme von Ermittlungen keinen nennenswerten Aufklärungserfolg verspricht, soll allerdings vermieden werden.[1176]

Auch auf Völkerstraftaten bleibt der allgemeine Teil des StGB anwendbar, sofern im VStGB keine Sonderregelungen getroffen sind.[1177] Zu Vorsatz und Fahrlässigkeit, Irrtum, Unterlassen sowie Täterschaft und Teilnahme gelten daher die allgemeinen Regeln. Sonderregelungen enthält das Gesetz zum Handeln auf Befehl, zur Verantwortlichkeit militärischer Befehlshaber und anderer Vorgesetzter sowie – in § 5 – zur Verjährung: weder Verfolgungs- noch Vollstreckungsverjährung sieht das VStGB vor.

Neben dem bereits angesprochenen Aggressionstatbestand sind im materiellen Teil weitere Verbrechenstatbestände normiert, nämlich Völkermord, Verbrechen gegen die Menschlichkeit sowie Kriegsverbrechen.

Völkermord bezeichnet die in § 6 aufgeführten Handlungen, die in der speziellen Absicht ausgeführt werden, eine nationale, religiöse oder ethnische Gruppe als solche ganz oder teilweise zu zerstören. Die Vorschrift hat § 220a StGB ersetzt. Unter den Tatbestand des Verbrechens gegen die Menschlichkeit (§ 7) fallen einzelne Taten, die im Rahmen eines ausgedehnten oder systematischen Angriffs gegen eine Zivilbevölkerung begangen werden, etwa die Tötung eines Menschen, Vertreibung, Folter, sexuelle Nötigung oder Vergewaltigung. Mit Kriegsverbrechen im engeren Sinne (§§ 8–12) sind Verstöße gegen das „ius in bello" gemeint. Voraussetzung ist somit das Vorliegen eines internationalen oder nicht-internationalen bewaffneten Konflikts. Beispiele sind ein gezielter Angriff auf Zivilpersonen, Sanitätspersonal und -einrichtungen, geschützte Kulturgüter oder der Einsatz völkerrechtlich verbotener Methoden oder Mittel der Kriegsführung.

Abschließend setzen §§ 14, 15 die Bestimmung über die Vorgesetztenverantwortlichkeit des Art. 28 IStGH-Statut um, indem sie die Verletzung der Aufsichtspflicht und das Unterlassen der Meldung einer Straftat unter Strafe stellen.

1174 BT-Drs. 14/8524, S. 12.
1175 Präambel und Art. 1 IStGH-Statut.
1176 BT-Drs. 14/8524, S. 14.
1177 § 2 ff.

Der Luftangriff auf zwei von Aufständischen entführte Tanklastwagen bei Kunduz am 4. September 2009 ist das bekannteste Beispiel für eine Anwendung des VStGB in der Praxis. Unter den Opfern befanden sich Zivilisten, weshalb die Generalbundesanwaltschaft dem Verdacht des Kriegsverbrechens des Einsatzes verbotener Methoden der Kriegsführung nachzugehen hatte. Dieses läge bei einem unterschiedslosen Angriff, bei dem der militärische Vorteil außer Verhältnis zu der als sicher erwarteten Tötung von Zivilpersonen steht, vor. Soldaten, so stellte der Generalbundesanwalt in der lesenswerten Einstellungsentscheidung[1178] fest, sind reguläre Kombattanten und als solche nicht strafbar, wenn sie im bewaffneten Konflikt völkerrechtlich zulässige Kampfhandlungen vornehmen. In solchen Fällen ist auch ein Rückgriff auf das allgemeine Strafrecht nicht zulässig. Damit Wertungen des Völkerrechts nicht unterlaufen werden, sind völkerrechtliche Erlaubnisnormen auf Rechtfertigungsebene[1179] zu berücksichtigen.

1178 GBA, Vfg. v. 16.4.2010 – 3 BJs 6/10-4, NStZ 2010, 581; s. a. BVerfG, Beschl. v. 19.5.2015 – BvR 987/11.

1179 Ausführlich siehe schon Frister/Korte/Kreß, JZ 2010, 10 ff.

Stichwortverzeichnis

Stichwortverzeichnis